ABITUR-TRAINING GESCHICHTE

Christoph Bühler

Vom Nationalsozialismus bis zur Gegenwart

Grundkurs

Baden-Württemberg

STARK

Bildnachweis
Umschlagbild: „Großer Appell“ der SS am Reichsparteitag in Nürnberg 1936,
Foto von Heinrich Hoffmann, © Bildarchiv Preußischer Kulturbesitz, Berlin

Der Verlag hat sich bemüht, die Urheber der in diesem Werk abgedruckten Abbildungen ausfindig zu machen. Wo dies nicht gelungen ist, bitten wir diese sich ggf. an den Verlag zu wenden.

ISBN: 3-89449-012-8

Inhalt

(Fortsetzung nächste Seite)

Die Welt zwischen den beiden Weltkriegen (1919–1945)

(Fortsetzung nächste Seite)

Deutschland und Europa nach dem Zweiten Weltkrieg

Politische Probleme der Gegenwart – Weltpolitik der Gegenwart

Vorwort

Liebe Schülerin, lieber Schüler,

der vorliegende überarbeitete Band "Geschichte 2" für den Grundkurs soll Ihnen bei der **Vorbereitung auf Klausuren** und das **Abitur** sowie als **unterrichtsbegleitende Lektüre** zum besseren Verständnis von geschichtlichen Zusammenhängen dienen und stellt daher eine optimale Ergänzung zu jedem Unterrichtswerk dar.

Dieses Anliegen spiegelt sich auch in seinem Aufbau wider:

- **Übersichtstafeln** am Anfang eines jeden Kapitels ermöglichen Ihnen, sich auf einen Blick über die wichtigsten Daten, Fakten und Ereignisse zu informieren.
- Geschichtliche Ereignisse und Entwicklungen vom Nationalsozialismus bis zu aktuellen politischen Entwicklungen in der Gegenwart werden **einfach** und **klar dargestellt**, in ihrer historischen Bedingtheit erläutert und vor dem Hintergrund ihrer politischen, gesellschaftlichen und geistesgeschichtlichen Entstehungsfaktoren beleuchtet.
- Die **Marginalien** am Rand des Textes dienen zum einen neben dem Inhaltsverzeichnis zur leichteren Orientierung der gesuchten Thematik und unterstützen zum anderen die Einprägsamkeit von historischen Eckdaten und Schlüsselbegriffen.
- Das **Glossar** bietet die Möglichkeit, wichtige Begriffe schnell nachzuschlagen und damit kompaktes Wissen auf einen Blick.

Christoph Bühler

Der Nationalsozialismus

Zeittafel

1933	
30. 1.	Ernennung Hitlers zum Reichskanzler, Bildung einer DNVP-NSDAP-Koalitionsregierung
27. 2.	Reichstagsbrand
28. 2.	Notverordnung "zum Schutz von Volk und Staat" (Reichstagsbrandverordnung), Einsetzen der politischen Verfolgung
5. 3.	Reichstagswahl
13. 3.	Ernennung Goebbels' zum Reichsminister für Volksaufklärung und Propaganda
21 3.	Eröffnungssitzung des neugewählten Reichstags, "Tag von Potsdam"
23. 3.	Ermächtigungsgesetz "zur Behebung der Not von Volk und Reich": Die Regierung Hitler erhält für 4 Jahre die Gesetzgebungsbefugnis.
31. 3.	Erstes Gesetz zur Gleichschaltung der Länder mit dem Reich
1. 4.	Organisierter Boykott jüdischer Geschäfte
7. 4.	Zweites Gesetz zur Gleichschaltung der Länder, Einsetzung von Reichsstatthaltern
	Gesetz zur "Wiederherstellung des Berufsbeamtentums", Entlassung jüdischer und sozialdemokratischer Beamter
2. 5.	Auflösung der Gewerkschaften
10. 5.	Öffentliche Bücherverbrennung ("Verbrennung undeutschen Schrifttums")
14. 7.	Nach der Selbstauflösung aller Parteien Gesetz "gegen die Neubildung von Parteien"
20. 7.	Konkordat zwischen dem Deutschen Reich und dem Vatikan
14. 10.	Ausscheiden Deutschlands aus der Abrüstungskonferenz und aus dem Völkerbund
12. 11.	"Reichstagswahl" (nach Einheitsliste) und Volksabstimmung
1. 12.	"Gesetz zur Sicherung der Einheit von Partei und Staat" erklärt die Partei zum einzigen Willensträger im Reich

1934

26. 1.	Nichtangriffspakt zwischen Deutschland und Polen
30. 1.	Gesetz "über den Neuaufbau des Reiches" (sog. zweites Ermächtigungsgesetz) mit der Auflösung der Landtage und der Unterstellung der Länderregierungen unter die Reichsregierung
20. 4.	Ernennung Himmlers zum Chef der Gestapo in Preußen
4. 4.	Bildung des "Volksgerichtshofes"
30. 6.	Ermordung Röhms, Ausschaltung der SA (sog. "Röhm-Putsch")
20. 7.	Nationalsozialistischer Putsch in Österreich (scheitert), Ermordung des österr. Bundeskanzlers Dollfuß
2. 8.	Tod Hindenburgs Vereinigung der Ämter des Reichspräsidenten und des Reichskanzlers in Hitler als "Führer und Reichskanzler" (Gesetz vom 1. 8.) Vereidigung der Wehrmacht auf Hitler als "Obersten Befehlshaber"

1935

13. 1.	Volksabstimmung im Saargebiet (gemäß Versailler Vertrag): 91 % für die Rückkehr zu Deutschland
16. 3.	Einführung der allgemeinen Wehrpflicht
11. – 14. 4.	Konferenz von Stresa: Frankreich, England, Italien beschließen, sich "jeder einseitigen Aufkündigung von Verträgen zu widersetzen".
21. 5.	Hitlers "Friedensprogramm" mit 13 Punkten
18. 6.	Deutsch-englisches Flottenabkommen
26. 6.	Einführung der Arbeitsdienstpflicht
15. 9.	"Nürnberger Gesetze": "Gesetze zum Schutz des deutschen Blutes und der deutschen Ehre" und "Reichsbürgergesetz" zur Entrechtung und Diskriminierung der Juden

1936

7. 3.	Besetzung des (lt. Versailler Vertrag entmilitarisierten) Rheinlandes
29. 3.	"Reichstagswahlen" mit 99 % Ja-Stimmen
25./26. 7.	Entscheidung zum deutschen Eingreifen in den spanischen Bürgerkrieg (am 17. 7. 1936 begonnen)
1. 8.	Beginn der Olympischen Spiele
24. 8.	Einführung der zweijährigen Wehrpflicht
9. 9.	Verkündung des "Vierjahresplanes" auf dem Nürnberger Reichsparteitag: Deutschland soll innerhalb von 4 Jahren kriegsbereit sein
25. 10.	Verkündung der "Achse Berlin-Rom"
25. 11.	Antikominternpakt zwischen Deutschland und Japan
1. 12.	Hitlerjugend wird Staatsjugend

1937	
30. 1.	Verlängerung des Ermächtigungsgesetzes um 4 Jahre
5. 11.	"Hoßbach-Protokoll" über eine Ansprache Hitlers vor den Oberbefehlshabern der Wehrmacht über seine außenpolitischen Ziele: militärischer Schlag gegen Österreich und die Tschechoslowakei zur Durchsetzung der Lebensraum-Politik, Zeitpunkt nicht nach 1943/44.
1938	
4. 2.	Entlassung des Reichskriegsministers von Blomberg und des Oberbefehlshabers des Heeres von Fritsch. Hitler wird "Oberbefehlshaber der Wehrmacht".
12. 2.	Treffen Hitlers mit dem österreichischen Bundeskanzler Schuschnigg auf dem Obersalzberg
12. 3.	Einmarsch deutscher Truppen in Österreich
13. 3.	Gesetz über die "Wiedervereinigung Österreichs mit dem Deutschen Reich" ("Anschluß"); Volksabstimmung am 10. 4.
24. 4.	Autonomieforderungen der Sudetendeutschen Partei für das Sudetenland
20. 5.	Mobilmachung der Tschechoslowakei
30. 5.	Weisung Hitlers an die Wehrmacht zur Zerschlagung der Tschechoslowakei
18. 8.	Rücktritt Becks, Chef des Generalstabes des Heeres
15. 9.	Treffen Chamberlains mit Hitler in Berchtesgaden zur Regelung der "Sudetenkrise". Erneutes Treffen 22. – 24. 9. in Bad Godesberg.
26. 9.	Hitlers Rede im Sportpalast mit der Versicherung, die Abtretung des Sudetenlandes sei seine letzte territoriale Forderung in Europa.
September	Plan der konservativ-militärischen Opposition zum Sturz Hitlers im Fall des Krieges gegen die Tschechoslowakei
29. 9.	Münchner Konferenz zwischen Mussolini, Chamberlain, Daladier und Hitler mit dem Beschluß zur Abtretung des Sudetenlandes an Deutschland (Münchener Abkommen). Am folgenden Tag gemeinsame Erklärung Hitlers und Chamberlains
1. 10.	Beginn des Einmarsches deutscher Truppen in die sudetendeutschen Gebiete
21. 10.	Erste Weisung Hitlers zur "Erledigung der Resttschechei"
7. 11.	Attentat des jüdischen Emigranten Herschel Grynszpan auf den Legationssekretär von Rath in Paris.
9. 11.	Pogrom auf jüdische Synagogen und Geschäfte in Deutschland (sog. "Reichskristallnacht")
12. 11. – 3. 12.	Kollektivstrafen und Sonderverordnungen gegen die deutschen Juden
6. 12.	Unterzeichnung der dt.-frz. Nichtangriffserklärung in Paris

1939	
30. 1.	Hitlers "Prophezeiung" vor dem Reichstag über die "Vernichtung der jüdischen Rasse in Europa" während eines künftigen Weltkrieges
11. 2.	Dt.-sowjet. Wirtschaftsabkommen
15. 3.	Einmarsch dt. Truppen in die Tschechoslowakei ("Griff nach Prag")
16. 3.	Bildung des "Reichsprotektorates Böhmen und Mähren". Die Slowakei stellt sich am 23. 3. unter den "Schutz" des Deutschen Reiches.
21. 3.	Hitler stellt Forderungen an Polen: Rückgabe Danzigs, Bau einer exterritorialen Verbindung durch den Korridor. Angebot einer langfristigen Garantie der poln. Grenze.
23. 3.	Rückgabe des Memelgebietes durch Litauen an Deutschland
31. 3.	Britische und französische Garantieerklärung für Polen
22. 5.	Militärbündnis zwischen Italien und Deutschland
23. 8.	Dt.-sowjet. Nichtangriffspakt ("Hitler-Stalin-Pakt") mit geheimen Zusatzartikeln zur 4. Teilung Polens
1. 9.	Beginn des dt. Angriffs auf Polen (Die weiteren Ereignisse des 2. Weltkriegs siehe in der gesonderten Zusammenstellung, S. 52 ff.)
8. 11.	Attentat Georg Elsers auf Hitler im Münchner Bürgerbräukeller
1940	
Juni	Himmler ordnet gegenüber dem Lagerkommandanten von Auschwitz, Höß, unter Berufung auf Hitler die Einrichtung von Vergasungsanlagen an.
15. 7.	Entwurf eines "Generalplans Ost" zur Volkstumspolitik in den eroberten Gebieten
17. 7.	Schaffung des "Reichsministeriums für die besetzten Ostgebiete". "Politische Sicherung der neubesetzten Ostgebiete" bei Himmlers SS
21. 7.	Äußerung Hitlers gegenüber dem kroatischen Verteidigungsminister Kvaternik, er wolle die Juden aus Europa entfernen
31. 7.	Auftrag an Heydrich, den Chef des Reichssicherheitshauptamtes der SS, die "Vorbereitungen für eine Gesamtlösung der Judenfrage in Europa" zu treffen
August	Einschränkung des sog. "Euthanasieprogramms"
19. 9.	Einführung des Judensterns im Deutschen Reich
Dezember	Beginn der Vergasung von Juden im Lager Chelmno
1941	
10. 5.	Flug Rudolf Heß', "Stellvertreter des Führers", nach Schottland

1942	
20. 1	"Wannsee-Konferenz" mit der Ankündigung der "Endlösung"
26. 4.	Bestätigung Hitlers als "Oberster Gerichtsherr" durch den Reichstag
22. – 25. 5.	1. Tagung des "Kreisauer Kreises" (Moltke) Hauptthemen: Staat und Kirche, Bildungsfragen
26. 5.	Attentat auf Heydrich in Prag. Als Reaktion darauf wird am 10. Juni das tschechische Dorf Lidice vernichtet, seine Bewohner werden ermordet.
12. 6.	Billigung des "Generalplans Ost" durch Himmler
21./22. 7.	Beginn der Deportation der ca. 350 000 Juden des Warschauer Gettos in das Vernichtungslager Treblinka
20. 8.	Roland Freisler Präsident des Volksgerichtshofes
16. – 18. 10.	2. Tagung des "Kreisauer Kreises" (Moltke) Hauptthemen: Verfassungsaufbau und Wirtschaftsordnung
1943	
18. 2.	Flugblattaktion der Münchner Studentengruppe "Weiße Rose" gegen das NS-Regime. Verhaftung von Hans und Sophie Scholl
27. 2.	Deportation der in der Berliner Rüstungsindustrie arbeitenden Juden nach Auschwitz
13.+21. 3.	Attentate der Widerstandsbewegung auf Hitler mißlingen
12. – 14. 6.	3. Tagung des "Kreisauer Kreises" (Moltke) Hauptthemen: Außenpolitik, internationale Wirtschafts-ordnung der Nachkriegszeit, Bestrafung der Kriegsverbrecher
1944	
19. 1.	Verhaftung Graf Moltkes (Kreisauer Kreis)
20. 7.	Attentat Graf Stauffenbergs auf Hitler mißlingt. Putsch in Berlin und Paris scheitert.
1945	
26. 11.	Befehl Himmlers zur Zerstörung der Krematorien in Auschwitz

Hitler und die NSDAP

Die NSDAP bis 1923

Nach dem Krieg entstanden aus der Enttäuschung über die Niederlage, für die allein die Politiker der Weimarer Republik ("Novemberverbrecher") verantwortlich gemacht wurden, neue Rechtsparteien und -organisationen. Sie hatten bei allen Unterschieden in ihrer Anhängerschaft den Kampf gegen das parlamentarische System als gemeinsames Ziel.

Gründung der DAP

Eine dieser Rechtsparteien war die Deutsche Arbeiter-Partei (DAP), die am 5. Januar 1919 von dem Eisenbahnarbeiter Anton Drexler und dem Journalisten Karl Harrer in München gegründet wurde. Am 12. September 1919 besuchte Adolf Hitler eine Versammlung dieser unbedeutenden Partei und beschloß, sich ihr anzuschließen. Er wurde sofort in den Vorstand aufgenommen und übernahm als "Werbeobmann" die Öffentlichkeitsarbeit für die Partei. Hitler startete eine Reihe von Veranstaltungen, auf denen er meist selbst sprach. Vor allem seinem Erfolg als Redner ist es wohl zu verdanken, daß die Partei immer mehr Zulauf bekam.

Adolf Hitler

In seinen Reden forderte Hitler bereits die *Aufhebung der Friedensverträge, den Zusammenschluß aller Deutschen zu einem Großdeutschland und die Ausschaltung der Juden*. Das am 24. Februar 1920 beschlossene Parteiprogramm fügte diesen Zielen auch sozialistische Forderungen hinzu (Bodenreform, Verstaatlichung der Trusts, Einziehung der Kriegsgewinne). Auch der Name der Partei wurde in Nationalsozialistische Deutsche Arbeiterpartei (NSDAP) geändert – wohl in Anlehnung an die bereits seit 1918 im Sudetenland bestehende Deutsche Nationalsozialistische Arbeiterpartei. Allgemein gehaltene Forderungen sollten alle Schichten ansprechen. Die NSDAP verstand sich von Anfang an nicht als eine Partei im gewöhnlichen Sinne, sondern als "Bewegung" mit dem Anspruch, die Volksgemeinschaft zu repräsentieren.

Umbenennung in NSDAP

"Bewegung"

Adolf Hitler gelang es bald, seinen Einfluß im Vorstand auszubauen und die Gruppe um die Parteigründer Drexler und Harrer immer mehr zurückzudrängen. Seit dem 21. Juli 1921 war er offiziell Parteivorsitzender mit weitgehenden Vollmachten.

Hitler konnte Männer mit Beziehungen zu bayrischen Politikern, zur Wehrmacht und zu einflußreichen Gesellschaftskreisen für die Partei gewinnen. Die sich daraus ergebenden finanziellen Unterstützungen ermöglichten den Kauf der Zeitung "Der Völkische Beobachter", die seither im ganzen Reich die Stimme der Partei war. Die Öffentlichkeit wurde auch durch die Saalschutztruppen

"Völkischer Beobachter"

SA

der Partei (später Sturmabteilung – SA – genannt), die sie bei ihren Veranstaltungen einsetzte, aufmerksam. Die Mitgliederzahl blieb aber relativ klein. Dennoch wurde sie durch ihren Propaganda- und Kampfstil schnell über die bayerischen Grenzen hinaus bekannt. In den Jahren 1921 – 1923 wurden Ortsgruppen in ganz Deutschland gegründet. Die steigende Inflation, der Ruhrkampf und die Komplikationen in der Außen- und Reparationspolitik ließen die Anhängerschaft der NSDAP anwachsen.

Der Hitlerputsch und die Folgen

Die Verschlechterung der allgemeinen wirtschaftlichen Lage im Spätsommer 1923 führte zu kommunistischen Aufständen im Rheinland und in Mitteldeutschland ("Deutscher Oktober"). Außerdem kam es zu einem tiefen Konflikt mit der bayerischen Landesregierung. Diese hatte den Abbruch des Ruhrkampfes durch die Reichsregierung mit der Forderung beantwortet, den Versailler Vertrag als nicht mehr bindend anzusehen, den Ausnahmezustand ausgerufen und Ritter von Kahr zum Generalstaatskommissar, zum Diktator gewissermaßen, berufen. Daraufhin rief die Reichsregierung ihrerseits im Reich den Ausnahmezustand aus.

Bayern 1923

Die ohnehin schon rechtsgerichtete bayerische Landesregierung setzten noch weiter rechts stehende Kreise mit dem populären General Ludendorff an der Spitze unter Druck. Sie forderten von Bayern aus die "nationale Erneuerung" und planten bereits – nach dem Vorbild Mussolinis in Italien im Jahr zuvor – einen "Marsch auf Berlin" zur Errichtung einer nationalen Diktatur. Diesen rechtsextremen Kräften stand die Reichsregierung in Berlin sehr nachsichtig gegenüber, während die kommunistischen Aufstände gewaltsam niedergeschlagen wurden.

"Marsch auf Berlin"

Reichspräsident Ebert ordnete gemäß Artikel 48 der Verfassung das Eingreifen der Reichswehr gegen die bayerische Landesregierung an. Das Reichswehrkommando unter General Lossow leistete dem aber keine Folge, sondern stellte sich statt dessen unter das Kommando der Landesregierung. Die Reichswehrführung in Berlin weigerte sich ebenso wie beim Kapp-Putsch, gegen eigene Einheiten vorzugehen. Jetzt hielt Hitler die Zeit für die Errichtung einer Diktatur unter Ludendorff für gekommen. In einem Überraschungseffekt versuchte er, den Generalstaatskommissar von Kahr, den Reichswehrkommissar Lossow und den Münchner Polizeipräsidenten für seine Putschpläne zu gewinnen. Diese verfolgten jedoch eigene Pläne und sagten sich wieder von ihm los.

Hitler-Putsch

Hitler und Ludendorff wollten am Morgen des 9. November – sinnfälliges Datum! – noch eine Entscheidung erzwingen und begannen mit ihren Anhängern einen Marsch durch die Münchener

Innenstadt. Der Zug endete vor der Feldherrnhalle unter den Schüssen der Polizei. Der Putsch scheiterte, und Hitler wurde verhaftet. Die neun vor der Feldherrnhalle Getöteten aber wurden in der Folgezeit zu Märtyrern der nationalen Erhebung hochstilisiert.

Prozeß gegen Hitler

Im Hochverratsprozeß rückte Hitler in den Mittelpunkt, und er nutzte die öffentliche Verhandlung zu Propagandazwecken. In der Urteilsverkündung am 1. April 1924 wurde deutlich, daß das Gericht Verständnis für antirepublikanisches Denken aufbrachte. Unter Berücksichtung des *rein vaterländischen Geistes und des edelsten selbstlosen Willens des Angeklagten* wurde nur die Mindeststrafe verhängt und Bewährung in Aussicht gestellt. Wirkte das Scheitern des Putsches wie ein Schock auf Hitler, so gab ihm der Ausgang des Prozesses ein Gefühl des Triumphs. Während der sechsmonatigen Haftzeit in der Festung Landsberg schrieb Hitler den ersten Band seines Buches "Mein Kampf", worin er sowohl eigene Jugend und politischen Werdegang als auch künftige Absichten und nationalsozialistische Ziele ausführte.

"Mein Kampf"

Als Hitler am 20. Dezember 1924 aus der Haft entlassen wurde, hatte er zwei wichtige Lehren aus dem Scheitern des Putschversuches gezogen. Zum einen hatte ihn die Enttäuschung über die bayerischen konservativen Politiker, die sich im entscheidenden Moment von ihm losgesagt hatten, dazu gebracht, nur noch auf seine eigene Kraft und auf die der "Bewegung" zu setzen. Zum anderen entschloß er sich, die Macht auf legalem Wege und nicht durch Waffengewalt zu erlangen. Die NSDAP, die bisher eine Beteiligung an Wahlen des verhaßten parlamentarischen Systems abgelehnt hatte, sollte nun an Reichstags-, Landtags- und Präsidentenwahlen teilnehmen. Hitler ließ jedoch keinen Zweifel daran, daß sein Ziel nicht parlamentarische Zusammenarbeit war, sondern nationalsozialistische Machtergreifung und die Zerschlagung der anderen Parteien: *Wenn es auch länger dauert, sie zu überstimmen als sie zu erschießen, so wird uns ihre eigene Verfassung den Erfolg garantieren.*

"Legaler" Weg statt Putsch

Der Erfolg blieb jedoch zunächst aus, die Partei war nach der Verhaftung Hitlers und ihrem Verbot auseinandergefallen. Bei den Reichstagswahlen 1924 kandidierte zwar eine "Nationalsozialistische Freiheitsbewegung", von ihren 14 Abgeordneten gehörten aber nur 4 der NSDAP an. Es gelang Hitler zwar, mit der Neugründung der NSDAP im Februar 1925 die alten Anhänger wieder zu sammeln, aber bis 1929 blieb die Partei bedeutungslos. Die Währungs- und Wirtschaftsstabilisierung brachte für den Großteil der Gesellschaft eine Steigerung des Lebensstandards und damit eine Abkehr von radikalen politischen Ansichten. Dies wurde unterstützt durch den Locarnovertrag, Deutschlands Eintritt in den Völkerbund und durch kleine Fortschritte in den Reparationszahlungen. Die Reichspräsidentenwahl 1925 wurden ebenso zum Mißerfolg für den NS-Kandidaten Ludendorff wie die Reichstagswahlen 1928, bei denen die NSDAP gegenüber der "Freiheitsbewegung" von 1924 zwei Abgeordnetensitze verlor.

Neugründung der NSDAP

Der Aufstieg der Partei im Zeichen von Revanchismus und Wirtschaftskrise

Erst das Volksbegehren gegen den Young-Plan zur Regelung der Reparationsfragen (1929) brachte der Partei den entscheidenden Durchbruch. Der Volksentscheid zur Ablehnung dieses Planes, der neben der NSDAP von den Deutschnationalen unter Hugenberg und dem Frontkämpferbund "Stahlhelm" – von den Gruppen also, die sich dann 1931 in der "Harzburger Front" zusammenschlossen – unterstützt wurde, scheiterte zwar, mit dem großangelegten Propagandaaufwand verstanden Hitler und seine Partei es jedoch wieder, in das Blickfeld der Öffentlichkeit zu rücken und konservative Wähler an sich zu ziehen. Bei den Landtagswahlen in Baden stieg die Stimmenzahl der NSDAP von 38 000 (1925) auf 135 000 (1929) an.

Revisionistische Propaganda

Die Verschärfung der Wirtschaftskrise 1929/30 ließ die immer größer werdende Zahl der Arbeitslosen und Kurzarbeiter, aber auch der von Lohn- und Gehaltskürzungen betroffenen Bevölkerungsgruppen wieder empfänglich werden für antirepublikanische Hetzpropaganda.

Wirtschaftskrise

Der Zustrom zur NSDAP wird auch an den Mitgliederzahlen deutlich, die von 55 287 (November 1923) auf 849 009 (Januar 1933) stiegen.

Bei den Reichstagswahlen am 14. September 1930 wurde die NSDAP mit 107 Abgeordneten (18,3 %) zweitstärkste Partei im Reichstag. Auch die Kommunisten hatten einen enormen Stimmenzuwachs (77 Abgeordnete, 13,1 %). Das parlamentarische Leben war künftig von einer "Zusammenarbeit" der beiden extremen Parteien geprägt, die jede konstruktive Arbeit behinderte. Die folgenden Jahre zeigten einerseits, wie weit der Stil des Wahlkampfs verroht war, andererseits, mit welchen unvorstellbaren Propagandamitteln die NSDAP um die Wählerstimmen warb. Ohne konkrete parteipolitische Ziele verfolgte sie eine Wahlstrategie der demagogischen Vereinfachung von Problemen und dem unablässigen Appell an die Gefühle der Wähler.

Propaganda

Mit dem sicheren Gespür für Werbewirksamkeit und Propaganda setzte Hitler auch die moderne Technik ein. Mit dem Flugzeug flog er von Kundgebung zu Kundgebung, auch das Radio wurde von den Nationalsozialisten in einem bisher nicht bekannten Maß für politische Propaganda eingesetzt. Immer spektakulärer wurden die NS-Massenveranstaltungen und die Straßen- und Saalschlachten. Bei den Reichstagswahlen am 31. Juli 1932 wurde die NSDAP stärkste Partei im Reichstag (230 Sitze, 37,4 %).

NSDAP stärkste Partei

Der Sprung zur Macht

Reichspräsidentenwahlen 1932

Die Reichspräsidentenwahlen im März und April 1932 brachten Hitler nicht den gewünschten Erfolg, er unterlag Hindenburg im zweiten Wahlgang und konnte gerade soviel Stimmen erringen wie bei den folgenden Reichstagswahlen im Juli. Trotz des hohen Wahlsieges hatten die Nationalsozialisten ihr eigentliches Ziel, die politische Macht zu übernehmen, noch nicht erreicht. Koalitionsangebote seitens der konservativen Parteien scheiterten an der Forderung Hitlers nach dem Amt des Reichskanzlers. Aber auch Reichspräsident Hindenburg war nach einer offiziellen Unterredung am 13. August 1932 mit Hitler nicht bereit, ihn mit der Regierungsbildung zu beauftragen.

Novemberwahlen 1932

Nachdem die NSDAP bei den darauf folgenden Reichstagswahlen am 6. November 1932 2 Millionen Wählerstimmen verloren hatte und auf 33,1 % abgerutscht war, steigerte sich die Nervosität innerhalb der Partei und die Kritik an Hitlers Forderung, die Führung der Regierung zu übernehmen, oder sich sonst ganz zu verweigern. Der Wortführer dieser innerparteilichen Opposition, Gregor Strasser, vertrat die Auffassung, daß die Partei sich wenigstens durch Koalition an der Regierung beteiligen sollte, wenn im Moment die Kanzlerschaft nicht zu erreichen wäre. Reichskanzler von Schleicher hatte dieselben Pläne und bot Strasser für eine nationalsozialistische Regierungsbeteiligung die Vizekanzlerschaft an. Dies scheiterte jedoch am Widerstand Hitlers, der sich – wie oft zuvor gegen immer wieder vorhandene innerparteiliche Opposition – durchsetzen konnte.

Koalitionsforderungen

Krise innerhalb der Partei

Jedoch war diese Auseinandersetzung kennzeichnend für die gespaltene Verfassung, in der sich die Partei nach den Novemberwahlen befand. Dazu wurde die Stimmung der Partei durch eine permanente Finanzkrise in der Parteikasse belastet. Hitler und die NSDAP bekamen zwar finanzielle Unterstützungen von industriellen Kreisen, besonders nach seiner Rede vor dem Industrieclub in Düsseldorf am 27. Januar 1932, im größeren Ausmaß jedoch erst, als er bereits Reichskanzler war.

Die NSDAP hatte den Höhepunkt ihrer Entwicklung also bereits überschritten, als der frühere Reichskanzler von Papen im Januar 1933 mit Hitler Kontakt aufnahm. In seinem Intrigenspiel gegen den amtierenden Reichskanzler v. Schleicher dachte er, Hitler als Werkzeug benutzen zu können. Es gelang Papen, den Reichspräsidenten zu überreden, Hitler zum Reichskanzler zu ernennen. Seine Macht sollte durch die Vizekanzlerschaft Papens und eine Mehrheit nicht nationalsozialistischer Minister beschränkt werden.

Koalitionsregierung 30. Januar 1933

Wie sehr er sich darin täuschte, wurde schon deutlich, als Hitler seinen Willen zur Auflösung des Reichstags durchsetzen konnte. Bei Neuwahlen erhoffte er die absolute Mehrheit der NSDAP und das Ende der Koalitionsregierung.

Bei den Wahlen am 5. März 1933 erreichte die NSDAP trotz Verfolgung und Verhaftung politischer Gegner nur 43,9 % und war weiterhin auf die DNVP als Mehrheitsbeschaffer angewiesen.

Märzwahlen 1933

Nach 1933 beeinflußte die nationalsozialistische Propaganda die Zustimmung zur Politik Hitlers und der NSDAP massiv, insbesondere, indem sie Volksabstimmungen mit Fragen nationalen Prestiges verband und damit Nein-Stimmen in den Rang einer Ablehnung Deutschlands an sich rückte. Die Neuwahl des Reichstags am 12. November 1933 nach einer Einheitsliste brachte daher auch dem Nationalsozialismus eine Zustimmung von 92 % der Stimmen. Nur in den ersten Abstimmungen von 1933 und 1934 lassen sich noch (regional unterschiedlich) bis zu 23 % Nein-Stimmen nachweisen.

Propaganda

Noch hatte allerdings in der ersten Zeit die innerparteiliche Auseinandersetzung und Kritik an Hitler nicht aufgehört. Besonders innerhalb der SA und der NS-Betriebszellenorganisation wurde der Vorwurf laut, er suche zu sehr den Ausgleich mit den alten einflußreichen Gesellschaftsgruppen, anstatt die Machtpositionen in Staat und Gesellschaft durch "alte Kämpfer" mit überzeugter nationalsozialistischer Gesinnung zu besetzen. Forderungen nach einer "zweiten Revolution" wurden immer lauter.

Forderung nach "zweiter Revolution"

Wähler und Mitglieder der NSDAP

Eine Analyse des Wählerverhaltens zeigt, daß die NSDAP von der Wahlbeteiligung profitiert, die Wähler kommen aus fast allen Schichten.

Ein Blick auf die Wahlergebnisse der Reichstagswahlen von 1928 bis 1933 macht die grundlegenden Verschiebungen im Wählerverhalten deutlich (Angaben 1928–1933 jeweils in %):

	1928	**1930**	**1932 Juli**	**1932 Nov.**	**1933**	**Veränderung 1928–1932 in 1000 Stimmen**
DNVP	14,2	7,0	5,9	8,3	8,0	- 1422
NSDAP	2,6	18,3	37,3	33,1	43,9	+ 10927
DVP	8,7	4,5	1,2	1,9	1,1	- 2018
Zentrum	12,1	11,8	2,5	11,9	11,2	+ 518
BVP	3,1	3,0	3,2	3,1	2,7	+ 150
DDP	4,9	3,8	1,0	1,0	0,9	- 1169
SPD	29,8	24,5	21,6	20,4	18,3	- 1905
KPD	10,6	13,1	14,3	16,9	12,3	+2716
Sonstige	5,5	2,3	0,7	0,8	–	- 1146
Abgeg. Stimmen						+ 4593

Wählerverhalten

Nach dieser Zusammenstellung werden aus den insgesamt 40,4 % der Stimmen für SPD und KPD im Jahre 1928 37,3 % bei den Novemberwahlen 1932 (als die NSDAP bereits wieder Einbußen erleidet) und 30,6 % 1933. Die Verlagerung des Gewichtes von der SPD zur KPD zeigt die Radikalisierung der Arbeiterschaft, zum anderen wird aber auch deutlich, daß von der SPD Wähler auch zu den anderen Parteien abwanderten. Zentrum und BVP hielten ihren Stimmenanteil im wesentlichen konstant, während der Anstieg der Wahlberechtigtenzahlen 1928 – 1932 mit einem Zuwachs von 3,1 Millionen bzw. der der abgegebenen Stimmen mit 4,6 Millionen voll der NSDAP zugute kam. Die Abnahme der Wahlbeteiligung von der Juli- zur Novemberwahl 1932 von 1,4 Millionen entspricht aber auch dem Rückgang der NSDAP um 2 Millionen.

Mittelstand

Die NSDAP zog also stärker als andere Parteien frühere Nicht- und Neuwähler an. Von den Arbeitslosen fand sie mehr bei den Angestellten Zustimmung, die Arbeiter tendierten mehr zur KPD. Nach 1930 übte die Partei stärkere Anziehungskraft auf den neuen Mittelstand (Angestellte, Beamte), aber auch auf das gebildete und besitzende ("Groß-")Bürgertum aus. Die Industriearbeiterschaft der Großbetriebe war praktisch der einzige Bereich, der der NSDAP nachhaltig verschlossen blieb. Auf dem Land verzeichnete die NSDAP besonders in protestantischen Gebieten Erfolge; in kleineren und mittleren Gemeinden waren die Stimmen höher als in Großstädten. Viele Wähler wechselten von den bürgerlichen Mittelparteien und von der SPD zur NSDAP, während die Wählerschaft der katholischen Zentrumspartei und der Kommunisten eher stabil blieb.

Soziale Zusammensetzung

Über die soziale Zusammensetzung der Partei selbst gibt eine Statistik der Partei vom September 1930 Auskunft. Sie enthält neben dem prozentualen Anteil an der Gesamtzahl der Parteimitglieder den Anteil der genannten Berufsgruppe an der gesamten erwerbstätigen Bevölkerung:

	Partei	**Bevölkerung**
Arbeiter	26,3	46,3
Angestellte	24,0	12,5
Selbständige	18,9	9,6
Beamte	7,7	4,6
Bauern	13,2	20,7
Sonstige	9,9	9,9

Der Wahlsieg vom 31. Juli 1932 brachte auch den Durchbruch bei der Mitgliederentwicklung der Partei, die mehr und mehr Zulauf aus mittleren Bevölkerungsschichten gewann. Insgesamt war die Mitgliedschaft noch einer starken Fluktuation unterworfen, so daß ein Großteil der NSDAP-Wähler also nicht zu den überzeugten "Kämpfern" gehörte, sondern von der Partei nur kurzfristig angezogen wurde.

Grundlagen nationalsozialistischer Weltanschauung

Herkunft des Gedankenguts

"Völkische" Tradition

Die "Weltanschauung" des Nationalsozialismus ist keine Neuschöpfung, sondern besteht aus einer Verschmelzung älterer "völkischer" Ansichten: schwärmerische Vaterlandsliebe und imperialistischer Nationalismus verbanden sich mit Antisemitismus und Rassenideologie. Diese Strömungen kamen größtenteils aus dem wilhelminischen Deutschland und wurden in der ersten Nachkriegszeit noch durch die nationale Empörung über den Friedensvertrag aufgeheizt. Ein weitverbreiteter Kulturpessimismus und Angstgefühle gegenüber einer Zukunft, die sich nicht mehr aus der unmittelbaren Vergangenheit herleiten ließ, schufen die Voraussetzungen für eine rasche Verbreitung "messianischer" Ansichten, die eine schnelle und nachhaltige Besserung der Situation versprachen. Weiterhin hatte aber auch das "Fronterlebnis" des Krieges das Gefühl für die Werte der alten Zeit bis auf ein Minimum relativiert (vgl. Remarque, Im Westen nichts Neues), so daß Ideologien, die eine bessere Zukunft versprachen, gierig als ein Strohhalm in einer untergehenden Welt angesehen wurden.

Kulturpessimismus

Hitlers Wiener Zeit

Hitler wurde besonders durch seine Zeit in Wien geprägt. Dort entwickelte er die Inhalte seiner Weltanschauung (Rassenideologie, Antisemitismus) und holte sich Anregungen für die Parteipropaganda und -organisation (Hakenkreuz, Name etc.).

Neuartig an der Verbreitung dieser "Weltanschauung" war, daß Hitler bewußt auf eine argumentative Untermauerung verzichtete, sondern darauf vertraute, daß das Volk sie um so bereitwilliger für wahr nahm, je mehr er ihre Kernpunkte vereinfachte und in seine Zeit hineinbrüllte.

Der Antiparlamentarismus

Gemeinsam war den "Völkischen", sowohl im wilhelminischen Deutschland als auch in der Weimarer Republik, eine Gegnerschaft gegen alle fortschrittlichen Strömungen, die sich seit der französischen Revolution in Europa durchgesetzt hatten: Demokratie, Parlamentarismus, Gleichheit vor dem Gesetz, Liberalismus, Pressefreiheit, Sozialismus und Arbeiterbewegung. Sie wurden als etwas Fremdes, Undeutsches empfunden, ihre Inhalte mit Dekadenz und Unkultur gleichgesetzt. Glichen sich Hitler und Mussolini noch in diesem Punkt ihrer Weltanschauung, so ging Hitler doch noch weiter: In seinem Buch "Mein Kampf" setzte er diese Werte mit der zersetzenden Kraft des Judentums gleich, das mit seinem *marxistischen Glaubensbekenntnis* den Sieg über *die Völker dieser Welt zu erringen suche*.

Antiparlamentarismus

Hitler konnte mit dieser Grundhaltung sehr bald auf den Erfahrungen mit dem Parlamentarismus der Weimarer Republik aufbauen. Die Schwierigkeiten, innerhalb eines neuen politischen Systems unter diesen Belastungen zur Konsensbildung zu kommen, stellten das Parteiensystem der Republik vor schwere Zerreißproben. Hitler bezog alle negativen Aspekte auf das System selbst und sprach damit die politische Unerfahrenheit und das obrigkeitsstaatliche Denken der Bürger an. Die autoritäre Führung, die dem deutschen Volk verloren gegangen war, hatte ein hohes Maß an Konfliktfreiheit und Harmonie vorgespiegelt. Die Umstände, unter denen diese Führung verloren gegangen war, ließen sie in einem noch glanzvolleren Licht erscheinen. Häufiger Bezugspunkt war das "gute alte" Geld, das 1914 noch mehr wert war als 1923. In ihrer rückwärtsgerichteten Illusion versuchten manche sogar, die alten Geldscheine aufzubewahren, in dem Glauben, daß der Wert, der dahinter gestanden hatte, nicht verloren sein konnte.

Stellung zur Parteiendemokratie

Hitlers Forderung "Schluß mit dem Parteiengezänk" (*Die Parteien waren aufzulösen, der Reichstag wenn nötig mit Bajonetten zur Vernunft zu bringen ...* – Hitler, Mein Kampf) traf daher mit einer weitverbreiteten Ablehnung des Systems der Parteiendemokratie, die für die derzeitige Lage verantwortlich gemacht wurde, zusammen und fiel auf einen reichen Boden. Auch hier sind Strömungen der wilhelminischen Zeit namhaft zu machen, die in Hitlers Programm fortwirken: *Erst die Sozialisten abschießen, köpfen und unschädlich machen, wenn nötig, per Blutbad ...* (Wilhelm II. in der Neujahrsbotschaft 1906 an Kanzler Bülow, er fährt fort ... *und dann Krieg nach außen.*)

Führerprinzip und Volksgemeinschaft

Der Führergedanke mit seinem Anspruch auf absoluten Gehorsam bildet das Gegengewicht zu Demokratie und Offenheit der Diskussion. Die geschichtlich wirksame Kraft liegt dabei nicht in Konstruktionen wie "Volkssouveränität" oder "sittliche Vervollkommnung des Menschen" (Aufklärung), sondern in der Person eines "Führers", dem "aristokratischen Prinzip" also, das *den besten Köpfen die Führung und den höchsten Einfluß* sichert. Nur mit dem "Führer" an der Spitze, der den geschichtlichen Auftrag verstanden hat, kann die Gemeinschaft ihre historische Rolle durchsetzen. *"Das Aussuchen dieser Köpfe besorgt vor allem der harte Lebenskampf selbst"* (Hitler, Mein Kampf).

Führerprinzip

Dem entspricht aber auf der anderen Seite die Forderung, daß die Gemeinschaft, die unter diesem Führer steht, sich zusammenschließt und zugunsten des Ziels, das es zu erreichen gilt, auf alle internen Diskussionen verzichtet. Gemäß den rassenbiologischen Elementen der Ideologie hat sich das deutsche Volk, um stark und

Volksgemeinschaft

für seine historische Aufgabe gerüstet zu sein, von allen fremden und minderwertigen Einflüssen freizuhalten (*"Angehörige fremder Nationen ... sind ... auszuweisen"*, Parteiprogramm von 1920). Schlagworte aus diesem Bereich sind: *Du bist nichts, Dein Volk ist alles!* und *Führer befiehl, wir folgen!* In der Realität des nationalsozialistischen Alltags unterstrich der Propagandaapparat der NSDAP diesen Aspekt durch die Inszenierung von Massenaufmärschen, die das Gefühl der eigenen geringen Macht mit dem des beeindruckenden, kraftvollen Volkskörpers verbanden.

Die Rassenlehre

Sozialdarwinismus

Die Lehre Darwins vom "Kampf ums Dasein" in der Evolution, in dem nur die Starken bestehen und die Schwachen untergehen, bezogen die sog. Sozialdarwinisten auf die menschliche Gesellschaft und sahen im "ewigen Lebenskampf" die Auslese der Starken und die Ausmerzung der Schwachen, sowohl im Krieg als auch im Alltag.

Verschiedenwertigkeit der Rassen

Die Verschieden*artigkeit* der Rassen, welche die naturwissenschaftliche Anthropologie des 19. Jh. festgestellt hatte, wurde verfälscht in eine Verschieden*wertigkeit* und sollte die Überlegenheit der weißen Rasse gegenüber den Einwohnern in den Kolonialländern und die weitverbreitete Judenfeindlichkeit wissenschaftlich begründen. Auch die Weltgeschichte wurde nach rassischen Gesichtspunkten beurteilt (Arthur Graf de Gobineau) und die Vernichtung der Juden gefordert (Houston Stewart Chamberlain).

"Germanische Rasse"

Dieser rassische Gesichtspunkt war auch vor dem Ersten Weltkrieg bereits deutsches Allgemeingut. Selbst Kaiser Wilhelm II. sah sich in den *Kampf der Germanen gegen Russo-Gallien* verstrickt und meinte, es handle sich um *Sein oder Nichtsein der germanischen Rasse in Europa*. Den Gedanken vom Kampf des Germanentums gegen das Slawentum legte auch Ludendorff zugrunde, als er für die Kriegsgeschichtsschreibung die weiträumige Schlacht in Ostpreußen im Sommer 1914 nach Tannenberg benannte. Hier waren 1410 die Ritter des Deutschen Ordens den polnischen Heeren unterlegen.

Staat auf rassischer Grundlage

Hitler machte die Rassenfrage zum zentralen Inhalt seiner Weltanschauung. Die Ursache für den Untergang des alten Reiches sah er darin, daß die Bedeutung des Rassenproblems für die geschichtliche Entwicklung der Menschheit nicht erkannt worden war. Die arische Rasse sei eine höhere, kulturgründende Rasse und stehe anderen, minderwertigen Rassen, das seien besonders die jüdische und die slawische, gegenüber. Diese schwächten durch ihre minderrassigen Elemente die Stärke und den Bestand des Volkes. Somit habe *der völkische Staat die Rasse in den Mittelpunkt des allgemeinen Lebens zu setzen und für ihre Reinhal-*

tung zu sorgen. Es sei das Recht des Stärkeren und "wertvolleren", dem Schwächeren seinen Willen aufzuzwingen. Bereits im Parteiprogramm von 1920 findet sich die daher die 1935 auf dem Nürnberger Parteitag verkündete Trennung von Staatsbürger und "Einwohner": *Staatsbürger kann nur sein, wer Volksgenosse ist. Volksgenosse kann nur sein, wer deutschen Blutes ist, ohne Rücksichtnahme auf Konfession.*

Konkretisierung

Ihre Konkretisierung erfuhr diese Ideologie in den Maßnahmen zur Verfolgung der Juden und in der "Endlösung", d. h. der völligen Vernichtung der jüdischen Bevölkerung, dann in der Rassenpolitik gegenüber Polen, Russen und Ukrainern, der "Germanisierung" des Ostens und schließlich in der Zwangssterilisation von Erbkranken, im "Euthanasieprogramm". Als Höhepunkt kann der Versuch angesehen werden, die polnische Nation nach dem Warschauer Aufstand 1944 zu vernichten.

Der Antisemitismus

Rassenbegriff

Von der Rassenlehre abzusetzen ist der Antisemitismus, der rassenbiologischen Aussagen durch politische Bezüge noch eine weitere "Qualität" verleiht. Mit der Gleichsetzung von Antisemitismus und Judenhaß disqualifizierte sich diese Strömung jedoch sachlich selbst, da es eine "jüdische" Rasse schlichtweg nicht gibt und die "semitische Rasse" (sofern man nach 7 Jahrtausenden Völkervermischung in Europa überhaupt noch von "Rassen" sprechen kann) auch andere, z. B. arabische Völker mit einschließt. Ebenso aber sprachen die Vertreter des britischen Imperialismus am Ende des 19. Jahrhunderts von einer "britisch sprechenden Rasse".

Hitlers Antisemitismus war weder religiös, noch wirtschaftlich oder sozial, sondern ausschließlich rassenbiologisch bestimmt und unterschied sich damit von älteren Formen der Judenfeindschaft: Jude war, wer nicht arischen oder artverwandten Blutes war; *"kein Jude kann daher Volksgenosse sein."* (Parteiprogramm 1920). Hier wurde ein nicht objektivierbarer Rassenbegriff aufgestellt, dem bald auch das nationalsozialistische Rechtsbewußtsein folgte: Recht war, was der "arischen Rasse" nützte. Damit wurde aber auch der jahrhundertelange Assimilierungsprozeß der Juden in Europa verleugnet, der schließlich dazu geführt hatte, daß 1914 sich viele deutsche Juden freiwillig zur Front meldeten.

Funktion des Antisemitismus

Die Funktion des Antisemitismus innerhalb der nationalsozialistischen Ideologie zielte vor allem auf eine Wirkung nach innen: Das Judentum (oder irrationale Gefühle ansprechend "der Jude") wurde zur Symbolfigur für alle abzulehnenden, "verweichlichenden und zersetzenden" modernen Strömungen, die die Richtungslosigkeit der modernen Industriegesellschaft mit sich gebracht hat.

Das Judentum konnte damit für alle Schwierigkeiten verantwortlich gemacht werden, mit denen Staat und Gesellschaft in Deutschland fertig werden mußten (Sündenbockfunktion). Die Ideologie gab auch die Möglichkeit, die Aggressionen, die die mit der Entfremdung in Lebens- und Arbeitswelt verbundene Frustration erzeugt hatte, auf diesen Sündenbock abzuleiten. Weiterhin konnte die "Volksgemeinschaft" um so stärker zusammenwachsen, wenn sie sich im Kampf gegen einen gemeinsamen Feind wehren und durchsetzen mußte.

Damit hatte Hitler es verstanden, die durch Industrialisierung, Revolution und Inflation entstandene politische und soziale Verunsicherung des Bürgertums für sich auszunutzen und mit einer einfachen, griffigen Ideologie zu beantworten.

"Jüdische Weltverschwörung"

Der politische Antisemitismus sah Deutschland als Opfer einer jüdischen Weltverschwörung. Das deutsche Volk hatte daher den politischen Kampf gegen das "Weltjudentum" als einen "Überlebenskampf" zu führen. Die jüdische Weltverschwörung, so die Propaganda, habe sich bereits über die ganze Welt ausgebreitet und habe seine Zentren in Genf als dem Sitz des Völkerbundes, in New York als dem Sitz des internationalen Finanzjudentums und in Moskau als dem Zentrum des Bolschewismus.

National-Sozialismus und Drittes Reich

Hitlers nationale Ausrichtung ergibt sich klar aus seiner Verwandtschaft zu völkischem Gedankengut des wilhelminischen Deutschland (siehe oben). Sein "Sozialismus" jedoch bedarf einer gewissen Einschränkung, da er nichts mit dem gemeinsam hat, was man gemeinhin unter diesem Begriff versteht.

Die Idee des Sozialismus wurde in der wilhelminischen Zeit durchaus als Wunsch nach sozialem Ausgleich verstanden. Daß die Benennung "sozial" sehr relativ gesehen werden muß, zeigt sich am Namen der rechten, antisemitischen "Christlich-sozialen Partei". Eine Vereinigung des nationalen Gedankens mit dem des Sozialismus strebte auch der "National-Soziale" Flügel innerhalb der Nationalliberalen Partei um Friedrich Naumann um 1912 an. Nicht einmal die Wortschöpfung "national-sozial" bzw. "nationalsozialistisch" geht also auf Hitler zurück.

Sozialismus

Der "Sozialismus" Hitlers besteht fast ausschließlich in dem Bestreben, die sozialen Unterschiede innerhalb des Volkes einzuebnen zugunsten des verschwommenen Begriffes der "Volksgemeinschaft", die sich ihrerseits aus rassebiologischen Merkmalen bestimmt. Er ist weiterhin zu verstehen sowohl aus seiner Ablehnung des Systems der Weltwirtschaft, die für die 20er Jahre allgemein kennzeichnend war, als auch als Kontrapunkt zum international verstandenen Sozialismus der Marxisten und zum "internationalen Finanzjudentum".

Seine Forderungen zielten auf Punkte wie *Abschaffung des arbeits- und mühelosen Einkommens, Brechung der Zinsknechtschaft*, Verstaatlichungen, Gewinnbeteiligung an Großbetrieben und Durchführung einer Bodenreform (Parteiprogramm 1920). Das sind zwar äußerlich Forderungen, die auch der Sozialismus erhebt, Hitlers Kombination mit nationalistischen Programmpunkten verkehrt aber den "Sozialismus" in sein Gegenteil. Das zeigt sich gerade in seiner Feindschaft gegen Sozialisten und Kommunisten und in seiner Einschätzung Moskaus als "Brutstätte des jüdischen Bolschewismus".

Drittes Reich

Der Gedanke des "Dritten Reiches" kommt ursprünglich über die mittelalterliche Mystik und die Weltreichelehre des Alten Testamentes aus der babylonischen Theologie und bezeichnet das Weltreich, in dem sich die Vollendung der Geschichte manifestiert. A. Moeller van den Bruck forderte 1923 in seinem Werk "Das Dritte Reich", daß der geschichtliche Auftrag des Heiligen Römischen Reiches Deutscher Nation und des Bismarckschen Reiches durch einen Staat vollendet werde, in dem sich die deutsche Nation ihres Charakters als "Wertungsgemeinschaft" bewußt wird. Moeller van den Brucks nationalistische Schwärmereien gingen nur teilweise mit dem Gedankengut des Nationalsozialismus konform, dennoch wurde das "Dritte Reich" zum Schlagwort für die nationalsozialistische Herrschaft.

Monopolisierung der Macht

Die Machtergreifung

"Machtergreifung"

Hitler bekam am 30. Januar 1933 mit seiner Ernennung zum Reichskanzler durch Reichspräsident von Hindenburg und den Auftrag, auf der Basis der NSDAP-DNVP-Mehrheit im Parlament eine Regierung zu bilden, die verfassungsmäßige "Macht" angeboten. Die Kennzeichnung dieses Tages als "Machtergreifung" hat seine Berechtigung insofern, als auf die weitere Zukunft besehen die Nationalsozialisten nicht bereit waren, die "ergriffene" Macht wieder aus den Händen zu geben.

"Kabinett der nationalen Erhebung"

Durch die Mehrheit der DNVP-Minister und durch die Stellung Papens als Vizekanzler (und Reichskommissar für Preußen) im sog. "Kabinett der nationalen Erhebung" sollten Hitler und die zwei NSDAP-Minister Göring und Frick "gezähmt" werden. Dies war jedoch eine Fehleinschätzung der Situation. Schon vor der Vereidigung des Kabinetts hatte Hitler seine Forderung nach

Neuwahlen durchsetzen können, indem er Verhandlungen mit dem Zentrumsvorsitzenden Prälat Kaas absichtlich scheitern ließ, um dann den Reichspräsidenten zur Reichstagsauflösung veranlassen zu können. Hitler hoffte, durch Neuwahlen zu einer absoluten Mehrheit zu kommen und damit größeren Handlungsspielraum gegenüber seinem bisherigen Koalitionspartner zu gewinnen. Am 1. Februar löste Hindenburg den Reichstag auf und setzte Neuwahlen für den 5. März fest.

Wahlkampf

Im Wahlkampf setzte Hitler vor allem darauf, das Vertrauen der Bevölkerung durch ein friedfertiges Werben zu gewinnen. Er versprach, *die Verfassung und die Gesetze des deutschen Volkes zu wahren ..., unparteiisch und gerecht gegen jedermann ...* (Aufruf an das deutsche Volk, 31. Januar). Auf der anderen Seite verfolgte er aber auch sein Konzept der Einschüchterung durch Bedrohung und Bekämpfung, um Gegner zu behindern und auszuschalten. Schon im Februar wurde dazu eine Reihe von Verordnungen erlassen, so die "Verordnung zum Schutz des deutschen Volkes" (4. Februar), die Versammlungs- und Pressefreiheit einschränkte. Ihre Grenzen zeigten sich allerdings zunächst noch darin, daß das Reichsgericht oft schon nach wenigen Tagen Beschwerden stattgab.

Erste politische Verfolgungen

Kommunistenverfolgungen

Die Verfolgungsmaßnahmen richteten sich bis zu den Märzwahlen hauptsächlich gegen die Kommunisten. Dabei konnte Hitler mit der Unterstützung, zumindest aber mit der Duldung durch einen großen Teil der Bevölkerung rechnen, zumal in der nationalsozialistischen Propaganda die "Bedrohung durch den Bolschewismus" immer wieder geschürt wurde. So erhielten die Terroraktionen der SA den Anschein von "Säuberungsaktionen" zum Wohl des deutschen Volkes.

Schlüsselstellungen im Kabinett für die NSDAP

In ihrer Beurteilung, Hitler durch ihre Mehrheit im Kabinett "zähmen" zu können, irrten sich allerdings die DNVP-Minister, da die "revolutionäre" Dynamik der "Bewegung" weithin unterschätzt wurde. Die Nationalsozialisten hatten mit ihren beiden Ministerposten bereits die Schlüsselstellungen inne: Das Reichsinnenministerium unterstand Frick, und Göring war außer "Minister ohne Geschäftsbereich" zugleich kommissarischer preußischer Innenminister (seit 11. April Ministerpräsident). Er unterstand damit zwar formal dem Vizekanzler v. Papen (als Reichskommissar für Preußen), doch wurde Papen von ihm politisch immer mehr ausgeschaltet.

Preußen

Göring ging sofort die radikale Durchsetzung des Nationalsozialismus in Preußen an. Ein erster Schritt war die von Hindenburg erlassene "Verordnung zur Wiederherstellung geordneter Regierungsverhältnisse in Preußen" (6. Februar), durch die nicht nur der preußische Landtag aufgelöst und die Neuwahl auf den 5. März festgelegt wurde, sondern auch Papen die preußische Stimmführung im Reichsrat übernahm. Diese stand bislang noch der alten SPD-Regierung unter Otto Braun zu (Reichsgerichtsurteil vom Sommer 1932); die rechtswidrige Übernahme dieser Stimmen gehört mit zu den entscheidenden Kriterien bei der Frage, ob das (später erlassene) Ermächtigungsgesetz überhaupt den Rechtsnormen entspricht. Durch diesen Schritt sollte im voraus verhindert werden, daß die nicht-nationalsozialistische Landtagsmehrheit in Preußen ein Gegengewicht zum Reichstag bilden könnte und daß öffentliche Kritik im Parlament die Terroraktionen Görings behinderte. Das Vorgehen gegenüber Preußen hatte zwar den Protest einiger Länder im Reichsrat und beim Reichspräsidenten nach sich gezogen, in ihrer Uneinigkeit waren sie jedoch nicht fähig, ein Gegengewicht zum Machtstreben der Nationalsozialisten zu bilden.

Göring konnte nun noch freier durchgreifen. Bereits am Tag der Landtagsauflösung begann er damit, wichtige Positionen der inneren Verwaltung, vor allem der Polizei, mit politisch "zuverlässigen" Beamten zu besetzen. In der Rheinprovinz und in Westfalen, die politisch von Zentrum, SPD und KPD geprägt waren, sollte auf seine Anordung die Polizei ihre politische Neutralität aufgeben und gegen "Staatsfeinde" ohne Rücksicht von der Waffe Gebrauch machen. Ein Irrtum bei der Erfüllung der Pflichten war weniger gravierend als mangelnde Tatkraft. Göring machte SA, SS und Stahlhelm zur Hilfspolizei und verpflichtete die preußische Polizei zur Unterstützung der nationalen Verbände. Damit hatte er einen Polizeiapparat zur Verfügung, der es ihm erlaubte, rücksichtslos gegen politische Gegner vorzugehen.

Polizeiapparat

Die Reichstagsbrandverordnung

Die "Verordnung zum Schutz des deutschen Volkes" gab Göring die Möglichkeit, Versammlungen der KPD, aber auch von SPD und Zentrum zu verbieten oder aufzulösen, das Erscheinen von Zeitungen zu verbieten und Wahlkampfmaterialien zu beschlagnahmen.

Reichstagsbrand

Den Anlaß zu schärferem Vorgehen bot der Reichstagsbrand vom 27. Februar. Als in den Abendstunden dieses Tages das Gebäude des Reichstags in Flammen stand, verhaftete die Polizei noch am Brandort den Holländer Marinus van der Lubbe, der dann auch als Alleintäter zum Tode verurteilt wurde. Inzwischen gilt es als sicher, daß der Brand zumindest auf Initiative Hermann Görings, des amtierenden Reichstagspräsidenten, wohl aber auch mit Hilfe der SA gelegt worden war.

Unabhängig von dieser Frage der Täterschaft (Kommunisten, Alleintäterschaft van der Lubbes, Nationalsozialisten) liegt die historische Bedeutung des Reichstagsbrandes darin, daß die Nationalsozialisten es verstanden, ihn für ihre Ziele auszunutzen. In ihrer Propaganda bezeichneten sie den Brand als Fanal für den Beginn eines kommunistischen Aufstandes, den die SPD unterstütze. Noch in derselben Nacht ließ Göring die kommunistischen Abgeordneten verhaften und die SPD-Presse verbieten. Der vor dem Reichsgericht in Leipzig geführte aufwendige Schauprozeß brachte jedoch nicht das erhoffte Ergebnis, sondern endete mit einem Freispruch der vier angeklagten Kommunisten. Dem Reichsgericht wurde daraufhin die Zuständigkeit für politische Prozesse entzogen.

Weitere Kommunistenverfolgungen

Die "Verordnung zum Schutz von Volk und Staat" vom folgenden Tag (28. Februar) verhängte einen weitgehenden Ausnahmezustand. Sie stammt allerdings nicht aus der Feder von Nationalsozialisten, sondern von Beamten des Innenministeriums, die nicht der Partei angehörten. In ihr wurden praktisch alle Grundrechte – *auch außerhalb der sonst hierfür bestimmten gesetzlichen Grenzen* – außer Kraft gesetzt, eine Berufungsmöglichkeit gab es (im Gegensatz zur Verordnung vom 4. Februar) nicht mehr. Weiterhin konnte die Reichsregierung die Länderregierungen durch Reichskommissare ersetzen; für bestimmte Straftaten setzte sie die Todesstrafe fest (sie galt mit Gesetz vom 29. März auch rückwirkend).

Ausnahmezustand

Wenige Tage vor den Reichstagswahlen hatten die Nationalsozialisten mit dieser sog. "Reichstagsbrandverordnung" ein Instrument in der Hand, das ihren Terroraktionen gegen politische Gegner den Schein der Legalität verlieh; sie bildete die Grundlage für die spätere nationalsozialistische Terrorjustiz und blieb bis Kriegsende in Kraft. Eine Welle von Verhaftungen, Verboten und Beschlagnahmungen richtete sich vor allem gegen KPD und SPD. Für politische Häftlinge wurden von der SA erste, "wilde", Konzentrationslager errichtet.

Terrorregime

Neben diesen Terrormaßnahmen entfachte die NSDAP eine ungeheure nationale Begeisterungsstimmung. In einer vom Berliner Gauleiter Josef Goebbels (ab 13. März Propagandaminister) inszenierten Propagandawelle wurde der Wahltag zum "Tag der erwachenden Nation" hochstilisiert. Zum erstenmal wurden die Möglichkeiten, die der Rundfunk bot, voll ausgenützt.

Trotz Terrormaßnahmen und Propaganda erreichte die NSDAP weder im Reichstag noch in Preußen die absolute Mehrheit; mit dem deutschnationalen Koalitionspartner waren aber immerhin 51,9 % der Stimmen und damit eine regierungsfähige Mehrheit erreicht. Hitler aber lag nichts an der Rückkehr zu "geordneten" parlamentarischen Verhältnissen.

Das Ermächtigungsgesetz

Tag von Potsdam
21. März 1933

Die feierliche Eröffnung des neugewählten Reichstages in der Potsdamer Garnisonkirche (21. März), der "Tag von Potsdam", war Höhepunkt der nationalsozialistischen Propaganda. In einem von Goebbels perfekt organisierten Schauspiel reichte Hitler, in feierliches Schwarz gekleidet, dem greisen Reichspräsidenten die Hand. Damit wurde neben dem Anschein von Religiosität auch der Anschein preußischer Traditionspflege, von Bürgerlichkeit und Heldenverehrung geweckt.

Hitlers Rede in Potsdam und vor dem Reichstag am 23. März war ganz darauf abgestimmt, bei den bürgerlich-konservativen Parteien Vertrauen zu erwecken. Er brauchte dieses Vertrauen für die Zustimmung der bürgerlichen Parteien, besonders des Zentrums, zu einem Gesetz, das alle Befugnisse des Reichstags in seine Hand legen sollte, das aber damit in die Verfassung eingriff und der Regierung vier Jahre lang Handlungsfreiheit geben sollte.

Solche "Ermächtigungsgesetze" waren nicht neu. In der Weimarer Republik waren sie aber an den wirtschaftlichen und finanziellen Bereich gebunden und auf wenige Wochen oder Monate befristet (13. 10. 1923), und auch das kaiserliche Österreich-Ungarn regelte im Juli 1917 die Kriegswirtschaft durch ein solches Gesetz.

Garantien

Hitler trat vor den Reichstag mit der Erklärung, er wolle dieses Ermächtigungsgesetz nur für die Durchführung lebensnotwendiger Aufgaben in Anspruch nehmen. Die Existenz von Reichstag und Reichsrat sowie die Rechte des Reichspräsidenten sollten unangetastet bleiben, ebenso der Bestand der Länder und die Rechte der Kirche. Der Glaube an diese Zugeständnisse und die Hoffnung, durch Zusammenarbeit mit der NSDAP positiv auf sie einwirken zu können, wohl aber auch die Angst vor der Zwangsauflösung und vor negativen Folgen für die Beamten, die dem Zentrum angehörten, überstimmte die Kritik in den eigenen Reihen dieser Partei.

SPD in Opposition

Gegen das Gesetz stimmte nur die SPD, deren Fraktionsvorsitzender, Otto Wels, sich mutig zu den *Grundsätzen des Rechtsstaates, der Gleichberechtigung, des sozialen Rechtes* bekannte. Schon am Vortag hatte die SPD die Änderung der Geschäftsordnung des Reichstags, nach der unentschuldigt abwesende Mitglieder als anwesend zu gelten hätten, als Trick entlarvt, damit die verfassungsändernde Zweidrittelmehrheit im Parlament nicht durch eine Obstruktionshaltung anderer Parteien verhindert werden könne. Auch diesem Antrag hatten alle Parteien außer der SPD widerspruchslos zugestimmt.

Mit einem Stimmenergebnis von 444 : 94 wurde das sog. "Gesetz zur Behebung der Not von Volk und Staat" am 23. März im Reichstag angenommen. Das Parlament, das damit seine Selbstauflösung beschlossen hatte, verlor immer mehr an Bedeutung und diente schließlich nur noch dazu, dem Willen des Führers Beifall zu klatschen. Da es seine Sitzungen mit dem Singen der Nationalhymne eröffnete und beschloß, wurde es verächtlich "Deutschlands teuerster Gesangverein" genannt.

Plebiszit

In Zukunft trat das Plebiszit, die Volksabstimmung, die die Stellung Hitlers als "Führer" einer geschlossen hinter ihm stehenden Volksgemeinschaft dokumentieren sollte, an die Stelle der Reichstagswahlen. Im November 1933 veranstalteten die Nationalsozialisten eine Reichstagswahl, bei der allerdings nur die Einheitsliste der NSDAP zugelassen war, gekoppelt mit einer "Volksabstimmung" über die nationalsozialistische Politik, besonders über den Austritt Deutschlands aus dem Völkerbund. Gerade der Vergleich der beiden Abstimmungen zeigt, auf welches geringe Maß die Ablehnung der Nationalsozialisten geschrumpft war. Im badischen Landesdurchschnitt erteilten 7,5 % der Wähler der Einheitsliste der NSDAP eine Abfuhr, während in der Volksabstimmung nur 3,2 % mit Nein stimmten. Die Differenz, 4,3 %, ist der Anteil derer, die zwar Ja zu Deutschland sagten, aber Nein zum Nationalsozialismus. Lediglich in den Großstädten, wo sich die Wahl nicht so ohne weiteres beeinflussen ließ, läßt sich noch ein Anteil von 20 bis 23 % an ablehnenden Stimmen erkennen:

Nein-Stimmen

Leipzig	79,8 % Ja-Stimmen
Bremen	79,6 %
Berlin	78,6 %
Hamburg	78,1 %
Altona	77,4 %

Die nächste Volksabstimmung am 19. August 1934 zeigte sogar noch ein geringes Anwachsen der Nein-Stimmen, was die nationalsozialistische Führung dazu brachte, auch den äußeren Anschein freier Abstimmungen fallen zu lassen. In der Folgezeit wurden die "Wahlen" mit Volksabstimmungen zu nationalen Fragen verknüpft und erbrachten regelmäßig "Mehrheiten" von fast 100 %. Dennoch läßt sich auch hier bei genauer Betrachtung der – noch 1936 veröffentlichten – Ergebnisse der Eindruck von der "geschlossenen Volksgemeinschaft" relativieren: Vor allem die katholischen Hochburgen des Südens (Freiburg) erwiesen sich nach wie vor resistent, während die sozialdemokratisch motivierte Verweigerung allmählich abbröckelte (Mannheim).

Die im Januar 1933 gebildete "Regierung Hitler" blieb formal bis 1937 bestehen, bis die lästig gewordenen Kabinettssitzungen eingestellt wurden. Das Ermächtigungsgesetz galt für vier Jahre und wurde 1937 und 1939 bis 1943 verlängert. Mit dem "Erlaß des Führers über die Reichsgesetzgebung" vom 10. Mai 1943 verlängerte sich Hitler selbst das Gesetz und schrieb den Zustand auf unbestimmte Zeit fest.

Die Gleichschaltung

Gleichschaltung von Verwaltung und Justiz

Die Reichsregierung fuhr nun mit diesen Machtbefugnissen fort, die Schlüsselpositionen im Staat mit Männern der Partei zu besetzen. Der Prozeß der "Gleichschaltung" sollte zunächst alle maßgeblichen Stellen auf den Willen der Partei, insbesondere des Führers, ausrichten, dann aber auch alle Gruppen, die möglicherweise Ansatz zum Widerspruch oder gar Widerstand boten, ausschalten. Er wurde zum einen durch scheinbar legale Maßnahmen, vor allem aufgrund der Reichtagsbrandverordnung, vorangetrieben, zum anderen durch die Terroraktionen der SA.

Ausschaltung von Regimegegnern

Kommissare

Die NSDAP drang meist über die Einsetzung von sog. Kommissaren in die Staatsverwaltungen ein. Sie lief immer nach demselben Grundschema ab: In den nicht nationalsozialistisch regierten Ländern verlangten SA-Verbände mit Demonstrationen, Amtsbesetzungen und Krawallen eine nationalsozialistische Regierung und forderten den darauf wartenden Reichsinnenminister auf, wieder "Sicherheit und Ordnung" herzustellen. Der reagierte prompt mit der Einsetzung eines nationalsozialistischen Kommissars für die Polizei (Hamburg, Hessen, Sachsen) oder gleich eines Reichskommissars (Bayern). Diese wiederum entfernten Parteigegner aus den zentralen Positionen und ersetzten sie durch Parteimitglieder. Auf diese Weise dehnte sich der Einfluß der NSDAP bis in die Landkreise und Gemeinde, in Betriebsleitungen, Selbstverwaltungsorgane und Verbandsvorstände aus.

Aufhebung der Länder

Die Länder verloren bereits Anfang März mit dieser Einsetzung von Reichskommissaren ihre Selbständigkeit. Das vorläufige "Gesetz zur Gleichschaltung der Länder mit dem Reich" (31. 3. 1933) ordnete an, die Parlamente der Länder und der Gemeinden nach den Ergebnissen der Reichstagswahl zu besetzen. Das "Gesetz über den Neuaufbau des Reiches" endlich (30. 1. 1934), auch "zweites Ermächtigungsgesetz" genannt, gab der Reichsregierung die Möglichkeit, unter dem Bruch der Verfassung die föderalistische Struktur des Reiches zu zerschlagen. Die Landtage wurden aufgelöst und die Länderregierungen der Reichsregierung unterstellt. Mit der Auflösung des Reichsrates (14. 2. 1934) wurden – eigentlich konsequent – die Bestimmungen des Ermächtigungsgesetzes zur Erhaltung der Länder und des Reichsrats im Sinne der unbedingten Ausrichtung auf den Führer überschritten.

In den zwei Bereichen von Justiz und Verwaltung war die Gleichschaltung für den Ausbau der nationalsozialistischen Macht besonders wichtig. Für den Bereich des Rechts können dabei drei Strömungen festgestellt werden:

Zum ersten war schon bei den Juristen der Weimarer Republik zu beobachten, daß sie in der Aburteilung politisch motivierter Straftaten rechte Kräfte milder bestraften als linke – eine Haltung, die aus der konservativen Verpflichtung des Richterstandes herrührt.

Konservative Justiz

Zum zweiten schwenkten viele Richter ebenso bereitwillig wie andere Gruppen der Bevölkerung auf die nationalsozialistische Ideologie ein und sahen in der Folge ihre Aufgabe nicht mehr in der Durchsetzung übergeordneter Rechtsnormen, die aus dem traditionellen Rechtsverständnis kamen, sondern identifizierten diese Rechtsnormen mit dem nationalsozialistischen Gedankengut.

Drittens wurde das Prinzip der unabhängigen Rechtsprechung durchbrochen, indem Sondergerichte bei den Oberlandesgerichten mit bestimmten Zuständigkeiten in der politischen Strafjustiz eingesetzt wurden. Sie entschieden politische Prozesse nach dem Willen der Partei, oft in Schnellverfahren. Im Juli 1934 folgte die Einsetzung des "Volksgerichtshofes", der politische Prozesse in oberster Instanz anstelle des politisch neutralen Reichsgerichtes führte. Er stand unter der Leitung zuverlässiger Nationalsozialisten, ab 1942 unter Roland Freisler.

Sondergerichte

Volksgerichtshof

Die Ausrichtung der gesamten Justiz auf Hitler und den Nationalsozialismus fand ihren Höhepunkt, als am 26. April 1942 der Reichstag Hitler als "Obersten Gerichtsherren" bestätigte.

Außerhalb der Justiz standen allerdings die SS und die Gestapo, sie konnten ohne jegliche juristische Kontrolle "Schutzhaft" und "Vorbeugehaft" verhängen, die mit der Einlieferung in Konzentrationslager gleichbedeutend war.

SS, Gestapo

Der nächste Schritt zur Konsolidierung der erreichten Machtstellung und zur Ausschaltung aller Opposition war das "Gesetz zur Wiederherstellung des Berufsbeamtentums" vom 7. April 1933. Es ermöglichte die Entlassung aller Beamten, die nicht die *berufsmäßige Eignung besaßen* oder *nicht arischer Abstammung* waren, sowie all derer, die nicht *jederzeit rückhaltlos für den nationalen Staat eintreten,* d. h. aller politisch mißliebiger Beamten. Ausgenommen davon sollten nach dem Willen Hindenburgs zunächst noch diejenigen unter den jüdischen Beamten sein, die im Ersten Weltkrieg an der Front gekämpft hatten. Durch die Gleichstellung von nicht-arischer Abstammung und mangelnder Loyalität ar allerdings dieser Vorbehalt schnell zu umgehen.

Beamte

Die Auflösung von Parteien und Gewerkschaften

Der dritte Bereich betraf die Parteien und Gewerkschaften. Am 1. Mai wurden Gewerkschaftshäuser gestürmt, am 2. Mai die Gewerkschaften aufgelöst, ihre Mitglieder zwangsweise in die NS-Betriebszellenorganisation eingegliedert. Ihre Stellung allerdings

Gewerkschaften
2. Mai 1933

wurde bald zugunsten der zentral geführten "Deutschen Arbeitsfront" zurückgedrängt, die für Arbeitgeber und Arbeitnehmer künftig die gemeinsame Organisation war.

SPD
22. Juni 1933

Andere Parteien

Nach der Zerschlagung der KPD wurde am 22. Juni die SPD verboten, die sich zunächst trotz ihrer Opposition loyal zum Staat verhalten hatte. Darauf folgte schnell die Selbstauflösung der bürgerlichen Parteien: 27. Juni DNVP, 28 Juni Staatspartei (DDP), 4. Juli DVP und 5. Juli Zentrum. Die Begründung für diesen Vorgang fiel unterschiedlich aus: Die Führung der Deutschnationalen erklärte, daß der Parteienstaat überwunden sei, das Zentrum sah für eine bis vor kurzem mögliche parteipolitische Betätigung keinen Raum mehr; die Bayerische Volkspartei erklärte kurz: *"Durch die nationalsozialistische Revolution gibt es außerhalb der NSDAP keine politische Wirkungsmöglichkeit mehr.* Alle bürgerlichen Parteien aber gaben nach außen hin ihren Mitgliedern damit die Möglichkeit, *ihre Kräfte und Erfahrungen der ... nationalen Front ... zur Mitwirkung am Neuaufbau einer rechtsstaatlichen Ordnung rückhaltlos zur Verfügung zu stellen"* (Auflösungsbeschluß des Zentrums).

Den Schlußstrich zog das "Gesetz gegen die Neubildung von Parteien" (14. Juli), das die NSDAP zur einzigen politischen Partei erklärte und Neu- oder Wiedergründungen mit Zuchthaus bedrohte. Das "Gesetz zur Sicherung der Einheit von Partei und Staat" (1. 7. 1933) schließlich erklärte die Partei zum einzigen Willensträger im Reich und erhöhte damit ihren Einfluß gegenüber staatlichen Instanzen.

Kulturelle Gleichschaltung und Bücherverbrennung

Bücherverbrennung
10. Mai 1933

Höhepunkt der ersten Aktionen zur "Säuberung" der deutschen Kultur war die "Bücherverbrennung" am 10. Mai 1933. Hier wurden Werke von Karl Marx, Heinrich und Thomas Mann, Erich Kästner, Erich Maria Remarque, Kurt Tucholsky, Carl von Ossietzky und vieler anderer öffentlich verbrannt und sollten damit aus dem deutschen Kulturleben getilgt werden. In der Folgezeit sollte sich Heinrich Heines Wort *"Dort wo man Bücher verbrennt, verbrennt man am Ende auch Menschen"* (1820) nur zu sehr bewahrheiten. Daß seine Werke gleichfalls verbrannt wurden, ist fast selbstverständlich, auch heute tut man sich noch mit einer sachlichen Würdigung seines Werkes schwer.

Die Gegnerschaft gegen das "Undeutsche" in der Kultur kam vor allem von der Seite des Nationalsozialistischen Deutschen Studentenbundes. Er forderte in seinen zwölf Thesen "Wider den undeutschen Geist" unter anderem *die Auslese von Studenten und Professoren nach der Sicherheit des Denkens im deutschen Geiste.* Noch bevor es "gesetzliche" Grundlagen gab, wurden viele

Professoren zum Verlassen der Universitäten gezwungen. Schließlich monopolisierte die NSDAP durch die Errichtung der "Reichskulturkammer" (29. 9. 1933) das Kulturleben, ohne Mitgliedschaft war eine kulturelle Tätigkeit nicht mehr gestattet. Wissenschaftler, Schriftsteller und Künstler emigrierten (Albert Einstein, Thomas Mann, Bert Brecht, Kurt Tucholsky), wurden ausgebürgert (Erich Maria Remarque), mit Berufsverboten belegt oder inhaftiert (Carl von Ossietzky, nach der KZ-Haft 1938 gestorben).

Universitäten

Emigration

Die Aktion gegen die SA (Röhm-Putsch, Juni 1934)

Mit der Erweiterung und Festigung der nationalsozialistischen Macht stellte sich für Hitler auch das Problem, die innerparteiliche Konkurrenz, die seiner eigenen Stellung gefährlich werden und seine Politik im neu eroberten Staatswesen stören konnte, zu beseitigen. Nach dem Verschwinden des Zentrum als letzter Partei im Juli 1933 hatte Hitler erklärt, daß von nun an die "Evolution" an die Stelle der Revolution trete. Er reagierte damit auf erhebliche Störungen in Wirtschaft und Verwaltung, die der unkontrollierte SA-Terror und immer häufiger auftretende Forderungen nach einer durchgreifenderen "zweiten Revolution" verursachten.

Innerparteiliche Konkurrenz

So verlangte der Stabschef der SA, Ernst Röhm, in seinem Milizkonzept die Zusammenlegung der SA und der Reichswehr unter seiner Führung. Auch Göring sah sich dem Druck von SA und Röhm ausgesetzt. Er löste aber die Hilfspolizei, in die die SA eingegliedert war, auf, ließ die SA-Konzentrationslager schließen und übertrug diese Aufgaben der Geheimen Staatspolizei (Gestapo), zu der er die ehemalige preußische Politische Polizei umgewandelt hatte. Aktionen und Pläne Röhms und der SA störten Hitlers Absicht, einflußreiche Gruppen aus Industrie und Reichswehr für sich zu gewinnen. Die Reichswehr wehrte sich vor allem gegen eine Gleichstellung mit der SA.

Milizkonzept Röhms

Hitler entschied sich für die Reichswehr, auf deren Unterstützung er zur Durchsetzung seiner innen-, vor allem aber seiner außenpolitischen Ziele nicht verzichten konnte. Indem er sich gegen die SA wandte und die Reichswehr zum "alleinigen Waffenträger" der Nation machte, konnte er sie fester an sich binden. In einer großangelegten Aktion Ende Juni 1934 wurden Röhm und andere SA-Funktionäre wegen angeblicher Putschpläne verhaftet und erschossen. Hitler nutzte die Gelegenheit, gleichzeitig mit alten Gegnern abzurechnen (v. Schleicher, v. Kahr etc.), aber er beseitigte mit Röhm auch alte Mitstreiter, die seinem Ruf als alleiniger Führer gefährlich werden konnten. Diese Terroraktion wurde von der SS Heinrich Himmlers und der Wehrmacht durchgeführt. Die SS gewann nicht zuletzt durch diese Aktion immer mehr an Macht, trat an die Stelle der SA und wurde zum eigentlichen Trä-

Reichswehr

Säuberungen in der Parteispitze

ger des nationalsozialistischen Terrors. Durch ein anschließend vorgelegtes Gesetz wurde die Aktion gegen die SA nachträglich für rechtens erklärt.

Die Durchsetzung des Führerprinzips

"Führer und Reichskanzler"

Noch vor dem Tod Hindenburgs erklärte Hitler im "Gesetz über das Staatsoberhaupt des Deutschen Reiches" (1. 8. 1934) die Vereinigung der Ämter des Reichskanzlers und des Reichspräsidenten für den Zeitpunkt des Todes Hindenburgs. Am folgenden Tag nahm Hitler den Titel "Führer und Reichskanzler" an und erhielt von der Reichswehr den Eid, nicht mehr auf die Verfassung, nicht auf ihn als Amtsträger, sondern auf seine Person.

Wenn auch noch nicht alle staatlichen und gesellschaftlichen Bereiche (Diplomatie, Reichswehrführung, Wirtschaft, Kirchen) von der Partei besetzt waren, war damit doch die Entwicklung von der relativen und eingeschränkten Macht (30. 1. 1933) über den Ausbau errungener Schlüsselpositionen bis hin zur Institutionalisierung des Führerstaates abgeschlossen.

Zugriff auf die Wehrmacht 1938

Die Ideologie des Nationalsozialismus und die auf Krieg gerichtete Politik sorgten für Spannungen zwischen Hitler und der Reichswehrführung, die sich im Januar und Februar 1938 in der Entlassung des Oberbefehlshabers der Wehrmacht, v. Blomberg, und des Generalobersten v. Fritsch entluden. Beide wurden in diffamierender Weise verdächtigt, um sie so aus ihren Ämtern entfernen zu können. Hitler ernannte keinen neuen Oberbefehlshaber mehr, sondern bildete ein "Oberkommando der Wehrmacht", das aber keine selbständige Linie mehr entwickeln konnte und auch von den Führungsstäben von Marine und Luftwaffe nicht akzeptiert wurde. Hitler sicherte sich so den Zugriff auf die höchsten Stellen in der Wehrmacht, bis er schließlich Ende des Jahres 1941 (nach dem Fehlschlag der deutschen Operationen vor Moskau) selbst das Oberkommando des Heeres übernahm.

Hitler hatte damit seine Machtstellung auf allen Gebieten gefestigt: Er hatte die Führung der Partei, der Staates, der Wehrmacht und der Justiz inne, durch Parallelorganisation und Kompetenzstreitigkeiten in den unteren Verwaltungsstellen, aber auch bis hinauf in die Ministerien, konnte er sich als übergeordnete Instanz durchsetzen, die von Fall zu Fall entscheiden konnte. Getragen war seine Herrschaft zum Teil von der Obrigkeitshörigkeit der Funktionäre, gleichfalls bis hinauf in die Ministerien, und zum Teil vom Terror der SS in all ihren Gliederungen – zum Teil aber auch von blindem Staatsvertrauen und echter Zustimmung.

Die Machtstruktur der NSDAP

Schon innerhalb der Partei hatte Hitler unumschränkte Führerschaft und willenlose Gefolgschaftstreue gefordert, Autorität nach unten war verbunden mit ausschließlicher Verantwortung nach oben. Immer wieder mußte er aber seine Machtposition durchsetzen und verteidigen. Nach der Machtübernahme entstand das Problem der Kompetenzabgrenzung von Partei und Staat. Mit Rücksicht auf Funktionieren und Aufbau des Staates hatte sich Hitler mit einflußreichen Gesellschaftsgruppen (Reichswehr, Großindustrie) arrangiert. Das für die Kontinuität der staatlichen Verwaltung notwendige Arrangement mit dem Beamtentum stellte kein Problem dar, da die meisten Beamten loyal zur Reichsregierung standen.

Doppelsystem von Partei und Staat

Die Partei blieb mit all ihren Gliederungen als eigener Machtträger neben dem Staat bestehen. Partei und Staat gerieten so fast zwangsläufig in Rivalität. Sonderzuständigkeiten und immer weitere Aufspaltung von Fachkompetenzen führten einerseits zur Aufsplitterung der Staatsorganisation, andererseits zu einem Konkurrenzverhalten innerhalb der verschiedenen Organe. Ein Beispiel dafür ist das Nebeneinander von Reichsstatthaltern in den Ländern und Gauleitern der Partei. Das Problem stellte sich aber mit besonderer Schärfe, als die SS im 2. Weltkrieg daran ging, viele Zuständigkeiten an sich zu ziehen. Die "regulären" Ressortchefs hatten dagegen oft keine Chance. Unter anderem der Bewährungssucht der Leiter all dieser Organe ist das schnelle Funktionieren des Systems zuzuschreiben; vor allem aber konnte in diesem Kompetenzwirrwarr Hitler seine uneingeschränkte Führerstellung bewahren.

SS

Zur einflußreichsten Macht entwickelte sich nach der Ausschaltung der SA im Juni 1934 die Schutzstaffel (SS) unter Heinrich Himmler. Sie war ursprünglich ein Elitekommando zum persönlichen Schutz Hitlers, ihre Machtkompetenzen wurden ständig erweitert, und die SS wuchs förmlich zu einer dritten Gewalt im Staate heran.

Parteigliederungen

Eine der wichtigsten Parteigliederungen war die Hitlerjugend, die als einzige zur Pflichtorganisation wurde. Sie übernahm die Erziehung der Jugend im nationalsozialistischen Geist. Das gesamte Leben sollte durch solche Parteiorganisationen erfaßt werden, unter ihnen NS-Frauenschaft, NS-Studenten-, Dozenten-, Ärzte-, Lehrer-, Richterbund. Die Organisation aber auch von Sportlern, Krankenpflegerinnen, ehemaligen Soldaten usw. in Parteigruppen entsprach dem nationalsozialisten Streben einer möglichst totalen Durchdringung und Kontrolle der Gesellschaft. Neben den "Gliederungen" gab es noch eine große Anzahl von "angeschlossenen Verbänden". Teilweise mit Sondervollmachten ausgestattet, waren sie meist auf (Berufs-)Gebiete begrenzt. Dazu gehörte die Deutsche Arbeitsfront (DAF) unter R. Ley, die Einheitsorganisation von Arbeitgebern und Arbeitnehmern. Von den Berufsorganisationen im engeren Sinne war die größte der "Reichsnährstand" unter Walter Darre, der für die Durchführung nationalsozialistischer Agrarpolitik zu sorgen hatte. Daneben gab es fast für jede Gesellschafts- und Berufsgruppe eine Parteiorganisation.

Der SS-Staat

Die SS

Die Ideologie von der Überlegenheit der nordischen Rasse verlangte nach einem Instrument, um diese Überlegenheit zu einer unangreifbaren Führungsstellung auszubauen. Dieses Instrument war die "Schutzstaffel" (SS), eine Kampftruppe, die ursprünglich der "Sturmabteilung" (SA) eingegliedert war. Sie stand seit 1929 unter der Leitung Heinrich Himmlers. Die SS hatte allerdings gegenüber der SA den politischen Vorteil, daß sie sich nicht als paramilitärisch orientierte Kampftruppe, sondern als rassenbiologische Elite, als für die Zukunft der Rasse wichtigen "Männerorden" verstand und daher in die Partei und ihre Rassenideologie integriert war. Die Partei sah in der SS das Mittel zur Durchsetzung ihrer Ziele und stattete Himmler mit immer größeren Vollmachten aus. Die SS stand neben den regulären Polizeieinheiten und unterlag keiner Kontrolle durch Justiz und Verwaltung. Sie war daher schon 1933 das umfassende Instrument des nationalsozialistischen Terrors gegen Andersdenkende. Mit der Ermordung Ernst Röhms und der Entmachtung der SA im Juni 1934 löste sich die SS aus dieser Verbindung und stieg durch die Übernahme der Gestapo (Politische Polizei) und des Sicherheitsdienstes zur allmächtigen Polizei auf.

Integration der SS in die Rassenideologie

Übernahme der Gestapo

Erziehungsauftrag

Der besondere "Erziehungsauftrag" der SS äußerte sich in der Erziehung einer nationalsozialistischen Elite in den "Nationalpolitischen Erziehungsanstalten" (Napola), wo die künftigen Führungskader für Partei und Staat herangebildet wurden. Ab 1941 wurde diese Erziehung auch auf sechsjährige Kinder ausgedehnt.

Die SS-Führung unter Heinrich Himmler baute ihre Stellung auf allen Gebieten soweit aus, daß das nationalsozialistische Deutschland auch als "SS-Staat" angesehen werden kann (Zitat von E. Kogon, 1945). Sie drang in alle Bereich des Lebens ein, bildete ein SS-Rasse- und Erziehungshauptamt, ein SS-Wirtschafts- und Verwaltungshauptamt, ein Reichssicherheitshauptamt, um in der Verbindung von Ideologie und Terror ein Imperium der nordisch-germanischen Rasse aufzubauen.

Ab 1939 begann auf Hitlers Anordnung der Aufbau einer eigenen SS-Armee, zu der SS-Verfügungstruppen (1939 mit 18 000 Mann) und SS-Totenkopfverbände (6 500 Mann) zählten. Die dann neugebildete Waffen-SS wurde auf eine Stärke von ca. 60 000 Mann gebracht; die "Totenkopf-Wachsturmbanne" zur Bewachung der Konzentrationslager umfaßten ca. 24 000 Mann. Die Waffen-SS war zwar formal der Wehrmacht unterstellt, fühlte sich aber grundsätzlich der Partei verpflichtet, sie zeichnete sich durch besonders "linientreue" Tätigkeit in den besetzten Gebieten aus.

SS-Armee
Waffen-SS

Während den Wehrmachtsbehörden lediglich ein ca. 10 km breiter Streifen hinter der Front unterstellt war, stand das gesamte Hinterland unter der Kontrolle der SS als "Sicherheitspolizei". Auf das Konto der SS gehen z. B. das Massaker in dem südwestfranzösischen Dorf Oradour-sur-Glane, dem die gesamte Bevölkerung des Ortes, Männer, Frauen und Kinder, zum Opfer fiel (SS-Division "Das Reich"), die Ermordung der Einwohner des tschechischen Dorfes Lidice, die Ermordung römischer Geiseln in den Ardeatinischen Gräben bei Rom und andere Greueltaten.

Sicherheitspolizei
Oradour-sur-Glane
Lidice
Rom

Ende 1944 umfaßte die Waffen-SS etwa 910 000 Mann, z. T. "volksdeutsche" Freiwillige, die nicht der Wehrpflicht unterlagen. Bei einer solchen Truppenstärke war die ehemals geforderte absolute ideologische Ausrichtung auf den Nationalsozialismus nicht mehr durchzuhalten.

Seit Kriegsbeginn war Himmler auch "Reichskommissar für die Festigung des deutschen Volkstums" in den besetzten Gebieten, vor allem in Polen und im Baltikum, später auch in der Ukraine. Außer für die Verfolgung der einheimischen polnischen und russischen Bevölkerung war die SS auch zuständig für die Umsiedlung der Volksdeutschen aus Südost- und Osteuropa. Diese wurden in den eroberten polnischen, weißrussischen und ukrainischen Gebieten angesiedelt und sollten dort den Kern des neuen deutschen Volkstums bilden. Die unterworfenen Polen, Russen und Ukrainer sollten in diesen Räumen lediglich den Status von Tagelöhnern und Hilfsarbeitern haben. Zu diesem Zweck wurde die polnische und russische Intelligenz ausgerottet, die Schulbildung auf ein Minimum reduziert *(Rechnen bis 500, Schreiben des eigenen Namens, Lernen, daß es göttliches Gebot sei, den Deutschen gehorsam zu sein.)*

Volkstumspolitik

Die Konzentrationslager

Die Macht des SS-Wirtschafts- und Verwaltungshauptamtes resultierte aus der wirtschaftlichen Ausbeutung des Systems der Konzentrationslager. Mit den "arbeitsfähigen" Häftlingen, mehr aber noch mit den Kriegsgefangenen und aus den besetzten Gebieten Deportierten stand hier ein Reservoir an Arbeitskräften zur Verfügung, das die SS ohne Rücksicht auf die Arbeitsbedingungen an Rüstungsbetriebe verlieh. Zu diesem Zweck errichtete sowohl die SS im ganzen Reich "Außenstellen" und Arbeitslager als auch die Industrie Werke in unmittelbarer Nähe der Lager (z. B. Buna Werk Auschwitz-Monowitz der IG Farben).

Zwangsarbeit

Die deutsche Kriegswirtschaft konnte mit diesen Zwangsarbeitern 1942 über ca. 4 Millionen, 1944 über ca. 7–8 Millionen "Fremdarbeiter", davon 1,9 Millionen Kriegsgefangene und 5,7 Millionen Deportierte, verfügen. So arbeiteten z. B. in der Mannheimer Rüstungsindustrie während des Krieges ca. 20 000, bei VW in Wolfsburg ca. 10–12 000 Zwangsarbeiter, beim Rüstungskonzern Krupp 70 000 Deportierte, 23 000 Kriegsgefangene und 10 000 KZ-Häftlinge. Die Unterlagen indessen, von der SS peinlich genau und mit deutscher Gründlichkeit geführt, wurden gegen Ende des Krieges vernichtet, um alle Spuren des Verbrechens zu beseitigen. Eine Entschädigung der Zwangsarbeiter fand nach dem Krieg nur in geringem Umfang und nur *aus humanitären Gründen* statt.

"Gewinn"-Rechnung

Die durchschnittliche Gebühr betrug 6 bis 8 RM je Tag, die durchschnittliche Lebensdauer 9 Monate. Daraus errechnete die SS einen Reingewinn von 1 431 RM pro Person, zu denen noch 200 RM aus der "rationellen Verwertung" der Leiche kamen. Es spricht für die Menschenverachtung der SS, daß selbst für die Verbrennung der Leiche von diesen Einnahmen ein Betrag von 2 RM abgezogen wurde. Diese Einkünfte wurden durch Einnahmen aus SS-eigenen Betrieben ergänzt. Die SS wollte sich damit nicht nur finanzielle Mittel erschließen, sondern auch in bestimmten Industriezweigen eine beherrschende Stellung erringen. Damit sollte die SS "autark", wirtschaftlich unabhängig von privater und öffentlicher Industrie werden.

Autarkie der SS

Konzentrationslager – Haftlager

Mit den Konzentrationslagern verfolgte die SS mehrere Ziele:
Sie waren zum einen Haftlager für die große Masse der politisch Verfolgten, der Kriegsgefangenen, auch von Kriminellen.

Verletzung der Menschenwürde

Zum zweiten dienten sie – besonders in den Anfangsjahren – dazu, den Willen zum Widerstand und den Selbstbehauptungswillen beim einzelnen zu brechen und unterzogen den Häftling dabei Maßnahmen, die einzig darauf zielten, seine Menschenwürde zu verletzen. Wenn auch tatsächlich das menschenverachtende System der Konzentrationslager im Volk weithin unbekannt gewesen sein mochte, so fiel doch das "Verschwinden" der Menschen auf und flößte der Bevölkerung Angst vor der Ungewißheit ein.

Vernichtungspolitik

Zum dritten dienten sie zur Vernichtung von Menschen und ganzen Bevölkerungsgruppen – Juden, Homosexuelle, Zigeuner, aber auch polnische, russische und ukrainische Intellektuelle.

"Medizinische" Experimente

An den Gefangenen wurden von SS-"Ärzten" bei lebendigem Leib medizinische "Experimente" vorgenommen, die zum Tod oder zu dauernder Verkrüppelung führten. Der Arbeitseinsatz in der Zwangsarbeit erstreckte sich auf alle arbeitsfähigen Gefangenen.

Todeslager

Zu "Todeslagern" sind im wesentlichen sind nur die großen Lager des Ostens – Auschwitz vor allem, Treblinka und Majdanek – geworden. Allein in Auschwitz schätzt man die Zahl der Ermordeten auf 3,5 (polnische Schätzung) bis 4,5 Millionen (E. Kogon, "Der SS-Staat"), insgesamt auf ca. 6,5 Millionen Menschen. Die – äußerst schwer schätzbare – Gesamtsumme der Lagerhäftlinge dürfte bei etwa 7 bis 9 Millionen gelegen haben, der jeweilige "Dauerbestand", d. h. die Zahl der jeweils Inhaftierten, betrug vor dem Krieg ca 85 000, bis 1942 395 000 und stieg dann bis ca. 600 000 an. Die Zahl der Häftlinge in Auschwitz, das im Endausbau für 200 000 Häftlinge geplant war, überschritt im August 1944 die Zahl von 150 000.

Psychologische Merkmale der SS-Führer

Um die Unmenschlichkeit, die unvorstellbare Grausamkeit, ja, den Sadismus der SS-Leute in den Konzentrationslagern verstehen zu können, muß man die psychologische Seite dieser Menschen in Betracht ziehen. Sie spiegelten die Halt- und Orientierungslosigkeit des deutschen Bürgertums, dessen Rechtsruck Hitler an die Macht gebracht hatte, wider, sie hatten in der nationalsozialistischen Ideologie den Halt gefunden, den ihnen die moderne Industriegesellschaft nicht geben konnte. Die Mitgliedschaft in der SS gab ihrem Leben einen Sinn und ermöglichte die Kompensation ihrer Frustrationen. Zur Durchsetzung der "richtigen" Ordnung wurden die größten Grausamkeiten als "normal" angesehen. An höheren Werten geschulte Bildung und damit ein ethisches Grundmuster waren weder während des Ersten Weltkrieges, noch in der Zeit der Freikorpskämpfe, des Bürgerkriegs, der Inflation oder der Wirtschaftskrise zu erwerben gewesen. An ihre Stelle traten Pflichterüllung und Gehorsam. Die Propaganda, die nur einhämmerte, die Juden seien "Schädlinge", die auszurotten seien, setzte die Hemmschwelle gegenüber den "Untermenschen" weiter herab.

Macht über andere

Grundfrage der Beurteilung wird immer die Beobachtung bleiben, daß Menschen, die vorher ein normales Leben geführt hatten, mit der Macht eines SS-Führers über andere, entrechtete Menschen ausgestattet die entsetzlichsten Grausamkeiten und Perversionen vollbringen konnten, um nachher wieder ein ebenso normales und unauffälliges Leben zu führen, an der Seite von Frau und Kindern, bis schließlich die Vergangenheit ans Licht kam. Die Frage wird immer sein, wie der Nationalsozialismus diese tierischen Triebkräfte in den Menschen freisetzen konnte, vor allem aber, wo diese Triebkräfte vorher waren und – wo sie heute sind.

In der Diskussion der ersten Nachkriegsjahre über die eigene Vergangenheit wurde ein Satz geprägt (denn daß er wirklich von dem stammt, dem er zugeschrieben wurde, erscheint unwahrscheinlich), der manches Geschehene erklären könnte:

> *"... Diese Treue gegen Eure Führer, die die Germanen, Eure Altvorderen, auszeichnete, diese Gewohnheit zu gehorchen, ohne zu bedenken, daß heiligere Pflichten als den Gehorsam gibt, Pflichten, die allen Eidesschwüren vorgehen, diese Leichtgläubigkeit, die Euch dem Antrieb einer kleinen Anzahl von Unsinnigen oder Ehrgeizigen folgen läßt: Das sind Eure Fehler, aber es werden Verbrechen sein, wenn Ihr nicht am Rande des Abgrundes haltmacht."*
>
> Frankfurter Hefte 2 (1947) S. 110, als "Mirabeau in einem Aufruf an die Hessen" zitiert.

Die Außenpolitik Hitlers – der Weg in den Krieg

Grundforderungen

Hitlers außenpolitische Forderungen während der Weimarer Republik enthielten sowohl die Revision des Versailler Vertrags als auch – darüber hinausgehend – die Schaffung von Lebensraum im Osten unter Durchsetzung des rassenbiologischen Programms.

Kampf gegen die Erfüllungspolitik

Der Kampf gegen die "Erfüllungspolitik" der bürgerlichen Regierungen brachte den Nationalsozialisten besonders in der Zeit der Weltwirtschaftskrise mehr Stimmen als die ersten Erfolge einer "Politik der kleinen Schritte" den bürgerlichen Parteien gebracht hatten; bis 1932 war immerhin ein Ende der drückenden Reparationslast ausgehandelt. Auch die Verhandlungen mit dem Ziel, Deutschland die Gleichberechtigung in der Rüstung zu bringen, ließen eine nicht mehr so harte Haltung der Alliierten erkennen.

Wesentlich ist jedoch die Erkenntnis, daß Hitler seine Lebensraumpolitik nicht nur in seinem Buch "Mein Kampf" als Kernpunkt betonte, sondern schon Anfang Februar 1933 den Befehlshabern von Heer und Marine als außenpolitisches Grundsatzprogramm darstellte. Dieser konsequent verfolgten Linie stand jedoch zunächst eine ständige Beteuerung des Willens zum Frieden gegenüber.

Lebensraum

Aufrüstung und Betonung des Friedenswillens

Bei den nach Hitlers Machtergreifung weiterlaufenden Abrüstungsverhandlungen machte Frankreich Vorbehalte geltend, die aus seinem nach wie vor vorhandenen Sicherheitsbedürfnis Deutschland gegenüber kamen. Eine deutsche Gleichberechtigung in Rüstungsangelegenheiten lehnte es kategorisch ab. Das nahm Hitler zum Vorwand, um am 14. Oktober 1933 den Austritt Deutschlands aus den Abrüstungsverhandlungen und aus dem Völkerbund zu erklären. Zwei Wochen später wurden die Reichstagswahlen mit einer Volksabstimmung über diese Frage gekoppelt und brachten eine Zustimmung von 92 % der Wähler. Dieses eindeutige Votum konnte Hitler als demokratische Legitimation vorzeigen. In der Folgezeit baute er, ungestört von den Prinzipien des Völkerbundes, seine Politik auf zweiseitige Verträge auf, die Deutschland Bundesgenossen schaffen sollte.

Austritt aus dem Völkerbund 14. Oktober 1933

Im Januar 1934 schloß Hitler mit dem polnischen Staatschef, Marschall Pilsudski, einen 10jährigen Nichtangriffspakt. Damit stellte er zum einen seinen Friedenswillen unter Beweis, zum anderen aber – und hauptsächlich – nahm er damit den Druck eines befürchteten polnischen Präventivkrieges, vor dem die Reichswehr schon 1931 gewarnt hatte, von Deutschland und brach drittens dem polnisch-französischen Bündnis die gegen Deutschland gerichtete Spitze ab.

Nichtangriffspakt mit Polen 1934

Im Juli 1934 unternahmen die illegalen, aber von Deutschland unterstützten österreichischen Nationalsozialisten einen Putschversuch in Wien. Bundeskanzler Dollfuß wurde ermordet, der Putsch allerdings von den konservativen "Heimwehren" niedergeschlagen. Mussolini ließ Truppen am Brenner aufmarschieren, um ein deutsches Eingreifen zu verhindern, und Hitler distanzierte sich darauf von den Putschisten.

Putschversuch in Österreich

Hitler konnte seine aggressive Lebensraumpolitik nur mit einer starken und hochgerüsteten Wehrmacht durchführen. Voraussetzungen aber hierfür war die Wiedererlangung der "Wehrhoheit", d. h. der Fortfall der Rüstungsbeschränkung in zahlenmäßiger und territorialer Hinsicht.

Wehrhoheit

Nach der – im Versailler Vertrag vorgesehenen – Rückkehr des Saargebietes durch Volksabstimmung am 13. Januar 1935, in der sich über 90 % der Saarländer für die Rückkehr nach Deutschland entschieden, wurde inmitten der über diese Frage angefachten nationalen Hochstimmung am 16. März 1935 die allgemeine Wehrpflicht eingeführt. Hitler begründete diesen Schritt mit dem englischen Aufrüstungsprogramm und der Verlängerung der Dienstzeit in Frankreich. Großbritannien, Frankreich und Italien nahmen zwar diesen Verstoß gegen die Vertragsbestimmungen hin, erklärten aber auf einer gemeinsamen Konferenz in Stresa (14. April), weiteren Vertragsverletzungen des Deutschen Reiches gemeinsam begegnen zu wollen und für die Selbständigkeit Österreichs einzutreten. Damit war Deutschland erneut außenpolitisch isoliert.

Allgemeine Wehrpflicht

Deutsch-englisches Flottenabkommen

Zwei Monate nach der Konferenz von Stresa schloß aber die britische Regierung mit Hitler ein Flottenabkommen ab, das die Stärke der deutschen Flotte auf 35 % der englischen Flotte, die der deutschen U-Boot-Flotte sogar auf 100 % der englischen festschreiben sollte. Die britische Regierung verband damit zweierlei: zum ersten wollte man ein unkontrolliertes Wettrüsten vermeiden, hoffte auch, damit die Überlegenheit der britischen Flotte zu zementieren, und dachte, Hitler, der ja eben seinen Willen zur Aufrüstung gezeigt hatte, damit zu zähmen und ihn in ein kollektives Vertragssystem einzubinden. Zum zweiten sah man, daß die harte Haltung Frankreichs und die Unverhältnismäßigkeit der Versailler Bestimmungen wesentlich mit zu der eigenmächtigen revisionistischen und den Keim der Aggressivität in sich bergenden Außenpolitik Hitlers geführt hatte. Es war außerdem eine gute Gelegenheit, ein kontinentales Gegengewicht gegen Frankreich aufzubauen. Zum dritten aber hoffte man wohl, das neu erstarkende Deutschland als Bollwerk gegen den Kommunismus nutzen zu können.

Hitler hatte mit diesem Vertrag den zweiten Staat, nach Polen, aus der gegen Deutschland gerichteten Koalition herausgebrochen. Mit der Unterstützung Italiens 1935 im Abessinienkrieg, in dem Mussolini auf Kosten des souveränen abessinischen Staates (heute Äthiopien) sein Kolonialimperium vergrößern wollte, folgte auch dieses nach.

Besetzung des Rheinlandes 7. März 1936

Am 7. März 1936 marschierten deutsche Truppen in das Rheinland ein, das gemäß den Versailler Vertragsbestimmungen entmilitarisiert bleiben sollte. Die Generalität hatte Hitler vor diesem Schritt gewarnt, da die deutsche Wehrmacht noch zu schwach war, um einer militärischen Intervention Englands und Frankreichs standzuhalten. Beide Großmächte begnügten sich indessen mit papierenen Protesten. England verfolgte weiter seine Politik der Beschwichtigung (Appeasement), um mit Hitler zusammen wieder zu einem System der kollektiven Sicherheit zu kommen.

Appeasement-Politik

Frankreich war zu sehr in innenpolitischen Wirren verstrickt, als daß eine Intervention zustande gekommen wäre. Hitler konnte also mit seiner Politik der vollendeten Tatsachen einmal mehr Erfolge erzielen. Trotz dieser zweimaligen offenkundigen Verletzung der Vertragsbestimmungen versammelten sich die Nationen im Sommer 1936 in Berlin, wo die nationalsozialistische Propaganda die Olympischen Sommerspiele zu einer gewaltigen Selbstdarstellung nutzte.

Olympiade 1936

Die Achse Berlin–Rom

Im Juli 1936, zur selben Zeit, zu der die nationalsozialistische Führung in Berlin die "Jugend der Welt" zum "edlen Wettstreit" zusammenrief, begann in Spanien der Bürgerkrieg zwischen der Volksfront aus Republikanern, Sozialisten und Kommunisten und rebellierenden monarchistischen Militärs unter dem General Franco. Deutschland und Italien unterstützten Franco, während die Sowjetunion und Frankreich auf Seiten der Republikaner standen. Am 1. November 1936 sprach Mussolini von der "Achse Berlin-Rom" und betonte damit die deutsch-italienische Waffenbrüderschaft auf dem spanischen Kriegsschauplatz. Hier hatte die deutsche Wehrmacht die erste Gelegenheit, die modernen Waffensysteme zu erproben; der spanische Bürgerkrieg ist der erste Krieg, der die Zivilbevölkerung mit dem Terror des Luftkrieges und der Bombenangriffe konfrontiert (Angriff auf Guernica: Picasso-Gemälde, Roman von Hermann Kesten).

Bürgerkrieg in Spanien

Im November desselben Jahres schlossen Deutschland und Japan den Antikominternpakt, der offiziell nur ein Gegenbündnis gegen die Komintern (Kommunistische Internationale) bildete, aber in einem geheimen Zusatzartikel die gegenseitige Neutralität bei einem Angriff der Sowjetunion gewährleistete. Italien trat diesem Bündnis erst 1937 bei. Die Annäherung Deutschlands an Italien, mit der Hitler im wesentlichen eine Wirkung auf die Westmächte verband, mündete schließlich im Mai 1939 in förmliches Bündnis der beiden Diktatoren. Die deutsch-italienische Zusammenarbeit wurde durch die Verwandtschaft der beiden totalitären Diktaturen und ihrem gemeinsamen Kampf gegen den Kommunismus begünstigt.

Antikominternpakt

Der Wille zum Krieg

Sieht man Hitlers immer wiederholte öffentliche Friedensbeteuerungen auf der einen Seite, auf der anderen Seite die immer mehr von der bloßen Revision abgehende und immer aggressiver werdende Außenpolitik, die schließlich den Zweiten Weltkrieg entfesselte, dann muß man nach einem Wendepunkt fragen, an dem Hitlers Außenpolitik von der Revision zur Expansion umgeschlagen wäre. Hier können die militärische Besetzung des Rheinlandes als "vor-"militärische Aktion oder dann - im folgenden zu beschreiben - der Ausgriff auf Österreich und die Tschechoslowakei genannt werden. Beide Aktionen kennzeichnen den Weg der Aggression, von der alten "Nationalstaatsidee" hin zur Lebensraumpolitik.

Zielstrebigkeit

Angesichts von Hitlers Kriegsprogramm der 20er Jahre, angesichts auch seiner zielstrebig militärisch orientierten Politik muß aber festgestellt werden, daß er allen Beteuerungen zum Trotz mit Gradlinigkeit seine Außenpolitik verfolgte. Auskunft über den vorgezeichneten Weg zu Aggression und Eroberung geben zwei Dokumente: die Denkschrift zum Vierjahresplan 1936 und das sog. Hoßbach-Protokoll von 1937.

Vierjahresplan 1936

Hitlers Denkschrift zum Vierjahresplan stellt zunächst fest, daß es in Europa nur zwei Staaten, Deutschland und Italien, gebe, die *dem Bolschewismus gegenüber* stand halten könnten. Alle anderen würden früher oder später an ihren inneren Widersprüchen zugrunde gehen. *Ein aussichtsvoller Krieg gegen die Sowjetunion* sei daher nicht von ihnen zu erwarten. Aus diesem Grunde müsse das Ausmaß und das Tempo der militärischen Auswertung der deutschen Kräfte soweit als möglich gesteigert werden. Sie fährt fort: *Die endgültige Lösung liegt in einer Erweiterung des Lebensraumes bzw. der Rohstoff- und Ernährungsbasis unseres Volkes. Es ist Aufgabe der politischen Führung, diese Frage dereinst zu lösen* ..., und stellt die Aufgaben, daß innerhalb von vier Jahren sowohl die Armee einsatzfähig als auch die Wirtschaft kriegsfähig sein müsse. Damit programmiert Hitler die Entfesselung eines neuen Krieges auf 1940.

Hoßbach-Protokoll 1937

Das unter dem Namen von Hitlers Wehrmachtsadjutant, Oberst Hoßbach, überlieferte Protokoll einer Besprechung Hitlers mit dem Reichskriegsminister, den Oberbefehlshabern der drei Wehrmachtsteile und dem Außenminister vom 5. November 1937 spricht eine ähnliche Sprache, indem es die Gewinnung neuen "Lebensraumes" als Grundlage der Rohstoff- und Nahrungsmittelversorgung allen anderen Überlegungen überordnet. Jede "Raumerweiterung" aber könne nur *durch Brechen von Widerstand und unter Risiko* geschehen, *der Angreifer stoße stets auf den Besitzer*. Als spätester Zeitpunkt eines militärischen Vorgehens zugunsten dieser Ziele werden die Jahre 1943/45 genannt, nach dieser Zeit werde der deutsche Rüstungsvorsprung wieder geringer. Aus dem Protokoll geht hervor, daß der erste Stoß Österreich und die Tschechoslowakei treffen solle, die Konsequenzen lägen für Deutschland sowohl in einem *Gewinn von Nahrungsmitteln für 5–6 Millionen Menschen* als auch *in einer wesentlichen militärpolitischen ... Entlastung* infolge kürzerer, besserer Grenzziehung, aber auch in der Aussicht, 12 neue Divisionen aufstellen zu können. Die Eroberung der Tschechoslowakei ist damit vorbereitet, auch wenn Hitler im folgenden Jahr noch seinen *Willen*, den tschechischen Staat zu erhalten, bekundet. Eine militärische Intervention Englands und Frankreichs wird ausgeschlossen.

Bis zum Ende des Jahres 1937 waren die wesentlichen innenpolitischen Beschränkungen, die der Versailler Vertrag Deutschland auferlegte, beseitigt:

Revisionen

- Reparationen (Konferenz von Lausanne 1932),
- Abtrennung des Saargebietes (Volksabstimmung – regulär! – Januar 1935),
- Rüstungsbeschränkungen (Einführung der Wehrpflicht März 1935),
- Entmilitarisierung (Besetzung des Rheinlandes März 1936).

Noch hatte Hitler es verstanden, vor der Weltöffentlichkeit ein friedliches Gesicht zu zeigen, noch konnte er sich auf eine vor allem in England verbreitete Meinung stützen, daß es eigentlich nur recht und billig sei, wenn die harten Versailler Bedingungen gemildert oder gar kassiert würden. Dabei sah man freilich auch in einem starken Deutschland ein Bollwerk gegen den Bolschewismus. Noch griff seine Politik nicht über die 1919 festgesetzten Grenzen hinaus; juristischer Maßstab für den territorialen Umfang des auch nach dem Krieg noch bestehenden "Deutschen Reiches" war daher der Besitzstand am 31. Dezember 1937.

Stichtag für das "Deutsche Reich": 31. 12. 1937

Mit dem neuen Jahr 1938 griff Hitler in seiner Politik der großangelegten Revision über die Grenzen hinaus. Damit rückt aber eben diese "Revision" in den Status einer großangelegten Revision des geschichtlichen Prozesses, der aber nicht bei einer Verwirklichung alter nationalstaatlicher Träume, "großdeutscher" Träume, stehenblieb, sondern weiter ausholte und das germanische Ausgreifen nach Osten sogar mit der unerfüllt gebliebenen Bestimmung der Germanen in der Völkerwanderung gleichsetzte.

Aggressionen

Der Anschluß Österreichs

"Österreichische Frage"

Im Verhältnis Frankreichs und Englands zur österreichischen Frage war seit 1931 eine tiefgreifende Änderung eingetreten. Damals hatte noch das französische Veto den Plan einer deutsch-österreichischen Zollunion scheitern lassen und die deutsche Regierung noch tiefer in die Krise hineingetrieben. 1938 hatten sich die Verhältnisse geändert. England stand dieser Frage nicht mehr so ablehnend gegenüber und hatte 1937 eine Garantieerklärung für Österreich abgelehnt; Frankreich fand wegen seiner inneren Krise nicht den nötigen Nachdruck und war auf die Unterstützung Englands angewiesen. Auch Mussolini, der 1934 noch gegen einen

Anschluß mit Intervention gedroht hatte, war jetzt Hitler verbunden. So stand der österreichische Bundeskanzler Schuschnigg gegenüber dem innenpolitischen Druck, der von den österreichischen und deutschen Nationalsozialisten ausging, auf verlorenem Posten.

Es war nur folgerichtig, daß Hitlers nächste Pläne Österreich betrafen, es war weiter nur folgerichtig, daß er nach dem gescheiterten Putsch vom Juli 1934 auch hier den Weg der scheinbaren Legalität beschritten hatte. Nach späteren Aussagen stand seit dem Januar 1938 der Entschluß bei Hitler fest, in diesem Jahr das österreichische Problem anzugehen.

Deutscher Druck

Bei einer Unterredung zwischen Hitler und Schuschnigg am 12. Februar 1938 wurde auf deutschen Druck hin vereinbart, daß die österreichischen Nationalsozialisten in die Regierung aufgenommen werden sollten. Als Schuschnigg in einer verzweifelten Abwehrreaktion am 9. März innerhalb weniger Tage eine Volksabstimmung durchführen wollte, die sowohl die Unabhängigkeit Österreichs als auch das autoritäre "austrofaschistische" Regime bestätigen sollte, drohte Hitler ultimativ mit sofortigem Einmarsch, wenn die Volksabstimmung nicht verschoben würde.

Ultimatum

Einmarsch deutscher Truppen

"Anschluß"

Noch am Abend des Ultimatums (11. März) trat Schuschnigg zurück und machte Platz für den Nationalsozialisten Seyß-Inquart, der auf Weisung Hitlers die Regierung übernahm. Seine Bitte um Rückzug der deutschen Truppen blieb vergeblich: ein angebliches Hilfeersuchen, das auf Veranlassung Görings an die deutsche Regierung gerichtet wurde, gab den äußeren Vorwand für den Einmarsch. Die österreichische Armee zog sich ohne Widerstand zurück, die deutschen Truppen wurden jubelnd begrüßt, eine Volksabstimmung bestätigte anschließend fast einstimmig den Anschluß Österreichs an das jetzt "Großdeutsche Reich".

Wieder beschränkten sich Frankreich und England auf papierenen Protest. Mit dem Anschluß Österreichs allerdings wurde die militärische Lage der Tschechoslowakei unhaltbar, da die Grenzbefestigungen vor allem gegen Deutschland, aber kaum gegen Österreich angelegt wurden. Der Kriegsminister von Blomberg hatte im November 1937 *nachdrücklich auf die Stärke der tschechischen Befestigungen aufmerksam [gemacht], deren Ausbau den Charakter einer Maginot-Linie angenommen hätte und unseren [d. h. den deutschen] Angriff aufs äußerste erschwere* (Hoßbach-Protokoll).

Der Schlag gegen die Tschechoslowakei: "Griff nach Prag"

Das Sudetenland

Staatsgründung 1918

Der tschechische Nationalstaat war 1918 in seinem Westteil auf der Basis der historischen Grenzen Böhmens neugebildet worden. Sie bestanden in dieser Form seit dem Mittelalter. Auf neue Nationalitätenprobleme war dabei weder in Bezug auf die deutsche Minderheit im Sudetenland noch auf die polnische und ungarische Minderheit im Osten der neuen Republik eingegangen worden. Lediglich der slowakische Bevölkerungsteil konnte gegenüber dem traditionsreichen tschechischen Nationalismus seine Autonomie wahren.

Deutsche Siedlung

Diese deutsche Bevölkerung war allerdings zu einer Zeit eingewandert, als Böhmen zwar zum Gesamtverband des Deutschen Reiches gehörte, "verfassungsrechtlich" aber einen eigenen Staat bildete, der mit den habsburgischen Ländern vereinigt war. Böhmen und mit ihm das Sudetenland waren also nie deutsch im engeren, vielleicht sogar nationalstaatlichen Sinne, sondern bis 1918 österreichisch. Böhmen fühlte sich selbst auch nie zu einem enger zu verstehenden Deutschland gehörig, der tschechische Nationalismus führte bereits im 15. Jahrhundert zum Abwandern der deutschen Professoren von der Universität Prag nach Leipzig.

Letzter Ausdruck dieser Vielschichtigkeit ist die großdeutsch/-kleindeutsch-Debatte in der Frankfurter Paulskirche 1848/49, als es darum ging, ob und wie die nichtdeutschen Bestandteile des Deutschen Reich einbezogen werden sollten. Diese vielschichtige Situation ist zu berücksichtigen, wenn man das Problem der deutschen Minderheit im Sudetenland erörtern will.

Politische Heimat der Deutschen

Nach 1918 war die politische Heimat für diese Deutschen selbstverständlich das Deutsche Reich – ebenso wie für "Deutsch-Österreich", nicht nur aus realpolitischen, sondern auch aus geographischen Gründen. Wenn indessen die tschechische Regierung im Gefolge der Staatsgründung die Einbeziehung der Deutschen im Sinne einer Autonomie und Gleichberechtigung in den Staatsverband vorschlug, so handelte es sich dabei wohl mehr um propagandistische Manöver als um ernste politische Pläne. Bald bildete sich daher eine politische Gegenströmung gegen die wirtschaftliche und politische Bevormundung durch den tschechischen Staat. Sie knüpfte an politische Parteien an, die bereits vor dem Krieg bestanden hatten; die 1907 gegründete "Deutsche Arbeiterpartei" nahm 1918 den Namen "Deutsche Nationalsozialistische Arbeiterpartei" an, wurde aber wie die "Deutsche Nationalpartei" 1933 verboten, weil ihre Führer in aller Öffentlichkeit den Anschluß des Sudetenlandes an das Deutsche Reich forderten. Die "Sudetendeutsche Heimatfront" des Turnerführers Konrad Henlein wurde das Sammelbecken für diese politischen Strömungen und benannte sich 1935 in "Sudetendeutsche Partei" um. Henlein selbst bekannte sich seit 1937 offen zum Nationalsozialismus.

Sudetendeutsche Partei

Mit der Durchsetzung des Nationalsozialismus in Deutschland, mehr noch aber seit dem Anschluß Österreichs stand die politische Führung der Sudetendeutschen vor der Entscheidung, ob – wie bisher – die Lösung des Minderheitenproblems im Erreichen eines autonomen Status innerhalb der tschechoslowakischen Republik oder in der Loslösung des Sudetenlandes und im Anschluß an Deutschland gesehen werden solle.

Existenzfrage für Tschechoslowakei

Mit der Zugehörigkeit des Sudetenlandes war allerdings für den tschechoslowakischen Staat eine Überlebensfrage verknüpft, denn die derzeitige Grenze schloß nicht nur strategisch ohnehin wichtige Gebirgszüge ein, sondern auch modernste Festungsanlagen, mit denen sich die Tschechoslowakei gegen Deutschland abschirmte. Frankreich war daher natürlicher Bündnispartner und politischer Rückhalt. Frankreich aber war seinerseits ohne englische Hilfe nicht in der Lage, den Bestand der Tschechoslowakei in einem kriegerischen Konflikt zu garantieren.

Weiteren politischen Rückhalt hatte die Tschechoslowakei in der Sowjetunion gefunden. Sie allerdings machte ihre Hilfeleistung sowohl von einer französischen Hilfe als auch vom Einverständnis Polens und Rumäniens abhängig, über deren Gebiet die sowjetischen Truppen hätten marschieren müssen. Dieses Einverständnis aber verweigerte Polen wegen der prinzipiellen Aversion gegen Sowjetrußland unter allen Umständen. Die Tschechoslowakei stand also, was die Garantie gegen die Eingliederungspolitik der Sudetendeutschen betraf, auf verlorenem Posten.

Die tschechische Frage

Selbst wenn Hitler zur tschechischen Frage keine Äußerungen gemacht hätte, wäre klar, daß eine Verwirklichung der "Lebensraum"-Politik nicht mit der weiteren Existenz dieses Staates zu vereinbaren war. Gegenüber den zunächst zu klärenden politischen Fragen trat indessen dieses Problem nicht weiter hervor, doch wird im "Hoßbach-Protokoll" die Zerschlagung der Tschechoslowakei ebenso selbstverständlich vorausgesetzt wie der Anschluß Österreichs. Am 28. März 1938, drei Wochen nach dem Anschluß Österreichs, sah Hitler eine Lösung der tschechoslowakischen Frage in nicht allzu langer Zeit vor, am 30. Mai verkündete er der Wehrmacht, es sei *sein unabänderlicher Entschluß, die Tschechoslowakei in absehbarer Zeit durch eine militärische Aktion zu zerschlagen.*

In der Politik zur Durchsetzung dieses Zieles spielte allerdings das sudetendeutsche Volkstum nicht die Rolle, die sich manche ihrer Führer vielleicht erträumt hatten. Es ging Hitler überhaupt nicht um die Schaffung eines "großdeutschen" Nationalstaates, und auch diese Volksgruppe war nur Mittel zum Zweck.

Henlein und Hitler verabredeten unmittelbar nach dem Anschluß Österreichs, daß gegenüber der tschechischen Führung *unannehmbare* Forderungen erhoben werden sollten. Dem kam Henlein am 24. April 1938 mit dem "Karlsbader Programm" der Sudetendeutschen Partei nach, das u. a. folgende Punkte enthielt:

Karlsbader Programm 14. April 1938

- volle Autonomie,
- Freiheit des Bekenntnisses für das deutsche Volkstum und die deutsche Weltanschauung,
- Wiedergutmachung für die seit 1919 erlittenen wirtschaftlichen Schäden.

Der mit der Autonomieforderung verbundene Umbau des Staates mußte die Tschechoslowakei vor ernste Probleme stellen, zumal die Forderung, daß im deutschen Gebiet ausschließlich deutsche Angestellte beschäftigt sein sollten, die Landesverteidigung erheblich geschwächt hätte. Dennoch rechnete selbst Henlein mit der Möglichkeit, daß die Forderungen angenommen werden könnten und bereitete sich sofort auf immer weitergehende Ansprüche vor.

Zur Überraschung der Sudetendeutschen Partei, Henleins und Hitlers selbst nahm die tschechische Regierung am 7. September die Karlsbader Forderungen tatsächlich an. Da aber nun die deutsche Verhandlungsposition ausgereizt war und Hitler nichts an einer Verhandlungslösung lag, wurden am 11. September Zwischenfälle inszeniert, die zwei Tage später zu aufstandsartigen Unruhen angeheizt wurden. Auf das regional begrenzte Standrecht hin, das die Prager Regierung in Nordböhmen verhängte, stellte die Sudetendeutsche Partei ein Ultimatum und forderte am folgenden Tag öffentlich den Anschluß an das Reich. Die deutsche Wehrmacht begann mit Vorbereitungen für den Einmarsch.

Das Münchener Abkommen

Internationale Konferenzen

In dieser Situation traf zuerst der britische Premierminister Chamberlain mit Hitler in Berchtesgaden zusammen (15. September), dann kam es zu Konferenzen in Godesberg (22.–24. 9.) und in München (29.–30. 9.). Bereits beim ersten Treffen wurde Hitler die Abtretung des Sudetenlandes angeboten, die tschechische Regierung stimmte gezwungenermaßen zu. Hitler allerdings steigerte seine Forderungen, stellte auch ein ein bis zum 28. September befristetes Ultimatum, mußte sich aber schließlich im "Münchener Abkommen" vom 29. September 1938 mit dem Anschluß des Sudetenlandes ans Reich zufriedengeben. Er war mit

"Münchener Abkommen"

diesem Ergebnis sehr unzufrieden, da er die vollständige militärische Lösung, d. h. die Besetzung ganz Böhmens und Mährens, vorgezogen hatte. Immerhin war aber die Tschechoslowakei durch die Abtrennung des Sudetenlandes wirtschaftlich und vor allem militärisch so geschwächt, daß ihr Fortbestand nur mehr eine Frage der Zeit war – und Hitler gedachte, diese Zeit so kurz wie möglich zu halten.

Friedens-hoffnungen

Die Westmächte hielten noch die Hoffnung aufrecht, mit dem Zugeständnis von München den Diktator befriedigt zu haben. Chamberlain kehrte nach London zurück und meinte, er habe den Frieden in seiner Zeit gerettet. Frankreich schwankte zwischen Hoffnung auf Frieden und Ernüchterung über den aggressiven Charakter der deutschen Politik.

Garantieerklärung

Nach Abschluß des "Münchener Abkommens" zur Abtretung des Sudetenlandes gaben Frankreich und England eine Garantieerklärung für den verkleinerten tschechoslowakischen Staat ab, Deutschland und Italien versprachen, dieser Garantie ebenfalls beizutreten. Hitler indessen gab schon am 21. Oktober die Weisung an die Wehrmacht, die *"Erledigung der Rest-Tschechei"* militärisch vorzubereiten.

Einmarsch in die Rest-Tschechei 15. März 1939

Einen äußeren Anlaß für den Einmarsch benötigte Hitler jetzt nicht mehr. Er benützte die Unabhängigkeitsbewegung im östlichen Landesteil, der Slowakei, die auf deutsche Drohungen hin am 14. März 1939 ihre Unabhängigkeit erklärte und sich unter deutschen Schutz stellte. Der tschechische Staatspräsident, der nach Berlin gerufen wurde, erfuhr hier, daß in der Nacht zum 15. März die deutschen Truppen bereits auf dem Marsch auf Prag seien.

Hitler hatte damit die Vereinbarungen vom September 1938 gebrochen und deutlich gemacht, daß es ihm nicht mehr um die Revision von Bedingungen des Versailler Vertrags, sondern um reine Machtpolitik ging. Er hatte damit seine eigenen Bekundungen widerlegt, daß Deutschland nach dem Anschluß des Sudetenlandes keine territorialen Forderungen mehr erhebe. Der letzte Schritt mußte den Westmächten zeigen, daß Hitler kein verläßlicher Partner im Sinne einer gesamt-europäischen Friedensregelung war; die Besetzung der Tschechei kam zu überraschend für einen Gegenschlag, aber die britische Regierung erklärte am 31. März 1939, daß sie künftig ihre Garantieverpflichtungen erfüllen, insbesondere gemeinsam mit Frankreich die Unabhängigkeit Polens gewährleisten wollte. Hitler indessen nahm auch diese Erklärung nur für einen papierenen Protest, er sah nicht, daß dahinter die Entschlossenheit stand, seine aggressive "Außenpolitik" zu bremsen.

Die Entfesselung des Zweiten Weltkrieges

Der deutsch-sowjetische Nichtangriffspakt

Zweigleisigkeit der Politik

Ungeachtet der Rolle, die der slawischen Bevölkerung des Ostens, der polnischen Bevölkerung insbesondere, innerhalb des zu schaffenden germanischen Imperiums zugewiesen war, war die Außenpolitik Hitlers Polen gegenüber noch recht offen. Auf der einen Seite stand das deutsch-polnische Nichtangriffs-Abkommen von 1934, das das Verhältnis zwischen beiden Staaten vor der Weltöffentlichkeit normalisierte – zumindest so lange normalisierte, bis die deutsche Wehrmacht stark genug für einen Überfall wäre. Noch im Frühjahr 1939 bot Hitler dem polnischen Außenminister Beck an, daß Polen gemeinsam mit Deutschland gegen die Sowjetunion kämpfen solle, und stellte ihm dafür reiche Gewinne in der Ukraine in Aussicht. In Hitlers Plan, die Sowjetunion zu unterwerfen, hatte Polen zunächst noch die Alternative, mit Deutschland zu kämpfen oder nach seiner Unterwerfung als "Sprungbrett" und Ausgangsbasis zu dienen. Polen jedoch schlug ein derartiges Bündnis ebenso ab wie den sowjetischen Vorschlag eines Beistandspaktes gegen Deutschland.

Politik der UdSSR

Die Politik der Sowjetunion in dieser Zeit ist vor allem ideologisch und weltpolitisch zu sehen. Die Auseinandersetzungen zwischen den mittel- und westeuropäischen Staaten waren vor allem Auseinandersetzungen innerhalb des kapitalistischen Systems, die Sowjetunion befürchtete – letztlich sicher nicht zu Unrecht – ein Zusammengehen dieser kapitalistischen und imperialistischen Staaten zu einem Angriff auf die Sowjetunion mit ihrem kommunistischen System. Andererseits befürchtete man, daß die Westmächte eine sowjetische Beteiligung an einem Krieg gegen Deutschland zu einer Schwächung der Sowjetunion ausnützen wollten. Die britisch-französisch-sowjetischen Verhandlungen über eine Militärkonvention gegen Deutschland wurden aus verschiedenen Gründen sehr schleppend geführt, nicht zuletzt, weil sich – wie in der Frage einer Garantie für die Tschechoslowakei – das Recht eines Durchmarsches der Roten Armee durch Polen sehr schwierig gestaltete.

Hitler-Stalin-Pakt 23. August 1939

Noch während dieser Verhandlungen wurde klar, daß Stalin gleichzeitig auch mit Deutschland verhandelt hatte. Am 23. August registrierte die überraschte Weltöffentlichkeit den Abschluß eines Nichtangriffspaktes zwischen Deutschland und der Sowjetunion. Damit war nach deutscher Meinung England bei künftigen Aktionen gegen Deutschland – infolge einer weiteren Aggression im Osten – isoliert und Deutschland aus der Gefahr eines Zweifrontenkrieges (Situation von 1914!) befreit; die Sowjetunion ihrerseits sah sich außerhalb der Gefahr, von England in einen Krieg mit Deutschland hineingezogen zu werden.

4. polnische Teilung

Was die Weltöffentlichkeit allerdings nicht registrieren konnte, war der geheime Zusatzartikel, der eine deutsche von einer sowjetischen Einflußsphäre in Polen trennte und damit die vierte polnische Teilung bedeutete.

Bewertung

Die politische Bewertung dieses Vertrages muß die oben erwähnten Punkte berücksichtigen; sie muß aber auch die künftige Entwicklung mit einbeziehen.

Sowjetischer Anteil

Stalin hat mit diesem Vertrag Hitler den Rücken freigemacht zum Angriff auf Polen, er hat damit den Krieg letztlich erst ermöglicht. Die Vorteile eines Krieges zwischen hochindustrialisierten kapitalistischen Staaten – so die Theorie – liegen in einer Offenlegung der inneren Widersprüche innerhalb dieser Staaten und damit darin, der kommunistischen Bewegung weitere Fortschritte zu ermöglichen. Diesen Krieg hat Stalin gewollt. Zum zweiten öffnete der Zusatzartikel weite Teile des östlichen Mitteleuropa dem sowjetischen System und gliederte genau die Gebiete wieder der Sowjetunion ein, die während der Revolution und des Bürgerkriegs 1917–1922 verlorengegangen waren.

Deutscher Anteil

Bei der Beurteilung der deutschen Position muß gefragt werden, ob Hitler im August 1939 schon den Angriff auf die Sowjetunion und damit auch den Bruch dieses Vertrages plante – eine Möglichkeit der zukünftigen Entwicklung, die sicher auch Stalin in seine Überlegungen mit einbezog. Mögen Hitlers Äußerungen in dieser Zeit keine klare Linie erkennen lassen, so ließen schon seine Politik des Antimarxismus und des "Lebensraumes" es verwunderlich erscheinen, wenn er plötzlich vom Ziel einer Vernichtung des Bolschewismus und der Sowjetunion abgerückt wäre. So wie Hitler im Mai 1939 vor den Oberbefehlshabern der Wehrmacht keinen Zweifel am militärischen Vorgehen gegen Polen ließ, so ließ er im August 1939 die Alternative erkennen, entweder mit dem Westen gegen die Sowjetunion zu gehen, oder erst den Westen zu schlagen und dann die Sowjetunion anzugreifen.

Der Angriff auf Polen

Hitler war nach dem Münchener Abkommen vom 30. September 1938 enttäuscht, daß die Gelegenheit zur umfassenden militärischen Lösung der tschechischen Frage ungenutzt verstreichen mußte, da das Angebot der anderen Konferenzteilnehmer nicht abgelehnt werden konnte. Nachdem er in seinen Überlegungen den Termin für die Aktion gegen Polen auf das laufende Jahr 1939 festgelegt hatte, befürchtete er eine ähnliche Verhandlungslösung. Eine solche Kompromißlösung wurde in der Tat von Stellen des deutschen Außenministeriums und von Hermann Göring angestrebt, die einen Krieg zu diesem Zeitpunkt nicht befürworteten. Die von England vorgeschlagenen deutsch-polni-

Kompromißlösung

schen Verhandlungen wurden jedoch weder von Polen noch von Hitler aufgenommen, hier, weil sie die militärischen Überlegungen gestört hätten, dort, weil kein Handlungsbedarf gesehen wurde. Für die polnische Nation war auch die Art und Weise, wie sich die tschechische Regierung (erfolglos) vor Hitler gedemütigt hatte, undenkbar.

Britische Garantie

Der von Hitler für den 26. August erteilte Angriffsbefehl wurde in letzter Minute noch einmal zurückgenommen, da England seine Garantie für Polen zu einem förmlichen Bündnis erweiterte und Mussolini erklärte, er werde nicht am Krieg teilnehmen. Die letzten Augusttage sind gekennzeichnet von propagandistischen Bemühungen um eine Vermittlung einerseits, von deutscher Hinhaltetaktik andererseits. Die Frage der deutschen Minderheit in Polen wurde hochgespielt, um den Anlaß zur Intervention zu liefern.

Angriffsbefehl

Am Mittag des 31. August, um 12.40 Uhr, gab Hitler den Befehl zum Angriff auf Polen, der Sicherheitsdienst der SS lieferte am selben Abend den nötigen propagandistischen Anlaß (*"Ich werde den propagandistischen Anlaß zur Auslösung des Krieges geben, gleichgültig, ob glaubhaft."* Hitler am 22. August), indem sie in Uniformen polnischer Freischärler Übergriffe an der deutsch-polnischen Grenze inszenierte, darunter auch den "Überfall" auf den deutschen Sender Gleiwitz.

Hitler konnte am folgenden Morgen der Welt verkünden, daß die Zeit des Verhandelns vorbei sei: *"Seit 5 Uhr 45 wird zurückgeschossen."* Die englisch-französische Garantie für Polen beschränkte sich allerdings auf die zwei Tage später folgende Kriegserklärung, ein Angriff auf Deutschland, der Polen hätte entlasten können, erfolgte nicht.

Polenfeldzug

Obwohl die deutschen Armeen von überlegener Stärke waren, brauchten sie dennoch fast drei Wochen, um die polnische Armee zu besiegen. Die polnischen Einheiten wehrten sich heldenhaft und verzweifelt. Besonders die Bewohner Warschaus leisteten erbitterten Widerstand, die Hauptstadt kapitulierte erst am 27. September. Nachdem der deutsche Sieg sicher schien, rückte die sowjetische Armee, der Vereinbarung vom 23. August gemäß, am 17. September 1939 in Ostpolen ein. Nach Abschluß des Polenfeldzuges, des ersten in einer Reihe von "Blitzkriegen", richtete Hitler am 6. Oktober einen "Friedensappell" an die Westmächte, in dem er einen Frieden auf der Basis des status quo anbot. Diese lehnten jedoch ab.

Friedensappell

Das unter deutsche Herrschaft gekommene Polen wurde in der Folgezeit verwaltungsmäßig geteilt. Der alten Linie, die Versailler Friedensbedingungen zu revidieren, entsprach es, daß Danzig, die alten Provinzen Posen und Westpreußen und Oberschlesien sowie weitere kleinere Gebiete dem Reich eingegliedert wurden, das restliche Polen wurde als "Generalgouvernement" Hans Frank unterstellt.

Die Durchsetzung der Lebensraumpolitik

Germanisierungspolitik in Polen

Verfolgungsmaßnahmen

Die Politik dem besetzten Polen gegenüber äußerte sich in Verfolgungsmaßnahmen, besonders gegen die polnische Intelligenz, die in den eingegliederten Gebieten sofort, im Generalgouvernement später einsetzten: Schul- und Hochschullehrer, Geistliche, Politiker und Offiziere wurden verhaftet und in Konzentrationslager eingeliefert. Die rigorose Germanisierungspolitik wurde in die Hände Himmlers als "Reichskommissar für die Festigung des deutschen Volkstums" (seit 7. Oktober 1939) gelegt.

Germanisierungspolitik

Die "Überlegenheit" der germanischen Rasse sollte durch das Bildungswesen zementiert werden. Für Polen gab es nur noch eine vierklassige Volksschule, wo nach Himmlers Empfehlungen ("Einige Gedanken über die Behandlung der Fremdvölker im Osten", 15. Mai 1940) nur noch *einfaches Rechnen bis höchstens 500, Schreiben des Namens, eine Lehre, daß es göttliches Gebot sei, den Deutschen gehorsam zu sein,* gelehrt werden sollten. Lesen wurde *nicht für erforderlich* gehalten. Dieses Programm wurde in den annektierten Gebieten verwirklicht, für die polnischen Kinder zwischen dem 9. und dem 12. Lebensjahr fand zwei Stunden täglich der Unterricht (in deutscher Sprache) statt, ab dem 12. Lebensjahr galt Arbeitspflicht, ein 10- bis 12stündiger Arbeitstag war die Regel.

Ausrottung oder Eindeutschung

Ziel war generell, die polnische Bevölkerung sowohl kulturell als auch vom Lebensstandard her auf das Niveau von Sklavenarbeitern herabzudrücken. Der "minderwertige" Teil der Bevölkerung, der nicht arbeitsfähig war, sollte später deportiert, vertrieben oder ausgerottet, der Teil, der rassenbiologisch "wertvoller" erschien, "eingedeutscht" werden. Am Schluß stand die "Einsiedlung" von Deutschen, die aus dem Baltikum (das nach der Vereinbarung der Sowjetunion zufiel) ins Reich zurückgeführt (ausgesiedelt) wurden.

Träger dieser Aktionen war die Himmler unterstehende SS als Trägerin der ausschließlichen Polizeigewalt. Sie setzte sich damit in Gegensatz zu der eher von traditionellen Vorstellungen ausgehenden Wehrmachtsführung. Diese Konstellation sollte sich später in den besetzten Gebieten der Sowjetunion wiederholen, wo die SS hinter der vorrückenden Front unkontrollierten Terror gegen die Bewohner des Landes ausübte.

Die Ausrottung der polnischen Juden begann bereits 1939 mit ihrer Deportation in große Gettos, dann ab 1942 mit Zwangsarbeit und Ermordung in den Vernichtungslagern (s. das Kap. "Judenverfolgung").

Der Krieg gegen die Sowjetunion

Überfall auf die UdSSR 22. Juni 1941

Hitler hatte durch die Mißerfolge der Roten Armee im finnischen "Winterkrieg" den Eindruck gewonnen, daß sie keinen ernsthaften Widerstand gegenüber einem "blitzartig" vorgetragenen deutschen Anfriff bieten könne. Er ließ daher die deutsche Wehrmacht am 22. Juni 1941 ohne vorherige Kriegserklärung in die Sowjetunion einfallen ("Unternehmen Barbarossa").

Motive

Die Motive für diesen Krieg liegen sowohl auf der politischen als auch auf der ideologischen Ebene:
- Die Sowjetunion fiele als Bündnis- und Waffenpartner Großbritanniens aus.
- Japan würde gegenüber der UdSSR entlastet und könnte dadurch die USA stärker bedrohen.
- Die UdSSR wäre in ihren Balkanplänen (Rumänien) behindert, ihre Materialreserven könnten für das Reich gewonnen werden.
- Die "jüdisch-bolschewistischen" Führungsschicht einschließlich des gesamten osteuropäischen Judentums könnte ausgerottet werden.
- "Lebensraum" für deutsche Siedler in den landwirtschaftlich besten Gegenden (Ukraine) war zu gewinnen.
- Die Slawen waren unter das deutsche "Herrenvolk" zu unterwerfen, der Raum in vier "Reichskommissariaten" zu organisieren: Ostland, Ukraine (diese beiden allein verwirklicht), Moskowien und Kaukasien.
- Wirtschaftliche Autarkie konnte erreicht und die Versorgung gegenüber Blockaden der Kriegsgegner gesichert werden, damit Deutschland nicht wie 1914–1918 ausgehungert werden könne. Grundlage dafür war der (vergebliche) Griff nach den Erdölfeldern von Baku am Kaspischen Meer.

Das "Unternehmen Barbarossa", das seinen Höhepunkt in der vollständigen Zerstörung von Moskau und Leningrad finden sollte, blieb im russischen Winter vor Moskau stecken. Stalin mobilisierte neben allen verfügbaren wirtschaftlichen Kräften auch alte russische Traditionen und erklärte den "Großen Vaterländischen Krieg" gegen Deutschland – einen Begriff, den in seltsamer Umkehr der Perspektiven auch die Geschichtsschreibung der DDR übernommen hatte. (Zur weiteren Geschichte des Krieges siehe die Zeittafel.)

Der Generalplan Ost

Bruch mit völkerrechtlichen Traditionen

Die Politik gegenüber dem besetzten Polen und seiner Bevölkerung hatte schon gezeigt, daß die Kriegführung des Dritten Reiches nicht mehr mit traditionellen Maßstäben des Völkerrechts oder der Haager Landkriegsordnung zu messen war. Anzeichen dafür war auch der sog. "Kommissarbefehl" Hitlers vom 6. Juni 1941, der die sofortige "Erledigung" der gefangengenommenen politischen Kommissare der Roten Armee forderte.

Vertreibung der slavischen Bevölkerung

Bereits im Juli 1941 entstand im Reichssicherheitshauptamt der SS der "Generalplan Ost", den Himmler dann in modifizierter Form im Juni 1942 billigte. Er sah vor, Polen, das Baltikum, Weißruthenien, und Teile der Ukraine innerhalb von 30 Jahren mit Deutschen zu besiedeln, 31 Millionen der dortigen Bevölkerung – im Hauptteil Polen – nach Westsibirien zu vertreiben und 14 Millionen sog. "Gutrassiger" einzudeutschen. Das Vorfeld dieses germanischen Großreiches bis hin zum Ural dürfe keinerlei militärische Macht mehr hervorbringen.

Die Warschauer Aufstände 1943 und 1944

Polnischer Untergrund

Unmittelbar nach der deutschen Besetzung Polens bildete sich unter Führung des Generals Sikorski in London eine Exilregierung, während polnische Einheiten, die der deutschen Besatzung entkommen waren, auf der Seite der Alliierten gegen Deutschland weiterkämpften. In Polen selbst entstand ein regelrechter Untergrundstaat mit einer eigenen Armee, der "Heimatarmee", und einem illegalen Schulwesen – im Schuljahr 1943/44 unterrichteten 7168 Lehrer 60 660 Schüler –, darunter auch die Untergrunduniversität mit insgesamt 7000 bis 9000 Studierenden.

Katyn

Lubliner Komitee

Die nach Weißrußland vorrückende deutsche Armee fand im Wald von Katyn ein Massengrab mit den Leichen von über 4 000 polnischen Offizieren, die nach dem Ergebnis einer neutralen Untersuchungskommission wohl 1939/40, zur Zeit des sowjetischen Vorrückens nach Ostpolen, ermordet worden waren. Die Anklagen der polnischen Exilregierung an die Adresse der Sowjetunion waren für Stalin der (vordergründige) Anlaß, dieser Exilregierung die Anerkennung zu entziehen und stattdessen das – sowjetisch orientierte – "Polnische Komitee für die nationale Befreiung" ("Lubliner Komitee") als Vertretung Polens anzuerkennen.

Warschauer Getto

Zur selben Zeit, als die nationalsozialistische Propaganda triumphierend auf Katyn verwies, war in Warschau die Deportation der 360 000 Bewohner des jüdischen Gettos in das Vernichtungslager Treblinka in vollem Gange. Angesichts neuer Gerüchte um eine bevorstehende Aktion der SS brach im Getto der Aufstand aus. Die Gettobewohner waren von der polnischen Untergrundarmee mit Waffen versorgt worden. Der Aufstand konnte nur unter Einsatz brutalster Mittel Mitte Mai von der SS niedergeschlagen werden. Etwa 50 000 Juden kamen in den Kämpfen um, die Überlebenden wurden in die Gaskammern von Treblinka geschickt. Das gesamte Gettogebiet in Warschau wurde von der SS planmäßig zerstört, offiziell mit der Begründung, daß keinem Deutschen das Wohnen in diesen Häusern zugemutet werden könne, Dahinter stand aber der Plan, Warschau zur deutschen Wohnstadt umzugestalten, an deren Rand Produktionsstätten mit polnischen Zwangsarbeitern liegen sollten.

Getto-Aufstand 1943

Aufstand der polnischen Heimatarmee 1944

Diese Pläne trugen noch mehr zur Verbitterung der polnischen Bevölkerung bei. Als sich im Sommer 1944 die Rote Armee der Weichsel näherte, erhoben sich die Bewohner der Stadt in einem neuen Aufstand. Sie wollten noch vor dem Eintreffen der sowjetischen Truppen in einer eigenen Aktion die deutsche Tyrannei abschütteln, um auch politisch gegenüber der Sowjetunion und ihrem "Befreiungsanspruch" einen besseren Stand zu haben. Am 1. August brach der von der "Heimatarmee" getragene Aufstand aus, er konnte erst nach zwei Monaten erbitterter Kämpfe niedergeschlagen werden. Die Rote Armee, die bereits die östlichen Vorstädte Warschaus erobert hatte, blieb untätig am rechten Weichselufer stehen und wartete ab, bis die Aufständischen von der SS besiegt waren. Der Grund dafür liegt in den ideologischen Differenzen zwischen der Sowjetunion und dem von ihr begünstigten "Lubliner Komitee" (das auch nach der Befreiung Polens eine erste provisorische Regierung bildete) einerseits und der Exilregierung in London samt der in Polen kämpfenden "Heimatarmee" andererseits. Stalin nahm den Warschauer Aufstand und die vorhersehbare Niederlage gegen die Deutschen als eine Gelegenheit, die Heimatarmee liquidieren zu lassen und sie damit von der politischen Neugestaltung Polens auszuschalten.

Untätigkeit der Roten Armee

Zerstörung Warschaus

Hitler beschloß nach der endgültigen Niederschlagung des Warschauer Aufstandes, die gesamte Warschauer Innenstadt dem Erdboden gleichzumachen. Die Warschauer Altstadt als Symbol der polnischen Nation sollte wie diese Nation selbst ausgelöscht werden, in den Endsiegvisionen Hitlers und Himmlers war den Polen immer noch nur die Rolle eines Volkes von Sklavenarbeitern ohne geschichtliche Identität zugedacht.

Der Zweite Weltkrieg im Überblick

Der Krieg gegen Polen und die Sowjetunion

1. 9. 39	Beginn des Angriffs auf Polen, darauf erfolgt am 3. 9. 39 die Kriegserklärung Großbritanniens und Frankreichs an Deutschland
17. 9. 39	Sowjetischer Einmarsch in Ostpolen
27. 9. 39	Kapitulation Warschaus nach heldenhaftem und verzweifeltem Kampf der polnischen Truppen
6. 10. 39	Hitlers "Friedensappell" an die Westmächte
30. 11. 39	Sowjetischer Angriff auf Finnland; Westmächte landen in Norwegen zur Unterbindung der schwedischer Erztransporte nach Deutschland und Unterstützung Finnlands. Der finnisch-sowjetische "Winterkrieg" endet am 12. 3. 40 mit dem Friede von Moskau.
18. 12. 40	Weisung, die Vorbereitung für den Krieg gegen die Sowjetunion bis zum 15. 5. 41 abzuschließen
22. 6. 41	Angriff auf die Sowjetunion ("Unternehmen Barbarossa")
1. 12. 41	Stocken des deutschen Vormarsches vor Moskau
19. 11. 42	Sowjetische Gegenoffensive bei Stalingrad, das am 23. 11. von sowjetischen Truppen eingeschlossen wird
31. 1./2. 2. 43	Kapitulation der 6. Armee in Stalingrad. In diesem Zusammenhang ist die "Sportpalastrede" Goebbels' zu sehen (18. 2. 43), in der er den "totalen Krieg" verkündet.
12. 7. 43	Beginn der sowjetischen Sommeroffensiven
22. 6. 44	Beginn der sowjetischen Sommeroffensive gegen die deutsche Heeresgruppe Mitte (Zusammenbruch am 3. 7.)
1. 8. 44	Beginn des Warschauer Aufstandes der poln. "Heimatarmee" (bis 2. 10.)
12./14. 1. 45	Sowjetische Offensiven gegen Weichsel und Ostpreußen
23. 1. 45	Sowjetische Truppen erreichen die Oder (Schlesien)

Unternehmen Weserübung: Dänemark und Norwegen

1. 3. 40	Weisung Hitlers für die Besetzung Dänemarks und Norwegens ("Unternehmen Weserübung")
9. 4. 40	Besetzung Dänemarks, Invasion in Norwegen (Kapitulation am 10. 6.); Ziel ist die Sicherung der schwedischen Erzeinfuhren und die Gewinnung einer Angriffsbasis gegenüber England.

Der Krieg im Westen

9. 10. 39	Erste Weisung für den Angriff im Westen
10. 5. 40	Deutscher Angriff gegen Belgien (Kapitulation am 28. 5.), die Niederlande (Kapitulation am 15. 5.), Luxemburg und Frankreich; 350 000 alliierte Soldaten können sich aus dem "Kessel von Dünkirchen" retten.
10. 6. 40	Kriegseintritt Italiens
18. 6. 40	Bildung einer frz. Exilregierung unter General De Gaulle in London (zunächst "provisorisches Nationalkomitee der freien Franzosen")
22. 6. 40	Waffenstillstand zwischen Deutschland und Frankreich im Wald von Compiegne: Teilung Frankreichs in ein besetztes und ein unbesetztes Gebiet ("Vichy-Frankreich"), Marschall Petain wird "Chef des Staates".
16. 7. 40	Weisung für die Vorbereitung einer Landung in England ("Unternehmen Seelöwe")
13. 8. 40	Beginn der Luftschlacht um England, die Lufthoheit kann jedoch nicht errungen werden.
12. 10. 40	Abbruch der Vorbereitungen zur Landung in England
11. 11. 42	Dt. Einmarsch in das bisher unbesetzte französische Gebiet ("Vichy-Frankreich")

Der Afrika-Feldzug

31. 3. 41	Angriff des dt. "Afrika-Korps" unter Rommel in der Cyrenaika
3. 7. 42	Dt.-ital. Vormarsch in Afrika kommt zum Stehen
3. 11. 42	Britischer Durchbruch bei El Alamein; Rückzug des deutschen Afrika-Korps beginnt.

Italien als Verbündeter und Gegner

10. 6. 40	Kriegseintritt Italiens
25. 7. 43	Sturz Mussolinis und Ende des faschistischen Systems in Italien
3. 9. 43	Waffenstillstand zwischen Italien und den Alliierten (zunächst geheim)
8. 9. 43	Deutsche Besetzung Nord- und Mittelitaliens (als Reaktion auf den jetzt veröffentlichten Waffenstillstand)
13. 10. 43	Kriegserklärung Italiens an Deutschland
28. 4. 45	Kapitulation der dt. Streitkräfte in Italien

Krieg mit den USA, Seekrieg, Bombenkrieg gegen die Zivilbevölkerung

17. 8. 40	Erklärung des deutschen "Operationsgebiets" um England
11. 12. 41	Kriegserklärung Deutschlands an die USA (als Folge des japanischen Angriffs auf Pearl Harbour, 7. 12., und die Kriegserklärung der USA an das verbündete Japan, 8. 12.)
1942	Große Erfolge der U-Boot-Flotte vor der amerikanischen Küste, verursacht durch die mangelnde Abwehr. Schlachtschiffe, die bisher im Atlantik operierten, brechen durch den Kanal nach Norwegen durch
6. 1. 42	"Zerschmetterung des dt. Militarismus" von Präsident Roosevelt als Kriegsziel der USA genannt
28./29. 3. 42	Erster größerer Luftangriff (Lübeck)
30./31. 5. 42	Britischer Luftangriff auf Köln (erster Großangriff)
1943	Verstärkter Neubau von Schiffen, v. a. in Amerika; führt zum Ausgleich der Verlust- mit der Neubaurate. Wende des Seekriegs
27. 1. 43	Erster Luftangriff am Tage (Wilhelmshaven)
März 1943	Höhepunkt der "Geleitzugschlacht" im Nordatlantik; letzter Ausgleich der Neubaurate durch Versenkung
10. 6. 43	Beginn der in Casablanca beschlossenen "Combined Bomber Offensive" der englischen und amerikanischen Luftwaffe gegen Deutschland
13./14. 2. 45	Alliierte Bombardierung des mit Flüchtlingen überfüllten Dresden

Invasion und alliierter Vormarsch im Westen

10. 7. 43	Alliierte Landung auf Sizilien
22. 1. 44	Alliierte Landung in Nettuno (im Rücken der dt. Front in Italien)
15. 2. 44	Schwere Kämpfe bei Monte Cassino
6. 6. 44	Alliierte Invasion in der Normandie
10. 6. 44	Zerstörung des Ortes Oradour-sur-Glane und Ermordung der Bewohner als Reaktion auf Aktionen französischer Partisanen
15. 8. 44	Alliierte Landung in Südfrankreich
19. 8. 44	Aufstand der Widerstandsbewegung in Paris (Einnahme von Paris durch die Alliierten am 25. 8.)
11. 9. 44	Amerikaner erreichen die Reichsgrenze
16.–24. 12. 44	Deutsche Ardennenoffensive
3. 1. 45	Alliierte Gegenoffensive in den Ardennen
7. 3. 45	Alliierter Rheinübergang bei Remagen
9.–14. 4. 45	Alliierte Offensive in Italien
25. 4. 45	Amer. und sowjet. Truppen treffen sich in Torgau an der Elbe

Der Balkan – Deutscher Angriff und sowjetische Gegenoffensive

6. 4. 41	Angriff auf Jugoslawien (– 17. 4.) und Griechenland (23. 4.)
12. 9. 43	Waffenstillstand Rumäniens mit der Sowjetunion
19. 3. 44	Besetzung Ungarns durch dt. Truppen (Waffenstillstand Ungarns mit der Sowjetunion 20. 1. 45)
April/Mai 44	Alliierte Luftangriffe gegen das rumänische Erdölgebiet von Ploesti und die dt. Hydrierwerke zur Schwächung der Rüstungsproduktion
23. 8. 44	Kapitulation Rumäniens vor den sowjet. Streitkräften
25. 8.–2. 11. 44	Räumung Griechenlands von dt. Truppen
8. 9. 44	Kriegserklärung Bulgariens gegen das Dt. Reich

Alliierte Konferenzen

14.–25. 1. 43	Konferenz von Casablanca (Roosevelt/Churchill): Forderung nach bedingungsloser Kapitulation
19.–30. 10. 43	Konferenz der 3 Außenminister in Moskau über die Nachkriegsplanungen
28. 11–1. 12. 43	Konferenz zwischen Roosevelt, Churchill und Stalin in Teheran über Kriegsziele und Nachkriegspolitik
4.–11. 2. 45	Konferenz von Jalta (Zukunftsplanung für Deutschland)

Das Ende

30. 4. 45	Selbstmord Hitlers
7./8./9. 5. 45	Deutsche Kapitulation in Reims und Berlin-Karlshorst

Antisemitismus und Judenverfolgung

Erste antijüdische Maßnahmen

Der Antisemitismus im Dritten Reich läßt sich prinzipiell in vier Phasen unterteilen:
- Boykottaktionen,
- Ausgrenzung durch Gesetze, staatlicher Terror,
- Deportation,
- Vernichtung.

Den ersten Stufen ist gemeinsam, daß sie versuchen, die Juden aus der Volksgemeinschaft" auszuschließen, sie sind geprägt von allerlei Rücksichten, sowohl auf die Stimmung im eigenen Land als auch auf die im Ausland.

Boykottaktionen

In der ersten Phase rief die Partei bereits Ende März 1933 zu Boykottaktionen gegen jüdische Kaufleute, Ärzte und Rechtsanwälte auf, uniformierte Angehörige der SA und anderer Parteigliederungen bezogen vor den Geschäften, Praxen und Kanzleien Posten, die "Aktionskomitees" der Partei sorgten für die entsprechende Unterstützung in der Bevölkerung. Sie bereiteten außerdem die "öffentliche" Forderung nach einer Beschränkung des jüdischen Anteils an Schulen und Hochschulen sowie an Ärzten und Rechtsanwälten vor. Zur Enttäuschung der parteiamtlichen Stellen blieben derartige Aktionen aber größtenteils noch ohne Rückhalt in der Bevölkerung.

Entlassung jüdischer Beamter

Gleichzeitig begannen aber die staatlichen Aktionen gegen jüdische Beamte. Der "Völkische Beobachter", das Organ der NSDAP, forderte, daß *kein Jude künftig deutsche Staatsautorität verkörpern* dürfe. Hindenburg verlangte zwar in schroffer Form, daß von derartigen Maßnahmen die Kriegsteilnehmer unter den Juden ausgenommen blieben, doch sah das am 7. April 1933 erlassene "Gesetz zur Wiederherstellung des Berufsbeamtentums" neben der sofortigen Entlassung "nichtarischer" Beamter auch die Entfernung von politisch mißliebigen Beamten aus dem Dienst vor *(die nach ihrer bisherigen politischen Betätigung nicht die Gewähr dafür bieten, daß sie jederzeit rückhaltlos für den nationalsozialistischen Staat eintreten).* Damit war die vorgesehene Ausnahmeregelung für die Kriegsteilnehmer beliebig zu umgehen. Geplant war damit, den Beamtenstand zu einem willfährigen Instrument des Regimes zu machen. Die Aktion richtete sich nur auf der einen Seite gegen die Juden, auf der anderen Seite besonders gegen Sozialdemokraten und andere "unsichere" Elemente.

Ariernachweis

In der nächsten Zeit wurde der "Ariernachweis" (Nachweis arischer Eltern und Großeltern) nicht nur für Beamte, sondern für immer mehr Berufsgruppen gefordert und war später in vielen Behördenangelegenheiten notwendig (Darlehen, Beihilfen, Mutterkreuz etc.).

Die antijüdischen Aktionen des Jahres 1933 blieben aber insgesamt wenig erfolgreich, sie forderten nur den Widerstand der Kirchen heraus. Die unkontrollierten Aktionen der SA brachten den scheinlegalen Weg der NSDAP in Verruf, nicht nur im Inland, sondern mehr noch im Ausland. Die Parteileitung mußte stellenweise sogar örtliche Partei- und SA-Funktionäre ermahnen, strafrechtliche Tatbestände zu vermeiden.

Rücksicht auf das Ausland

"Wilde" Übergriffe gegen die Juden gefährdeten auch den Ruf Deutschlands im Ausland. Die Überlegungen gingen sogar noch weiter: Das Ziel einer vollständigen Auswanderung der Juden aus Deutschland ließ sich am besten verwirklichen, wenn man den Juden wieder eine gewisse organisatorische Tätigkeit in ihrem eigenen Kreis gestattete: Die Auswanderung der Juden sollte von ihnen selbst organisiert und finanziert werden. Aus diesen Gründen verlegte sich die Partei daher allmählich auf den Weg gesetzlicher Repression, teils unter Anwendung der Reichstagsbrandverordnung, teils unter Schaffung neuer Gesetze.

Die Nürnberger Gesetze 1935

Verbote für Juden

Mit den "Nürnberger Gesetzen" begann ein zunehmender staatlicher Terror gegenüber der ca. eine halbe Million umfassenden jüdischen Bevölkerung in Deutschland. Der Nürnberger Reichsparteitag der NSDAP beschloß am 15. September 1935 das "Gesetz zum Schutz des deutschen Blutes und der deutschen Ehre", das folgende Verbote für Juden enthielt:
- Eheschließung zwischen Juden und Staatsangehörigen deutschen oder artverwandten Blutes,
- außerehelicher Verkehr zwischen Juden und Deutschen,
- Beschäftigung deutscher Hausangestellter,
- Hissen der Hakenkreuzfahne.

Besonders der letzte Punkt macht deutlich, daß es sich keineswegs um die Frage der Loyalität einer Bevölkerungsgruppe gegenüber dem Staat oder dem Regime handelt, sondern einzig um die Diskriminierung der Juden und den Ausschluß aus der propagierten "Volksgemeinschaft".

Reichsbürgergesetz

Parallel dazu wurde das "Reichsbürgergesetz" erlassen. Danach war Reichsbürger nur der Staatsangehörige deutschen oder artverwandten Blutes, der durch sein Verhalten beweist, daß er gewillt und geeignet ist, in Treue dem deutschen Volk und Reich zu dienen. Allein der mit diesem Gesetz geschaffene und vom bloßen Staatsangehörigen gesonderte Reichsbürger ist der alleinige Träger der vollen politischen Rechte nach Maßgabe der Gesetze. Damit waren die Juden zu bloßen Angehörigen des Staates und zu Bürgern zweiter Klasse degradiert. Das Gesetz wurde vom Reichstag am selben Tag angenommen – in Nürnberg und auf der einen seiner beiden Sitzungen des Jahres 1935. Noch blieben allerdings den Juden Arbeits-und Wohnmöglichkeiten in Deutschland bestehen.

Die Olympischen Spiele in Berlin 1936 brachten eine gewisse Beruhigung der Lage, Regierung und Partei mußten, um die Durchführung der Spiele nicht zu gefährden, zunächst auf weitere Aktionen verzichten. Aber dem kritischen Ausland war bereits klar, daß mit dem Ende der Spiele eine neue Phase in der Radikalisierung der Judenfrage beginnen würde.

Die zunehmende Entrechtung der Juden

Berufsverbote

Eine neue Phase der Diskriminierung und Entrechtung der Juden begann mit dem Jahr 1938. Die beruflichen und geschäftlichen Möglichkeiten der Juden wurden immer mehr eingeschränkt: Gewerbebetriebe (14. Juni) mußten gekennzeichnet sein, Ärzte (25. Juli) und Rechtsanwälte (27. September 1938) verloren mit ihrer Zulassung die Grundlage ihrer Berufsausübung. Für Juden mit "nichtjüdischen" Vornamen wurde es Pflicht, die jüdischen Vornamen Israel und Sara zum eigenen Namen zuzufügen (17. August 1938).

Jüdische Vornamen

Die Judenfeindschaft war indessen in Europa nicht allein auf das nationalsozialistische Deutschland beschränkt. So erklärte die polnische Regierung am Beginn des Jahres 1938, daß alle polnischen Juden, die länger als fünf Jahre außerhalb Polens gelebt hätten, die polnische Staatsbürgerschaft verlören und damit "staatenlos" würden. Diese Maßnahme betraf etwa 15 000 polnische Juden, die seit zum Teil mehreren Jahrzehnten vor allem in den Industriezentren des Reiches lebten. Die Nationalsozialisten erklärten sofort, in Deutschland sei kein Platz für diese "staatenlosen Juden" und beschlossen deren Ausweisung. Am 18. Oktober wurden daher diese 15 000 polnischen Juden nach Polen abgeschoben.

Polnische Judenfeindschaft

Unter den nach Polen Abgeschobenen befanden sich auch die Eltern eines jungen Mannes, der in Frankreich lebte. Nachdem dieser, Herschel Grynszpan, von den unmenschlichen Verhältnissen im polnischen Grenz-Auffanglager erfahren hatte, erschoß er den deutschen Botschaftsrat in Paris, vom Rath. Dieses Attentat nahmen die Nationalsozialisten wiederum zum Anlaß für einen Massenpogrom, dem zwischen dem 8. und dem 10. November 1938 7 500 jüdische Geschäftshäuser und 190 Synagogen zum Opfer fielen, über 25 000 Juden wurden verhaftet. Die Aktion wurde als "Volkszorn" und "Rache" dargestellt und vom Volksmund "Reichskristallnacht" genannt. Das Datum des 9. Novem-

Massenprogrom 8./10. November 1933 ("Reichskristallnacht")

ber, des Höhepunktes der Ausschreitungen, war insofern zufällig, als der Mord an vom Rath nicht voraussehbar war; Goebbels und die Nationalsozialisten ergriffen jedoch sofort die Gelegenheit, den lange geplanten Pogrom in die Tat umzusetzen und mit dem sinnfälligen Datum zu verbinden.

"Sühneleistung"

Als "Sühneleistung" wurde den Juden in ihrer Gesamtheit eine "Buße" von 1 Milliarde Mark auferlegt, wurden die Versicherungsleistungen beschlagnahmt, die Geschäftsinhaber verpflichtet, die Schäden sofort auf eigene Kosten reparieren zu lassen und schließlich viele Geschäftsinhaber dazu gezwungen, ihre Warenhäuser etc. an "Arier" – meist Angestellte oder Teilhaber des eigenen Hauses – zu verkaufen. Um die gutgehenden jüdischen Geschäfe und Firmen entspann sich bald ein wahrer Wettlauf der "arischen" Interessenten. Im Dezember 1938 schließlich wurde Juden der Führerschein entzogen und der Besuch der Hochschulen und Universitäten verboten. Ihre Bewegungsfreiheit war immer mehr eingeschränkt.

Die "Endlösung"

Plan der geschlossenen Deportationen

Mit Beginn des Krieges und der Aussicht auf erfolgreiche Beendigung im Osten erstreckten sich die Maßnahmen auch auf die Juden in den eroberten Gebieten, besonders natürlich in Polen, aber auch in Frankreich, Holland etc. Sie sollten zunächst in einem geschlossenen Siedlungsgebiet konzentriert werden, abgesondert von der neu aufzubauenden germanischen Herrenrasse. Zur Diskussion standen dabei Madagaskar (aus dem Erbe des besiegten Frankreich), dann Sibirien. Zweck dieser geschlossenen Deportation sollte sein, für künftige Verhandlungen mit England ein Faustpfand zu haben. Parallel dazu war aber auch "unwertes Leben" auszurotten, d. h. daß vor allem diejenigen Juden, die keine Aussicht auf erfolgreichen Arbeitseinsatz boten, an Ort und Stelle getötet werden sollten. Daß ein Großteil der anderen aber den klimatischen Bedingungen am Deportationsort zum Opfer fallen würden, war gleichfalls einkalkuliert.

Auswanderung

Noch gab es aber für Juden die Möglichkeit der Auswanderung, und immerhin 270 000 Juden hatten bis 1941 Deutschland verlassen. Die Auswanderungsbedingungen verlangten allerdings von den Juden den Verzicht auf ihren gesamten Besitz, außerdem waren die anderen Staaten oft nicht bereit, die jüdischen Flüchtlinge und Emigranten aufzunehmen (Roman und Film "Exodus"). Oft wurden auch Flüchtlinge, gerade im Südwesten Frankreichs, von den Kriegsereignissen und dem Vormarsch der deutschen Armeen eingeholt.

Noch bis 1941 waren die Juden immerhin "Staatsangehörige" des Deutschen Reiches, wenn ihnen auch der Nürnberger Parteitag 1935 die "Reichsbürgerschaft" aberkannt hatte. Mit dem 9. Januar 1941 mußten Juden in der Öffentlichkeit den gelben Judenstern tragen, so wie es seit Dezember 1939 bereits im Wartheland (besetztes Polen) vorgeschrieben war. Im Oktober 1941 begann die Deportation der Juden nach dem Osten, im November wurde dekretiert, daß die Deportation die Einziehung des Vermögens und den Verlust der Staatsangehörigkeit mit sich ziehe. Noch bevor sich die kommenden militärischen Schwierigkeiten im Osten abzeichneten, wurden auf der "Wannsee-Konferenz" (20. Januar 1942) unter ranghohen Funktionären von Staat und Partei sowie Vertretern der SS Pläne erörtert und Maßnahmen festgelegt, um die Juden endgültig auszurotten, d. h. die "Endlösung" voranzubringen.

Judenstern

Führender Kopf dieser Zusammenkunft war Reinhard Heydrich, Chef der Sicherheitspolizei und des Staatssicherheitsdienstes. Als Ziel wurde die "Endlösung" dargestellt, als Mittel dazu der "Arbeitseinsatz": *In großen Kolonnen, unter Trennung der Geschlechter, werden die arbeitsfähigen Juden straßenbauend in diese Gebiete geführt, wobei zweifellos ein Großteil durch natürliche Verminderung ausfallen wird.* Das sind beschönigende Worte für Zwangsarbeit, Ausrottung und physische Vernichtung. Die Rede ist nur von den *arbeitsfähigen* Juden, die anderen sind bereits stillschweigend für den Massenmord vorgesehen. Die *natürliche Verminderung* lasse aber – so das Protokoll – einen Rest bestehen, naturgemäß den widerstandsfähigsten Teil. Auch dafür wird gesorgt: *Der allfällig endlich verbleibende Restbestand wird ... entsprechend behandelt werden müssen, da dieser, eine natürliche Auslese darstellend, bei Freilassung als Keimzelle eines neuen jüdischen Aufbaus anzusprechen ist.*

Arbeitseinsatz

Vernichtung

Diese "Wannsee-Konferenz" formulierte allerdings nur aus, was Hitler bereits seit langem und bis zum Krieg in immer schärferen Wendungen gefordert hatte: die physische Vernichtung der "jüdischen Rasse" (Hitler im Januar 1939: *Ein erneuter Weltkrieg werde die Vernichtung der jüdischen Rasse in Europa nach sich ziehen*). Sie war das Endziel sowohl der Schaffung der SS als auch der Nürnberger Gesetze, sie war vor allem integrierter Bestandteil der nationalsozialistischen Anschauung und der Politik. Die "Vernichtung" der Juden erhielt eine neue Qualität mit dem Einmarsch der deutschen Truppen in Polen. Den Wehrmachtseinheiten folgten sofort "Einsatzgruppen" der SS, die die Aufgabe hatten, Übergriffe auf die jüdische Bevölkerung zu organisieren (Erschießungen, Plünderungen, Verhaftungen). Bald wurden auch die ersten Gettos gebildet (Lodz und Warschau), in die die Juden aus den besetzten Gebieten, später auch aus dem Reich, deportiert wurden. Nach Beginn des Rußlandfeldzuges 1941 kamen in den vier "Einsatzgruppen-Abschnitten" innerhalb der nächsten zwei Jahre mehr als eine halbe Million Menschen ums Leben.

Gettos

Angesichts der großen jüdischen Bevölkerung, nicht nur im Osten, sondern in ganz Europa (das Wannsee-Protokoll sprach von 11 Millionen), sah man sich gezwungen, von den ursprünglichen Praktiken der Ermordung (Erschießen, Vergasen in LKW) abzugehen und strebte eine "Vernichtung" in großem Maßstab an. Es wurden große Lager errichtet, in denen die Juden zu Hunderttausenden vergast wurden. Die berüchtigtsten dieser Vernichtungslager waren: Belzec, Treblinka, Sobibor, Maidanek, Chelmno und Auschwitz.

Vernichtungslager

Wer die Konzentrationslager im Osten erreichte, hatte schon die unmenschlichsten Strapazen des Transports in offenen Viehwagen, ohne Nahrung oder andere Versorgung hinter sich, Tausende erfroren, verhungerten, wurden unterwegs zu Tode geprügelt. Bei der Ankunft der Züge in den Lagern sonderten SS-Ärzte durch bloßen Augenschein die "Arbeitsfähigen" von den "Unwerten", letztere wurden sofort in den Gaskammern ermordet. Sie (vor allem Juden, aber auch andere Gefangene, Homosexuelle und Zigeuner) wurden in als Duschräume getarnten Gaskammern mit "Zyklon B", kristallisierter Blausäure, vergast und anschließend in riesigen Krematorien verbrannt. Alles, was sich an den Gefangenen und später an den Leichen wirtschaftlich verwerten ließ, wurde aufbewahrt und gesammelt: Kleidung, Koffer, Brillen, Haare, Zahngold.

Selektion

Gaskammern

Krematorien

Die arbeitsfähigen unter den Gefangenen wurden beim Bau der Lager selbst, beim Straßenbau oder der Erschließung des Umlandes eingesetzt. Fehlten solche Arbeitsmöglichkeiten, bekamen die Häftlinge sinnlose Arbeiten aufgetragen. Ziel war hierbei primär die physische Vernichtung durch Arbeit. Das bedeutete für die Häftlinge unmenschliche Anstrengungen und Strapazen, an deren Ende der Tod durch Erschöpfung oder in der Gaskammer stand.

Zwangsarbeiter

Eine Schätzung der zwischen 1939 und 1945 ermordeten Juden Europas:

Zahl der ermordeten Juden

Deutschland	160 000
Frankreich	83 000
Belgien	24 300
Niederlande	106 000
Italien	8 000
Österreich	65 000
Tschechoslowakei	277 000
Ungarn	200 000
Rumänien	469 000
Jugoslawien	67 000
Griechenland	69 000
Danzig	1 000
Polen	3 000 000
Sowjetunion	1 000 000
Memelland	8 000
Litauen	135 000
Lettland	80 000
gesamt	5 752 000

(Aus: M. Gilbert, Endlösung. Ein Atlas. rororo 1982, S. 244)

Insgesamt beträgt die Zahl der ermordeten Juden an die 6 Millionen, der Streit, ob es 5 oder gar "nur" 4 Millionen sind, ist angesichts des Verbrechens an sich müßig; er ist nur geeignet, von der Tatsache der Ungeheuerlichkeit dieses Völkermordes abzulenken.

Der Widerstand

Loyalität und Widerstand

Angesichts des Wahlergebnisses der NSDAP im März 1933 mit 43,9 % wird deutlich, daß zwar unmittelbar nach der "nationalen Erhebung" (so die Propaganda) über die Hälfte der Bevölkerung nicht die Ziele der NSDAP teilte, daß aber mit den 51,9 % der Koalitionsparteien das Ziel Hitlers, legal an die Macht zu kommen, erreicht und vom Wähler bestätigt war.

Propaganda

Im Herbst 1933 zeigte sich indessen, auch wenn Propaganda und Wahlbeeinflussung berücksichtigt sind, eine breite Zustimmung im Sinne einer nationalen Begeisterung. Lediglich ein Viertel bis ein Fünftel der Bevölkerung dürfte dem Nationalsozialismus kritisch bis ablehnend gegenübergestanden haben. Die nationalsozialistische Propaganda verstand es auch, in perfekter Weise die Ideologie der "Bewegung" mit der nationalen Sache zu verknüpfen, so daß Widerstand sofort in die Sphäre des Verrats an der "deutschen Sache" rückte. Die Differenzierung zwischen Nationalsozialismus und nationaler Sache gelang demgemäß auch nur in geringem Maß: Bei der "Reichstagswahl" stimmten in Baden 7,5 % der Wähler gegen die NSDAP, aber nur 3,2 % in der gleichzeitigen Volksabstimmung mit Nein.

Parteien und Ermächtigungsgesetz

Weiterhin wichtig für die Erörterung der Problematik von Widerstand ist das Verhalten der Reichstagsparteien bei der Diskussion um das Ermächtigungsgesetz. Hier hatten alle Parteien mit Ausnahme der SPD (wenn auch mit schweren Bedenken) für das Gesetz gestimmt. Eine evtl. Ablehnung des Ermächtigungsgesetzes, vor allem durch das katholische Zentrum, hätte zwar nichts am Ergebnis, der Konzentration aller Macht bei Hitler, geändert. Die Zustimmung der Parteien hatte aber doch einen nicht geringen Einfluß auf die Stimmung in der Bevölkerung gegenüber der neuen Regierung. Deren Machtfülle war zwar bereits diktatorisch geprägt, hatte aber immer noch den Anstrich des Legalen.

Eliten

Bedeutsamer für die Einschätzung ist das Verhältnis der alten Eliten aus Verwaltung, Wirtschaft, Armee und Kirche zur nationalsozialistischen Führung. Sie sind in den ersten Monaten durchweg der Anziehungskraft der nationalsozialistischen Ideologie und

Propaganda erlegen. So stammt z. B. der Entwurf des Ermächtigungsgesetzes von nicht-nationalsozialistischen Beamten des Innenministeriums. Die Großindustrie, die vor 1933 Hitler eher reserviert gegenüberstand, unterstützte ihn dann massiv. Selbst die Gewerkschaften leisteten bei ihrer Auflösung und Eingliederung in die "Deutsche Arbeitsfront" keinen nennenswerten Widerstand, und auch die Kirchen beeilten sich, durch die Unterstützung des Regimes auch das eigene Überleben zu sichern ("Deutsche Christen", Konkordat Juli 1933). Die Wehrmacht stand der NSDAP zunächst reserviert gegenüber, konnte aber durch die Ermordung Röhms und die Ausschaltung der SA (30. 6. 1934) an die nationalsozialistische Führung gebunden werden.

Vermeintliche Kurskorrekturen

Maßgebend für diese loyale Haltung war das vermeintliche Differenzieren radikaler und gemäßigter Strömungen im Nationalsozialismus, wobei man gemeinhin Hitler zum gemäßigten Flügel zählte. Infolgedessen setzte man sowohl auf die Abnutzung der Nationalsozialisten in der Regierungsarbeit als auch auf mögliche Kurskorrekturen, wie etwa die Ausschaltung Himmlers und Goebbels' oder die Zurückdrängung der SS. Auch die Säuberungsaktion des 30. Juni 1934 mit der Ermordung Ernst Röhms wurde zum Teil unter diesem Gesichtspunkt positiv gesehen.

Kritik der Kirchen

Erst im Herbst 1933 legte sich die erste Euphorie und die Kirchen begannen, sich aus der Unterstützung der Nationalsozialisten herauszuziehen ("Bekennende Kirche" der Protestanten, Kritik der katholischen Bischöfe). Von hier ging tatsächlich ein wesentlicher Einfluß auf die Bevölkerung aus. Er fand Unterstützung in der weiterhin ablehnenden Haltung der Sozialdemokratie (die freilich als Partei verboten war und vom Exil aus operieren mußte).

Hindernisse für aktiven Widerstand

Aktiver Widerstand verlangt ein überaus hohes Maß an Persönlichkeit, Mut und Charakterstärke, Eigenschaften, die nur die wenigsten aufbringen. Dem Teil der Bevölkerung (jeder Bevölkerung), der nicht in den euphorischen Jubel der von Faschismus oder Nationalsozialismus geblendeten Masse ausbrechen konnte, blieb nur die "innere Emigration" als der einzige Weg, Distanz zu wahren und seine eigenen Wertvorstellungen in eine bessere Zeit hinüberzuretten. Will man heute zu einer realen Einschätzung des Widerstands in den ersten Jahren des nationalsozialistischen Regimes kommen, muß man auf gegenwartsgebundene Hypothesen verzichten *("Man hätte ...")* und die tatsächlich gegebenen Möglichkeiten angesichts des offiziellen und inoffiziellen Terrors berücksichtigen. Der von den Nationalsozialisten verfolgte Schriftsteller Carl von Ossietzky formulierte es so: *Man kann nicht kämpfen, wenn die Hosen voller sind als das Herz.*

Vom (aktiven) Widerstand oder auch nur von der Distanzierung mochten abhalten:

- obrigkeitsstaatliches Denken, das der Regierung, eben weil sie Regierung war, Vertrauen entgegenbrachte;

- Fehlen einer Alternative, die die Legitimität einer neuen Gewalt verkörpert hätte (in Italien z. B. stand über Mussolini immer noch der König).
- Zukunftsangst, durch die Weltwirtschaftskrise geschürt und von den Nationalsozialisten propagandistisch ausgenützt (eine Abkehr von Hitler hätte die Rückkehr zu den Weimarer "Zuständen" bedeutet);
- scheinbare wirtschaftliche Erfolge (daß aber die Arbeitslosenzahlen weiter hoch blieben, wurde erfolgreich vertuscht);
- Kaschierung der Arbeitslosigkeit durch Beschäftigungsprogramme (Autobahnbau, Reichsarbeitsdienst);
- erste außenpolitische Erfolge:
  - Nichtangriffspakt mit Polen 1934 als Anzeichen des Friedenswillens;
  - Einführung der allgemeinen Wehrpflicht ohne nachhaltigen Protest der Westmächte;
- Charisma des Führers;
- unablässige Propaganda der NSDAP;
- Formulierung der Ziele auf eine Weise, die einen Widerspruch von der Erkenntnis der dahinterstehenden Ideologie und ihrer Unmenschlichkeit abhängig machten; das war aber bei der verbreiteten unpolitischen Haltung für die Masse der Bevölkerung fast nicht zu leisten. Hier hätten aktive Widerstandsgruppen Aufklärungsarbeit leisten müssen, was aber durch
- terroristische Methoden der Einschüchterung bei aktiven Gruppen und
- Angst vor Denunziantentum beim einzelnen, der sein Mißfallen äußerte (vor allem bei der intensiven Indoktrinierung der Jugend durch der HJ), verhindert wurde.
- Furcht vor einer deutschen Niederlage im Krieg und den sich daraus ergebenden Konsequenzen *(Genießt den Krieg, der Friede wird fürchterlich).*

"Rechtsgrundsätze"

Der Präsident des "Volksgerichtshofes", Roland Freisler, verkündete im Januar 1945 im Prozeß gegen Graf Moltke als "Rechtsgrundsätze":

> *Vorbereitung zum Hochverrat begeht schon der, der hochpolitische Fragen mit Leuten erörtert, die in keiner Weise dafür kompetent sind, insbesondere nicht mindestens irgendwie tätig der Partei angehören.*
>
> *Vorbereitung zum Hochverrat begeht jeder, der sich irgendein Urteil über eine Angelegenheit anmaßt, die der Führer zu entscheiden hat.*

Er faßte damit nur das System der unterschwelligen Angst und der Unberechenbarkeit in Worte, mit dem die Partei, die Gestapo und die SS das Reich überzogen, um jede Kritik und jeden Widerstand im Keim zu ersticken.

Sozialdemokratie und Kommunisten

Situation von SPD und KPD

So wie Hitler und die NSDAP mit der Notverordnung "Zum Schutz des deutschen Volkes" vom 4. Februar 1933 und der "Reichstagsbrandverordnung" vor allem Kommunisten und Sozialdemokraten treffen und ihre Opposition zerbrechen wollten, waren es auch diese beiden Gruppen der Arbeiterbewegung, die zuerst zum Widerstand fanden. Weder SPD noch KPD waren in irgendeiner Weise auf die Ereignisse des Jahres 1933 vorbereitet, aber beide fanden schnell zu einem effektiven Ausdruck ihrer Haltung.

SPD wie KPD konnten dabei auf die Organisation der Betriebsgruppen zurückgreifen, die es ihnen ermöglichte, auch im Untergrund wirkungsvolle Aufklärungsarbeit zu leisten. Noch die Betriebsratswahlen im März 1933 brachten den Nationalsozialisten eine so empfindliche Niederlage, daß ihre Ergebnisse geheim gehalten wurden.

Für die KPD stand der aktiv geführte "antifaschistische Widerstand" im Vordergrund, der mit ca. 20 000 Opfern teuer bezahlt wurde. Die Steuerung von außen lag bei der Parteizentrale in Moskau, die Verbindung dahin war allerdings mit Abschluß des Hitler-Stalin-Paktes empfindlich gestört.

Exil der SPD

Die Parteiführung der SPD zog sich noch im Frühjahr 1933 ins Exil nach Prag zurück, die Parteiarbeit in Deutschland beschränkte sich auf individuelle Hilfe und auf die Pflege von Kontakten, die es dann der Partei nach 1945 ermöglichen sollte, mit konkreten Plänen zum politischen Wiederaufbau Deutschland beizutragen. Die Spaltung der Arbeiterbewegung aber wirkte fort, es kam nur vereinzelt zur Zusammenarbeit zwischen Sozialdemokraten und Kommunisten.

Spaltung der Arbeiterbewegung

Ausdruck der Untergrundtätigkeit und damit des Widerstandes, vor allem von der Seite der Arbeiterbewegung, in der ja das Regime seinen Hauptfeind sah, war die Zahl der Verhaftungen und Todesurteile:
1930 – 1932: 8 Todesurteile,
1934 – 1939: 534 Todesurteile.

Verhaftungen wegen illegaler sozialistischer Arbeit:
1936: 11 687
1937: 8 058
1941: 11 405

1935 zählte die Gestapo 5 067 Verbreitungsstellen illegalen Materials, im April 1939 gab es
162 734 Schutzhäftlinge,
27 369 politisch Angeklagte,
112 432 aus politischen Gründen Verurteilte.

Trotz dieser beachtlichen Zahlen mußten auch die aktiv im deutschen Widerstand engagierten Kreise feststellen, daß ein breiter Rückhalt in der Arbeiterschaft nicht zu gewinnen war. Industriearbeiterschaft wie bürgerliche Kreise blieben dem Regime gegenüber vergleichsweise loyal.

Die Haltung der Kirche

Stand die kommunistische und sozialdemokratische Opposition in der Illegalität, so begann innerhalb des Staates zuerst die Kirche, ihre gegensätzliche Haltung zum Nationalsozialismus öffentlich zu formulieren. Dem ging allerdings innerhalb der evangelischen Kirche eine ähnliche "Machtergreifungs"-taktik voraus wie im Staat: Das als "Deutsche Christen" organisierte nationalsozialistische "Kirchenvolk" drang in die Selbstverwaltungsgremien der Kirche ein und besetzte die wichtigsten Stellen. Das allzu rückhaltlose Bekenntnis der Deutschen Christen zum Nationalsozialismus führte zur Spaltung der evangelischen Kirche und zur Bildung eines "Pfarrernotbundes", dem sich bis Ende 1933 etwa ein Drittel der evangelischen Pfarrerschaft in Deutschland anschloß. Der Initiator dieser "Bekennenden Kirche", Pastor Martin Niemöller, wurde am 11. November 1933 aus seinem Amt entlassen. Auch der Bonner Theologieprofessor Karl Barth verwies auf die den Zeitereignissen übergeordnete Stellung der Kirche und geriet damit in Gegensatz zur nationalsozialistischen Führung.

"Deutsche Christen"

"Bekennende Kirche" (1933)

Kritik der Kirche

Die Bekenntnissynoden im Frühjahr und Herbst 1934 zogen schließlich einen scharfen Strich zwischen der Bekennenden Kirche, die sich auf die reformatorischen Grundlagen des Protestantismus zurückbesann, und der nationalsozialistisch orientierten "Reichskirche". Noch aber versuchte das Regime, mit direkten staatlichen Eingriffen diese Opposition aufzufangen. Einen Wendepunkt markiert die Denkschrift der Bekennenden Kirche an Hitler vom Mai 1936, die zunächst geheim blieb, dann aber im Ausland bekannt wurde. In dieser Denkschrift – und nach ihrem Bekanntwerden auch öffentlich – verurteilte die Bekennende Kirche die wesentlichen Inhalte der nationalsozialistischen Ideologie und verursachte damit eine Welle von Verfolgungsmaßnahmen.

Auf katholischer Seite wurde bereits am 5. Dezember 1933 Alfred Rosenbergs "Mythos des 20. Jahrhunderts" auf den päpstlichen Index der verbotenen Schriften gesetzt. Der Bischof von Münster, Graf von Galen, verurteilte dieses Hauptwerk des Nationalsozialismus gleichfalls öffentlich. Das Regime reagierte zunächst nur mit öffentlicher Hetze gegen den katholischen Klerus, ein direkter Bruch wurde von beiden Seiten vermieden. 1936 gelang es schließlich im Münsterland, durch offenen Protest die Wiederaufstellung des Kreuzes in Schulgebäuden durchzusetzen.

Zeichen des kirchlichen Widerstandes waren schließlich die 800 katholischen und 300 bis 400 evangelischen Priester, die allein im KZ Dachau umkamen.

Der Widerstand der Kirchen steigerte sich in dem Maße, wie der nationalsozialistische Staat seinen Absolutheitsanspruch durchzusetzen versuchte. Daneben erstickte aber die mehr und mehr perfektionierte Überwachung und Bespitzelung einerseits, die Terrorisierung Andersdenkender andererseits Widerstandspläne oft schon im Keim.

Die Wehrmacht

Eine besondere Rolle im aktiven Widerstand spielte die Wehrmacht. Die Unstimmigkeiten zwischen Armeeführung und Partei, die nach dem 30. Juni 1934 beigelegt schienen, bestanden weiter. Sie betrafen vor allem das Verhältnis der Armee zur Partei und zur SS und die Frage, ob Deutschland einen Krieg erfolgreich führen könne oder nicht. Die Auseinandersetzung gipfelte in der Entlassung des Kriegsministers Blomberg und des Generalobersten des Heeres v. Fritsch 1938, beidemale unter persönlicher Diffamierung. Hitler übernahm daraufhin die Führung der Wehrmacht selbst, während sich aus ihren Reihen kein Widerstand gegen diese Diffamierungen erhob.

Entlassung von Blomberg und Fritsch

Der Chef des Generalstabs, Generaloberst Beck, war führender Kopf einer Gruppe von Offizieren der Reichswehr, die 1938 den Plan verfolgten, in einem Staatsstreich Hitler abzusetzen (ihre Zielsetzung war allerdings weniger die Wiederherstellung der parlamentarischen Demokratie, sondern eher die Errichtung einer Militärdiktatur). Auslösendes Moment war hier die Kriegsplanung Hitlers, da sie einen wegen der "tschechischen Frage" zu diesem Zeitpunkt (!) begonnenen Krieg nicht verantworten zu können meinten. Fatalerweise sah sich aber die Reichswehrführung nicht in der Lage, selbst aktiv zu werden, sondern wartete Aktivitäten der zivilen Opposition oder des Auslands (Englands) ab. Ein Putsch der Generäle, für den 29. September 1938 geplant, unterblieb aber, nachdem Hitler in diesen Tagen mit den Premierministern Frankreichs und Englands das Münchener Abkommen schloß. Es bedeutete den Anschluß des Sudetenlandes ohne Anwendung militärischer Gewalt und entzog den Generälen die innere Begründung für ihr Vorgehen.

Staatsstreichplanung 1938

Der Krieg selbst brachte dann mit den bis 1941/42 andauernden deutschen Siegen eine neue Art der moralischen Verpflichtung der Wehrmacht gegenüber Hitler. Die von den Nationalsozialisten propagierte Gleichsetzung Vaterland = Nationalsozialismus rückte jede Widerstandshandlung in den Rang eines Verrats am Vater-

Widerstand = Verrat

land (unter Umständen auch in den Rang eines neuen "Dolchstoßes"). Dieses Bild konnten auch einzelne Widerstandsaktionen, wie das Attentat Georg Elsers am 8. November 1939 im Münchner Bürgerbräukeller oder die Flugblätter und die geheimen Vorträge und Diskussionen der "Weißen Rose", vor allem der Geschwister Scholl, nicht wesentlich beeinflussen. Wesentliches Kennzeichen aller Widerstandsgruppen war, daß sie ohne einheitliches, verbindendes Konzept handelten, was ihre reellen Chancen erheblich einschränkte.

"Weiße Rose"

Die siegreichen Feldzüge der Jahre 1939 bis 1942 schufen dem Regime breitesten Rückhalt in der Bevölkerung; Kritik beschränkte sich auf die Hoffnung, mit den jeweils gegenwärtigen Eroberungen sei das Ziel erreicht. Der militärische Widerstand der führenden Reichswehrkreise mußte die erwarteten Rückschläge und Niederlagen abwarten, um ein dann kommendes Stimmungstief für Aktionen ausnützen zu können.

Der Kreisauer Kreis

Goerdeler

Im Grunde isoliert blieben Männer wie Carl Goerdeler (bis 1937 Oberbürgermeister von Leipzig), der zwar durch seine Verbindungen zu wichtigen Persönlichkeiten der alten bürgerlichen Parteien und zur Reichswehrführung zentrale Figur des Widerstandes wurde, aber unter dem umfassenden System des Nationalsozialismus keinen Ansatz zum praktischen Handeln sah. Zu ihm in Kontakt traten auch Vertreter der (ehemaligen) Gewerkschaften und der Sozialdemokratie wie Julius Leber und Wilhelm Leuschner und der katholische Führer der christlichen Gewerkschaften, der spätere Bundesminister Jacob Kaiser.

Moltke

Geistiger Neuansatz

Erst der "Kreisauer Kreis", benannt nach dem Gut Kreisau (Schlesien) des Helmut James Graf von Moltke, kam über lose Kontakte hinaus. Moltke, der Urgroßneffe des Siegers von Sedan, versammelte hier Männer der verschiedensten geistigen und politischen Herkunft und entwickelte mit ihnen Modelle eines künftigen Staatsaufbaus. Er schuf damit vor allem einen geistigen Neuansatz zur Überwindung der gesellschaftlichen Spaltung, die die Weimarer Republik noch geprägt hatte. Auch wenn die Männer um Moltke nicht aktiv auf den unmittelbaren Umsturz hinarbeiteten (was den "Kreisauern" von Seiten des "antifaschistischen", d. h. kommunistischen Widerstandes zum Vorwurf gemacht wird), waren sie sich doch der Notwendigkeit bewußt, gegebenenfalls durch ein Attentat einzugreifen. Vor allem aber warteten sie auf den Zusammenbruch und rüsteten sich für die Planung der Zeit danach. Für den Neuaufbau wollte dieser Kreis verantwortungsbewußte Persönlichkeiten mit einem klar umrissenen Programm stellen. Demokratie und Volkssouveränität standen allerdings nicht im Vordergrund der Überlegungen, das künftige Deutschland sollte eher in national-konservativer Tradition einen gegliederten Staatsaufbau erhalten. Das Wirtschaftsprogramm sah die Verstaatlichung der Grundstoff- und Energieindustrie vor, außenpolitisch lagen die Akzente auf der Aussöhnung mit den östlichen und westlichen Nachbarn und auf einer europäischen Föderation.

Für die Verfassungsdiskussion der Bundesrepublik entscheidend ist, daß sowohl Carl Goerdeler als auch der Kreisauer Kreis ihre Lehren aus der Verfassungswirklichkeit der Weimarer Republik gezogen hatten und die Ablösung eines Regierungschefs nur noch mit einem "konstruktiven Mißtrauensvotum" vorsahen. Die angesprochenen Verstaatlichungstendenzen verfolgte auch die CDU noch mit ihrem Ahlener Programm vom Februar 1947.

Moltke wurde im Januar 1944 von der Gestapo verhaftet, der Kreisauer Kreis hörte praktisch auf zu bestehen, am 20. Juli war er nicht mehr beteiligt.

Der 20. Juli 1944

Die erwartete Situation von Rückschlägen und Niederlagen, deren Stimmungstief ausgenützt werden konnte, schien im Sommer 1944 schließlich gekommen. Führender Kopf der militärischen Verschwörung war Oberst Claus Graf Schenk von Stauffenberg, seit Juni 1944 Stabschef beim Befehlshaber des Ersatzheeres. Nachdem die Alliierten im Januar 1943 in Casablanca sich über die bedingungslose Kapitulation Deutschlands geeinigt hatten, bestand keine Aussicht mehr, daß von hier eine Unterstützung der deutschen Widerstandsbewegung käme. Der militärische Kreis war nach der Verhaftung Moltkes und der "Kreisauer" auf sich allein gestellt. Stauffenberg sah die einzige Möglichkeit darin, die NS-Führung, besonders Hitler selbst, durch ein Sprengstoff-Attentat aus dem Weg zu räumen. Unmittelbar danach sollte der Ausnahmezustand erklärt, die vollziehende Gewalt von den Heeresbefehlshabern übernommen und sollten Partei-, SS- und Gestapo-Führer verhaftet werden. Die neue Regierung war bereits zusammengestellt: General Ludwig Beck sollte Reichspräsident, Carl Friedrich Goerdeler Reichskanzler, der Gewerkschaftler Wilhelm Leuschner Vizekanzler werden.

Graf Schenk von Stauffenberg

Planungen

Den akuten Anstoß zum Attentat auf Hitler am 20. Juli gab die Gefahr, daß die Verschwörung entdeckt würde. Stauffenberg als der einzige, der Zugang zu Hitlers Hauptquartier, der "Wolfsschanze" in Ostpreußen, hatte, legte die Bombe und flog unmittelbar darauf nach Berlin, um den Staatsstreich zu leiten – ohne vom

Attentat 20. Juli 1944

Überleben Hitlers zu wissen. Zweites Zentrum des Putsches war neben Berlin auch Paris, wo der "Militärbefehlshaber Frankreich", General v. Stülpnagel, den Plan wie vereinbart durchführte. Er konnte sich allerdings genausowenig halten wie die Verschwörer in Berlin, wo der Putsch zusammenbrach, als bekannt wurde, daß Hitler überlebt hatte.

Schauprozesse

Die Hauptbeteiligten am Attentat wurden verhaftet, sofort erschossen oder in aufwendigen Schauprozessen vor Freislers "Volksgerichtshof" zum Tode verurteilt und im Zuchthaus Plötzensee zum Teil auf bestialische Weise hingerichtet.

Mahnmal Plötzensee

Die Gesamtzahl der Opfer, die Hitlers und Freislers rasende Wut gefordert hat, läßt sich nicht mehr aus der gewissermaßen "allgemeinen" Verhaftungswelle herauslösen, Schätzungen über die Zahl der namentlich bekannten Hingerichteten schwanken zwischen 180 und 200. Die Hinrichtungsstätte im Zuchthaus Plötzensee ist heute Mahnmal für die Opfer, die die nationalsozialistische Raserei unter der ethisch bewußten Elite des deutschen Volkes gefordert hat.

Das historische Vermächtnis des 20. Juli 1944 besteht weniger darin, daß ein Unternehmen angegangen wurde, das politisch zweckmäßig war – die militärische und politische Situation Deutschlands hätte sich nach dem Umsturz nicht wesentlich von der vorherigen Situation unterschieden. *Worauf es ankam, war, zu zeigen, daß die deutsche Widerstandsbewegung vor der Welt und vor der Geschichte den entscheidenden Wurf gewagt hat. Alles andere ist daneben gleichgültig.* (v. Tresckow, Sommer 1944)

Allgemeine Aspekte des Widerstands

Die reelle Möglichkeit des Widerstands oder gar des Sturzes der nationalsozialistischen Führung ist allerdings auch unter folgenden Aspekten zu sehen:

- Die Forderung der Alliierten nach "bedingungsloser Kapitulation" erschwerte Aktionen gegen Hitler, da eine schnelle Beendigung des Krieges nicht erreichbar schien.
- Das Mißtrauen, vor allem der englischen Regierung, gegen den preußischen Adel, der den Widerstand trug, war stärker als das Vertrauen, mit ihm zusammen Hitler beseitigen zu können.
- Die sich abzeichnende Niederlage Deutschlands verschärfte den nationalsozialistischen Terror gegenüber allen oppositionellen und kritischen Stimmen.
- Diesem Terror wiederum fiel während der gesamten nationalsozialistischen Zeit genau derjenige Teil der geistigen Elite Deutschlands zum Opfer, der zu Widerstandshandlungen gegen Hitler bereit und fähig gewesen wäre.

- Nach wie vor war die Wehrmacht persönlich auf Hitler vereidigt.
- Ein Sturz Hitlers hätte die Gefahr eines Bürgerkrieges in Deutschland mit sich gebracht.
- Schließlich hätte es eines geschärften demokratischen Bewußtseins bedurft, um den übergeordneten Rang von Rechtsnormen und damit den Charakter des NS-Staates als Unrechtsstaat zu erkennen. Die Mehrheit der Bevölkerung war jedoch von der nationalsozialistischen Propaganda so geblendet, daß sie diese Unterscheidung nicht in letzter Konsequenz treffen konnte. Ausdruck dieses blinden Vertrauens in die Staatsführung war die weitverbreitete Ansicht, der Führer könne von den Greueln nichts wissen, sonst würde er sie sofort verbieten. Die weiteren Möglichkeiten, aus politischen und ethischen Gründen gegen das Regime Widerstand zu leisten, werden an einer Fülle von Einzelbeispielen, gerade auch von exponierten Persönlichkeiten deutlich. Sie relativieren das propagandistisch entworfene Bild einer Volksgemeinschaft, die geschlossen hinter der nationalsozialistischen Führung steht, doch sehr. Nicht zuletzt war es die Primitivität und Rohheit der "Bewegung", die gerade konservative Männer wie den am Rathenau-Mord beteiligten Ernst von Salomon daran hinderten, sich den Nationalsozialisten anzuschließen.

Juristische gegen ethische Prinzipien

Auf keinen Fall aber kann es angehen, die verschiedenen Widerstandskreise in "Gut" und "Böse" zu trennen. Wenn Widerstand geleistet wurde, dann aus der Gegnerschaft zum Nationalsozialismus, aus dem Gefühl heraus, dieses verbrecherische Regime bekämpfen zu müssen. Auch wenn die "Rote Kapelle" rein juristisch Landesverrat beging, indem sie geheime Nachrichten nach Moskau lieferte, um so das Regime von außen schneller stürzen zu lassen, auch wenn die Geschwister Scholl nach einem legalen Hochverratsparagraphen verurteilt wurden, so bleibt doch das Rechtsgefühl der Widerstandskämpfer zu achten. Für dieses Rechtsgefühl haben Zehntausende mit ihrem Leben bezahlt. Für einen Sozialisten unserer Tage mag die Gedankenwelt des "Kreisauer Kreises" nicht seinem Weltbild und seiner Auffassung von Demokratie entsprechen, zu ehren bleibt aber der Widerstand aus dem Geist und dem Ethos des Rechts, dem diese namenlosen Opfer gebracht wurden.

Zur Frage von Schuld und Verantwortung

Die Frage nach der Schuld an den Verbrechen des Nationalsozialismus muß auf verschiedenen Ebenen behandelt werden. Sie muß vor allem differenziert werden in eine staatliche und eine private Schuld, muß aber in jedem Fall von der bloßen Schulddiskussion weggehen auf eine Erörterung der Verantwortlichkeit vor der Geschichte und vor der Gegenwart.

Die staatliche Schuld

Dieser Bereich bezieht sich vor allem auf die Verbrechen, die im Namen des Staates an den Juden und den unterworfenen Völkern Mittel- und Osteuropas verübt wurden. Auch die Gesamtheit der Repressalien, mit denen die SS auf die Untergrundtätigkeit in den besetzten Ländern reagierte, gehört hierher. Drittens gehört dazu der Bereich der politischen Justiz, allem voran die Diskussion um den Reichstagsbrandprozeß, bis hin zu den Todesurteilen, die der Volksgerichtshof bis in die letzten Kriegstage hinein fällte und die auch die Geschwister Scholl das Leben kosteten.

"Legale" Grundlagen

Zuerst ist zu berücksichtigen, daß das NS-Regime zwar die "legalen" Grundlagen für alle Maßnahmen geschaffen hatte, angefangen von der Reichstagsbrandverordnung vom 28. Februar 1933 bis zu den "Werwolf"-Befehlen der letzten Kriegstage, daß aber diese Maßnahmen außerhalb aller abendländischen Konventionen stehen. Sie verletzen vor allem das Menschenrecht, das spätestens seit der amerikanischen Unabhängigkeitserklärung von 1776 Allgemeingut der westeuropäisch geprägten Kulturnationen ist (auch wenn die Bismarcksche Verfassung von 1871 diese Rechte noch nicht ausformuliert hatte). Gemessen an diesen übergeordneten Rechtsnormen ist das NS-Regime in jedem Fall ein Unrechtsregime zu nennen. Da sowohl die alte Bundesrepublik als auch das wiedervereinigte Deutschland nicht nur die Nachfolge des Deutschen Reiches angetreten, sondern das Deutsche Reich fortgesetzt haben bzw. fortsetzen, hat diese Frage auch juristische Konsequenzen, was Schadenersatz und Wiedergutmachungsleistungen angeht.

Menschenrecht

Juristische Konsequenzen

Der These, daß die meisten NS-Richter "geltendes Recht" befolgten und auf dieser Grundlage ihre Urteile fällten, entspricht es, daß es zu einer "Selbstreinigung der Justiz" nach 1945 nicht kam. Strafrechtliche Konsequenzen vor allem gegen die Richter am Volksgerichtshof blieben im wesentlichen aus, da Widerstand oder gar Hochverrat eindeutige strafrechtliche Tatbestände darstellten. Allein die Unverhältnismäßigkeit der Strafzumessung – Todesstrafe – wurde diskutiert. Aufgrund dieses Selbstverständnisses der Justiz konnte auch das Todesurteil gegen Sophie und Hans Scholl von 1943 nicht aufgehoben werden. Allerdings sieht das Wiedergutmachungsrecht der Bundesrepublik vor, daß NS-Verfolgten eine Wiedergutmachung selbst dann gewährt werden kann, wenn ihre Widerstandshandlung zugleich ein gewöhnliches Strafrecht verletzte.

Anders liegt der Fall bei dem als Brandstifter des Reichstags verurteilten Holländer Marinus van der Lubbe. Sein Todesurteil wurde bereits 1967 aufgehoben und in eine achtjährige Zuchthausstrafe umgewandelt, weil das Gesetz, nach dem die Todesstrafe verhängt wurde, dem geltenden Recht widersprach. Trotz verschiedener Versuche, den Freispruch van der Lubbes zu erreichen, blieb dieses Urteil rechtskräftig.

Die private Schuld

Für die Frage nach der privaten Schuld des Einzelnen an den Verbrechen der Hitlerdiktatur hilft es nichts, sich heute auf Leerformeln wie *Man hätte ...* oder *Man könnte ...* zurückzuziehen; die Möglichkeiten, sich in einem freiheitlich-demokratischen Staat gegen Übergriffe von Verwaltungsstellen oder der staatlichen Exekutive zur Wehr zu setzen, lassen sich nicht – in keinem Fall! – auf die Situation während der NS-Gewaltherrschaft übertragen.

Thomas Dehler 1955

Zu dieser Auseinandersetzung hat Thomas Dehler, der Fraktionsvorsitzende der FDP, während der Debatte um die Verjährung nationalsozialistischer Gewalttaten 1955 im Deutschen Bundestag Grundlegendes gesagt; seine Stellungnahme gibt diese Grundthesen aus der Sicht eines Betroffenen wieder.

Verantwortung des Staates gegen Verstrickung des einzelnen

Dehler differenziert zwischen der Verantwortung des Staates, der Verbrechen beschlossen und betrieben hat, und der Verstrickung des einzelnen aufgrund komplizierter psychologischer Verhältnisse. Er lehnt keineswegs die individuelle Schuld ab, sondern mißt sie an den realen Möglichkeiten derer, die dann auf die abschüssige Bahn schwerster Schuld gekommen sind.

Schuld und Verantwortung

"Befehlsnotstand"

Problematisch wird diese Ansicht, wenn der "Befehlsnotstand" als Entschuldigung für die Verbrechen herangezogen wird, wenn Scheinargumente wie *wenn ich nicht, dann ein anderer* in die Diskussion eingebracht werden. Den einzelnen trifft insofern Verantwortung, als er Hitler nicht verhindert hat, als er dem nationalsozialistischen Regime dazu verholfen hat, auf schein-legalem Weg zur Macht zu kommen. Die politische Verantwortung trifft den einzelnen hierbei als Teil der Gesamtheit.

Persönliche Verantwortung für Menschenrecht

Der Begriff der "Schuld des Staates" könnte als Entschuldigungsgrund dargestellt werden, indem das Tun des Staates den einzelnen aus seiner persönlichen Verantwortung im Sinn des Menschenrechts befreien würde. Diese Entschuldigung kann aber nicht gelten, da selbst das verbrecherischste "positive Recht" des Staates den einzelnen nicht aus seiner Verantwortung gegenüber den übergeordneten Normen von Natur- und Menschenrecht befreien kann. Darin ist, unabhängig vom konkreten Anlaß der Diskussion, das Verhältnis von Schuld und Verantwortung des einzelnen gegenüber derartigen Verbrechen zu sehen. Der Konflikt, in den der einzelne hier gerät, auf der einen Seite die Normen der Menschenrechte beachten zu müssen, auf der anderen Seite dem verbrecherischen Terror des Staates ausgeliefert zu sein, kann und darf nicht mit der Ausrede *Was kann ein einzelner schon tun?* weggeschoben werden. Das ist die eine Konsequenz, die den Antigone-Stoff bis in unsere Zeit so aktuell macht. Aus diesem Konflikt heraus führt kein Weg, ohne daß der einzelne in dieser Situation nicht zerbräche. Es gibt nur den Weg, diesen Konflikt zu vermeiden – dies als historische Verantwortung gegenwärtiger und künftiger Generationen angesichts der 50 Millionen Toten dieser 12jährigen Herrschaft.

Antigone

Kollektivschuld

Die von verschiedenen Seiten vorgebrachte Kollektivschuldthese, die dem einzelnen als Teil der Gesamtheit die volle – juristisch definierte – Schuld an den Verbrechen zumißt, geht an den realen Verhältnissen völlig vorbei. Sie verkennt die von Dehler erwähnte *komplizierte psychologische ... Verstrickung in das System des Unrechtsstaates.* Sie vermengt unzulässig Schuld am Verbrechen und Verantwortung für die Zukunft. Niemand kann der heute lebenden Generation Schuld im eigentlichen Sinne zusprechen, ohne zu verraten, daß er damit politische Ziele verfolgt. Niemand kann aber auch die heute lebende Generation von der Verantwortung für die Zukunft freisprechen – und nicht nur die heute lebende Generation Deutschlands.

Psychologische Verstrickung

Wie war Hitler möglich?

Die Verantwortung aber vor der Geschichte läßt sich zurückführen auf die Frage *Wie war Hitler möglich?* Den historischen Tatsachen nicht gerecht werden dabei Auffassungen, die den Nationalsozialismus lediglich als eine ökonomische Konsequenz des Kapitalismus und Imperialismus sehen oder die das verbrecherische Tun eines Einzelnen oder einer kleinen Gruppe zugrundelegen und den gesamten Rest des deutschen Volkes als Verblendete oder Verführte von der Verantwortung freisprechen. Hitler wurde 1933 von über 40 % der Deutschen gewählt, und viele, die ihn nicht gewählt hatten, ließen sich von ihm, weil er die Obrigkeit verkörperte, in den Bann ziehen.

Kontinuität der deutschen Politik

Die wissenschaftliche Erforschung der deutschen Politik vor dem Ersten Weltkrieg hat inzwischen die Kontinuität der Politik von 1895 bis 1945, also eines halben Jahrhunderts, gezeigt, hat deutlich gemacht, daß weder Hitlers Lebensraumpolitik noch seine Rassenideologie noch sein Antibolschewismus oder sein Kampf gegen Sozialdemokraten und Gewerkschaften etwas Originäres waren. Selbst der Zweite Weltkrieg ist in seinem Kern nur eine Neuauflage des Ersten. Um für den Fall militärischer Schwierigkeiten einen neuen "Dolchstoß" auszuschließen, war jeder Widerstand im Keim zu ersticken.

Konsequenz der Weltmachtpolitik

Hitler ist also kein "Betriebsunfall" der deutschen Geschichte, der unvorhersehbar oder unkontrollierbar gewesen wäre, sondern die letzte, grausig überhöhte Konsequenz der deutschen Weltmachtpolitik der ersten Hälfte des 20. Jahrhunderts. Sie konnte auf dem Boden der Ablehnung des Weimarer Parteiensystems und der Wirtschaftskrise wachsen, sie war verknüpft mit einem System, das menschliche Schwächen bis ins letzte für sich ausnützt: Die frustrierte Masse sah in Hitler einen Ausweg aus der Krise der Zeit, das System der Parteiherrschaft ermöglichte es noch dem kleinsten Blockwart, seine Macht auf Kosten anderer auszunützen, die SS erlaubte es ihren Mitgliedern, ihre Aggressionen auf Kosten von Kommunisten, Sozialdemokraten, Geistlichen, Juden, Polen, Russen, Zigeunern, Homosexuellen, kurz, all derer, die nicht in das System einer im Gleichschritt sich fortbewegenden Volksgemeinschaft passen wollten, auszuleben, abzureagieren.

Intoleranz des deutschen Idealismus

Bei der Frage, ob der Nationalsozialismus eine "typisch deutsche" Erscheinung sei, muß man feststellen, daß es zwar in anderen Staaten ebenfalls autoritäre Systeme gab, diese aber nicht in dieser Konsequenz totalitär und menschenverachtend waren. Der Blick der Philosophen richtet sich dabei einerseits auf das Phänomen des deutschen Idealismus, der konsequenter und intoleranter als anderswo seine "Idee" verfolgte. Damit aber wird Hitler ein gesamt-gesellschaftliches Phänomen des deutschen Volkes. Hier muß die tätig angepackte Verantwortung vor Geschichte und Zukunft ansetzen. Andererseits aber gibt es Richtungen in der wissenschaftlichen Erforschung des Nationalsozialismus, die ihn als Aufstand gegen die moderne Welt, als Angriff gegen die Zivilisation, oder als Flucht vor der Freiheit kennzeichnen. Auch hier muß man sich immer wieder fragen, ob nicht Strömungen in der Gegenwart in dieselbe Richtung zielen.

Darüber hinaus arbeitet die Wissenschaft der Psychologie daran, das Phänomen der Aggressivität darzustellen, die dem Menschen innewohnt und die ihn zu den brutalsten Reaktionen Mitmenschen gegenüber befähigt. Dieses Phänomen aber betrifft die gesamte Menschheit, von Chile bis Peru, von Südafrika bis zu den südostasiatischen Staaten. Auch zwei Jahrhunderte nach den Ideen von Menschenrecht und Aufklärung gilt die Gewalt immer noch als pseudo-legitimes Mittel zur Durchsetzung von Interessen.

Moltke

Helmuth James Graf von Moltke schrieb kurz vor seinem Tod an seine Söhne:

> *Ich habe mein ganzes Leben lang, schon in der Schule, gegen einen Geist der Enge und Gewalt, der Überheblichkeit, der Intoleranz und des Absoluten, erbarmungslos Konsequenten angekämpft, der in den Deutschen steckt und der seinen Ausdruck in dem nationalsozialistischen Staat gefunden hat. Ich habe mich auch dafür eingesetzt, daß dieser Geist mit seinen schlimmen Folgeerscheinungen wie Nationalismus im Exzeß, Rassenverfolgung, Glaubenslosigkeit, Materialismus überwunden werde. Insoweit und von ihrem Standpunkt aus haben die Nationalsozialisten recht, daß sie mich umbringen ... (11. Oktober 1944).*

Die Frage, ob dieser Geist nicht auch den Nationalsozialismus überlebt habe, stellt sich in Anbetracht unserer Neigung zu Perfektionismen, zu Verordnungsgläubigkeit, zur Gewalt in Fußballstadien und auf Autobahnen, zur Intoleranz gegenüber all dem, was uns Deutschen nicht als deutsch erscheint, und zu besonders heftigen Auseinandersetzungen, wo immer unsere "Rechte" verletzt werden, immer wieder.

Karl Jaspers' vier Schuldbegriffe (1946)

In seiner 1946 erschienenen Schrift "Die Schuldfrage" setzte sich der Heidelberger Philosoph Karl Jaspers ausführlich mit der Frage von Schuld und Verantwortung für die Verbrechen des Nationalsozialismus auseinander. Er stellte in diesem Zusammenhang vier Kategorien der Schuld auf:

1. die kriminelle Schuld aufgrund objektiv nachweisbarer Gesetzesverstöße,
2. die politische Schuld durch Handlungen der Staatsmänner, an denen der Einzelne durch seine Staatsbürgerschaft und durch seine Mitverantwortung, wie er regiert wird, beteiligt ist,
3. die moralische Schuld durch Handlungen, deren Charakter nicht allein dadurch nicht verbrecherisch wird, daß sie befohlen sind,
4. die metaphysische Schuld aus der Mitverantwortung für alles Unrecht und alle Ungerechtigkeit in der Welt *(Wenn ich nicht tue, was ich kann, um es zu verhindern, so bin ich mitschuldig).*

Die Instanzen zur Klärung der einzelnen Kategorien der Schuld sind das Gericht (im formellen Verfahren) zur ersten Kategorie, zur zweiten die Gewalt und der Wille des Siegers (wenn das Regime im Krieg unterlegen ist), zur dritten das eigene Gewissen und schließlich Gott allein zur vierten Kategorie.

Jaspers verband seine *Schematik der Unterscheidungen* mit dem Ziel, daß sie bewahren sollten *vor der Flachheit des Schuldgeredes, in dem alles stufenlos auf eine Ebene gezogen wird, um es im groben Zufassen in der Weise eines schlechten Richters zu beurteilen.* Ein Volk könne nie als Ganzes angeklagt werden, da Verbrecher immer nur der Einzelne sei. Ein Volk könne aber auch nie als Ganzes moralische Schuld tragen, da es keine allgemein verbindende Moral oder Unmoral eines ganzen Volkes gebe.

Verantwortlichkeit statt Schuld und Anklage

Faßt man Jaspers' Gedankengänge zusammen, so ergibt sich der Schluß, daß es – außer bei klar feststellbaren Verbrechen, sei es gegen geltendes Recht, sei es gegen übergeordnete Normen des Menschen- oder Völkerrechts – keine "Schuld" und keine "Anklage" geben kann, sondern nur die Verantwortlichkeit aus der Tiefe des eigenen Gewissens heraus *(Weil ich mich nicht entbrechen kann, in tiefster Seele kollektiv zu fühlen).* Diese Verantwortlichkeit aber muß in der Zukunft wirken und sie verjährt nicht, heute nicht und nicht in hundert Jahren. So kann es aber auch nicht angehen, Verbrechen der SS, der Gestapo oder der Wehrmacht, auch Verbrechen "des Nationalsozialismus" allgemein (waren es doch immer einzelne Menschen, die sie begangen haben) mit Verbrechen anderer Völker, anderer Staaten oder anderer Zeiten aufzurechnen, da wir uns dann zum Richter über die moralische Schuld anderer aufspielten.

Die Welt zwischen den beiden Weltkriegen (1919–1945)

Das Erbe des Ersten Weltkrieges

Der Vertrag von Versailles

Nachdem eine Fortführung des Krieges für die deutsche Armee aussichtslos war, konnten die Alliierten mit ihrer Drohung, die Kampfhandlungen wieder aufzunehmen, großen Druck sowohl auf die Waffenstillstands- als auch auf die Friedensverhandlungen ausüben.

Öffentliche Meinung in den Siegerländern

Die öffentliche Meinung in den Siegerländern, vor allem in Frankreich, forderte einen Preis für die Anstrengungen während des Krieges und eine umfassende Wiedergutmachung der erlittenen Schäden. Zentrales Thema der Konferenz bildete daher Deutschland und die Frage einer künftigen Sicherheit vor deutscher Aggression, die vor allem von französischer Seite in einer dauernden Schwächung der deutschen Macht gesehen wurde. Aber auch das Problem der "Eindämmung" der Sowjetmacht, die Frage nach der Vorherrschaft im Adriaraum (um die Italien und das "Königreich der Serben, Kroaten und Slowenen" stritten), die Verwaltung der Erbmasse des Osmanischen Reiches und nicht zuletzt die Behandlung der deutschen Kolonien zogen sich als ein roter Faden durch die Verhandlungen. Die Behandlung dieser Fragen ließ innerhalb der Siegerkoalition krasse Interessengegensätze zutage treten, die sich aus den unterschiedlichen Verhandlungspositionen ergaben.

Völkerbund

Der amerikanische Präsident Wilson hatte mit seinem Kreuzzug für die Demokratie zugleich die Idee eines Völkerbundes als Grundstein für eine universale Friedensordnung auf der Basis des Rechts und des friedlichen Ausgleichs zwischen den Völkern verknüpft. Es gelang ihm, die Völkerbundsidee ganz an den Anfang der Konferenzarbeit zu stellen, und er erreichte, daß die Völkerbundssatzung in den Friedensvertrag aufgenommen wurde. Wilson konnte sich allerdings schon während der Verhandlungen nicht auf den Willen der Mehrheit in den USA stützen – als der Senat die Zustimmung zum Beitritt verweigerte, erlitt die Völkerbundsidee eine schwere Niederlage. Auch die Sowjetunion blieb außerhalb der Organistion, sie war mit dem Makel der Revolution behaftet und trat erst 1934 bei. Auch die besiegten Staaten wurden nicht sofort aufgenommen. Als eine Vereinigung der Siegerstaaten wurde der Völkerbund zu einem Instrument der nationalen Interessenvertretung, das Gegenteil von dem, was Wilson beabsichtigt hatte.

Britische Interessen

Das englische Interesse galt vor allem der Beseitigung der deutschen Kriegsflotte. Im Interesse eines kontinentalen Gleichgewichts (d. h. der Begrenzung der französischen Hegemonialstellung in Europa) war man jedoch darauf bedacht, eine allzu einschneidende Schwächung Deutschlands zu vermeiden. Hierbei spielte auch die Überlegung eine Rolle, daß eine vollständige Schwächung die einstige Großmacht Deutschland möglicherweise zur Aufnahme enger Beziehungen mit der Sowjetunion zwingen konnte.

Französische Interessen

In Frankreich wollte man die momentane Überlegenheit über Deutschland nutzen, um durch einschneidende Maßnahmen das historisch bedingte Bedürfnis nach Sicherheit vor dem Nachbarn zu befriedigen. Es war sowohl den französischen Militärs als auch den Politikern klar, daß Frankreich nur unter Einsatz größter Anstrengungen diesen Krieg hatte gewinnen können und daß ein weiterer Waffengang unweigerlich mit der wirtschaftlichen Niederlage Frankreichs enden müßte. Für Deutschland bedeutete dies das Auferlegen umfangreicher Gebietsabtretungen, weitreichender Reparationsverpflichtungen und drastischer Rüstungsbeschränkungen. Mit dem Aufbau eines festgefügten Bündnissystems und der damit verbundenen Stärkung der französischen Verbündeten, möglichst auf Kosten Deutschlands sollte ein französisches Hegemonialsystem in Europa errichtet werden, das Deutschland in Schach halten konnte.

Stärkung Frankreichs

Die Beratungen der "Großen Vier" (Wilson, Clemenceau, Lloyd George, Orlando) brachten zwar einige Abstriche an den französischen und englischen Maximalforderungen, aber insgesamt eine Stärkung sowohl Frankreichs als auch seiner Verbündeten im "Cordon sanitaire".

- Danzig wurde nicht, wie von Frankreich gefordert, polnisch, sondern erhielt den Status einer „Freien Stadt" unter dem Schutz des Völkerbunds.
- Für Oberschlesien wurde eine Volksabstimmung anberaumt, die über die Zugehörigkeit zu Polen oder Deutschland entscheiden sollte.
- Die französischen Sicherheitskräfte in Oberschlesien unterstützten teils direkt, teils indirekt die polnische Seite.
- Die Tschechoslowakei wurde in den historischen Grenzen Böhmens wiederhergestellt, die Regierung nicht auf einen Schutz der deutschen Minderheit verpflichtet.
- Rumänien erhielt auf Kosten Ungarns Siebenbürgen.
- Nach der Abstimmung über die Zugehörigkeit Oberschlesiens schließlich konnte Frankreich seine Interpretation des Abstimmungsergebnisses (60 % für Deutschland) durchsetzen, daß mit 40 % Oberschlesiens auch das wichtige Industriegebiet um Kattowitz (Katowice) an Polen kam.

Frankreich selbst machte sich Hoffnungen auf das Saargebiet, die ständige militärische Kontrolle des Rheins und der Brückenköpfe und auf die Bildung eines oder mehrerer autonomer Staaten auf dem linken Rheinufer, mußte sich aber dann mit folgenden Regelungen zufrieden geben:

Auflagen für Deutschland

- Entmilitarisierung des Rheinlands,
- Besetzung des linken Rheinufers für 15 Jahre,
- Überführung des Eigentums an den Kohlengruben des Saargebiets an Frankreich,
- Unterstellung des Saargebiets unter den Völkerbund (ebenfalls für 15 Jahre) und wirtschaftlicher Anschluß an Frankreich,
- weitgehende Demilitarisierung Deutschlands (Beschränkung der Reichswehr auf einen minimalen Stand von 100 000 Mann, Verbot von Befestigungen und anderen militärischen Anlagen in einem Streifen 50 km rechts des Rheins),
- Verbot der Vereinigung Deutsch-Österreichs mit dem Deutschen Reich.

Die Völkerbundakte

Der erste Teil des Versailler Vertrags enthielt die Völkerbundakte. Der Völkerbund sollte die Zusammenarbeit zwischen den Nationen fördern und Frieden und Sicherheit gewährleisten. Für die Aufrechterhaltung des Friedens sollten die folgenden Vorhaben durchgeführt werden:

- Herabsetzung der nationalen Rüstungen auf das Mindestmaß (Art. 8),
- Offenlegung des jeweiligen Rüstungsstandes,
- Achtung der territorialen Unversehrtheit und der gegenwärtigen politischen Unabhängigkeit aller Bundesmitglieder (Art. 10),
- Schiedsgerichtsverfahren oder Untersuchung durch den Rat bei Streitfällen zwischen den Bundesmitgliedern (Art. 12 – 15),
- Abbruch aller Beziehungen zu einem Staat, der das Völkerrecht verletzt oder unter Verstoß gegen die Völkerbundssatzung einen Krieg beginnt,
- Gegenseitige Beistandsleistung und Sanktionen im Fall eines Angriffs auf ein Mitgliedsland (Art. 11 und 16),
- Revision von *"unanwendbar"* gewordenen Verträgen (Art. 19),
- Förderung und Begünstigung humanitärer Organisationen und Aufgaben (Rotes Kreuz, *"Milderung der Leiden in der Welt"*)
- Unterstellung der Kolonien unter die Vormundschaft der "fortgeschritteneren Nationen".

Nicht in der Satzung verankert waren die internationalen Verwaltungsaufgaben, die der Völkerbund durch seine Hohen Kommissare in Danzig und im Saargebiet erfüllte.

Die Tätigkeit des Völkerbundes, dessen Sitz Genf war, sollte durch eine Bundesversammlung, die sich aus den Delegierten der Bundesmitglieder zusammensetzte, und durch den Rat, in dem die Alliierten und vier weitere zu wählende Mächte vertreten waren, ausgeübt werden.

Die internationale Politik im Zeichen des deutsch-französischen Gegensatzes

Ruhrbesetzung

In den Jahren nach 1919 war das deutsch-französische Verhältnis von erbitterter gegenseitiger Feindschaft geprägt. Höhepunkt dieser Politik war die Besetzung des Ruhrgebiets im Januar 1923 durch französische und belgische Truppen unter dem Vorwand, die Lieferung der Reparationsgüter sicherzustellen.

Nachdem die Hyperinflation im Herbst 1923 mit dem völligen wirtschaftlichen Zusammenbruch und schwersten politischen Krisen in Deutschland (kommunistische Aufstände in Sachsen und Thüringen, Hitler-Putsch in Bayern) das Scheitern der französischen Deutschland-Politik erwiesen hatten, setzte sich – unter der Führung der USA – die Einsicht durch, daß nur ein wirtschaftlich starkes und politisch stabiles Deutschland ein verläßlicher Partner in Europa sein würde.

Dawes-Plan

Schon der im Sommer 1924 ausgearbeitete Dawes-Plan ging statt von territorialen Sicherheiten für Frankreich von einer allgemeinwirtschaftlichen Sicherung aus; Reparationen sollten künftig nur aus erwirtschafteten Überschüssen bezahlt werden. Das Sicherheitsproblem aber stellte sich mit dem beginnenden wirtschaftlichen Wiederaufstieg Deutschlands hauptsächlich für Frankreich erneut. Vor allem diesem Sicherheitsbedürfnis, weniger den (tatsächlich festgestellten) Versäumnissen Deutschlands in der Demilitarisierung, ist es zuzuschreiben, daß die Alliierten die für den Januar 1925 vorgesehene Räumung Kölns hinausschoben.

Stresemann

Um dieses Sicherheitsbedürfnis zu befriedigen, entwickelte Außenminister Gustav Stresemann im Januar und Februar 1925 den Gedanken eines westeuropäischen Sicherheitspaktes zwischen Deutschland und seinen Nachbarn. Vor allem auf britischen und amerikanischen Druck hin (der sich schon im Dawes-Plan gezeigt hatte) wurde im Oktober 1925 die Konferenz von Locarno eröffnet.

Stresemann ging also in seiner Politik von der Konfrontationspolitik der Vorjahre ab, um auf der Basis von Sicherheitsgarantien die volle Souveränität (Räumung der besetzten Zonen, später dann evtl. auf der Basis eines gegenseitigen Vertrauens Neuverhandlungen über die Reparationen) für Deutschland wiederzugewinnen.

Die Verträge von Locarno enthalten folgende Einzelpunkte:
- Erklärung über gegenseitigen Gewaltverzicht zwischen Deutschland und Frankreich einer-, Deutschland und Belgien andererseits. Garantiemächte waren England und Italien.
- Schiedsverträge Deutschlands mit Frankreich, Belgien, Polen und der Tschechoslowakei;
- Beistandspakte Frankreichs mit Polen und der Tschechoslowakei;
- Verbunden mit den Verträgen war der Eintritt Deutschlands in den Völkerbund, der am 10. September 1926 vollzogen wurde.

Mit dem Abschluß dieser Locarno-Verträge, mit denen die Aufnahme Deutschlands in den Bund verknüpft war, erzielte der Völkerbund einen großen Erfolg, ebenso wie mit dem Briand-Kellog-Pakt, der die in der Völkerbundssatzung eigentlich intendierte Ächtung des Krieges zum verbindlichen Rechtsprinzip erhob. Seine konkrete Bewährungsprobe bestand der Völkerbund 1925 bei der friedlichen Beilegung eines Grenzstreits zwischen Griechenland und Bulgarien. Locarno

Idee und Wirklichkeit des Völkerbundes

Schon am Ende der 20er Jahre zeigte sich jedoch, daß Idee und Wirklichkeit im Völkerbund weit auseinanderklafften:
- Artikel 19 der Völkerbundssatzung, der eine Revision von *"unanwendbar"* gewordenen Verträgen vorsah, wurde nie angewandt. Seine Anwendung hätte das Vertrauen in die Organisation der Staatengemeinschaft stärken und ihre Rolle als Friedensstifter begründen können. Im Gegenteil – im September 1931 entschied das Haager Schiedsgericht mit Verweis auf die geltenden Verträge gegen die geplante deutsch-österreichische Zollunion. Revision
- Die Abrüstungsverhandlungen 1931/32 scheiterten, weil einerseits die USA und Großbritannien die deutschen Rüstungsanstrengungen stillschweigend akzeptierten, andererseits Frankreich nicht bereit war, einseitig abzurüsten. Auf dieser Basis konnte Hitler ohne weiteres die Abrüstungsverhandlungen 1933 für gescheitert erklären. Abrüstung

In den 30er Jahren erwies sich der Völkerbund dann als handlungsunfähig, als
- Japan 1931 die Mandschurei besetzte,
- Hitler 1935/36 einseitig sowohl den Versailler Friedensvertrag als auch den Vertrag von Locarno aufkündigte,
- Italien 1935/36 Abessinien (Äthiopien) eroberte,
- 1936 Italien, Deutschland und die Sowjetunion in den spanischen Bürgerkrieg eingriffen,
- Hitler mit der Besetzung der Tschechei seine offene Aggressionspolitik begann.

Schwäche des Völkerbundes

Die Gründe dafür liegen zum einen in der Organisation des Völkerbunds selbst: Er hatte keine eigene Exekutivgewalt und war daher auf die langwierigen internationalen Konsultationsmechanismen angewiesen. Weiterhin waren Sanktionsbeschlüsse mit Zweidrittelmehrheit, andere wichtige Beschlüsse einstimmig zu fassen, so daß eine Übereinkunft sowohl über Ziele als auch über Vorgehensmöglichkeiten hätte bestehen müssen – die aber blieb nach wie vor den eigenen nationalen Interessen untergeordnet.

Stresa

Ein Beispiel dafür ist die Politik nach der Einführung der Allgemeinen Wehrpflicht durch Hitler im März 1935. Auf der Konferenz von Stresa beschlossen zwar Frankreich, England und Italien, sich künftig *„jeder einseitigen Aufkündigung von Verträgen zu widersetzen“* (März 1935), die britische Regierung beeilte sich aber, mit Hitler zu einer vertraglichen Lösung des Problems der Flottenrüstung zu kommen (Juni 1935).

Wirkungslose Sanktionen

Die Sanktionen, die die Völkerbundsmitglieder verhängten, als das faschistische Italien Abessinien überfiel, um das "Imperio Romano" neu zu errichten, blieben wirkungslos, weil Hitler in der Unterstützung Mussolinis in der Abessinienfrage eine Möglichkeit sah, die beiden Diktaturen politisch einander anzunähern.

Münchener Abkommen

Vollends zum Scheitern verurteilt war eine gemeinsame Politik der Völkerbundsmitglieder, als Hitler seine Aggressionspolitik gegenüber der Tschechoslowakei aufnahm. Die Konferenzen von Bad Godesberg und München, die im Münchener Abkommen in der Abtretung des Sudetenlandes gipfelten, fanden außerhalb der Völkerbundsorganisation statt, die Besetzung der Rest-Tschechei endlich wurde widerspruchslos hingenommen, weil die britischen, französischen und sowjetischen Interessen nicht mehr in Einklang zu bringen waren. Hitlers Überfall auf Polen brachte dann den Völkerbund endgültig zum Scheitern. Großbritannien und Frankreich reagierten zwar in der Erfüllung ihrer Bündnisverpflichtungen gegenüber Polen, indem sie Deutschland den Krieg erklärten, ein sofortiger Angriff, der Polen hätte entlasten können, fand jedoch nicht statt. Die Sowjetunion, selbst Völkerbundsmitglied, machte mittelbar durch den Abschluß des Nichtangriffspaktes vom August 1939 Hitler den Weg zum Überfall auf Polen frei.

Ein letztes Mal zeigte der Völkerbund Aktivität, als nach dem sowjetischen Angriff auf Finnland 1940 die Sowjetunion als Aggressor aus dem Völkerbund ausgeschlossen wurde. Zu weitergehenden Sanktionen kam es nicht.

Die Außenpolitik der USA und der Sowjetunion angesichts der japanischen und deutschen Expansion bis 1941

Japan

1915	"21 Forderungen" Japans an China
1919	Zuweisung der dt. Kolonie Tsingtau und der dt. Konzessionsrechte in China durch die Pariser Friedensverträge an Japan, Unterstellung der dt. Südseeinseln nördlich des Äquators unter japanisches Völkerbundsmandat.
1921/22	Washington-Konferenz mit Flotten-Vertrag und Vier-Mächte-Abkommen, aber Kündigung des Bündnisabkommens von 1902 durch Großbritannien; Neun-Mächte-Abkommen mit Garantie der chin. Unabhängigkeit: Rückzug der jap. Truppen aus Sibirien, Rückgabe Shantungs und Kiautschous an China
1925	sowjet.-jap. Vertrag mit der Räumung der Nordhälfte der Insel Sachalin und der Anerkennung des Friedens von Port Arthur (1905) durch die Sowjetunion
1927	Tanaka-Memorandum mit der Forderung nach ausgreifender Expansionspolitik
1927	Besetzung der Halbinsel Shantung
1931	8. September: Japanische Provokation von Mukden
1932	Besetzung der Mandschurei
1932	Jap.-sowjet. Abkommen über Erdölkonzessionen auf Sachalin
1933	Austritt Japans aus dem Völkerbund
1934	Deklaration des Kaiserreichs Mandschukuo (chin. Mandschurei)
1935	Verkauf der nordmandschurischen Eisenbahnrechte durch die UdSSR an Japan
1936	Sowj.-mongolischer Beistandsvertrag
1936	Einführung der Cash-and-Carry-Klausel in den USA
1936	November: Antikominternpakt mit Deutschland
1937	Juni/Juli: begrenzter sowj.-jap. Konflikt am Amur
1937	Juli: Beginn des jap.-chin. Krieges
21.8.1937	Sowjet.-chin. Nichtangriffsvertrag
1937	September: Einmarsch in die Mongolische Volksrepublik (zum Schutz vor japanischer Aggression)
1937	5. Oktober: "Quarantäne-Rede" Roosevelts
1938	Billigung des Flottenprogramms ("Zwei-Ozean-Flotte") durch den amerik. Kongreß
1938	Juli/August: Neuer sowjetisch-japanischer Grenzkonflikt
1938	3. November: Verkündung des Programms einer "Neuen Ordnung in Ostasien"

1939	
Mai – September	Kündigung des jap.-amerik. Handelsvertrages Zusammenstöße sowj. und jap. Truppen an der mandschurischen Grenze
23. 8.	Nichtangriffspakt zwischen der UdSSR und Deutschland
1. 9.	Deutscher Überfall auf Polen
15. 9	jap.-sowjet. Waffenstillstand
September	Verlängerung der Cash-and-Carry-Klausel
5. 9.	Neutralitätserklärung der USA
17. 9.	Sowj. Einmarsch in Ostpolen
28. 9.	Grenz- und Freundschaftsvertrag zwischen dem Deutschen Reich und der UdSSR (Zusatzprotokoll vom 4. 10. mit der genauen Festlegung der Grenze)
28. 9 – 10. 10.	Beistandsverträge der UdSSR mit Estland, Lettland, Litauen
3. 10.	Formulierung einer "Sicherheitspolitik" der westlichen Hemisphäre
30. 11.	Beginn des "Winterkrieges" gegen Finnland
14. 12.	Ausschluß der UdSSR aus dem Völkerbund
1940	
26. 1.	Auslaufen des jap.-amerik. Handelsvertrages von 1911
10. 2.	dt.-sowjet. Wirtschaftsabkommen
Mai /Juni	Deutscher Feldzug gegen Niederlande und Frankreich
Juni /August	Ultimative Forderungen der UDSSR an die baltischen Staaten (12./16. 6.); Umwandlung in Sowjetrepubliken (21./22. 7.) und Eingliederung in die UdSSR (3.–6. 8.)
3. 6.	Aufnahme der Waffenlieferungen durch die USA an Großbritannien
Juli	Annexion Bessarabiens und der Bukowina
27. 9.	Dreimächtepakt Japans mit Deutschland und Italien
3. 9.	Amerik. Lieferung von Kriegsschiffen an England gegen Überlassung britischer Stützpunkte
16. 9.	Einführung der Allgemeinen Wehrpflicht in den USA
1941	
Januar	Verkündung der "Vier Freiheiten" durch US-Präsident Roosevelt
März	Lend-Lease-Act
13. 4.	jap.-sowjet. Neutralitätsvertrag
Mai	Einmarsch jap. Truppen in Indochina
22. 6.	Deutscher Überfall auf die Sowjetunion
12. 7.	Beistandsabkommen zwischen Großbritannien und der Sowjetunion
9. 8.	Verabschiedung der "Atlantik-Charta"
7. 12.	jap. Überfall auf die US-Flotte im Hafen von Pearl Harbour (Hawaii)
8. 12.	Kriegserklärung der USA an Japan
11. 12.	Kriegserklärung Deutschlands und Italiens an die USA

1942	
2. 1.	Eroberung Manilas (Philippinen)
11. 1.–8. 3.	Kampf um Niederländisch-Indien
3.–6. 6.	Schlacht bei den Midway-Inseln mit Niederlage der jap. Flotte
25. 12.	Einnahme Hongkongs
1943	
	Alliierte Gegenoffensive im Südwestpazifik ("Froschhüpfen", "Inselspringen")
1944	Vorstoß amerikanischer Streitkräfte im mittleren Pazifik
1944/1945	Oktober 1944 bis Februar 1945: Rückeroberung der Philippinen
9. 2. 1945	Landung der Amerikaner auf Iwojima

Die japanische Expansion

Das Ausgreifen nach China

Auch Japan hatte in der zweiten Hälfte des 19. Jahrhunderts einen starken Bevölkerungszuwachs zu verzeichnen, die Einwohnerzahl des Inselreiches verdoppelte sich von 1867 bis 1913 auf 52 Millionen. Hand in Hand damit ging eine rasche Industrialisierung, die das japanische Interesse auf auswärtige Rohstoffe und Absatzmärkte richtete.

Bevölkerungszuwachs

Industrialisierung

Als Ergebnis des russisch-japanischen Krieges von 1905 gewann Japan das Protektorat über Korea und die südliche Mandschurei und dokumentierte damit seinen Anspruch auf die Bildung einer festländischen Interessensphäre, die im wesentlichen auf Kosten Chinas ging. 1910 wurde Korea schließlich annektiert. Nach der Kriegserklärung an Deutschland im August 1914 (an der Seite Englands) besetzte es die deutschen Kolonien in China und stellte 1915 21 Forderungen auf, denen sich China schließlich beugen mußte. Nordchina wurde dadurch japanisches Einflußgebiet. Das Land konnte als Bündnispartner Englands seine Kriegs- und Handelsflotte vergrößern, was den Export japanischer Waren ansteigen ließ und den Einbruch in die Weltwirtschaft bedeutete. Die weitere Expansion ging auf deutsche Kosten: Die Pariser Friedensverträge 1919 sprachen Japan die deutsche Kolonie Tsingtau und die deutschen Konzessionsrechte in China zu und unterstellten die deutschen Südseeinseln nördlich des Äquators japanischem Völkerbundsmandat. Japan rückte in den Rang einer Weltmacht im Pazifik ein und wurde drittgrößte Seemacht der Welt.

Festländische Interessensphäre: China Korea

Rückschlag für Japan in den 20er Jahren

Die 20er Jahre brachten der japanischen Politik einen Rückschlag: Als Ergebnis der Konferenz in Washington 1921/22 konnte Japan zwar seine Flottenstärke behaupten und im Vier-Mächte-Abkommen mit den USA, Großbritannien und Frankreich seinen pazifischen Besitzstand wahren, aber Großbritannien kündigte auf Druck der Commonwealth-Länder Kanada, Australien und Neuseeland das Bündnisabkommen von 1902 auf. Außerdem mußte Japan im Neun-Mächte-Abkommen die chinesische Unabhängigkeit garantieren und sich auf eine Politik der "Offenen Tür" in China festlegen lassen. Schließlich hatte es seine Interventionstruppen aus dem russischen Sibirien abzuziehen und im Shantung-Vertrag Shantung und Kiautschou an China zurückzugeben.

Annäherung an die Sowjetunion

Die Verschärfung der amerikanischen Einwanderungsgesetze, die Japaner nun ausschlossen, führte zu einer Annäherung an die UdSSR: Im sowjetisch-japanischen Vertrag von 1925 räumte Japan die Nordhälfte der Insel Sachalin (1875 durch Vertrag russisch, Südhälfte 1905 von Japan erobert, Nordhälfte 1917 besetzt), woraufhin die Sowjetunion den Frieden von Portsmouth (1905) anerkannte. Die japanische Regierung konnte in der Folgezeit das angeschlagene Ansehen Japans im Ausland heben, indem sie gegenüber China auf die 21 Forderungen von 1915 verzichtete und eine gewaltlose Politik propagierte.

Die Wiederaufnahme der aggressiven Asien-Politik

Forderung nach ausgreifender Expansionspolitik

Das Zusammentreffen innerer Schwierigkeiten Japans, starker nationalistischer Strömungen und eines wirtschaftlich bedingten Expansionsdrangs ist verantwortlich für die Wiederaufnahme einer aggressiven Außenpolitik, die auf die Schaffung eines asiatischen Großwirtschaftsraumes unter japanischer Führung, später auf die Beherrschung Asiens durch Japan zielten. Bereits 1927 forderte der Ministerpräsident Tanaka eine ausgreifende Expansionspolitik (Tanaka-Memorandum). Das Militär, selbst antidemokratisch und expansionistisch eingestellt, unterstützte diese Pläne.

Machtverhältnisse in China

Zur Erläuterung der 1927 wiederaufgenommenen aggressiven China-Politik ist ein kurzer Blick auf die chinesischen Verhältnisse selbst nötig: Aus den Wirren nach der Revolution 1912, die die Abdankung der kaiserlichen Regierung brachte, gingen einzelne Heerführer als regionale Machthaber hervor. Die 1912 gegründete Kuo Min-tang verfolgte, mit dem südlichen China um die Zentren Nanking und Kanton, eine Politik der nationalen Einigung. In der Nationalen Revolution 1925–1927 wollte Tschiang Kai-schek die im Norden Chinas selbständig operierenden Militärherren entmachten. Japan hatte in dieser Zeit Truppen, die Kuangtung-Armee, in Port Arthur (Lüshun) stationiert.

Neues Eingreifen in China

Die durch die Washingtoner Konferenz von 1921/22 begründete "friedliche" Phase der japanischen China-Politik wurde schon 1927 durch die Besetzung der Halbinsel Shantung beendet. Mit dieser Aktion wollte Japan verhindern, daß sich die nationalchinesischen Truppen unter Tschiang Kai-schek in Nordchina durchsetzten. Währenddessen beseitigte ein Kommandotrupp der Kuangtung-Armee den chinesischen Militärbefehlshaber der Mandschurei, und ein neuerliches Eingreifen Japans in China schien sich abzuzeichnen. Unter dem Druck der hier vorgetragenen nationalistisch-expansionistischen Ideen wich die liberale Regierung in Tokio zurück, die letzten Reste einer repräsentativen Parteienregierung machten dem rechtsradikalen Regime der Militärs Platz.

Die Intervention in der Mandschurei

Besetzung der Mandschurei 1932

Den Vorwand zur Intervention in China lieferte schließlich eine militärische Provokation, eine von der Kuangtung-Armee selbst inszenierte Bombenexplosion auf dem Bahngelände in Mukden am 8. September 1931. Sie öffnete der nationalistischen und expansionistischen Propaganda in Japan Tür und Tor und führte im folgenden Jahr zur Besetzung der Mandschurei und zur Errichtung eines Satellitenstaates (Mandschukuo), der 1934 zum Kaiserreich unter der nominellen Regierung Pu-Yis, des letzten Kaisers von China, erklärt wurde. Der 8. September 1931 gilt daher als der Tag, an dem die aggressive Politik Japans in dasjenige Stadium trat, das schließlich mit der Besetzung des östlichen China und dem Ausgreifen in den pazifischen Raum zum Zweiten Weltkrieg im Pazifik führte. Ein am 15. Mai 1932 gegen den amtierenden Premierminister geführtes Attentat kennzeichnet ungefähr gleichzeitig das Ende der Parteienherrschaft in Japan, die Zeit war zwar für die Errichtung einer Militärdiktatur noch nicht reif, aber der Widerstand innerhalb des Landes gegen die Expansionspolitik war praktisch ausgeschaltet.

Aggressive Haltung der japanischen Regierung

Als die chinesischen Nationalisten den japanischen Einmarsch in der Mandschurei mit einem Wirtschaftsboykott beantworteten, besetzte Japan zeitweise Shanghai und das Hinterland. Der Protest Chinas im Völkerbund zeigte aber die politische Ohnmacht dieser Organisation. Japan trat aus der Vereinigung aus, auch die Abkommen von 1921/22, die im pazifischen Raum eine recht stabile Ordnung verbürgt hatten, wurden annulliert. Nach der Kündigung des Flottenabkommens, das den japanischen Militärs schon Ende der 20er Jahre ein Dorn im Auge war, konnte das Land seine Flotte ungehemmt aufrüsten. Die eingetretende Entfremdung im Verhältnis zu den Westmächten wurde durch eine Annäherung an die faschistisch-autoritären Regime in Italien und Deutschland ausgeglichen (Antikominternpakt November 1936, Beitritt Italiens Januar 1937).

Chinesisch-japanischer Krieg 1937

Zwischen 1932 und 1937 konnte Japan seine Herrschaft in der Mandschurei konsolidieren. Im Juli 1937 aber stießen nationalchinesische und japanische Truppen in der Nähe von Peking aufeinander, ein Zwischenfall, der sich schnell zum chinesisch-japanischen Krieg ausweitete. Unter dem Eindruck dieses verstärkten japanischen Engagements schloß der Nationalistenführer Tschiang Kai-schek mit dem Kommunistenführer Mao Tse-tung ein Abkommen, das die beiderseitigen Streitigkeiten dem gemeinsamen Kampf gegen den japanischen Eindringling unterordnete. Rückendeckung verschaffte ihm ein noch im Juli 1937 ausgehandelter Nichtangriffspakt mit der Sowjetunion.

"Neue Ordnung in Ostasien"

Die japanischen Armeen rückten auf breiter Linie in China vor, und nach einem Jahr schienen die chinesischen Nationalisten hoffnungslos in die Defensive gedrängt. In einem am 3. November 1938 verkündeten Programm einer "Neuen Ordnung in Ostasien" war China ein der Mandschurei ähnlicher Satellitenstatus zugedacht, in Politik, Wirtschaft und Kultur auf Japan ausgerichtet.

Japan vor dem Eintritt in den Zweiten Weltkrieg

Japanisch-sowjetische Zwischenfälle 1939

Schon während dieses Krieges stießen die japanischen Truppen an der Nordgrenze der Mandschurei mit sowjetischen Verbänden zusammen und mußten in einem Gefecht im Mai 1939 schwere Verluste hinnehmen. Der Abschluß des Nichtangriffsvertrages zwischen dem Deutschen Reich und der Sowjetunion am 23. August 1939 entlastete nicht nur Hitler für den geplanten Krieg gegen Polen, sondern machte auch der Sowjetunion für deren Auseinandersetzung mit Japan den Rücken frei. Unter dem Eindruck dieses Bündnisses beeilte sich die japanische Führung, den Grenzkonflikt beizulegen und schloß im September 1939 einen Waffenstillstand mit der UdSSR.

Eingreifen in den Zweiten Weltkrieg

Ein Eingreifen Japans in den von Hitler entfesselten Zweiten Weltkrieg war zwar durch den Abschluß des Antikominternpaktes vorgezeichnet, stieß aber innerhalb der japanischen Führungskreise auf entschiedenen Widerstand. Auf der einen Seite, die gegen eine enge Bindung an Deutschland war, standen das Großkapital, die gemäßigten Militärs, die Hofaristokratie und der Kaiser selbst; sie befürchteten eine Auseinandersetzung mit den Vereinigten Staaten, von Wirtschaftssanktionen bis hin zum militärischen Konflikt. Diese Auseinandersetzung aber konnte sich Japan noch nicht leisten, solange der China-Krieg noch nicht abgeschlossen war. Auf der anderen Seite – im Lauf der Zeit auch mit dem entscheidenden Einfluß – standen die nationalistischen Militärs aus dem Umkreis der mandschurischen Kuangtung-Armee, die den Gedanken an eine Bereinigung der Verhältnisse mit den USA durch eine militärische Aktion durchaus in ihre Überlegungen aufnahmen.

Eine Wende in diesem Gegeneinander der Strömungen kam mit dem deutschen Überfall auf Holland im Mai 1940, dem Abzug britischer Truppen aus Dünkirchen und der Kapitulation Frankreichs im Juni desselben Jahres. Damit wurden nicht nur die Kräfte stärker, die in Japan selbst ein militärisches Zusammengehen forderten, es fiel auch Holland als Konfliktpartei (wegen seiner Kolonien in Niederländisch-Indien, heute Indonesien) aus, England und Frankreich (mit Kolonialbesitz in Indochina, heute Vietnam und Kambodscha) hatten im entscheidenden Punkt Schwäche gezeigt. Neuer Starker Mann Japans wurde General Tojo Hideki, im Kabinett des Fürsten Konoe Kriegsminister und treibende Kraft zum Krieg.

Folgen des europäischen Krieges

Die weitere Entwicklung lief daher konsequent auf den Krieg hin, der einmal die Etablierung Japans als Großmacht im ostasiatischen Raum, zum andern die Auseinandersetzung mit den USA zur Klärung ebendieser Großmachtstellung verwirklichen sollte: Eine Regierungserklärung am 1. August 1940 entwarf das Bild einer "Erneuerung", die das gesamte Leben Japans auf die Erfordernisse der Kriegführung ausrichten sollte. Am 27. September wurde der Dreimächtepakt als Militärbündnis mit Deutschland und Italien geschlossen. Während Außenminister Matsuoka noch glaubte, sein Bundesgenosse Hitler werde die Sowjetunion aus dem Krieg heraushalten und noch im April 1941 einen Neutralitätsvertrag mit ihr abschloß, lief bereits die deutsche Kriegsmaschine für das "Unternehmen Barbarossa" im Juni 1941 an. Im nächsten Monat marschierten japanische Truppen in Indochina ein, der Zweite Weltkrieg war endgültig um den pazifischen Kriegsschauplatz bereichert.

Eintritt in den Krieg als Konsequenz

Die amerikanischen Gegenaktionen

Die Spannungen zwischen den USA und Japan resultierten letztlich aus der Konkurrenz der beiden Mächte um den Ostasien-Markt. Die Philippinen waren seit 1898 amerikanisch und blokkierten die Ausdehnung Japans in Richtung auf die pazifische Inselwelt. Ebenso mußte die von den USA geforderte Politik der "Offenen Tür" in China mit der japanischen Politik der Unterwerfung des Raumes unter die eigenen Handelsinteressen kollidieren.

Konkurrenz um den Ostasien-Markt

Der erste Versuch, die unruhige japanische Macht in das Nachkriegssystem einzubinden, waren die auf der Washingtoner Konferenz von 1921/22 geschlossenen Abkommen, die aber zum Teil in Japan bereits als diplomatische Niederlage gewertet wurden. Auch die Beschränkung der Einwanderung aus Japan, die die USA 1924 verfügten, störte das Verhältnis zwischen den Mächten erheblich. In der internationalen Politik setzten die USA ihren ganzen Einfluß daran, die Bindung der Mandschurei an Japan zu verhindern oder wenigstens zu stören. Der Ministerpräsident der

Verhältnis USA–Japan

chinesischen Nationalregierung Tschiang Kai-schek fand die tatkräftige Unterstützung der USA in seinem Kampf gegen die japanischen Eindringlinge.

Japans Haltung gegenüber den USA

Auf der anderen Seite setzte Japan alles daran, die amerikanische Politik der "Offenen Tür" durch die Ausschließlichkeit japanischer Interessenpolitik in China zu ersetzen; amerikanische Geschäftshäuser und Anlagen wurden dabei zerstört, amerikanisches Vermögen beschlagnahmt. Mit dieser Verletzung internationaler Abkommen konnte die amerikanische Öffentlichkeit leicht gegen Japan mobilisiert werden.

Philippinen

Die japanische Politik zur Errichtung eines wirtschaftlichen und politischen Imperiums in Ostasien mußte früher oder später zum Zusammenstoß mit den USA führen, da deren Kolonie, die Philippinen, den Ausdehnungsdrang der Japaner nach Süden bremsen mußte. Sowohl diese Inselgruppe als auch die eigenen Interessen der USA und die japanisch-amerikanische Konkurrenz waren feste Größen im Denken der japanischen Strategen.

"Quarantäne-Rede" 1937

Angesichts dieser Situation und der Verwicklung fremder Mächte in den spanischen Bürgerkrieg war Roosevelt entschlossen, das Gewicht der Vereinigten Staaten zugunsten der Demokratien in die politische Waagschale zu werfen. In einem deutlichen Hinweis an die Verfechter einer amerikanischen Neutralität forderte er schon am 5. Oktober 1937 in der sog. "Quarantäne-Rede" in Chicago, die aggressiven Mächte (zu der Zeit Japan und Italien) gewissermaßen in Quarantäne zu nehmen, also mit kollektiven Sanktionen zu belegen, da die Gemeinschaft sich vor der *"Epidemie der Gesetzlosigkeit"* schützen müsse. Der Krieg sei eine Seuche und könne Staaten und Völker verschlingen, die vom ursprünglichen Schauplatz der Feindseligkeiten weit entfernt seien. Mit dieser Rede testete Roosevelt lediglich ab, wieweit die herrschende öffentliche Meinung in den USA bereit war, vom Prinzip der Isolation, der Nicht-Einmischung abzugehen, ein politisches Aktionsprogramm war damit noch nicht verbunden.

USA: keine Wirtschaftssanktionen

Ein Boykott japanischer Waren in den USA war daher das einzige Ergebnis, zu mehr, besonders zu einem umfassenden Wirtschaftsboykott, konnten sich die USA noch nicht durchringen. Im folgenden Jahr aber billigte der Kongreß ein Flottenbauprogramm ("Zwei-Ozean-Flotte") in Höhe von über einer Milliarde Dollar, das sich zwar auch gegen Deutschland und Italien, hauptsächlich aber gegen Japan richtete. 1939 schließlich rückte die Kündigung des japanisch-amerikanischen Handelsvertrages wirtschaftliche Sanktionen seitens der USA in greifbare Nähe. Weiterhin aber deckte Japan 90 % seines Schrott- und Kupferbedarfs durch Importe aus den USA, ebenso zwei Drittel seines Ölverbrauchs.

Die amerikanische Öffentlichkeit schätzte aber, wie auch der Kongreß, die akute Bedrohung der USA als recht gering ein. Die am 1. Mai 1939 auslaufende Cash-and-Carry-Klausel, die (seit 1936) anderen Staaten den Waffenkauf in den (neutralen) USA gegen Barzahlung und Transport auf eigenen Schiffen ermöglichte, wurde erst unter dem Eindruck des deutschen Überfalls auf Polen verlängert.

Die Politik der Sowjetunion gegenüber Japan und Deutschland

Die Haltung gegenüber Japan

Unterstützung Chinas durch die UdSSR

Die sowjetische Haltung Japan gegenüber spiegelt sich zu einem gewissen Teil im sowjetisch-chinesischen Verhältnis wider. Hier hatte die sowjetische Führung zunächst mit der Kuo Min-tang zusammengearbeitet, bis Tschiang Kai-schek sich von der Zusammenarbeit mit den Kommunisten in den eigenen Reihe löste. Im Dezember 1927 wurden die diplomatischen Beziehungen abgebrochen, ein Konflikt um die (weiterbestehenden!) russischen Interessen in der nördlichen Mandschurei führte im Spätjahr 1929 nach einer kurzen militärischen Verwicklung zu einem Abkommen, das China Konzessionen abnötigte und die sowjetische Position bestätigte. In dem 1931 langsam aufflackernden chinesischen Bürgerkrieg zwischen der Kuo Min-tang und den rotchinesischen Verbänden Mao Tse-tungs stellte sich die Sowjetunion natürlich auf die Seite des ideologisch Verwandten.

UdSSR und japanische Interessen in China

In diese Verwicklungen trat Japan als dritte Kraft ein. Japan hatte erst 1925 die Sowjetregierung diplomatisch anerkannt, die Streitfragen zwischen beiden Ländern betrafen außer Fischereirechten vor allem die japanischen Rechte in der Südhälfte der Insel Sachalin (seit 1905 japanisch). In demselben Maß, in dem Japan sich in der Mandschurei engagierte, verstärkte sich die sowjetisch-nationalchinesiche Zusammenarbeit wieder. In demselben Maß war die Sowjetunion aber auch gezwungen, mit Japan zu einem Kompromiß zu kommen. Dieser Kompromißzwang unterscheidet das Verhältnis dieser beiden Länder grundlegend von dem der USA zu Japan. Ein neues Abkommen über die Erdölkonzessionen auf Sachalin 1932 zog 1933–1935 einen Vertrag über den Verkauf der nordmandschurischen Eisenbahnrechte durch die Sowjetunion an Japan nach sich. Es war aber keine Frage, daß die Sowjetunion eine Verwirklichung der japanischen Großmachtträume weiterhin mit Mißtrauen betrachten würde. So war es auch nur konsequent, daß Zusammenstöße mit japanischen Truppen an der mandschurisch-russischen Grenze im Zusammenhang mit dem Überfall Japans auf China 1937 zur Stärkung der sowjetischen Position im Osten führen mußten: Mit der Mongolischen Volksrepublik wurde ein Beistandsvertrag (schon 1936), mit China ein Nichtangriffsvertrag (1937) geschlossen.

Militärische Schwäche der UdSSR

Diese Politik muß auf dem Hintergrund der stalinistischen Säuberungen in der Partei, besonders aber (seit 1937) in der Roten Armee gesehen werden. Stalin war durch diese momentane Schwächung der Kampfkraft gezwungen, die Sowjetunion aus einem Krieg herauszuhalten. Das gelang ihm durch den Abschluß des Nichtangriffspaktes mit Deutschland am 23. August 1939 und eines Neutralitätsvertrages mit Japan im April 1941.

Das Verhältnis zum nationalsozialistischen Deutschland

Die Zeit der Weimarer Republik

Deutsch-sowjetische Beziehungen zur Zeit der Weimarer Republik

Die Beziehungen zwischen dem Deutschen Reich und der Sowjetunion waren während der 20er Jahre von dem gemeinsamen Interesse, die politische Isolierung beider Staaten zu durchbrechen, und von der gemeinsamen Gegnerschaft gegen Polen geprägt. Auf dieser Grundlage kam es 1922 zum Vertrag von Rapallo. Der Vertrag von Berlin 1926 entkräftete die sowjetischen Befürchtungen angesichts des im Westen erzielten Ausgleichs, der Grundlage für die Locarno-Verträge war. Parallel dazu arbeitete die Reichswehr sehr eng mit der Roten Armee zusammen, zum Teil, vor allem bis 1926, geheim, um die Rüstungsbeschränkungen des Versailler Vertrags zu umgehen, zum Teil aber auch offiziell. Diese offizielle Zusammenarbeit dauerte bis 1934, also über Hitlers Machtergreifung hinaus. Am Ende der Weimarer Republik war Deutschland der wichtigste Handelspartner der UdSSR, die von hier 47 % ihres gesamten Imports bezog.

Die ersten Jahre des Nationalsozialismus

Beziehungen in der Zeit des Nationalsozialismus

Maßgebend für die Verstimmung zwischen dem nationalsozialistischen Deutschland und der bolschewistischen Sowjetunion waren nicht ideologische Differenzen, obwohl weder Hitler aus seinem Antikommunismus noch Stalin aus seinem Kampf gegen den Faschismus (den er als das höchste Stadium des Kapitalismus ansah) je einen Hehl gemacht hatten. Entscheidend wurde vielmehr der Abschluß des deutsch-polnischen Nichtangriffspaktes vom 26. Januar 1934, der Hitler die Option öffnete, durch die Unterstützung der polnischen Ambitionen auf die (sowjetische) Ukraine Polen zum Verzicht auf den Korridor zu bewegen. Auch die beiden anderen Möglichkeiten deutscher Außenpolitik, mit Frankreich oder England und Italien zu einem Vertrag zu kommen, mußte die Sowjetunion als gegen sich gerichtet empfinden.

Seit 1935 wandte sich auch die sowjetische Propaganda gegen die von den Nationalsozialisten offen vorgetragene These von der Notwendigkeit einer aggressiven Ostpolitik, deren "Lebensraum"-Komponente (auf dem Reichsparteitag 1936 öffentlich bekundet) die Sowjetunion ja unmittelbar betreffen mußte. Bei allen Winkelzügen der beiderseitigen Diplomatie darf diese Konstante im deutsch-sowjetischen Verhältnis der 30er Jahre nicht vergessen werden. Die politische Verstimmung schloß jedoch eine weitere enge wirtschaftliche Zusammenarbeit nicht aus.

Nichtangriffspakt UdSSR – Polen 1934

Die Reaktion der Sowjetunion bestand zunächst ihrerseits in der Verlängerung der 1932 mit Polen und den baltischen Staaten geschlossenen Nichtangriffspakte (1934), die einem eventuell gegen die Sowjetunion gerichteten Bündnis die Spitze nehmen sollten. Der Plan eines Ost-Locarnos jedoch, das die Verhältnisse im Cordon sanitaire auf eine umfassende vertragliche Grundlage gestellt hätte, scheiterte an der Animosität der baltischen Staaten und Polens gegenüber der Sowjetunion.

Volksfront-Politik

Diese Jahre sind aber auch geprägt von einer Annäherung an die Vereinigten Staaten, die schließlich zur Aufnahme diplomatischer Beziehungen (November 1933) und zum Beitritt der Sowjetunion zum Völkerbund (September 1934) führte. Die Frontstellung gegen den Faschismus brachte dann zunächst die Propagierung der Volksfront-Idee (auf dem VII. Weltkongreß der Komintern), also des Zusammenwirkens sozialistischer und sozialdemokratischer Kräfte. Sie führte im Frühjahr 1936 zu einem Wahlsieg der verbündeten Linksparteien in Spanien und Frankreich und provozierte in Spanien den Putsch der Royalisten unter Franco und damit den Bürgerkrieg. Auch Frankreich konnte auf diesem Weg seine sozialen Spannungen nicht bewältigen; die politische Situation unter der Volksfront-Regierung Lèon Blums war mit ausschlaggebend für die Handlungsunfähigkeit Frankreichs 1939/40 angesichts der deutschen Aggression.

Annäherung an Frankreich und die Westmächte

Stalins Haltung gegenüber dem Faschismus in Deutschland und Italien führte aber weiterhin zu einer fortschreitenden Annäherung an Frankreich und die Westmächte. Auf dieser Grundlage wurden im Mai 1935 ein Bündnisvertrag mit Frankreich und einer mit der Tschechoslowakei abgeschlossen. Letzterer aber war dadurch relativiert, daß die Sowjetunion nur dann zur Hilfe verpflichtet war, wenn auch Frankreich Hilfe leistete. Diese Einschränkung sollte in der Krise um die Tschechoslowakei 1938/39 eine wesentliche Rolle spielen. Die französische Regierung schien dem Vertrag aber auch keine besondere Bedeutung beizumessen, da sie ihn erst neun Monate später ratifizierte.

Die Beziehungen im Zeichen der ideologischen Verhärtung

Das Eingreifen Deutschlands und Italiens in den spanischen Bürgerkrieg verschärfte die ideologischen Differenzen weiter. Hinzu kamen die deutsch-italienischen Verträge vom Oktober 1936 und der deutsch-japanische Antikominternpakt vom November desselben Jahres, der das antibolschewistische Programm auch offen formulierte, sowie Hitlers Forderung nach der Ukraine als deutschem "Lebensraum", die er auf dem Parteitag 1936 unverhüllt erhob. Die Sowjetunion mußte sich nun "eingekreist" fühlen, zumal der japanische Übergriff auf China zu mehreren militärischen Zusammenstößen im Fernen Osten führte. Ein Hebel, um diese befürchtete Einkreisung aufzubrechen, war das verstärkte Eingreifen im spanischen Bürgerkrieg. Um aber den Kontakt mit den Westmächten nicht zu gefährden, mußte sich auch die Sowjetunion offiziell aus Spanien zurückziehen. Das Verhältnis blieb gespannt.

Bürgerkrieg in Spanien

Mit den Nachrichten von den Säuberungsaktionen Stalins gegenüber Partei und Roter Armee sank der außenpolitische Wert der Sowjetunion für die Westmächte. Die Angebote zur Mitwirkung bei der Lösung der Tschechischen Frage im Sommer 1938 wurden daher ausgeschlagen. Freilich stand dabei die mangelnde Effektivität einer sowjetischen Hilfeleistung nur zum Teil im Vordergrund, die Westmächte, aber vor allem die Staaten des Cordon Sanitaire, mußten von einer Hilfeleistung eine massive Verstärkung des sowjetischen Einflusses im östlichen Mitteleuropa befürchten. Das Wort des polnischen Oberbefehlshabers, Marschall Rydz-Smigly, *"An die Deutschen verlieren wir unsere Freiheit, an die Russen aber unsere Seele"* kennzeichnet diese Stimmung, die dazu führte, daß Polen sich strikt weigerte, der Roten Armee irgendein Durchmarschrecht (das für eine Hilfe für die Tschechoslowakei nötig gewesen wäre) zu gestatten.

Sowjetische Hilfsangebote für die Tschechoslowakei

Das deutsch-sowjetische Arrangement

Politische Konstellation 1939

Die untätige Haltung der Westmächte angesichts des Erstarkens der deutschen Macht und der aggressiven Außenpolitik mußte in der sowjetischen Führung die Befürchtung wecken, die Westmächte wollten mit Deutschland gemeinsame Sache gegen die Sowjetunion und den Kommunismus machen. Stalin hatte angesichts dieser Lage nur zwei Möglichkeiten: Entweder kam er mit den Westmächten zu einer Vereinbarung gegen Hitler-Deutschland (eine Politik, die bisher gescheitert war), oder er suchte im Ausgleich mit den Nationalsozialisten die Sowjetunion an der Aufteilung Ostmitteleuropas zu beteiligen. Dabei ist zu berücksichtigen, daß Stalin, um den Zentralismus der Partei zu stärken, in den 30er Jahren das russische Element in der Sowjetunion nachhaltig gefördert und den russischen Patriotismus als Leitidee verkündet hatte. Russischer Patriotismus bedeutet aber auch die Kontinuität russischer Politik und russischer Ansprüche – auf Estland, Lettland, Litauen, das polnische Weißrußland und Bessarabien. Dieser Anspruch war sicher im Zusammengehen mit Deutschland besser zu verwirklichen als in einer Vereinbarung mit Frankreich, das ja seinerseits mit Polen verbündet war.

Sowjetische Warnungen an die Westmächte

In einer Rede vor dem XVIII. Parteikongreß der KPdSU am 10. März 1939 in Moskau warnte er die Westmächte, ohne sie direkt zu nennen *("Kriegshetzer, die gewohnt sind, andere Leute die Kastanien aus dem Feuer holen zu lassen")*, davor, die Sowjetunion in einen Konflikt zu verwickeln. Er habe eigene Versionen einer Verständigungspolitik, die nicht schlechter seien als das München Chamberlains. Daran anschließend fügte der Leiter der Politischen Abteilung der Roten Armee, Mechlis, hinzu, es sei die Aufgabe der Sowjetunion, ihre internationalen Verpflichtungen zu erfüllen und die Zahl der Sowjetrepubliken zu vermehren.

Hitler-Stalin-Pakt

Hitler verstand die Andeutungen Stalins und schlug versöhnlichere Töne gegenüber dem Osten an. Während sich die polnische Haltung gegenüber den deutschen Forderungen versteifte, liefen auf zahlreichen diplomatischen Kanälen die Verhandlungen mit der Sowjetunion, bis schließlich am 23. August 1939 der Nichtangriffspakt mit seinem geheimen Zusatzprotokoll über die Aufteilung Ostmitteleuropas abgeschlossen wurde. Daß der deutsche Außenminister Ribbentrop den englisch-französischen Bündnisverhandlungen zuvorgekommen sei, stimmt nur zum Teil; die westliche Delegation machte es ihm schon dadurch leicht, daß sie, aus untergeordneten Vertretern bestehend, in bewußter Verzögerungstaktik auf dem Seeweg zu den Militärverhandlungen Anfang August anreiste.

Geheimprotokoll

Das Geheimprotokoll zum Nichtangriffsvertrag, das die Aufteilung Polens und des Baltikum in Interessensphären zum Inhalt hatte, wurde am 24. Dezember 1989 vom Volksdeputiertenkongreß der UdSSR für nichtig erklärt; gleichzeitig betonte der Kongreß aber, daß die Nachkriegsordnung Europas von dieser Nichtigkeitserklärung nicht betroffen sei, da sie sich auf internationale Rechtsnormen "anderen Ursprungs" gründe.

Deutsch-sowjetischer Ausgleich

Wirtschaftsabkommen

Es war für die kontrollierte und manipulierte Presse in beiden Staaten kein Problem, die Propaganda von Feindseligkeit auf Freundschaft umzustellen. Zum Vollzug des geheimen Zusatzabkommens besetzte die Rote Armee am 17. September 1939 Ostpolen. Die Erwartungen der Westmächte, beide Diktaturen würden jetzt aufeinanderprallen, wurden getäuscht, der Ausgleich an der Demarkationslinie vollzog sich reibungslos (28. 9.). Das deutsch-sowjetische Wirtschaftsabkommen vom 10. Februar 1940 sah innerhalb des ersten Jahres sowjetische Lieferungen an Deutschland in Höhe von 800 Millionen Mark vor – Erdöl, Baumwolle, Erz, Schrott, Getreide. Damit war für das Reich die englische Blockade zu umgehen. Während die sowjetischen Lieferungen aber pünktlich eintrafen, verzögerten sich die deutschen Gegenleistungen an Industriewaren durch die Kriegsereignisse und mußten mehrfach angemahnt werden.

Verhältnis zu Finnland Winterkrieg

Die sowjetische Politik mußte jedoch nach dem Überfall auf Finnland ("Winterkrieg", 1939/40) eine ernste Niederlage hinnehmen. Gegenüber Finnland bestand die sowjetische Forderung in einer Korrektur der 1920 vereinbarten, noch aus schwedischer Zeit herrührenden Grenzen, vor allem in Karelien, dem Vorfeld Leningrads. Aber auch Finnland war unter den Staaten, die sich 1917 von Rußland gelöst hatten, und damit ein potentielles Opfer der stalinschen "Wiedervereinigungspolitik". Der geplante "Spaziergang" erwies sich jedoch als ein Unternehmen, das einerseits nur unter größten Anstrengungen zu Ende gebracht werden konnte (die Sowjetunion räumt heute 290 000 Mann Verluste ein, finnische Quellen sprechen von bis zu einer Million), andererseits die Weltmeinung sehr gegen die Sowjetunion aufbrachte. Sie wurde am 14. Dezember 1939 aus dem Völkerbund ausgeschlossen.

Eine britisch-französische Hilfe für Finnland kam wegen der Frage der norwegisch-schwedischen Neutralität nicht zustande und wäre ohnehin zu spät gekommen, da Finnland bereits im März Frieden schließen mußte. Wohl dem Druck der Weltöffentlichkeit ist es zuzuschreiben, daß Finnland im Frieden von Moskau (11./12. 3. 1940) im wesentlichen nur die karelische Landenge mit Wiborg/Viipuri (als Vorfeld von Leningrad), die Nordbucht des Ladogasees und den Hafen Petsamo an der Barentssee abtreten mußte.

Friede von Moskau (11./12. 3. 1940)

Insgesamt standen die Westmächte bei ihrer Beurteilung der sowjetischen Politik sehr unter dem Eindruck der unverhohlen vorgetragenen Expansionspolitik, sowohl machtpolitisch als auch ideologisch.

Der Eintritt der USA in den Zweiten Weltkrieg

Von der Neutralität zum "unerklärten Krieg"

Neutralitätspolitik

Die Erfahrungen des Ersten Weltkrieges verstärkten in den 30er Jahren die Zurückhaltung der amerikanischen Öffentlichkeit in außenpolitischen Dingen. Die Neutralitätsgesetzgebung des Kongresses (1935–1937) sollte eine unmittelbare Verwicklung der USA in Konflikte verhindern, indem kriegswichtiges Material einem Embargo unterworfen wurde und kriegführende Staaten keine Kredite mehr bekommen sollten. Diese restriktiven Maßnahmen, die sich nach Roosevelts Meinung vor allem zuungunsten der schwächeren Staaten auswirken würden, wurden angesichts des Bürgerkriegs in Spanien (seit 1936) durch eine Cash-and-Carry-Klausel relativiert. Hinter dieser Klausel stand vor allem die Exportindustrie. Sie besagte, daß kriegführende Staaten gegen Barzahlung (in Dollar) in den USA Waffen und Material kaufen und auf eigenen Schiffen transportieren könnten.

Cash-and-Carry-Klausel

Wandlung der öffentlichen Meinung in den USA

Zwischen 1937 und 1939 wandelte sich die öffentliche Meinung in den USA und schlug in eine realistischere Sicht der deutschen und japanischen Aggressivität um. Nachdem der Quarantäne-Rede Roosevelts im Oktober 1937 noch kaum konkrete Konsequenzen gefolgt waren, veranlaßte die ausgreifende Politik Hitlers den Präsidenten, nach der Marinerüstung von 1938 auch die Luftwaffe energisch auszubauen und umfassende Pläne für einen kommenden Weltkrieg ausarbeiten zu lassen. Noch am 5. September 1939 erklärte der Präsident zwar, daß die USA in dem in Europa ausgebrochenen Konflikt neutral bleiben wollten, das Neutralitätsgesetz vom 4. November erlaubte aber bereits wieder den Waffenhandel nach der Cash-and-Carry-Klausel von 1936.

Bei der Beurteilung der Kriegsereignisse stand für Roosevelt im Vordergrund, daß Hitler mit seiner hochgerüsteten Wehrmacht innerhalb weniger Wochen erst Polen (1939), dann Frankreich (1940) niederwarf, Japan aber mit seinen Operationen in China seit langem festsaß. Die Aufmerksamkeit galt daher dem europäischen Kriegsschauplatz in weit höherem Maß als dem ostasiatischen. Als sich auch für England eine Niederlage abzeichnete, sicherte Roosevelt dem englischen Premierminister Churchill umfangreiche amerikanische Hilfsgüter zu und konnte ihn so von einer Annahme des deutschen Friedensangebotes abhalten.

Unterstützung Großbritanniens

Sicherheitspolitik für die westliche Hemisphäre (1939)

Bereits im Oktober 1939 wurde eine Sicherheitspolitik für die westliche Hemisphäre entwickelt, mit der in gemeinsamer Aktion der amerikanischen, französischen und britischen Marine deutsche Schiffe rund um den amerikanischen Doppelkontinent (wo einige Staaten, besonders Argentinien, offene Sympathien für Deutschland zeigten) abgewehrt werden sollten. Sie wurde Ende Juli 1940 auch für den Fall erweitert, daß Deutschland die (süd)-

amerikanischen Kolonien Englands, Frankreichs und der Niederlande beanspruchen sollte. Im September 1940 schließlich lieferten die USA an England erneut Waffen (50 Zerstörer), das im Gegenzug Militärstützpunkte in Kanada, in der Karibik und in Südamerika an die USA verpachtete. Dieses Geschäft kam einem Bündnis, das die USA bislang noch vermeiden wollten, nahe.

Der Dreimächtepakt vom 27. September 1940 zwischen Japan, Deutschland und Italien, der mit der Beteiligung Japans seine Spitze eindeutig gegen die USA hatte, brachte schließlich die offizielle Wende in den Beziehungen zu Japan. Dessen Rohstoffsituation wurde durch ein Embargo der Schrott-, nach dem japanischen Überfall auf Indochina 1941 auch der Ölexporte empfindlich geschwächt. Mitte September 1940 beschloß der Kongreß auch die allgemeine Wehrpflicht in den USA, 1,2 Millionen Wehrpflichtige wurden einberufen.

Wirtschaftsembargo gegen Japan

Unterstützung Großbritanniens

Schwieriger gestaltete sich die Frage der weiteren Unterstützung Großbritanniens, die immer noch Zurückhaltung und Widerspruch auslöste. Großbritannien konnte sich wegen Devisenmangels nicht mehr zu den Bedingungen der Cash-and-Carry-Klausel mit Kriegsmaterial versorgen, Roosevelt argumentierte, die USA müßten ein *"Arsenal der Demokratie"* sein, und brachte daher im Kongreß die Lend-Lease-Act ein, nach der er *"jedem Land, dessen Verteidigung er als lebenswichtig für den Schutz der USA"* einschätzte, alle Hilfsgüter durch *"Kauf, Übertragung, Tausch oder Pacht, als Leihgabe oder auf andere Weise"* liefern konnte. In der Vorbereitung dieses Gesetzes gebrauchte Roosevelt das Bild vom ausgeliehenen Gartenschlauch, mit dem der Nachbar das Feuer in seinem Haus löschen konnte. Das Lend-Lease-Programm (in Kraft seit März 1941) umfaßte zunächst 6 Milliarden Dollar, nach dem Überfall Hitlers auf die Sowjetunion im Juni 1941 wurde auch diese in das Programm einbezogen und konnte mit umfangreichen Krediten ihre Rüstung finanzieren. Das Gesamtprogramm hatte einen Umfang von 50 Milliarden Dollar und rückte von der vorher praktizierten Finanzhilfe ab, charakterisierte Lieferungen als Leihgaben und verhinderte so die Wiederholung der Kriegsschuldendebatte der Zeit nach dem Ersten Weltkrieg.

Lend-Lease-Programm

Parallel dazu ging eine gewissermaßen "ideologische Aufrüstung" der Vereinigten Staaten, indem Roosevelt im Januar 1941 die "Vier Freiheiten" als obersten Grundsatz einer friedlichen Weltordnung verkündete: Freiheit der Rede, der Meinung und des Glaubens und Freiheit von Not und Furcht.

"Vier Freiheiten"

Nach einem Beistandsabkommen zwischen Großbritannien und der Sowjetunion im Juli 1941, das die 1939 von Stalin befürchtete Isolation hinfällig machte, trafen Roosevelt und Churchill am 9. August vor Neufundland zusammen und verabschiedeten eine britisch-amerikanische "Atlantik-Charta", die die "Vier Freihei-

"Atlantik-Charta"

ten" im Hinblick auf die konkreten Kriegsziele ergänzten: Sie verzichteten darin auf das traditionelle Ziel bisheriger Kriege, den Gebietsgewinn, und erklärten, künftig territorialen Besitzstand nur im Einverständnis mit den Betroffenen verändern zu wollen. Außerdem gestanden sie allen Völkern das Selbstbestimmungsrecht und allen Staaten die freie Beteiligung am Welthandel zu. Internationale Zusammenarbeit und der Verzicht auf Gewaltanwendung sollten die Friedensordnung sichern. Deutschland als Kriegsgegner sollte allerdings nicht in den Genuß dieser Freiheiten kommen.

Auch wenn die USA noch nicht offiziell in den Krieg eingetreten waren, hatten sie doch inzwischen den Status der Neutralität verlassen und griffen mit der Einfrierung von Guthaben der Achsenmächte in den USA, der Beschlagnahme deutscher und italienischer Schiffe in amerikanischen Häfen und der Besetzung Grönlands auch unmittelbar ein. Die Neutralität war einem "unerklärten Krieg" *(undeclared war)* gewichen.

Der "unerklärte Krieg"

Pearl Harbour und der Krieg im Pazifik

Im Kongreß bestand immer noch eine starke Strömung gegen eine Kriegserklärung an die Achsenmächte. Roosevelt dagegen war der Überzeugung, daß nur durch ein aktives Eingreifen der USA das Vordringen der Achsenmächte angehalten werden könne. Um diese Politik durchzusetzen, mußte er also auf einen unmittelbaren Angriff auf amerikanische Positionen warten. Aus diesem Grund ist der japanische Überfall auf die US-Flotte im Hafen von Pearl Harbour auf Hawaii (7. 12. 1941) weiterhin umstritten: Einerseits ist klar, daß Japan aufgrund seiner prekären Rohstoff-, insbesondere seiner Treibstofflage den unmittelbaren Konflikt mit den USA brauchte, um in die Rohstoffgebiete Südostasiens ausgreifen zu können. Andererseits verfügte aber der amerikanische Geheimdienst über den japanischen Geheimcode und hatte so Zugriff auf die wesentlichen Informationen; außerdem kam dieser Angriff genau zum richtigen Zeitpunkt, um die amerikanische Öffentlichkeit von der Notwendigkeit zum Kriegseintritt zu überzeugen. Die Vermutung aber, Roosevelt hätte den größten Teil der Pazifikflotte in Pearl Harbour willentlich geopfert, um den Kriegseintritt zu erzwingen, geht sicher zu weit. Militärische Unfähigkeit seitens der Amerikaner und eine gewisse Unterschätzung der japanischen Entschlossenheit war wohl ebenso im Spiel, da der japanische Schlag auch die Luftwaffe auf den Philippinen unvorbereitet traf. Folgerichtig erklärten die USA am Tag darauf (8. 12.) Japan den Krieg, Deutschland und Italien reagierten ihrerseits in Erfüllung ihrer Bündnisverpflichtungen mit der Kriegserklärung an die USA (11. 12.).

Japanischer Überfall auf die US-Flotte in Pearl Harbour

Ausgreifen Japans in den pazifischen Raum

In den folgenden drei Monaten nahmen die Japaner Hongkong und Singapore, eroberten Malaya und Burma, besetzten Niederländisch-Indien und die Stützpunkte im Bismarck-Archipel, auf Neu-Guinea und den Salomonen, griffen schließlich auch nach Guam und den Philippinen, wo sie die Amerikaner zur Kapitulation zwangen. Der Angriff eines amerikanischen Flugzeugträgers auf Tokio ließ die Japaner mit einem Flottenvorstoß auf die Midway-Inseln antworten, wo sie durch die amerikanische Flotte vom 3. bis zum 6. Juni 1942 eine entscheidende Niederlage erlitten. Der Höhepunkt der japanischen Macht war überschritten, die USA gingen am 7. August zur Gegenoffensive über.

Die Wende im europäischen Krieg

"Germany first"

Für Roosevelt galt der Grundsatz, zunächst Deutschland niederzuwerfen und dann sich gegen Japan zu wenden *("Germany first")*; auf dieses Prinzip hatte er sich Churchill gegenüber festgelegt. Dennoch kam es nicht sofort zur Bildung einer zweiten Front in Europa selbst, die die Sowjetunion hätte entlasten können. Amerikanische und britische Truppen beschränkten sich darauf, auf dem nordafrikanischen Kriegsschauplatz gesicherte Verhältnisse herzustellen (Verlust Äthiopiens, Mai 1941, El Alamein, 30. 6. 1942). Auch die Wende an der Ostfront mit der Niederlage von Stalingrad im Januar 1943 zog noch kein Eingreifen der Amerikaner in Europa selbst nach sich.

Nordafrika

Die USA und die Sowjetunion als Bündnispartner

1941	
Januar	Verkündung der "Vier Freiheiten" durch Präsident Roosevelt: Freiheit der Rede und Meinung, des Glaubens und der Freiheit von Not und Furcht
März	*Lend-Lease-Act* mit der Ermächtigung zu Lieferungen an die Alliierten ohne Bezahlung
12. 8.	Verkündung der Atlantik-Charta durch Roosevelt und Churchill
7. 12.	Japanischer Überfall auf Pearl Harbour
8. 12.	Kriegserklärung der USA an Japan
11. 12.	Kriegserklärung Deutschlands und Italiens an die USA
22. 12.–4. 1. 42	1. Washington-Konferenz
1942	
1. 1.	Washington-Pakt: Erklärung von 26 mit den USA gegen die Achsenmächte verbündeten Staaten, mit diesen keinen separaten Frieden schließen zu wollen. Benennung der Verbündeten als "Vereinte Nationen", daher Keimzelle der späteren "UN"
26. 5.	Britisch-Sowjetischer Bündnsivertrag
11. 6.	Hilfsabkommen USA–UdSSR: die Sowjetunion erhält dadurch Kriegsgüter und Rohstoffe im Wert von 9,1 Milliarden Dollar
1943	
14.–25. 1.	Treffen Churchills und Roosevelts in Casablanca: Forderung nach bedingungsloser Kapitulation Deutschlands
2. 2.	Kapitulation der deutschen Truppen bei Stalingrad
18. 2.	Goebbels verkündet in Berlin den "totalen Krieg"
10. 7.	Landung britischer und amerikanischer Truppen in Sizilien
25. 7.	Sturz Mussolinis in Italien, Bildung der Regierung Badoglio
19.–30. 10.	Außenministerkonferenz in Moskau (USA, UdSSR, Großbritannien), Beschluß zur Bildung der "Beratenden Europakommission" (European Advisory Commission – EAC) und einer Organisation *"zur Gewährleistung des Friedens und der Sicherheit"* (spätere UN)
28. 11.–1. 12.	Konferenz von Teheran: Vorläufige Einigung über Teilung Deutschlands und Westverschiebung Polens

1944	
15. 1.	Beginn der Arbeit der EAC
6. 6.	Landung der Alliierten in der Normandie
9. 9.	Bildung einer provisorischen französischen Regierung unter de Gaulle (bereits 1940 *"Provisorisches Nationalkomitee der freien Franzosen"* in London, seit Juli 1943 Exilregierung)
21. 8. – 7. 10.	Konferenz von Dumbarton Oaks mit Vertretern der USA, Großbritanniens, der UdSSR und Chinas über die Organisation der Vereinten Nationen
12. 9.	Londoner Protokoll der EAC über die Einteilung Deutschlands und Berlins in Besatzungszonen
9. – 20. 10.	Moskauer Konferenz zwischen Stalin, Churchill und Harriman: Abgrenzung der Einflußzonen in Südosteuropa
16. 10.	Vordringen sowj. Truppen in Ostpreußen auf dt. Gebiet
21. 10.	Einnahme Aachens durch US-Truppen
23. 10.	Anerkennung der Provisorischen Regierung Frankreichs unter de Gaulle durch die Alliierten
14. 11.	Beschluß der EAC über Kontrollsystem in Deutschland
15. 12.	Erklärung Churchills im brit.Unterhaus zur Entschädigung Polens durch dt. Gebiete und die Totalaustreibung der dort lebenden Deutschen
1945	
1. 1.	Umbildung des "Lubliner Komitees" zur "Provisorischen Regierung" Polens (durch UdSSR anerkannt am 4. 1.)
30. 1.	Erreichen der Oder-Linie durch die sowjetische Armee, Bildung von Brückenköpfen
4. – 11. 2	Konferenz von Jalta
14. 3.	Errichtung einer polnischen Verwaltung in den deutschen Gebieten östlich von Oder und Lausitzer Neiße
19. 3.	Kündigung des türkisch-sowjetischen Freundschafts- und Neutralitätsvertrages vom 17. 12. 1925 durch die UdSSR
27. 3.	Verhaftung von 16 führenden Vertretern der polnischen Untergrundbewegung durch die sowjetischen Behörden
12. 4.	Tod Roosevelts, Amtsamtritt Trumans
20. 4.	Vereinbarungen weiterer Lieferungen nach dem Lend-Lease-Act an die Sowjetunion, befristet bis 30. 6.
25. 4.	Zusammentreffen amerikanischer und sowjetischer Truppen bei Torgau an der Elbe
30. 4.	Selbstmord Hitlers
1. 5.	Beitritt Frankreichs zum Kontrollsystem über Deutschland
2. 5.	Kapitulation Berlins
7. 5.	Deutsche Kapitulation in Reims
8./9. 5.	Deutsche Kapitulation in Berlin-Karlshorst
11. 5.	Einstellung der Lieferungen nach dem Lend-Lease-Act an die europäischen Verbündeten
23. 5.	Verhaftung der Regierung Dönitz in Flensburg

5. 6.	Berliner Deklaration über die Niederlage Deutschlands und die Übernahme der obersten Regierungsgewalt durch die Vier Mächte
9. 6.	Bildung der Sowjetischen Militäradministration für Deutschland (SMAD)
10. 6.	Zulassung politischer Parteien in der sowj. Besatzungszone
25. 6.	Verlängerung der Lieferungen nach dem Lend-Lease-Act an die Sowjetunion auf unbestimmte Zeit
26. 6.	Unterzeichnung der Charta der Vereinten Nationen als Abschluß der Konferenz von San Francisco
26. 6.	Polen kündigt Aussiedlung der Deutschen aus den Gebieten östlich von Oder und Neiße an
29. 6.	Mündliche Vereinbarung der Alliierten über das Recht der Westmächte auf Verbindungswege zu Luft und Land nach Berlin
1. 7.	Räumung der von brit. und amerik. Truppen besetzten Teile der sowj. Besatzungszone und Übergabe an die Sowjetarmee
3. 7.	Einrücken brit. und amerik.r Truppen in die vereinbarten Sektoren von Berlin
7. 7.	Erklärung des Saargebiets zum frz. Protektorat durch Frankreich
11. 7.	Erste Sitzung der Alliierten Kommandantur in Berlin
16. 7.	Erster Atombombentest der USA
17. 7.–2. 8.	Potsdamer Konferenz
26. 7.	Beitritt Frankreichs zum Abkommen über die Besatzungszonen
27. 7.	Errichtung von 11 "Deutschen Verwaltungen" mit Zuständigkeit für die sowj. Zone durch die sowj. Militäradministration
7. 8.	Beitritt Frankreichs zum Potsdamer Protokoll
8. 8.	Vier-Mächte-Abkommen über die Verfolgung und Bestrafung der Hauptkriegsverbrecher
14. 8.	Übernahme des frz. Besatzungssektors in Berlin durch Frankreich
21. 8.	Ende der Lieferungen nach dem Lend-Lease-Act an die Sowjetunion
30. 8.	Übernahme der Regierungsgewalt in Deutschland durch den Alliierten Kontrollrat in Berlin
11. 9.–2. 10.	Erste Tagung des Rates der Außenminister in London: keine Einigung über Deutschland
Oktober	Bildung des "Office of Military Government of the United States for Germany" (OMGUS), damit Trennung der Militärregierung von der Armee
17. 10.	Bildung eines Länderrates für die US-Besatzungszone aus den Ministerpräsidenten der Länder als Koordinierungsorgan
19. 11.	Besetzung Stettins und des angrenzenden Gebiets westlich der Oder durch Polen
30. 11.	Bestätigung des Vier-Mächte-Abkommens über drei Luftkorridore zwischen Berlin und dem übrigen westlichen Besatzungsgebiet durch den Alliierten Kontrollrat

Das Ende des Kriegs gegen Japan

1945	
26. 7.	Ultimatum der USA, Großbritanniens und Chinas an Japan
6. 8.	Abwurf der ersten Atombombe auf Hiroshima
8. 8.	Anschluß der Sowjetunion an das Ultimatum der Alliierten an Japan und Kriegserklärung zum 9. 8.
9. 8.	Angriff der Roten Armee auf die Mandschurei
14. 8.	Aufnahme von Waffenstillstandsverhandlungen zwischen den USA und Japan durch die Annahme der alliierten Friedensbedingungen
21. 8.	Kapitulation der japanischen Truppen in der Mandschurei
22.–28. 8.	Besetzung Port Arthurs, Dairens, der Kurilen-Inseln (bis 1. 9.) und Süd-Sachalins durch die Sowjetunion
2. 9.	Kapitulation Japans

Die Kriegskonferenzen 1941/42

Washington-Konferenzen

Nach dem Vorspiel der Zusammenkunft zwischen Roosevelt und Churchill vor der Küste Neufundlands mit der Verkündung der "Atlantik-Charta" setzte sich die Zusammenarbeit der USA mit Großbritannien zunächst in der Ersten Washington-Konferenz (22. 12. 1941–14. 1. 1942) fort, auf der der Landungsplan für Nordafrika Priorität gegenüber einer Offensive gegen Japan erhielt. Das Bündnis Großbritanniens mit der Sowjetunion brachte diese in den Kreis der Verbündeten: Die 2. Washington-Konferenz (18.–26. 6. 1942) nahm daher mit dem Beschluß zur Errichtung einer zweiten Front auf dem europäischen Kontinent Rücksicht auf die sowjetischen Interessen.

Entlastungsfront im Westen

Die Frage dieser zweiten Front, die die Sowjetunion entlasten sollte, entwickelte sich bis zum Juni 1944, als die Westalliierten endlich in der Normandie landeten, zu einer der Hauptbelastungen zwischen der UdSSR und den Westmächten. Die Verzögerung der alliierten Invasion ließ Stalin befürchten, die Westmächte wollten damit eine Schwächung der Sowjetunion erreichen, mit der dann das Sowjetsystem selbst zu Fall gebracht werden konnte. Im Vordergrund seiner Bemühungen stand daher, die territorialen und politischen Vorteile, die bisher errungen waren, auf jeden Fall auszunutzen. Das galt vor allem für die Erwerbungen aus dem Hitler-Stalin-Pakt, über die Stalin jede Diskussion rundweg ablehnte. Auch heute noch, nachdem Rußland immerhin die Existenz des geheimen Zusatzprotokolls über die vierte Teilung Polens zugegeben hat, herrscht die Bewertung als "historisch richtige" Korrektur des Friedens von Riga 1921 zwischen Polen und der Sowjetunion vor.

In unmittelbarem Zusammenhang damit steht das Problem der Regierung bzw. der offiziellen Vertretung Polens. Hier war zunächst die Exilregierung, die sich unmittelbar nach der deutschen Besetzung Polens unter Führung des Generals Sikorski in London gebildet hatte, als Vertretung anerkannt. Polnische Einheiten, die der deutschen Besatzung entkommen waren, kämpften auf der Seite der Alliierten gegen Deutschland weiter. Auf die Entdeckung des Massengrabes von Katyn (mit den Leichen von über 4000 polnischen Offizieren) im April 1943 und die Anklagen der polnischen Exilregierung an die Adresse der Sowjetunion, der sie die Verantwortung für diesen Massenmord zuschrieb, reagierte Stalin noch im selben Monat mit der Kündigung des polnisch-sowjetischen Abkommens von 1941, entzog der Exilregierung die Anerkennung und installierte statt ihrer das – sowjetisch orientierte – "Polnische Komitee für die nationale Befreiung" ("Lubliner Komitee") als Vertretung Polens. In der polnischen Frage ging in Zukunft Stalin eigenmächtig und ohne Absprache mit den Verbündeten vor.

Problem der offiziellen Vertretung Polens

Die Keimzelle dieses Lubliner Komitees, die "Union polnischer Patrioten", war schon kurz vorher, am 1. März 1943, in Moskau gegründet worden, die Forderung nach Anerkennung der Gebietsveränderungen in Polen und im Baltikum erhob Stalin schon im Dezember 1941 gegenüber dem britischen Außenminister Eden. Schon hier brachte er eine Kompensation Polens durch Erwerbungen in Ostpreußen ins Spiel. Die Haltung der britischen wie auch der amerikanischen Regierung war allerdings durch die Atlantik-Charta festgelegt, die territoriale Veränderungen von der Zustimmung der Betroffenen abhängig machte. Außerdem war mit der Unterstützung der polnischen Exilregierung in London zunächst die territoriale Integrität des polnischen Staates von 1939 verknüpft. Einer der Konflikte zwischen Stalin und den Westmächten war also durch die unterschiedlichen Prinzipien in dieser polnischen Frage schon angelegt.

Polnische Ostgebiete

Kompensation Polens durch Erwerbungen in Ostpreußen

Im August 1942 folgten in Moskau Besprechungen zwischen Stalin, Churchill und dem Vertreter Roosevelts, Harriman. Da die Westmächte zögerten, Deutschland selbst anzugreifen, zog sich Stalin zunächst aus den Beratungen zurück. Die Kapitulation der 6. deutschen Armee bei Stalingrad im Winter 1942/43 veränderte dann das Bild: Die Hitler-Armeen hatten ihre erste schwere Niederlage hinnehmen müssen, die Sowjetunion hatte sich mit einem Schlag den Rang einer Großmacht erkämpft.

Stalingrad

Infolge der Verstimmung Stalins trafen nach Eröffnung des Nordafrika-Feldzuges Roosevelt und Churchill daher ohne diesen in Casablanca zusammen (14.–24. 1.) und einigten sich über eine Landung in Sizilien und die Ausweitung des systematischen Bombenkrieges gegen Deutschland. Als Ziel erklärten sie die bedingungslose Kapitulation *(unconditional surrender)* des Kriegs-

Casablanca-Konferenz

gegners (*"Das bedeutet nicht die Ausrottung der Bevölkerung, aber es bedeutet die Ausrottung der Ideologien dieser Länder, die auf Eroberung und Unterjochung anderer Völker gegründet sind."* Roosevelt am 24. 1. 1943). Diesem Ziel schloß sich Stalin im Tagesbefehl vom 1. Mai 1943 an. Die Landung in Sizilien war dabei ein Kompromiß, denn die Amerikaner wünschten eine baldige Landung in Frankreich, aber die britische Führung erklärte, dafür noch nicht ausreichend gerüstet zu sein. Die Errichtung einer zweiten Front in Frankreich wurde um ein Jahr verschoben.

Luftkrieg gegen Deutschland

Die 5. Washington-Konferenz im Mai 1943 brachte neben Beratungen über die Invasion in Frankreich (für den 1. Mai 1944 vorgesehen) einen Plan *"für die progressive Zerstörung und Zerschlagung des deutschen militärischen, industriellen und wirtschaftlichen Systems durch eine US-britische Luftoffensive und zur Unterminierung des Geistes der deutschen Bevölkerung bis zu dem Punkt, in dem ihre Fähigkeit, bewaffneten Widerstand zu leisten, vernichtend geschwächt ist"*.

Verstimmung Stalins über die Verschiebung der Invasion

Stalin gab im Juni seiner Verstimmung über diese neuerliche Verschiebung der alliierten Invasion in Frankreich in einer persönlichen Botschaft an Roosevelt Ausdruck und verwies darauf, daß die Sowjetunion *"schon zwei Jahre lang unter äußerster Anspannung aller Kräfte im Kampf"* stehe und die sowjetischen Streitkräfte, *"die nicht nur für ihr eigenes Land, sondern auch für ihre Verbündeten"* kämpften, *"auf ihre eigenen Kräfte gestellt, im Kampf mit dem noch sehr starken und gefährlichen Feind fast allein gelassen"* seien.

Gespräche über deutsch-sowjetischen Sonderfrieden

Ausdruck dieser ernsten Krise unter den Verbündeten sind die geheimen Gespräche über die Möglichkeit eines deutsch-sowjetischen Sonderfriedens, die Stalin im Frühjahr 1943 führen ließ. Ziel dieser Gespräche war aber weniger der Austritt aus der Kriegskoalition, als vielmehr eine deutliche Warnung an die Alliierten. Parallel dazu gab Stalin im Mai 1943 die Auflösung der Kommunistischen Internationale (Komintern) bekannt, die Westmächte sollten den Eindruck gewinnen, als gäbe die Sowjetunion alle Pläne für die Weltrevolution auf.

Die Konferenz von Teheran

European Advisory Commission (EAC)

Nachdem auf der Außenministerkonferenz in Moskau zwischen den Vertretern der USA, der UdSSR und Großbritanniens im Oktober 1943 vor allem die Bildung der *European Advisory Commission* (EAC, mit Sitz in London) vereinbart worden war, eines Gremiums, das sich hauptsächlich mit *"europäischen Fragen, die mit der Fortführung des Krieges auftauchen"*, d. h. unter anderem mit den praktischen Fragen der Besetzung Deutschlands befaßte, konnten die "Großen Drei" sich auf der Konferenz von Teheran (28. 11.–1. 12. 1943) den grundsätzlichen Fragen der Politik widmen. Neben dem Projekt einer alliierten Landung in Frankreich stand vor allem das polnische Problem auf der Tagesordnung. Churchill hatte seinem Außenminister zur Vorbereitungskonferenz im Oktober in Moskau noch die Weisung mitgegeben, daß er einerseits die Atlantik-Charta (keine territoriale Veränderung ohne Zustimmung der Betroffenen), andererseits aber die sowjetischen Grenzen von 1941 zugrundelege (Grenze auf Grund des Hitler-Stalin-Paktes). Drittens nehme er Kenntnis von den historischen Grenzen Rußlands vor 1914 und vor 1939.

Konferenz von Teheran

Stalin lehnte es in Teheran rundweg ab, über die Rückgabe der 1939 erworbenen Gebiete an Polen zu sprechen, für ihn war die 1920 aufgestellte Curzon-Linie die "historisch richtige" Grenze Rußlands und der Sowjetunion. Das aber erforderte die Einigung über eine Entschädigung Polens für den Verlust seiner alten Ostgebiete. Nach Stalins Meinung sollte diese Entschädigung so bemessen sein, daß Polen im Westen bis zur Oder reiche. Churchill lehnte diesen Plan nicht ab, wollte sich jedoch zunächst auf den Umfang der Entschädigungen nicht festlegen. Er erklärte aber, er glaube, daß man Polen zumuten könne, sich nach Westen zu verlagern, *"wie Soldaten, die seitlich wegtreten"*. Man werde dabei den Deutschen *"auf die Zehen treten"*, aber das sei nun einmal unvermeidlich. Polen müsse stark genug sein, um seinen Platz unter den europäischen Völkern zu behaupten. Später, in der letzten Vollsitzung der Konferenz, äußerte er sich noch einmal zur Entschädigungsfrage: Die deutschen Ostgebiete seien viel wertvoller als die Pripjet-Sümpfe; weder die Abtretung dieser Gebiete an Polen noch die Abtretung Lembergs an die Sowjetunion würden ihm das Herz brechen. Grundsätzlich liege *"die Heimstätte des polnischen Staates und der polnischen Nation zwischen der sogenannten Curzon-Linie und der Linie der Oder"* und sollte das südliche Ostpreußen und Oppeln einschließen. Diese Grenzziehung aber würde *"möglicherweise an einigen Punkten eine Bevölkerungsverschiebung"* erfordern. Diese Auffassung legte Churchill dann im Januar 1944 noch einmal in einem Memorandum für das britische Kabinett nieder, wobei die *"Möglichkeit"* der Umsiedlung schon zur Sicherheit wurde: *"...die Bevölkerung sollte umgesiedelt werden."* Stalins Forderung nach Königsberg und dem nördlichen Ostpreußen erkannten die Westmächte an.

Polen

Stalin selbst war allerdings auf dieser Konferenz voller Mißtrauen gegenüber den Westmächten, da er befürchtete, die Erfolge der Roten Armee nicht in genügendem Maß ausnutzen zu können, etwa durch eine Landung der Westalliierten auf dem Balkan, die seine eigenen Balkaninteressen (Rumänien, Bulgarien) durchkreuzt hätte. Er stellte daher auf der Teheraner Konferenz die Sicherung seiner Erwerbungen aus dem Hitler-Stalin-Pakt in den Vordergrund und kündigte ein sowjetisches Eingreifen gegen Japan nach Abschluß des Krieges in Europa an.

Mißtrauen Stalins

Von Teheran nach Jalta: Das Jahr 1944

Polnische Frage

Die polnische Frage wurde brisant, als Anfang Januar 1944 die Rote Armee die alte polnisch-sowjetische Grenze von 1921 überschritt und die polnische Exilregierung die Einsetzung einer von ihr kontrollierten Zivilverwaltung in den befreiten Gebieten verlangte. Stalin verweigerte dies mit dem Hinweis auf die "historischen Grenzen" und mahnte bei Churchill die Zustimmung der Exilpolen zum Teheraner Konferenzbeschluß an.

Vorbehalt einer endgültigen Festlegung durch einen Friedensvertrag

Aus dieser Differenz heraus drohte Churchill in einer Botschaft vom 21. März 1944 an die Adresse Stalins: *"Ich werde sehr bald dem Unterhaus eine Erklärung zur polnischen Frage abgeben müssen. Dabei werde ich sagen, daß sich die Versuche einer Vereinbarung zwischen der sowjetischen und der polnischen Regierung zerschlagen haben; daß wir weiterhin die polnische Regierung anerkennen werden, mit der wir seit dem Überfall auf Polen im Jahre 1939 ständige Beziehungen unterhalten haben; daß nach unserer Ansicht nunmehr alle Fragen über territoriale Veränderungen bis zu den Waffenstillstands- oder Friedenskonferenzen der Siegermächte vertagt werden müssen; und daß wir in der Zwischenzeit keinerlei gewaltsame Gebietsveränderungen anerkennen können."* Stalin reagierte scharf und fragte, ob diese Haltung einer Kündigung des Teheraner Abkommens gleichkomme, worauf Churchill aber nicht antwortete. Diese Botschaft Churchills an Stalin ist der erste Beleg für den im Potsdamer Protokoll festgehaltenen Friedensvertragsvorbehalt.

Vorrücken der Alliierten

Im Juni 1944 landeten die Westalliierten in der Normandie und eröffneten damit die lang vorbereitete zweite Front, die zusammen mit massiven sowjetischen Vorstößen im Osten das Deutsche Reich entscheidend traf. Auch die japanische Armee mußte Position um Position an die Amerikaner abgeben, bis schließlich am 25. Oktober 1944 die Seeschlacht im Leyte-Golf mit hohen japanischen Verlusten endete. Der amerikanische General Dwight D. Eisenhower zögerte, die amerikanischen Truppen zu schnell in das eigentliche Reichsgebiet einrücken zu lassen, zum einen, um durch ein Vorrücken auf breiter Front das Unternehmen zu sichern (im Gegensatz zum britischen Feldmarschall Montgomery, der einen "Stoßkeil" vortreiben wollte, um die Situation schnell zu entscheiden), zum andern aber auch, um den sowjetischen Bündnispartner nicht durch die Schlagkraft seiner Armee auszuspielen.

Warschauer Aufstand 1944

Am Nachmittag des 1. August 1944 schlug die polnische "Heimatarmee" gegen die deutschen Besatzungstruppen los, der Warschauer Aufstand sollte die polnische Hauptstadt noch vor dem Eintreffen der Roten Armee von den deutschen Besatzern befreien. Heimatarmee und Londoner Exilregierung rechneten – wie auch Churchill – damit, daß die Rote Armee ihnen mit einem

Angriff auf deutsche Stellungen zu Hilfe kommen würde. Statt dessen wartete Stalin, dessen Truppen bereits in den östlichen Vorstädten Warschaus standen, nicht nur ab, sondern verweigerte auch Flugzeugen der Westmächte, die die Aufständischen mit Material versorgen sollten, die Zwischenlandung auf russischen Flugplätzen. Er bezeichnete den Warschauer Aufstand als *"ein leichtsinniges, furchtbares Wagnis, ... das die Bevölkerung große Opfer kostet"*, die Aufständischen als *"eine Handvoll machthungriger Verbrecher"*. Das sowjetische Oberkommando habe beschlossen, *"sich von dem Warschauer Abenteuer zu distanzieren, da es weder eine direkte noch eine indirekte Verantwortung für diese Aktionen übernehmen"* könne. Stalin wartete ab, bis der Aufstand die polnische Heimatarmee selbst liquidierte und damit von der politischen Neuordnung nach dem Krieg ausschloß. Die Eroberung Warschaus selbst wurde aufgeschoben, bis die deutschen Truppen ihr Zerstörungswerk vollendet und Warschau in eine Trümmerwüste verwandelt hatten.

Die Zukunft Deutschlands: Der Morgenthau-Plan und andere Teilungsprojekte

Im September 1944 trafen sich Roosevelt und Churchill auf der zweiten Quebec-Konferenz und besprachen neben der Balkan-Frage und der Planung des weiteren Vorgehens gegen Japan vor allem die Zukunft Deutschlands.

Quebec-Konferenz

Im Vordergrund stand dabei die prinzipielle Frage der künftigen Behandlung Deutschlands. Finanzminister Henry Morgenthau erläuterte hier seinen Plan der Umwandlung Deutschlands in einen reinen Agrarstaat, dem eine wesentliche industrielle Tätigkeit weitgehend verboten werden sollte. Dieser radikale Entwurf stieß jedoch sehr bald auf starke Zweifel, sowohl an seiner Durchführbarkeit als auch an seiner Zweckmäßigkeit überhaupt.

Morgenthau-Plan

Dem Morgenthau-Plan lagen Überlegungen zugrunde, Deutschland nicht nur durch wirtschaftliche Maßnahmen, wie Produktionsbeschränkungen oder Reparationsleistungen, zu schwächen, sondern vor allem durch territoriale Aufteilung als aktiven Faktor der Politik auszuschalten. Außer der Zuweisung der Ostgebiete an Polen sah er die Angliederung des Saargebiets und des Landes zwischen Mosel und Rhein (also mit Trier, Mainz, Kaiserslautern und Ludwigshafen) an Frankreich und die Internationalisierung des Ruhrgebiets, des Rheinlands (d. h. des heutigen Hessen, Nordrhein-Westfalens und eines Teils Niedersachsens) und des Nord-Ostsee-Kanals einschließlich Hamburgs, Bremens und Schleswig-Holsteins vor.

Abtrennung von Gebieten

Aufteilung Deutschlands in getrennte Staaten

Der Restteil Deutschlands sei in einen süd- und einen norddeutschen Teilstaat zusammenzufassen, wobei dem süddeutschen Staat (*"bestehend aus Bayern, Württemberg, Baden und einigen kleineren Gebieten"*) der Zollanschluß an das wiederhergestellte Österreich ermöglicht werden sollte. Preußen als Land sei aufzulösen, die preußischen Provinzen seien zu selbständigen Ländern zu erheben. Das Ruhrgebiet als *"das Herz der deutschen industriellen Macht ... sollte nicht nur von allen dort augenblicklich bestehenden Industrien entblößt, sondern so geschwächt und kontrolliert werden, daß es in absehbarer Zeit kein Industriegebiet wieder werden kann"*. Wiedergutmachung sollte ausschließlich durch Abtretung industriellen Eigentums und Ablieferung industrieller Anlagen geleistet werden.

Zweifel an Aufteilungsplänen

Daß unter dem Eindruck der sowjetischen Eigenmächtigkeiten bereits andere Gedanken über die Zukunft Deutschlands reiften, belegt eine Tagebuchnotiz vom Juli 1944 des britischen Feldmarschalls Sir Alan Brooke: *"Soll Deutschland zerstückelt oder nach und nach in einen Verbündeten umgewandelt werden, um der russischen Drohung heute in zwanzig Jahren zu begegnen? Ich legte das zweite nahe. Deutschland ist nicht länger die Vormacht Europas – Rußland ist es. (Rußland) ... wird in fünfzehn Jahren unausbleiblich zur Hauptdrohung geworden sein. Erhaltet Deutschland, baut es allmählich auf und bringt es in einen europäischen Verband."*

Vorgeschichte

Die Vorgeschichte dieser Aufteilungspläne reicht in den Dezember 1941 zurück, als Stalin sich über dieses Thema, d. h. konkret die Abtrennung des Rheinlandes und Ostpreußens und die Bildung eines separaten bayerischen Staates, gegenüber dem britischen Außenminister Eden äußerte. Auch wenn das Gespräch in dieser Hinsicht keine Ergebnisse brachte, war Churchill doch dem Plan einer *"Abtrennung Preußens von Süddeutschland"* nicht abgeneigt. Pläne der US-Regierung zur Aufteilung wurden jedoch im Stadium der ersten Überlegungen fallengelassen. Roosevelt selbst befürwortete eine Aufspaltung Deutschlands auf Grund freiwillig vollzogener Trennung, indem man etwa vorhandene separatistische Bestrebungen nutzte. Im Herbst 1943 aber sprach sich Roosevelt für eine Aufteilung *"in drei oder mehr Staaten"* aus. Zu diesen Plänen nahm im September 1943 ein US-Ausschuß Stellung und lehnte eine Teilung ab, weil ihre Durchführung und ihre Kontrolle zu starke Kräfte erforderte *("um die heimliche Zusammenarbeit der Teilstaaten zu verhindern und den nationalistischen Drang nach Wiedervereinigung zu unterdrücken")*.

Die Abtrennung des Rheinlandes kehrt dann wieder, zusammen mit dem Plan, Ostpreußen und Oberschlesien an Polen zu geben, in dem Memorandum des britischen Außenministers A. Eden vom 27. September 1943. Dennoch, so das Memorandum, stehe die britische Regierung allen Möglichkeiten der Gestaltung Deutschlands offen gegenüber. Damit waren die westlichen Positionen erklärt und konnten auf der Konferenz von Teheran diskutiert werden. Hier nahm Stalin Stellung, indem er die Notwendigkeit einer *"richtigen"* Teilung betonte; das aber sei keine Frage der Anzahl der Bestandteile. Churchill erwiderte, er sei nicht gegen die Zerstückelung eingestellt, *"ganz im Gegenteil"*, wies aber darauf hin, daß die Teile *"sich früher oder später zu einer Nation wiedervereinigten; die Hauptsache sei, Deutschland geteilt zu halten, und wenn nur für fünfzig Jahre."*

Frage der Wiedervereinigung

Diese Positionen zogen sich durch die künftigen Verhandlungen: das US-Außenministerium widersetzte sich Teilungsplänen, empfahl aber die *"Rückkehr zu föderativer Dezentralisierung"*, Churchill blieb bei seinem Dreier-Plan (Preußen mit Sachsen, Österreich mit Süddeutschland, Rheinland), Stalin unterstützte generell eine Aufteilung und schloß sich dann bei einer Besprechung mit Stalin im Oktober 1944 in Moskau dem Churchill-Plan an.

Positionen der Alliierten

Auf dieser Moskauer Konferenz (9.–20. 10. 1944), an der als Vertreter Roosevelts auch der amerikanische Botschafter Harriman teilnahm, grenzten die Verbündeten ihre Einflußzonen auf dem Balkan gegeneinander ab: Bulgarien und Rumänien wurden dabei dem sowjetischen, Griechenland dem britischen Einflußbereich zugewiesen, für Ungarn und Jugoslawien vereinbarte man eine Gleichrangigkeit der Interessen. Diese Teilung Südosteuropas sah Roosevelt jedoch nicht als bindend an. Als Lösung der polnischen Frage wurde vorgesehen, daß der Führer der Exilregierung, Mikolajczyk, sowohl die Curzon-Linie anerkennen als auch mit dem Lubliner Komitee zu einer Einigung über die Regierungsbildung kommen sollte. Mikolajczyk indessen sperrte sich weiterhin gegen eine Preisgabe polnischer Interessen.

Einflußzonen auf dem Balkan

Die Aufteilung der Besatzungszonen

Ein weiteres Thema der Quebec-Konferenz war die Einteilung der Besatzungszonen im besiegten Deutschland für die drei alliierten Mächte. Das Zonenprotokoll der gleichzeitig in London tagenden EAC vom 12. September 1944 stellt zunächst fest, daß Deutschland *"innerhalb seiner Grenzen, wie sie am 31. 12. 1937 bestanden, für Besatzungszwecke in drei Zonen aufgeteilt"* werde, dazu das *"Sondergebiet Berlin ... unter einer Besatzungsbehörde der drei Mächte"*. Mit dieser Festlegung auf die Grenzen von 1937 ist an dieser Stelle nur eine Negativ-Abgrenzung getroffen, nämlich derjenigen Gebiete, die nicht unter die Besatzungszonen gerechnet werden. Das sind alle Erwerbungen und Eroberungen von 1938 bis 1940 (Österreich, Sudetenland, Memel, Posen/Westpreußen, Elsaß-Lothringen). Der UdSSR wird dann im Protokoll

Zonenprotokoll der EAC vom 12. 9. 1944

der Ostteil Deutschlands zugeteilt, als Grenzlinie wird die Westgrenze der alten Länder und Provinzen Mecklenburg, Preußisch-Sachsen, Anhalt und Thüringen, dann die Nordgrenze Bayerns festgestellt; das ist die ehemalige Grenze zur DDR. Die Südgrenze der preußischen Provinzen Hessen-Nassau und der Rheinprovinz sollte die anderen beiden Zonen trennen. Der Übereinkunft der Westalliierten nach sollten die Amerikaner die südliche, die Briten die nördlichen Zone besetzen. Im Verlauf der Konferenz forderte Roosevelt dann noch Bremen und Bremerhaven als freie Verbindung der amerikanischen Zone zum Meer, um nicht über französisches Gebiet zu müssen.

Frankreich als vierte Besatzungsmacht

Die Zulassung Frankreichs als vierte Besatzungsmacht erforderte die Zuweisung einer eigenen Besatzungszone, was Stalin aber als alleinige Angelegenheit seiner westlichen Verbündeten ansah. Beide traten daher später einen Teil ihrer Zone an Frankreich ab.

Die Konferenz von Jalta

Politische Konstellationen

Die alliierte Konferenz, die dann vom 4. bis zum 11. Februar 1945 in dem Badeort Jalta auf der Krim stattfand, stand militärisch ganz unter dem Zeichen der sicheren deutschen Niederlage, war aber überschattet sowohl vom Zögern Eisenhowers, Deutschland von Westen her aufzurollen, als auch von den Erfolgen der sowjetischen Offensive an der Oder. Politisch stand Roosevelt unter dem Eindruck seines knappen Wahlsiegs, der ihn eine vierte Amtszeit antreten ließ. Die Konferenz befaßte sich vor allem mit der konkreten Durchführung der in Teheran und Moskau gefaßten Beschlüsse und mit der Einrichtung von Besatzungszonen in Deutschland, an denen jetzt auch Frankreich beteiligt werden sollte. Stalin war dabei im Vorteil, da die Rote Armee den größten Teil der Gebiete bereits besetzt und mit Ansätzen zu einer politischen Neuordnung auch schon vollendete Tatsachen geschaffen hatte. Roosevelt und Churchill waren dagegen auf Stalin als Bündnispartner angewiesen und mußten sich seine Beteiligung am Krieg gegen Japan mit Zugeständnissen, d. h. mit der Zuweisung der (1935 an Japan ver-kauften) Ostchinesischen Eisenbahn, der Hafenzone von Port Arthur und Dairen (seit 1905 japanisch) und schließlich Südsachalins und der Kurilen-Inseln, erkaufen.

Reparationen

Im Vordergrund standen bei den Verhandlungen die Reparationen, die Deutschland als Wiedergutmachung zu leisten habe. Schon in Teheran hatte Stalin erwähnt, daß die Sowjetunion noch über Jahre hinweg Millionen deutscher Arbeitskräfte benötigen werde, um die Kriegsschäden zu beheben. Einen Teil dieser Arbeitsleistung nahm er bereits jetzt in Anspruch, indem er die deutschen Kriegsgefangenen zur Zwangsarbeit schickte. Weitere Reparationsleistungen seien als Sachlieferungen, sowohl als Demontagegüter als auch als Ablieferungen aus der laufenden Produktion, zu leisten. Ein Nebeneffekt dieser Reparationen schien für Stalin darin zu bestehen, daß das Wiedererstarken Deutschlands – von dem er als sicher ausging – weiter hinausgezögert wurde. In einem Geheimprotokoll einigten sich Roosevelt und Stalin auf die Summe von 20 Milliarden Dollar, von denen die Hälfte der Sowjetunion zufließen sollte. Churchill fand diese Summe zu hoch.

Grenzen Polens

Zu langen Diskussionen führte die Frage der Grenzen Polens. Stalin forderte mit der Festlegung auf die alte Curzon-Linie Galizien mit Lemberg und seinen Ölquellen für die Sowjetunion, während Churchill und Roosevelt diese Gebiete bei Polen haben wollten. Stalins Vorschlag, Polen auf Kosten Deutschlands zu entschädigen und bis zur Oder vorrücken zu lassen, fand schließlich die prinzipielle Zustimmung der Westmächte *("Sie erkennen an, daß Polen im Norden und Westen einen beachtlichen territorialen Zuwachs erhalten muß")*. Offen blieb auf der Konferenz nur die Festlegung auf den südlichen Grenzabschnitt (westliche, Lausitzer, oder östliche, Glatzer, Neiße); diese Frage, wie auch die endgültige Fixierung der Westgrenze, sollten einer Friedenskonferenz vorbehalten sein.

Regierung Polens

Das Problem der polnischen Regierung wurde dahingehend vertagt, daß das Lubliner Komitee "auf breiter demokratischer Basis unter Einschluß von demokratischen Führungskräften aus Polen selbst und von im Ausland lebenden Polen umgebildet" und damit in eine repräsentative Regierung umgeformt werden sollte. Freie demokratische Wahlen waren baldmöglichst abzuhalten. Sobald unter diesen Voraussetzungen die "Provisorische Polnische Regierung der Nationalen Einheit" gebildet sei, würden die alliierten Mächte diplomatische Beziehungen zu ihr aufnehmen.

Politische Zersplitterung Deutschlands

Die politische Zersplitterung Deutschlands stand als Prinzip nicht mehr zur Diskussion, es ging nur noch um die Modalitäten, die jedoch angesichts der aktuellen Tageserfordernisse an den Europäischen Beratenden Ausschuß (EAC) überwiesen wurden. Die drei Staatschefs beschlossen auch die Aufnahme der Zerstückelung in die Kapitulationsurkunde *("In Ausübung [der höchsten Machtvollkommenheit bezüglich Deutschlands] werden sie solche Maßnahmen treffen, einschließlich der völligen Entwaffnung, Entmilitarisierung und Zerstückelung, als sie für den künftigen Frieden und die künftige Sicherheit für notwendig halten")*.

Die Kapitulation Deutschlands

Militärisches Vorgehen

Unterschiedlich war auch das militärische Vorgehen in Deutschland selbst. Churchill wollte unmittelbar auf Berlin vorrücken und argumentierte, die in Jalta festgelegten Besatzungszonen seien für die militärischen Operationen nicht verbindlich. Eisenhower, für den Berlin unter militärischen Gesichtspunkten wertlos war und zu hohe Verluste kosten mochte, wollte zunächst auf Dresden vorstoßen, dann aber sich nach Süden gegen die Alpen zu wenden, um dort – vermutete – letzte Truppenkonzentrationen ("Alpenfestung") aufzulösen. Stalin dagegen ließ die Rote Armee ohne Zögern nach Berlin marschieren, um sich in den Besitz der Reichshauptstadt und damit eines besonderen politischen Hebels zu setzen.

Kapitulation Berlins
Regierung Dönitz

Berlin kapitulierte am 2. Mai 1945 gegenüber den sowjetischen Truppen. Nach dem Selbstmord Hitlers am 30. April übte die von ihm eingesetzte Regierung des Großadmirals Dönitz (als Reichspräsident, mit Graf Schwerin von Krosigk als Leiter der Regierung) den verbliebenen Rest an Macht aus, nahm ihren Sitz in Flensburg und richtete ihre Aktivitäten vor allem darauf, noch möglichst viele deutsche Soldaten in den Bereich der Westalliierten zu bringen. Stalin verlangte, daß die Regierung Dönitz/ Schwerin von Krosigk ihren Sitz nach Berlin verlegte, um über sie seinen Einfluß auf Gesamtdeutschland zu verstärken. Dönitz weigerte sich, in der letzten Hoffnung, doch noch mit den West-Alliierten gegen die Sowjetunion zu gehen.

Kapitulation 7./9. 5. 1945

Am 7. Mai schließlich unterzeichnete Generaloberst Jodl im Hauptquartier des alliierten Oberbefehlshabers, General Eisenhower, in Reims die Gesamtkapitulation der deutschen Wehrmacht; Stalin wollte allerdings auch hier ein politisches Zeichen setzen und bestand auf einer Wiederholung der Kapitulation am 8./9. Mai im sowjetischen Hauptquartier in Berlin-Karlshorst (die dann auch in der sowjetischen Darstellung als "eigentliche" Kapitulation galt). Damit hatte rein juristisch aber nur die Wehrmacht kapituliert – die Regierung Dönitz/Schwerin von Krosigk blieb im Amt und wurde ohne weiteres Aufsehen erst am 23. Mai in Flensburg von den Briten verhaftet.

Die alliierten Kriegskonferenzen

Übersicht

Konferenz von Casablanca (1943, 14.–4. Januar)

Teilnehmer:	Roosevelt, Churchill
Besprechungspunkte:	– Bedingungen gegenüber Deutschland – militärische Operationen
Einigung:	– bedingungslose Kapitulation Deutschlands als Kriegsziel – Landung in Sizilien, um Italien auszuschalten – Aufschub der Landung in Frankreich

1. Washington-Konferenz (Trident; 1943, 12.–25. Mai) ebenso
Quebec-Konferenz (11.–24. August)

Teilnehmer:	Roosevelt, Churchill
Ergebnisse:	– Globale Strategie gegenüber Deutschland und Japan – Beschluß über Landung in Frankreich am 1. Mai 1944

Moskauer Außenministerkonferenz (1943, 19.–30. Oktober)

Teilnehmer:	Molotow (UdSSR), Eden (Großbritannien), Hull (USA)
Ergebnisse:	– Wiederherstellung Österreichs in den Grenzen von 1937 – Bildung einer "Beratenden Europakommission" (European Advisory Commission – EAC) – Abtrennung Ostpreußens von Deutschland – Schaffung einer internationalen Organisation zur Sicherung des Weltfriedens – militärische Zusammenarbeit mit der UdSSR – Kriegseintritt der UdSSR gegen Japan nach der Niederlage Deutschlands
Streitpunkt:	– Anerkennung der polnischen Exilregierung

Konferenz von Teheran (1943, 28. November – 1. Dezember)

Teilnehmer:	Stalin, Roosevelt, Churchill
Besprechungspunkte:	– politische Zukunft Deutschlands – künftiger Umfang Polens
Prinzipielle Einigung auf:	– politische Zersplitterung Deutschlands – Curzon-Linie als polnische Ostgrenze – Abtretung deutscher Ostgebiete an Polen als Kompensation – Anerkennung des sowjetischen Anspruchs auf Königsberg

Zweite Quebec-Konferenz (1944, 11.–6. September)

Teilnehmer:	Roosevelt, Churchill, Vertreter der Generalstäbe
Beschluß:	– 1. Mai 1944 als Datum der alliierten Landung in Frankreich – weitere Landungen in Südfrankreich – Verstärkung der militärischen Aktionen in Fernost

Londoner Protokoll (1944, 12. September)

Londoner Protokoll zwischen den Vertretern der USA, Großbritanniens und der UdSSR in der EAC über die Festlegung der Besatzungszonen in Deutschland und die gemeinsame Verwaltung von Groß-Berlin

Konferenz von Moskau (1944, 9.–20. Oktober)

Teilnehmer:	Stalin, Churchill, US-Botschafter Harriman
Besprechungspunkte:	Festlegung von Einflußzonen in Südosteuropa: Rumänien (90 % sowjet., 10 % brit. Einfluß); Bulgarien (75–25 %); Jugoslawien und Ungarn (50–50 %); Griechenland (10–90 %)

Konferenz von Jalta (1945, 4.–11. Februar)

Teilnehmer:	Stalin, Roosevelt, Churchill
Besprechungspunkte:	– Koordinierung der weiteren militärischen Operationen – Politische Behandlung Deutschlands – Weltweite Friedenssicherung
Beschlüsse:	
Deutschland	– Aufteilung Deutschlands in Besatzungszonen – Übernahme der obersten Regierungsgewalt durch die Alliierten – dt. Reparationsleistungen in Form von Demontage und Stellung von Arbeitskräften
Polen	– Bildung einer "Provisorischen polnischen Regierung der nationalen Einigung" aus Vertretern des Lubliner Komitees und des polnischen Exils – Anerkennung der Curzon-Linie als polnische Ostgrenze – Bildung einer Koalitionsregierung in Jugoslawien – Kriegseintr. der UdSSR gegen Japan 3 Monate nach Abschl. der Kämpfe in Europa – Zugeständnisse der Westmächte an die UdSSR bei territoriale Forderungen im Fernen Osten – Schaffung einer Organisation der "Vereinten Nationen", Konferenz in San Francisco am 25. April 1945, Sowjetisches Stimmrecht in der Vollversammlung der UN – "Erklärung über das befreite Europa"

Konferenz von Potsdam (1945, 17. Juli–2. August)

Teilnehmer:	Stalin, Truman, Churchill (später durch Attlee ersetzt)
Konferenzthemen:	– Besetzung und Kontrolle Deutschlands – Klärung verschiedener europäischer Probleme
Beschlüsse:	– Bildung eines Rates der Außenminister (unter Teilnahme Frankreichs und Chinas) zur Klärung weiterer Fragen – Entnazifizierung, Entwaffnung und Demokratisierung Deutschlands als Zielvorgaben für die Deutschlandpolitik – Beibehaltung der wirtschaftlichen Einheit Deutschlands – Bestrafung von Kriegsverbrechern – Verzicht der UdSSR auf die in Jalta festgelegte Reparationssumme von 10 Milliarden Dollar, dafür Reparationsleistungen aus der eigenen und den westlichen Besatzungszonen – Festlegung der Oder-Neiße-Linie als polnische Westgrenze bis zur friedensvertraglichen Regelung – Umsiedlung der deutschen Bevölkerung aus Polen, der Tschechoslowakei und Ungarn
Interpretations-schwierigkeiten:	– Definitiver Charakter der polnischen Herrschaft östlich der Oder und Neiße – damit auch Umfang des Staates Polen – Zahl der auszusiedelnden deutschen Bevölkerung

Deutschland und Europa nach dem Zweiten Weltkrieg

1945	
14. 5.	Einsetzung eines Magistrates für Groß-Berlin durch die Sowjets
5. 6.	Übernahme der obersten Regierungsgewalt in Deutschland durch die Alliierten
9. 6.	Bildung der Sowjetischen Militäradministration für Deutschland (SMAD) mit Sitz in Berlin-Karlshorst
10. 6.	Zulassung von Parteien durch die SMAD (Befehl Nr. 2)
11. 6.	Gründung der KPD in Berlin
15. 6.	Konstituierung eines vorbereitenden Gewerkschafts-ausschusses in Berlin als Vorläufer des späteren FDGB
17. 6.	Gründung der SPD in Berlin
22. 6.	Bildung der französischen Besatzungszone
26. 6.	Gründung der CDU in Berlin
26. 6.	Annahme der Charta der Vereinten Nationen auf der Konferenz in San Francisco
4. 7.	Besetzung der Westsektoren Berlins durch amerik. und brit. Truppen
5. 7.	Gründung der LDPD in Berlin
12. 7.	Durchführung der Zoneneinteilung in Berlin
14. 7.	Zusammenschluß der Parteien in der SBZ zur "Einheitsfront der antifaschistisch-demokratischen Parteien"
27. 7.	Einrichtung von 11 Zentralverwaltungen durch die SMAD
13. 8.	Zulassung von politischen Parteien in der amerik. Zone auf Kreisebene
27. 8.	Zulassung von politischen Parteien in der amerik. Zone
30. 8.	Einsetzung des Alliierten Kontrollrats
15. 9.	Zulassung von politischen Parteien in der brit. Zone
19. 9.	Schaffung der Länder in der amerik. Zone: Württemberg-Baden, Bayern, Hessen
1. 10.	Bildung der Amerikanischen Militärregierung (OMGUS)
1./17. 10.	Einrichtung eines Länderrats der amerik. Besatzungszone
22. 10.	Erhebung der Verwaltungsbehörden der sowjet. Besatzungs-zone zu Landesregierungen
23. 11.	Erlaubnis zur landesweiten Parteiorganisation in der amerik. Zone
13. 12.	Zulassung von politischen Parteien in der frz. Zone
Dezember	Rücktritt des CDU-Vorsitzenden Andreas Hermes
1946	
17./20. 1.	Gemeindewahlen in der US-Zone
8. 1.	Gründung der CSU in Bayern

Februar	Erlaubnis zur zonenübergreifenden Parteiorganisation in der amerik. und brit. Zone
5. 2.	Wahl Konrad Adenauers zum Vorsitzenden der CDU in der brit. Besatzungszone
6. 3.	Bildung des Zonenbeirats der brit. Zone in Hamburg
26. 3.	Erste Kommunalwahl in der US-Zone
21. 4.	Zwangsvereinigung von SPD und KPD in der SBZ zur SED
28. 4.	Kreistagswahl in der US-Zone
3. 5.	Proklamation des Reparations- und Demontagestops durch General L. Clay
9.–11. 5.	1. Parteitag der SPD der Westzonen in Hannover
25. 5.	Einstellung der Reparationslieferungen aus den Westzonen an die Sowjetunion
26. 5.	Kommunalwahl in der SBZ, Gemeindewahlen in den größeren Städten der US-Zone
30. 6.	Landtagswahlen in der US-Zone
Juli	Aufforderung der USA an Großbritannien und Frankreich zur Zusammenlegung der Westzonen
23. 8.	Verordnung der brit. Militärregierung zur Auflösung des Landes Preußen und zur Neubildung der Länder in der brit. Zone
30. 8.	Schaffung des Landes Rheinland-Pfalz in der frz. Zone
1. 9.	Kommunalwahlen in Sachsen
6. 9.	Stuttgarter Rede des US-Außenministers Byrnes
1. 10.	Urteilsverkündung im Nürnberger Kriegsverbrecherprozeß
15. 9.	Kommunal- und Kreistagswahlen in der frz. Zone, Kommunalwahlen in der brit. Zone
13. 10.	Kreistagswahlen in der brit. Zone
20. 10.	Wahl zur Stadtverordnetenversammlung in ganz Berlin, Kreis- und Landtagswahlen in der SBZ
24. 11.	Landtagswahl in Württemberg-Baden
28. 11.	Fertigstellung der Landesverfassung von Württemberg-Baden
1. 12.	Landtagswahl in Bayern und Hessen
1947	
1. 1.	Zusammenschluß der brit. und amerik. Besatzungszone zur "Bi-Zone"
25. 2.	Auflösung des Landes Preußen (Kontrollratsgesetz Nr. 46)
10. 3.–24. 4.	Außenministerkonferenz in Moskau
20. 4.	Landtagswahlen in der brit. Zone
18. 5.	Landtagswahlen in der frz. Zone
29. 5.	Neuordnung der Verwaltung des Vereinigten Wirtschaftsgebietes (Bi-Zone), Bildung des "Wirtschaftsrates" in Frankfurt
Juni	Beginn der Demontagen in der brit. Zone
5. 6.	Vorschlag eines wirtschaftlichen Wiederaufbauprogramms durch US-Außenmionister G. Marshall (Marshall-Plan)
6.–8. 6.	Konferenz der Ministerpräsidenten in München
14. 6.	Bildung einer "Deutschen Wirtschaftskommission" mit 5 Zentralinstanzen in der SBZ

11. 9.	Bodenreformgesetze in der DDR
25. 11.–12. 12.	Konferenz der Außenminister in London
6./7. 12.	Erster Deutscher Volkskongreß in der SBZ
15. 12.	Inkrafttreten der saarländischen Verfassung
1948	
22. 2.	Beginn der kommun. Machtergreifung in der Tschechoslowakei
23. 2.–6. 3.	(und 20. 4.–2. 6.): Londonder Sechsmächtekonferenz (USA, Großbritannien, Frankreich, Belgien, Niederlande, Luxemburg)
März	Zusammentritt des 2. Deutschen Volkskongresses
1. 3.	Gründung der Bank Deutscher Länder in Frankfurt
2. 3.	Berufung L. Erhards zum Direktor der Verwaltung für Wirtschaft der Bi-Zone
17. 3.	Brüsseler Verträge
20. 3.	Auszug der Sowjets aus dem Kontrollrat
1. 4.	Einbeziehung der Saar als Kontrollgebiet in das frz. Wirtschaftsgebiet
1. 6.	Auflösung von Länderrat und Zonenbeirat
7. 6.	Londoner Deutschlandkommuniqué mit den Leitlinien einer alliierten Deutschlandpolitik
18. 6.	Währungsreform in den Westzonen
22. 6.	Befehl des sowjet. Marschalls Sokolowski an den Berliner Magistrat zur Übernahme der sowjetzonalen Währung
23. 6.	Währungsreform in der sowjet. Besatzungszone
24. 6.	Einführung der DM-West in den Berliner Westsektoren, Unterbrechung der Verkehrsverbindungen zwischen den Westzonen und Westberlin, Beginn der Berliner Blockade
24. 6.	Gründung der Deutschen Notenbank in der SBZ
26. 6.	Beginn der alliierten Luftbrücke für Berlin
1. 7.	Überreichung der sog. Frankfurter Dokumente durch die westlichen Militärgouverneure an die Ministerpräsidenten
8.–10. 7.	(und 15./16. 7., 21./22. 7.): Konferenzen der Ministerpräsidenten in Koblenz bzw. Niederwald zur Erörterung der Frankfurter Dokumente und des weiteren politischen Vorgehens
26. 7.	Schlußkonferenz der Militärgouverneure und der Ministerpräsidenten in Frankfurt, Verabschiedung eines deutsch-alliierten Schlußkommuniqués und einer Vereinbarung zur Einberufung eines Parlamentarischen Rats
10.–23. 8.	Beratungen des Verfassungskonvents auf Herrenchiemsee
1. 9.	Konstituierung des Parlamentarischen Rats in Bonn
6. 9.	Verlegung der Berliner Stadtverordnetenversammlung in die Westsektoren nach kommunistischen Störungen
30. 11.	Bildung eines "demokratischen Magistrats" im Ostsektor Berlins durch SED und kommun. Massenorganisationen
1. 12.	Verlegung des Dienstsitzes des (alten) Berliner Magistrats in die Westsektoren (Rathaus Schöneberg)

5. 12.	Wahl zur Berliner Stadtverordnetenversammlung in den Westsektoren
28. 12.	Unterzeichnung des Ruhrstatuts durch die Westalliierten und die Benelux-Länder
20. 12.	Absetzung von Jacob Kaiser und Ernst Lemmer von der Parteiführung der CDU in der SBZ
1949	
25. 1.	Gründung des Rates für gegenseitige Wirtschaftshilfe (RGW)
11. 2.	Übermittlung eines Grundgesetzentwurfes durch K. Adenauer an die Westmächte
2. 3.	Kritik der Westmächte am Grundgesetz in der vorgelegten Form
3. 3.–24. 4.	Neue Beratungen zur Erfüllung der alliierten Forderungen bezüglich des Grundgesetzes
4. 4.	Gründung der NATO
24. 4.	Überreichung eines Kompromißvorschlags an die Alliierten
25. 4.	Deutsch-alliierte Konferenz zum Grundgesetz in Frankfurt mit grundsätzlicher Einigung
4. 5.	Vier-Mächte-Abkommen zur Beendigung der Berliner Blockade
8. 5.	3. Lesung des Grundgesetzes und Annahme im Parlament. Rat
12. 5.	Genehmigung des Grundgesetzes durch die Militärgouverneure, Verkündung des Besatzungsstatuts
12. 5.	Aufhebung der Berliner Blockade
16.–22. 5.	Annahme des Grundgesetzes durch die Länder der Westzonen (außer Bayern)
23. 5.	Verkündung des Grundgesetzes
23. 5.–20. 6.	Konferenz der Außenminister der Vier Mächte in Paris
30. 5.	Annahme der "Verfassung der Deutschen Demokratischen Republik" durch den "Deutschen Volkskongreß"
14. 8.	Wahl zum ersten Deutschen Bundestag
6. 9.	Erste Koalitionsverhandlungen zwischen CDU/CSU, FDP und DP über die Bildung einer gemeinsamen Regierung
7. 9.	Konstituierung des Bundestages und des Bundesrates
12. 9.	Wahl des Bundespräsidenten (Theodor Heuß, FDP) durch die Bundesversammlung
15. 9.	Wahl Konrad Adenauers (CDU) zum Bundeskanzler durch den Bundestag
20. 9.	Vereidigung des Bundeskanzlers und der Minister
21. 9.	Inkrafttreten des Besatzungsstatuts
7. 10.	Gründung der DDR durch Konstituierung des Deutschen Volksrates als "Volkskammer" und Annahme der Verfassung
22. 11.	Petersberger Abkommen mit dem Beitritt der Bundesrepublik zum Ruhrstatut
15. 12.	Beitritt der Bundesrepublik zur OEEC
1950	
15. 6.	Beitritt der Bundesrepublik als assoziiertes Mitglied zum Europarat (Bundestags-Beschluß; erste Teilnahme 7. 8.)
28. 9.	Beitritt der DDR zum RGW

1951	
18. 4.	Gründung der Montan-Union (Europ. Gemeinschaft für Kohle und Stahl)
9. 7.	Erklärung der drei Westmächte über die Beendigung des Kriegszustandes mit Deutschland
1952	
4. 1.	Volle Eingliederung Westberlins in das Rechts-, Wirtschafts-, Sozial- und Finanzsystem der Bundesrepublik mit Zustimmung der Westmächte
10. 3.	Stalin-Note zur Wiedervereinigung
26. 5.	Beitritt der Bundesrepublik zur EVG, Beginn der Abriegelung der DDR von der Bundesrepublik durch Sperranlagen
1953/54	
16./17.6. 53	Arbeiteraufstand in Ostberlin und der DDR, durch sowjetische Truppen niedergeschlagen
23. 10. 54	Beschluß zur NATO-Mitgliedschaft der Bundesrepublik, Abkommen über das Statut der Saar
1955	
25. 1.	Erklärung der UdSSR über die Beendigung des Kriegszustandes mit Deutschland
9. 5.	Vollzug zur NATO-Mitgliedschaft der Bundesrepublik
14. 5.	Gründung des Warschauer Pakts
20. 9.	Erklärung der außen- und innenpolitischen Souveränität der DDR durch die Sowjetunion, Übertragung der Kontrolle des zivilen Verkehrs von und nach Westberlin
23. 10.	Volksabstimmung im Saarland über das Saarstatut Wehrpflichtgesetz
1956/57	
28. 1. 56	Aufnahme der DDR als Mitglied in den Warschauer Pakt
23. 10. 56	Abschluß des Saarabkommens
01. 1. 57	Eingliederung des Saarlandes in die Bundesrepublik
1958	
27. 11.	Berlin-Ultimatum der Sowjetunion, Aufforderung an die Westmächte zur Umwandlung Westberlins in eine "Freie Stadt" unter Abzug der alliierten Truppen
31. 12.	Zurückweisung des Berlin-Ultimatums durch die Westmächte
11. 5.–5. 8. **1959**	Außenministerkonferenz der vier Siegermächte in Genf
13. 8. **1961**	Bau der Berliner Mauer
17. 12. **1963**	Erste Passierschein-Regelung zwischen dem Westberliner Senat und der Regierung der DDR über den Besuch von Westberlinern in Ostberlin
9. 9. **1964**	Genehmigung von Rentner-Reisen aus der DDR in die BRD
12. 8. **1970**	Unterzeichnung des Gewaltverzicht-Vertrages mit der UdSSR

1971	
3. 9.	Viermächte-Abkommen über Berlin
6. 9.	Beginn der deutsch-deutschen Gespräche zur Ausfüllung des Viermächte-Abkommens
17. 12.	Transitabkommen zwischen der Bundesrepublik und der DDR über den Transit nach Westberlin
1972	
17. 05.	Ratifizierung der Verträge mit der UdSSR und Polen im Bundestag
26. 5.	Verkehrsvertrag zwischen der Bundesrepublik und der DDR
3. 6.	Inkrafttreten der Berlin-Regelung
21. 12.	Grundlagenvertrag zwischen der Bundesrepublik und der DDR
1973	
18. 6.	Beitritt der Bundesrepublik und der DDR zur Charta der Vereinten Nationen
18. 9.	Aufnahme der Bundesrepublik und der DDR in die UNO
2. 5. **1974**	Eröffnung von "Ständigen Vertretungen" der beiden deutschen Staaten in Bonn und Ostberlin (mit Protokoll vom 14. 3. 1974 vereinbart)
1. 1. **1977**	Aufhebung der Kontrollstellen zwischen Ostberlin und der DDR durch die DDR-Regierung; Einstellung der besonderen Veröffentlichung von DDR-Gesetzen im Verordnungsblatt des Ostberliner Magistrats
28. 06. **1979**	Änderung des Wahlgesetzes der DDR: Direktwahl der Ostberliner Abgeordneten der Volkskammer
1989	
09. 11.	Verkündung der Reisefreiheit für DDR-Bürger durch die Regierung der DDR, Fall der Berliner Mauer
22. 12.	Öffnung eines Grenzübergangs am Brandenburger Tor
1990	
18. 03.	Freie Wahlen in der DDR
1. 7.	Inkrafttreten der Wirtschafts-, Währungs- und Sozialunion; DM wird gesetzliches Zahlungsmittel in der DDR; DDR-Grenze zu Polen und der CSFR wird Außengrenze der EG
2. 12.	gesamtdeutsche Parlamentswahlen, Vollzug des Beitritts der DDR zur Bundesrepublik Deutschland
01. 04.	Auflösung des Warschauer Paktes
31. 12. **1991**	Auflösung der Sowjetunion, Neubildung der "Gemeinschaft unabhängiger Staaten" (GUS)

Die Frage der Nachkriegsordnung

Von der Koalition zur Konfrontation: Differenzen unter den Siegermächten

Die polnische Frage

Schon bald nach der Konferenz von Jalta kam es zu Zerwürfnissen zwischen Stalin und den Westmächten, wieder veranlaßt durch das rigorose Vorgehen Stalins in der polnischen Frage. Stalin hatte hier am 14. März in den besetzten deutschen Ostgebieten die Errichtung einer polnischen Zivilverwaltung genehmigt, außerdem nur zwei Vertreter der polnischen Exilregierung in London zur Regierung in Warschau zugezogen und am 27. März nationale polnische Untergrundpolitiker verhaften lassen. Noch am 1. April richtete Roosevelt einen dringenden Appell an Stalin, über die polnische Frage das Bündnis nicht zu gefährden. Er vermied aber einen offenen Bruch, weil im Frühjahr neue schwere Kämpfe um Japan entbrannt waren.

Eigenmächtigkeit Stalins in der polnischen Frage

Stalin und Churchill

Präsident Roosevelt erlebte das Ende des Krieges nicht mehr, vier Wochen vor der deutschen Kapitulation, am 12. April 1945, erlag er einem Gehirnschlag. Ein Umschwung der amerikanischen Politik gegenüber der Sowjetunion war wegen der nach San Francisco einberufenen Gründungsversammlung der UN nicht sofort möglich.

Tod Roosevelts

Anfang Mai mußte Churchill indessen zugestehen, daß der sowjetische Vormarsch ganz Osteuropa unter Stalins Herrschaft bringe. Für ihn wurde jetzt erst klar, was Stalin etwa zur selben Zeit dem Stellvertreter des jugoslawischen Parteichefs und Partisanenführer Tito, M. Dijlas, sagte: *"Dieser Krieg ist nicht wie in der Vergangenheit; wer immer ein Gebiet besetzt, erlegt ihm auch sein eigenes gesellschaftliches System auf. Jeder führt sein eigenes System ein, soweit seine Armee vordringen kann. Es kann gar nicht anders sein."* Churchill wertete dies als *"eines der betrüblichsten Ereignisse der Weltgeschichte"*, für das *"es keine Parallele"* gebe.

Stalins Haltung: Krieg der Ideologien

Seinem Vorschlag, den Rückzug der amerikanischen Truppen hinter die vereinbarte Demarkationslinie von sowjetischen Zusicherungen über Osteuropa abhängig zu machen, folgte Truman, Roosevelts Nachfolger, jedoch nicht. Churchill schloß seine Lagebeurteilung mit den Worten: *"Sollten diese Dinge nach Abzug der amerikanischen Armeen und dem Abbau des Kriegsapparates der*

Ernste Beurteilung der Lage durch Churchill

westlichen Welt noch ungelöst sein, dann sind die Aussichten über eine befriedigende Lösung und die Vermeidung eines dritten Weltkrieges nur sehr gering. Auf eine solche frühzeitige Kraftprobe und Generalbereinigung mit Rußland müssen wir jetzt unsere Hoffnungen setzen. ... Nichts kann die große Katastrophe verhüten als eine schleunige Zusammenkunft und brutale Aussprache in irgendeiner amerikanisch-britisch besetzten deutschen Stadt." Wenige Tage später, am 12. Mai, sprach er in einem Telegramm an Truman vom *"eisernen Vorhang"*, den Stalin *"längs der russischen Front"* über das von der sowjetischen Armee besetzte Gebiet herabgelassen habe.

Stalin: Proklamation der Einheit Deutschlands

Nach der Kapitulation der deutschen Wehrmacht schwenkte Stalin bereits in seiner Ansprache an das Sowjetvolk vom 9. Mai 1945 vom Ziel der Zerstückelung Deutschlands ab und begann, im Besitz Berlins, die Idee der deutschen Einheit zu propagieren. Hintergrund dieser Kehrtwendung war einerseits das Bestreben, Deutschland für die Reparationsleistungen an die Sowjetunion möglichst intakt zu lassen, als auch die Absicht, über die Einwirkung auf die Verhältnisse in ganz Deutschland auch diesen Staat unter sowjetische Kontrolle zu bringen.

Abtrennung der Ostgebiete

Auch territorial schuf er vollendete Tatsachen, indem er Ostpreußen und die Gebiete östlich von Oder und Neiße vom Reich, d. h. von dem Gebiet der Besatzungszonen, abtrennte und der Sowjetunion bzw. der neuinstallierten polnischen Regierung überwies. Bewußt nahm er den damit begründeten Widerspruch zum gemeinsamen Vorgehen gegenüber Deutschland in Kauf. In diesem Sinn argumentierte er auch während der Konferenz von Potsdam. Daß sich die Alliierten im Protokoll über die Einrichtung von Besatzungszonen vom 12. September 1944 darauf geeinigt hatten, *"Deutschland ... innerhalb der Grenzen, wie sie am 31. 12. 1937 bestanden"*, in drei Besatzungszonen aufzuteilen, steht nicht dazu im Widerspruch: Hier wird nur der maximale Umfang des Gebiets der Besatzungszonen festgelegt, also im Grunde eine Negativbeschreibung abgegeben – die Annexionen von 1938 bleiben außerhalb des Besatzungsgebiets. Die Sowjetunion trat im übrigen nur einen Teil ihrer eigenen Besatzungszone an Polen ab, war also nur bedingt auf die Zustimmung der Westalliierten angewiesen.

Der neue amerikanische Präsident, Harry S. Truman, verzichtete auf Gegenaktionen, weil der Endkampf mit Japan noch bevorstand und die Gründungsurkunde der UN in San Francisco unterzeichnet werden sollte. Die Räumung Sachsens, Thüringens und Mecklenburgs von amerikanischen Truppen und der Rückzug der Sowjetarmee aus den Berliner Westsektoren war daher nur noch eine Erfüllung der vorher gefaßten Beschlüsse, ohne daß Truman damit noch Druck hätte ausüben können.

Erfüllung der amerikanischen Verpflichtungen

Am 26. Mai reiste H. Hopkins als Sonderbeauftragter Trumans nach Moskau, um die entstandenen Pobleme zu klären. Er erwähnte den radikalen Stimmungsumschwung der öffentlichen Meinung in den USA zuungunsten der Sowjetunion und fragte Stalin nach Polen. Dieser brachte seine Interpretation vor, wobei er offensichtlich den Begriff der "freundschaftlichen Verbundenheit" Polens mit der Sowjetunion mit einer unmittelbaren sowjetischen Einflußnahme identifizierte. Den britischen Konservativen warf er vor, das System des "Cordon Sanitaire", wie es vor dem Krieg bestanden hatte, als Instrument der Politik gegen die Sowjetunion gebrauchen zu wollen.

Stimmungsumschwung

Die Konferenz von Potsdam

Wechsel in der britischen und amerikanischen Delegation

Die Potsdamer Konferenz vom 17. Juli bis 2. August 1945 stand ganz unter dem Zeichen des Regierungswechsels in den USA und in Großbritannien. Der britische Premierminister Churchill verlor während der Konferenz durch den Wahlsieg der Labour-Party sein Amt an Attlee, auch die beiden Außenminister Byrnes und Bevin waren Neulinge. Stalin und sein Außenminister Molotov waren die einzigen, die an den Konferenzen von Jalta und Teheran teilgenommen hatten – und die Interpretation der Konferenzergebnisse verkörperten.

Stalins Ziele

Stalins Ziel bei dieser Konferenz war es, die Anerkennung der großen Gebietsgewinne der Sowjetunion durch die Westmächte zu erreichen: die baltischen Länder, Ostpolen, Bessarabien waren eingegliedert, ebenso die Nordbukowina, Ostkarelien und andere ehemals finnischen Gebiete, dazu der nördliche Teil von Ostpreußen. Darüberhinaus reichte der sowjetische Einfluß soweit, wie Kommunisten aktiv werden konnten, also bis zur Ägäis und zur Adria. Weiterhin stand, wie seit über zwei Jahrhunderten, wieder einmal die Frage der Meerengen an Bosporus und Dardanellen auf der russischen Tagesordnung.

Rat der Außenminister

Zunächst wurde die Bildung eines Rates der Außenminister vereinbart, in dem außer den USA, Großbritannien und der Sowjetunion auch Frankreich und China vertreten sein sollten. Dieser Rat sollte Vorschläge für den Friedensvertrag mit Deutschland und den anderen Achsenmächten ausarbeiten und den Regierungschefs vorlegen, außerdem die auf der Konferenz selbst nicht gelösten Fragen weiter diskutieren und klären.

Reparationen

Der UdSSR wurde ein Drittel der deutschen Kriegs- und Handelsmarine sowie das Recht, ihre Reparationen aus der eigenen Besatzungszone und aus Bulgarien, Finnland, Ungarn und Rumänien zu decken, zugesprochen. Ein Teil der Reparationsleistungen aus den westlichen Besatzungszonen sollte gleichfalls an die UdSSR fließen, die Höhe der Gesamtleistungen wurde jedoch nicht fixiert.

Gemeinsame Verantwortung für Deutschland

Die Verantwortung der Siegermächte sollte, ungeachtet der Besatzungszonen, gemeinsam über Deutschland als Ganzes ausgeübt werden: *"Während der Besatzungszeit ist Deutschland als eine wirtschaftliche Einheit zu betrachten."*

Polnische Frage und Friedensvertragsvorbehalt

Stalins Eigenmächtigkeit

Einer der wichtigsten Punkte war die Frage der deutschen Ostgebiete. Hier sahen sich die Verbündeten Stalins vor vollendete Tatsachen gestellt, indem schon vor der Konferenz das südliche Ostpreußen und alle Gebiete östlich von Oder und (Lausitzer) Neiße dem polnischen Staat überwiesen waren. Das Protokoll der Konferenz spiegelt die Auseinandersetzungen wider, die sich in dieser Frage ergaben: Danach hat die Polnische Provisorische Regierung der Nationalen Einheit ihre Auffassung den Konferenzteilnehmern *"in vollem Umfange"* vorgetragen, diese aber *"bekräftigen"* im Protokoll *"ihre Auffassung, daß die endgültige Festlegung der Westgrenze Polens bis zu der Friedenskonferenz zurückgestellt werden soll"*.

Hintergrund der Politik Stalins

Wieder begegnet der Friedensvertragsvorbehalt, und hier muß gefragt werden, wie Stalins Verhalten zu interpretieren ist. Mit Sicherheit wollte er im Gefühl der eigenen Überlegenheit vollendete Tatsachen schaffen, wollte einerseits Polen einen Ausgleich für die verlorenen Ostgebiete schaffen, andererseits in Polen selbst eine gegenüber der Sowjetunion freundliche Stimmung erzeugen. Den Vorbehalt einer künftigen Friedensregelung konnte er notfalls auch gegenüber Polen nutzen, im übrigen hätte er diese Position nicht kampflos preisgegeben. Für Churchill, seinen Nachfolger Attlee und Truman war dieser Vorbehalt wieder, wie schon 1943, das einzige Druckmittel, das sie Stalin gegenüber hatten – angesichts der Vorteile dieser Regelung für Stalin ein recht schwaches Druckmittel. Die Protokolle der Konferenz lassen erkennen, wie zwar Truman und Churchill, später Attlee, energisch gegen die Eigenmächtigkeiten protestierten, aber der Stalinschen "Argumentation" letztlich doch unterlegen waren.

Faktische Bestätigung der Oder-Neiße-Grenze

Die Oder-Neiße-Grenze entspringt sowjetischer Willkür und wurde in Potsdam nur faktisch, nicht aber juristisch bestätigt. Ihrem politischen Charakter nach ist sie vom gleichen Rang wie die gesamten eigenen Erwerbungen der Sowjetunion nach 1939 – dem Recht des Siegers entsprungen, durch die Macht der Tatsachen gefestigt und durch das Verhalten der Westalliierten legitimiert. Daß diese Grenze aber den Intentionen der Westalliierten entspricht, ergibt sich klar aus den Äußerungen Churchills und Roosevelts in den Verhandlungen der Kriegskonferenzen. Sie lassen den Friedensvertragsvorbehalt nur noch als politisches Rückzugsgefecht vor dem Ausbruch des Kalten Krieges erscheinen. So wurde auch der vorläufige Charakter dieser Regelung erst ab 1946 von den Westmächten wieder stärker betont.

Der Bruch in der Siegerkoalition

Das Ende des Krieges

Mit der Kapitulation Deutschlands war der Krieg mit Japan noch nicht beendet, auch wenn die militärische Lage des Inselreiches unhaltbar geworden war. Der Abwurf der neuentwickelten Atombombe über zwei japanischen Großstädten sollte aber nicht nur den letzen japanischen Widerstandswillen brechen, sondern auch die Zeit bis zur Kapitulation Japans soweit verkürzen, daß die Sowjetunion nicht mehr, wie ursprünglich eigentlich vorgesehen, eingreifen konnte. Dennoch fand, während Japan um Frieden bat, die Rote Armee noch genügend Zeit, in der Mandschurei, in Nordkorea und im Südteil der Insel Sachalin einzumarschieren. Am 2. September 1945 schließlich war der Zweite Weltkrieg mit der japanischen Kapitulation zu Ende.

Kapitulation Japans

Die Sowjetisierung Osteuropas

Angesichts der Eigenmächtigkeiten Stalins bei der Neuordnung des östlichen Mitteleuropa war Truman der Sowjetunion gegenüber mißtrauisch. Dieses Mißtrauen teilten auch der Moskauer Botschafter William A. Harriman und Trumans Berater George F. Kennan. Zu diesen Eigenmächtigkeiten sind insbesondere zu rechnen der Staatsstreich der Kommunisten in Bulgarien am 8./9. September 1944, die Einsetzung einer ungarischen Gegenregierung am 5. Dezember 1944, die einseitige Anerkennung der Provisorischen Regierung in Polen (4. 1. 1945), die Unterstellung Nordsiebenbürgens (1940 von Rumänien an Ungarn abgetreten) unter rumänische Verwaltung (9. 3. 1945) und schließlich die einseitigen Maßnahmen zur Neugestaltung in der sowjetischen Besatzungszone in Deutschland (z. B. die Neuzulassung von Parteien und Gewerkschaften in der sowjetischen Besatzungszone schon am 10. 6. 1945, dann die Bodenreform im Oktober 1945). Churchill hatte in seinem Telegramm an Truman vom 12. Mai zu diesen Punkten noch die *"Schwierigkeiten, die sie in bezug auf Wien machen,"* dann die *"Verbindung zwischen russischer Macht und den Territorien unter ihrer Herrschaft oder Besetzung, verbunden mit der kommunistischen Technik in so vielen anderen Ländern, und vor allem [die] Möglichkeit, so große Heere so lange Zeit im Feld zu halten"* genannt. Noch sah Churchill allerdings die *"Einigung"* mit der Sowjetunion als *"lebenswichtig"* an und zog eine Konfrontation noch nicht in Betracht. Bereits einen Monat später, am 12. Juni wird berichtet, daß Churchill *"gegenüber den Sowjets ... erbittert feindselig"* war.

Eigenmächtigkeiten Stalins

Churchills Reaktion

George F. Kennan, am Ende des Krieges amerikanischer Botschaftsrat in Moskau, teilte Churchills Befürchtungen und schrieb wohl schon im Sommer 1945: *"Die Idee, Deutschland gemeinsam mit den Russen regieren zu wollen, ist ein Wahn."* Sowjetischer

George F. Kennans Beurteilung der Entwicklung

Einfluß im amerikanisch und britisch besetzten Teil Deutschlands würde nur bedeuten, daß die Wiederaufbauleistungen für diesen Teil so lange verzögert würden, bis die *"ungeduldig wartenden kommunistischen Parteien dieser Länder"* ihre Chance ergreifen könnten. Die einzige Alternative bestehe darin, den amerikanischen und britischen *"Teil von Deutschland ... zu einer Form von Unabhängigkeit zu führen, die so befriedigend, so gesichert, so überlegen ist, daß der Osten sie nicht gefährden kann."* Pläne für eine gemeinsame Militärregierung seien dagegen *"undurchführbar"*. Die Arbeit der Konferenz von Potsdam verfolgte Kennan *"mit Skepsis und Entsetzen"*, die von Truman unterzeichnete Schlußerklärung der Konferenz deprimierte ihn zutiefst. Er kritisierte vor allem *"die Verwendung so dehnbarer Begriffe wie "demokratisch", "friedlich" und "gerecht"*, die allem zuwiderliefen, *was siebzehn Jahre Rußlanderfahrung (ihn) über die Technik des Verhandelns mit der sowjetischen Regierung gelehrt hatten".* Für den Begriff der *"demokratischen Parteien"*, die wieder gebildet werden sollten, gelte dasselbe. Er schreibt dann wörtlich: *"Die Irreführung der Öffentlichkeit in Deutschland und im Westen durch die Verwendung eines solchen Ausdrucks in einem Dokument, das außer von Stalin auch von den Herren Truman und Attlee unterzeichnet war, ließ sich selbst mit allergrößter Naivität nicht entschuldigen."*

Die japanische und die persische Frage

Trotz dieses Mißtrauens fühlten sich die USA noch auf die UdSSR angewiesen und verlängerten am 20. April 1945 die Liefeungen nach dem *Lend-Lease-Act* zunächst bis zum 30. Juni 1945, dann am 25. Juni auf unbestimmte Zeit. Sie wurden mit dem Ende der Kampfhandlungen am 21. August 1945 eingestellt, so wie sie auch gegenüber den europäischen Verbündeten mit dem 11. Mai aufgehört hatten. Im Herbst aber lehnten sie den sowjetischen Wunsch nach einem großzügigen Kredit zum Wiederaufbau des Landes ab, während ein solcher Kredit Großbritannien gewährt wurde.

Einstellung der Hilfe an die Sowjetunion

Außenministerkonferenzen in London und Moskau

Die Konferenz der Außenminister in London vom 11. September bis 2. Oktober befaßte sich zunächst mit der Frage der Friedensverträge mit den Verbüdeten der Achsenmächte. Dem Wunsch der Sowjetunion nach einer Beteiligung an der Besetzung Japans kamen die Westmächte dabei nicht nach, auch der Kompromiß, der auf der Außenministerkonferenz in Moskau (16.–26. Dezember) ausgehandelt wurde, brachte nur die Teilnahme der Sowjetunion am Alliierten Rat für Japan, aber nicht an der Besetzung. Besatzungsrechte erhielt Stalin nur in Nordkorea (bis zum 38. Breitengrad), wo bereits am 8. Mai eine kommunistisch geführte provisorische Regierung eingesetzt worden war.

Ende des Jahres 1945 geriet auch Persien ins Blickfeld der Weltöffentlichkeit, als die Sowjetunion ihre Unterstützung des revolutionären Regimes, das sich hier 1941 gebildet hatte, fortsetzte. Diese Politik strahlte auch auf die Türkei und besonders auf deren kurdisch besiedelte Gebiete im Osten aus. Schon im März hatte Stalin das Freundschaftsabkommen mit der Türkei von 1925 gekündigt und erhob jetzt Ansprüche auf die 1918/21 abgetretenen Provinzen Kars, Ardahan und Ardwin (Türkisch-Armenien) sowie auf eine Beteiligung an der Kontrolle der Meerengen. Diesen Punkt allerdings lehnten sowohl die Türkei als auch die Westmächte als unannehmbar ab. Die Auseinandersetzung verschärfte sich innerhalb eines Notenwechsels, in dem auch die türkische Schwarzmeerküste gefordert wurde. Daneben unterstützte Stalin Bulgarien in seinen Forderungen auf Westthrazien (d. i. der europäische Teil der Türkei) sowie die Kommunisten im griechischen Bürgerkrieg.

Persien

Türkei

Bulgarien
Griechenland

Mit diesem letzten Punkt geriet er vor allem in weiteren Gegensatz zur britischen Regierung, die Griechenland als Teil der schon 1944 auf der Konferenz von Moskau festgelegten eigenen Interessensphäre ansah. Als er dann im März 1946 den vereinbarten Termin für den Truppenrückzug aus Nordpersien hinausschob, reagierten England und Amerika scharf. Churchill setzte sich in einer Rede am 5. März für eine enge militärische Zusammenarbeit gegenüber den sowjetischen Expansionsbestrebungen ein, was Stalin wiederum zu der Äußerung veranlaßte, Churchill sei der *"Hetzer des Dritten Weltkrieges"*. Der "Kalte Krieg" war ausgebrochen. Angesichts der unnachgiebigen Haltung der Westmächte sah sich Stalin indessen gezwungen, seine Truppen bis Mai 1946 aus Persien abzuziehen.

Verschärfung
der Lage:
der Kalte Krieg

Die ideologische Sicherung der Machtblöcke

Polen und Ungarn

Im Januar 1947 fanden in Polen die bereits im Potsdamer Protokoll vereinbarten, aber mehrfach verschobenen Wahlen für die Verfassunggebende Nationalversammlung statt. Als Parteien traten die Kommunisten (PPR), die Bauernpartei (PSL) und die Linkspartei PPS an. Im Verlauf des Konfrontationskurses gegen die Bauernpartei hatte die PPR die Bildung eines "Demokratischen Blocks" verkündet. Massive Behinderungen, Verhaftungen von PSL-Politikern und Manipulationen anläßlich eines ersten Referendums ließen die Bauernpartei an die Westmächte appellieren, die dann auch Protest einlegten. Zu den "Vorbereitungen" für die Sejm-Wahl am 19. Januar 1945 gehörte es, etwa 1,1 Millionen Wählern das Wahlrecht wegen angeblicher Kollaboration mit den

Wahlen in Polen

Deutschen im Krieg abzuerkennen, PSL-Funktionäre zu verhaften, in zehn Wahlkreisen, in denen ein Viertel der Wähler zur Wahl ging, keine PSL-Kandidaten zuzulassen und schließlich die Wahl selbst zu behindern. Dadurch errang die PSL nur 27, die Einheitsliste des Demokratischen Blocks dagegen 397 Sitze. Vertrauensleute der PSL zählten dagegen 60 % und mehr Stimmen für die Bauernpartei. Die Opposition wurde im Mai und Juni in einer großen Verhaftungswelle zerschlagen. Der Führer der Bauernpartei, Mikolajczyk, verließ im Oktober das Land. 1948 schließlich wurden die streng auf Moskau ausgerichtete PPR und die "nationalkommunistische" PPS zur Polnischen Vereinigten Arbeiterpartei (PVAP, poln. PZPR) zusammengeschlossen, wobei die Stalinisten die Vertreter der nationalkommunitischen Richtung bald ausspielten.

Ungarn

Tschechoslowakei

Auch in Ungarn konnte sich Ministerpräsident Nagy nur durch die Flucht in den Westen der Verhaftung durch die Kommunisten entziehen. Im Februar des folgenden Jahres schließlich stürzten die Kommunisten in einem Staatsstreich die tschechoslowakische Regierung und errichteten eine Volksdemokratie sowjetischer Prägung. Allein in Jugoslawien konnte sich mit Tito eine gewisse Selbständigkeit gegenüber Moskau halten. "Titoisten" galten aber in den übrigen kommunistisch regierten Ländern als "Abweichler" und Verräter und wurden verfolgt.

Frankreich
Italien
westdeutsche Länder

Im Gegenzug dazu benützten die USA ihren (vor allem wirtschaftlichen) Einfluß dazu, im Mai und Juni 1947 Frankreich und Italien sowie die westdeutschen Länder zur Entfernung der kommunistischen Regierungsmitglieder zu veranlassen.

Truman-Doktrin und ideologische Verhärtung

China

Das Frühjahr 1947 brachte auch das Scheitern der amerikanischen Vermittlungsbemühungen im chinesischen Bürgerkrieg, der nach der Niederlage und dem Abzug Japans wieder aufgeflammt war. Die USA stellten daraufhin die Unterstützung für die chinesischen Nationalisten unter Tschiang Kai-schek ein.

Truman-Doktrin

Am 12. März erklärte die britische Regierung, daß sie wirtschaftlich und finanziell nicht mehr in der Lage sei, Griechenland und die Türkei zu unterstützen. US-Präsident Truman übernahm daraufhin die britischen Verpflichtungen gegenüber diesen Ländern und formulierte als außenpolitisches Programm, daß die USA freie Völker, die sich der versuchten Unterwerfung durch eine bewaffnete Minorität oder äußerem Druck widersetzten, unterstützen müßten (Truman-Doktrin). Die Führungsrolle der USA in der Freien Welt sei geeignet, den Weltfrieden zu erhalten. Der Kampf gegen den Kommunismus wurde auch innenpolitisch geführt, die Suche nach Verdächtigen geriet allerdings bald ins Krankhafte und Hysterische (McCarthy).

Im Gegenzug dazu verwies das sowjetische Politbüromitglied Shdanow in einer Rede anläßlich der Gründung der "Kominform" (Kommunistisches Informationsbüro, Nachfolger der 1943 aufgelösten Kommunistischen Internationale) Ende September 1947 darauf, daß sich die *"Welt des Kapitalismus"* und die *"Welt des Sozialismus"* gegenüberstünden und daß in dieser Lage die Sowjetunion die Aufgabe habe, zur *"Sicherung eines gerechten demokratischen Friedens ... alle Kräfte des antiimperialistischen und antifaschistischen Lagers"* zusammenzufassen (Zwei-Lager-Theorie). Grundlage ist auch hier wieder die ideologisch fixierte Definition der Begriffe "Faschismus" (als höchstes Stadium des imperialistischen Kapitalismus) und "demokratisch". So habe die Politik der Westmächte während des Krieges nur dazu gedient, *"den Krieg in die Länge zu ziehen, die UdSSR ausbluten zu lassen und die faschistischen Aggressoren vor einer vollständigen Zerschmetterung zu retten"*. Das jetzige Verhalten der Westmächte, angefangen mit der Taktik auf der Potsdamer Konferenz, sei eine Verletzung der *"legitimen Interessen der Sowjetunion und der demokratischen Länder"*.

Zwei-Lager-Theorie Shdanows

Je nach ideologischem Standort wurde so der Westen zum Hort entweder der Freiheit oder des aggressiven Imperialismus, der Osten zum Wahrer der Demokratie oder zum totalitären Unterdrücker

Der Marshall-Plan

Bereits unmittelbar nach der Verkündung der "Truman-Doktrin" forderte George F. Kennan in einem Zeitschriftenaufsatz, die konkrete Unterstützung für Griechenland und die Türkei durch diplomatisch-politische und wirtschaftliche Hilfeleistung für andere bedrohte europäische Staaten zu ergänzen. Diesen Gedanken griff Außenminister Marshall auf und verkündete einen wirtschaftlichen Aufbauplan für Europa, der nach ihm "Marshall-Plan" benannt wurde. Ziel sei, so Marshall, nicht der Kampf gegen ein Land oder eine Doktrin, sondern gegen Hunger, Armut, Verzweiflung und Chaos. Mit diesem Plan sollte erreicht werden, daß kommunistischen Aktivitäten in Westeuropa durch die Sicherung der wirtschaftlichen Verhältnisse der Boden entzogen würde.

Wirtschaftshilfe für Europa

Der sowjetische Außenminister Molotow lehnte auf der Vorkonferenz Ende Juni/Anfang Juli in Paris den Plan als eine Einmischung in die inneren Angelegenheiten der europäischen Länder ab und bezeichnete ihn als eine imperialistische Verschwörung zur Versklavung Europas. Unter Mitwirkung von 16 Staaten trat vom 12. Juli bis zum 22. September 1947 die Marshall-Plan-Konferenz in Paris zusammen, den Staaten des sowjetischen Machtbereichs war die Teilnahme verboten, die Tschechoslowakei mußte die bereits gegebene Zusage zur Teilnahme wieder zurückziehen.

Marshall-Plan-Konferenz

Der Abschlußbericht der Konferenz schätzte die erforderlichen Mittel auf 16 bis 22 Milliarden Dolar innerhalb der nächsten vier Jahre. Tatsächlich aufgebracht wurden 12,5 Milliarden Dollar. Das *"Europäische Wiederaufbauprogramm"* (ERP) wurde von der *"Organisation für europäische wirtschaftliche Zusammenarbeit"* (OEEC), einem Zusammenschluß von 17 Staaten, durchgeführt. Diese Organisation sollte gleichzeitig die Zusammenarbeit der europäischen Länder und die Verschmelzung der nationalen Wirtschaften fördern. Sie verlor mit der Gründung der Europäischen Wirtschaftsgemeinschaft (EWG) 1957 an Bedeutung und wurde 1960 zur *"Organisation für wirtschaftliche Entwicklung und Zusammenarbeit"* (OECD) erweitert.

OEEC

OECD

Wirtschafts-aufschwung in der Bundesrepublik

Der Marshall-Plan trug wesentlich zur Sicherung der politischen Verhältnisse in Westeuropa bei und machte sowjetische Hoffnungen auf soziale Unruhen, die den Ansatz zu neuen Umsturzbestrebungen hätten geben können, zunichte. Er war die Grundlage für den schnellen wirtschaftlichen Aufschwung der Bundesrepublik und für die Integration der Millionen Heimatvertriebenen und Flüchtlinge, verhinderte aber auch weitgehende soziale Reformen in den Westzonen, wie sie in den Sozialisierungsforderungen der frühen Parteiprogramme noch vetreten wurden.

Deutschland unter alliierter Besatzung

Das Potsdamer Protokoll

"Die allierten Armeen führen die Besetzung von ganz Deutschland durch, und das deutsche Volk hat begonnen, Sühne zu leisten für die furchtbaren Verbrechen, die unter der Führung derer, die es zur Zeit ihrer Erfolge offen gebilligt und denen es blind gehorcht hat, begangen wurden."

"Der deutsche Militarismus und Nazismus werden ausgerottet, und die Alliierten werden in Übereinstimmung miteinander in der Gegenwart und in der Zukunft auch andere Maßnahmen treffen, die notwendig sind, damit Deutschland nie wieder seine Nachbarn oder die Erhaltung des Friedens in der ganzen Welt bedrohen kann."

Regierungsgewalt in Deutschland

1. "Völlige Entwaffnung und Entmilitarisierung Deutschlands und die Beseitigung der gesamten deutschen Industrie, die für die Kriegsproduktion genutzt werden kann, oder Kontrolle über sie";
2. Vernichtung der "nationalsozialistischen Partei, ihrer Zweigeinrichtungen und der von ihr kontrollierten Organisationen", Auflösung "aller nazistischen Einrichtungen";
3. "Eine endgültige Umgestaltung des deutschen politischen Lebens auf demokratischer Grundlage und eine eventuelle friedliche Mitarbeit Deutschlands am internationalen Leben";
4. Bestrafung von Kriegsverbrechern;
5. Entfernung von "Mitgliedern der nazistischen Partei, die mehr als nominell an ihrer Tätigkeit teilgenommen haben", aus verantwortlichen Stellungen;
6. Kontrolle des Bildungswesens;
7. Neugestaltung des Gerichtswesens "entsprechend den Grundsätzen der Demokratie und Gerechtigkeit auf der Grundlage der Gesetzlichkeit und der Gleichberechtigung der Bürger";
8. Neuorganisation der Verwaltung in Deutschland "in Richtung auf eine Dezentralisierung der politischen Struktur und der Entwicklung eines Verantwortungsbewußtseins auf lokaler Ebene".

Die wirtschaftlichen Ziele betrafen

1. die "Vernichtung des deutschen Kriegspotentials", d. h. "die Produktion von Waffen, Kriegsausrüstungen und Kriegsmitteln";
2. die Kontrolle der "Produktion von Metallen und chemischen Produkten, des Maschinenbaus" und Beschränkung dieser Produktionszweige auf den Stand "friedlicher Nachkriegsbedürfnisse"; überschüssige Produktionskapazitäten sind entweder zu demontieren oder zu vernichten;
3. die Dezentralisierung der deutschen Wirtschaft "mit dem Ziel der Vernichtung der bestehenden übermäßigen Konzentration der Wirtschaftskraft";
4. eine alliierte Kontrolle der deutschen Wirtschaft;
5. den Aufbau eines deutschen Verwaltungsapparates.

Um diese Ziele zu erreichen, sollte Deutschland "während der Besatzungszeit ... als eine wirtschaftliche Einheit" betrachtet werden.
Die Entnahme von Reparationen stand nach Abschnitt IV jeder Besatzungsmacht zunächst nur aus ihrer eigenen Zone zu. Zusätzlich sollte die Sowjetunion aus den Westzonen 15 % der zur Demontage anstehenden Industrieanlagen gegen Lieferung von Nahrungsmitteln, Kohle etc., dann weitere 10 % ohne Gegenleistung erhalten. Die Demontagen zu Reparationszwecken waren innerhalb von zwei Jahren abzuschließen.
Abschnitt VII betraf die Verfolgung von Kriegsverbrechern durch ein alliiertes Gerichtsverfahren, Abschnitt VIII die österreichischen Verhältnisse.
Abschnitt VI enthält die sowjetische Forderung nach der Stadt Königsberg und dem nördlichen Ostpreußen, die Westmächte sichern hier zu, die sowjetische Forderung auf der Friedenskonferenz zu unterstützen. Abschnitt IX enthält zunächst die Vereinbarungen über die Polnische Provisorische Regierung der Nationalen Einheit, dann die über die künftige Westgrenze Polens. Die Regierungschefs "stimmen darin überein, daß bis zur endgültigen Festlegung der Westgrenze Polens die früheren deutschen Gebiete [östlich der Oder-Neiße-Linie] unter die Verwaltung des polnischen Staates kommen und in dieser Hinsicht nicht als Teil der sowjetischen Besatzungszone ... betrachtet werden sollen".

Die alliierten Deutschlandplanungen

Grundsätzliche Überlegungen

Ziel der Besetzung: Verhinderung einer künftigen Bedrohung

Die Alliierten Mächte standen in ihrer Deutschlandpolitik unter dem Eindruck der Erfahrung, daß Deutschland zweimal innerhalb einer Generation seine Nachbarn mit Krieg überzogen hatte. Die amerikanische Direktive JCS 1067 vom April 1945 betont daher nachdrücklich: *"Deutschland wird nicht besetzt zum Zwecke seiner Befreiung, sondern als ein besiegter Feindstaat."* Vorrangiges Ziel war die Verhinderung einer künftig von Deutschland ausgehenden Bedrohung. Zu diesem Zweck mußte das in Deutschland vorhandene Potential geschwächt werden. Außerdem stand, wie auch 1919, wieder die Frage der Wiedergutmachungsleistungen zur Diskussion.

In den Kriegskonferenzen der Alliierten wurde diese Gesamtproblematik differenziert gesehen:

Entnazifizierung

- Zum einen war das nationalistische und militaristische Gedankengut auszurotten, besonders insofern es seinen Niederschlag in der nationalsozialistischen Bewegung gefunden hatte.

Schwächung der Wirtschaftskraft durch Demontage und Kontrolle

- Zum zweiten war die Wirtschaftskraft Deutschlands so zu schwächen, daß – zumindest auf absehbare Zeit – keine Bedrohung mehr von ihm ausgehen konnte. Zu erreichen war dieses Ziel sowohl durch die Demontage von Industrieanlagen als auch durch die politische Aufspaltung Deutschlands in kleinere Einheiten und die Einführung einer internationalen Kontrolle der deutschen Industrie. Das war ein Schwerpunkt vor allem in den französischen Forderungen.

- Zum dritten war die deutsche Wirtschaft in besonderem Maße zu Reparationsleistungen für die angerichteten Kriegsschäden heranzuziehen, ein Punkt, auf dem besonders die Sowjetunion bestand. Ihre Forderung nach Reparationsleistungen war dabei von doppeltem Sinn: Zum einen war die Sowjetunion tatsächlich auf die finanziellen und materiellen Leistungen angewiesen, um die gewaltigen Kriegsschäden zu beheben, zum anderen aber war die Forderung nach Kontrolle des Ruhrgebiets ein Hebel, um sowjetischen Einfluß auch außerhalb der eigenen Besatzungszone geltend zu machen.

Reparationen

Sowjetische Interessen

Die amerikanische und britische Regierung aber sahen in dieser sowjetischen Forderung eine Gefährdung der wirtschaftlichen Existenz Deutschlands, zumal die sowjetische Politik die Einheit des Landes durch die Verhinderung jeglichen freien Austausches in Frage stellte.

Gefährdung der wirtschaftlichen Existenz Deutschlands

Die verschiedenen Variationen der Neuordnung liefen im Kern alle auf eine Abtrennung des Ruhrgebiets von Preußen und eventuell noch auf die Bildung eines separaten Süd-Staates hinaus. Vor allem das US-Außenministerium sah aber in einer erzwungenen Teilung nur eine neue Hypothek, deren Aufrechterhaltung Kräfte binden würde und befürwortete statt dessen die *"Rückkehr zu föderativer Dezentralisierung"*, das heißt die Wiedererrichtung eines föderalistischen Systems. Zu diesem Zweck sollten separatistische Tendenzen gefördert werden, die unterschwellig hauptsächlich im Süden Deutschlands vorhanden waren (Otto Feger: "Schwäbisch-Alemannische Demokratie", 1946).

Abtrennung des Ruhrgebiets von Preußen

Föderative Struktur

Bei der Erörterung dieses Punktes muß betont werden, daß zwar das bundesstaatliche Prinzip alter deutscher Tradition entspringt, indem in der Geschichte des alten Deutschen Reiches die Territorialfürsten gegenüber dem König/Kaiser immer selbständiger wurden, bis sie schließlich als souveräne Fürsten 1870/71 einen Bund zur Gründung des Deutschen Reiches schlossen; die politische Verfassung des Deutschen Reiches, die die Alliierten mit der Kapitulation 1945 vorfanden, war jedoch die des Zentralstaates, die Hitler mit dem "Gesetz über die Neugliederung des Reiches" 1934 geschaffen hatte. Der organisatorische Neubeginn konnte im Süden zwar an die alten Strukturen anknüpfen, mußte aber im Norden Deutschlands neu beginnen, da Preußen zwischen 1815 und 1866 stetig sein Territorium ausgedehnt hatte. Einen Ansatzpunkt gab es jedoch auch hier in der alten preußischen Provinzialverfassung.

Föderatives Prinzip in Deutschland

Ausschlaggebend für die Abkehr von den Aufteilungsplänen war die Überlegung, daß die geforderte Wiedergutmachung nur von einem intakten, einheitlich regierten Deutschland zu leisten war.

Die staatliche Ordnung

Interessenlage innerhalb der Alliierten

Einigkeit über die künftige Struktur Deutschlands bestand weder in den USA noch in Großbritannien. Besonders in den USA standen sich Roosevelts Auffassung von einer Gleichgewichtsordnung und die hoher Regierungsbeamter von einer Politik der Stärke und der Eindämmung des sowjetischen Einflusses gegenüber; ähnliches gilt für das Verhältnis zwischen dem britischen Foreign Office und Churchill bzw. seinem Nachfolger Attlee. Beides mußte unterschiedliche Auswirkungen auf die Deutschlandpolitik haben. Im Zuge einer solchen Eindämmungspolitik erhielt der nichtsowjetisch besetzte Teil Deutschlands eine wichtige Rolle im westlichen Sicherheitssystem. Während des Krieges konnten sich diese Vorstellungen aber noch nicht durchsetzen, sie gewannen erst unter Trumans Präsidentschaft an Raum. Auch die britische Politik stand unter diesen Fragestellungen, hatte aber zusätzlich noch das Problem des sich abzeichnenden Verlustes der Weltmachtstellung zu bewältigen. Aus diesem Grund mußte Churchill die USA dazu bringen, ihre Interessen mit den britischen zu identifizieren.

Französische Interessen: Sicherheitspolitik

Die französische Haltung war zunächst von einer Wiederaufnahme des Sicherheitsbedürfnisses der 20er Jahre geprägt. Konkretes Ziel war vor allem das Saargebiet, das bereits am 7. Juli zum französischen Protektorat erklärt und aus dem Gebiet der Besatzungszonen ausgegliedert wurde. Ausdrücklich bezog sich Außenminister Bidault auf den Versailler Vertrag, der die Kohlegruben an der Saar in französisches Eigentum überstellt hatte. Eine weitere Zersplitterung des deutschen Potentials war angestrebt, sollte aber keine weiteren engeren politischen Bindungen an Frankreich mit sich bringen. Das rheinisch-westfälische Industriegebiet sollte daher *"von Deutschland unabhängig"* sein und *"politisch wie wirtschaftlich einer internationalen Herrschaft unterstellt"* werden (Rede vor der Verfassunggebenden Versammlung am 17. 1. 1946).

Das besondere Problem der deutschen Zentralverwaltung, die Frankreich zunächst verhinderte, lag für Bidault darin, daß erst sichergestellt sein müsse, *wer* diese Verwaltung ausüben würde. Außerdem sei der Schwerpunkt der deutschen Macht, wenn eine Zentralverwaltung geschaffen würde, durch den Verlust der Ostgebiete nach Westen gerückt und sei damit stärker geeignet, Druck auf Frankreich auszuüben. Insofern geht die Verhinderung einer Zusammenarbeit unter den Alliierten, was Deutschland als Ganzes betraf, sowohl auf die Sowjetunion als auch auf Frankreich zurück.

Die politischen Alternativen der Deutschlandpolitik

Geht man von den Voraussetzungen aus, unter denen der Krieg gegen das nationalsozialistische Deutschland geführt worden war, was vor allem eine Einigkeit unter den beiden Großmächten USA und Sowjetunion bedeutet hätte, dann standen vor allem zwei Alternativen in der Behandlung Deutschlands zur Auswahl:

- Territoriale Aufsplitterung mit Abtrennung größerer Gebiete, wirtschaftliche Ausbeutung von Rohstoffen und Arbeitsleitung, politische Bevormundung mit langfristiger Kontrolle durch die Siegermächte. Das war eine Politik, wie sie noch in Jalta den Diskussionen zwischen Stalin und Roosevelt zugrundelag und wie sie auch von de Gaulle befürwortet wurde. Das verbliebene Reichsgebiet war zwischen den Großmächten entweder zu neutralisieren oder den politischen Einflußsphären möglichst gleichmäßig zuzuordnen. Ersteres war das Modell des interalliierten Kontrollrats, wie er aus den Potsdamer Beschlüssen hervorging, letzteres entsprach wohl mehr den französischen Vorstellungen.
- Wiederherstellung des Reichs als freiheitlicher und demokratischer, aber wirtschaftlich geschwächter Staat unter langfristigen Sicherheitskontrollen. Dafür gab es mehrere Varianten: Ein blockfreies Deutschland konnte in einen neuen "Cordon sanitaire" mitteleuropäischer Staaten einbezogen werden oder die Blockfreiheit galt allein für Deutschland.

Territoriale Aufsplitterung

Wirtschaftliche Ausbeutung

Politische Bevormundung

Wiederherstellung des Reichs unter Sicherheitskontrollen

Grundlage dafür wäre eine Übereinkunft der Großmächte gewesen, nicht gegen den jeweils anderen Partner seine Vorteile zu suchen, gegenüber Störungen des Friedens von deutscher Seite aus gemeinsam vorzugehen, aber die territoriale Integrität des Reiches zu garantieren. Vor allem der amerikanische Außenminister Byrnes vertrat ein solches Modell und wurde darin von seinem britischen Amtskollegen Bevin unterstützt.

Voraussetzung: Übereinkunft der Großmächte

Die politischen Ziele der Besetzung

Erklärtes Ziel aller alliierten Mächte war die Einführung einer demokratischen Ordnung im besiegten Deutschland. Der Charakter dieser Ordnung war aber zum einen von der ideologisch geprägten Definition des Demokratie-Begriffes abhängig, zum anderen verlangte er die "Einübung" demokratischer Regeln, da die Demokratie in Deutschland in der politischen Wirklichkeit bereits 1930 nicht mehr zum Tragen gekommen war.

Demokratisierung

In der Frage, welche demokratische Ordnung in Deutschland errichtet werden sollte, konnte es kaum einen Kompromiß geben, da nicht nur Stalin, sondern ebenso auch Roosevelt und Churchill von der selbstverständlichen Voraussetzung ausgingen, daß ein System ihrer Ordnung und ihrer Interpretation von Demokratie eingeführt werden würde. Stalins an anderer Stelle zitierte Äuße-

Ideologische Interpretation des Demokratiebegriffes

rung, daß den Armeen auch das gesellschaftliche System folgen würde, gilt für alle am Krieg Beteiligten, für Deutschland ebenso wie für die UdSSR, die USA und Großbritannien.

Entmilitarisierung
Entnazifizierung
Demontage

Außer der Demokratisierung waren Entmilitarisierung, Entnazifizierung und Demontage politische Ziele der Alliierten in Deutschland (im Wunsch nach sprachlicher Vereinfachung oft – falsch – als *"4 Ds"* bezeichnet: Demokratisierung, Demilitarisierung, Denazifizierung, Demontage). Entmilitarisierung und Demontage gingen dabei Hand in Hand, wobei mit der Demontage auch die Reparationsfrage eine Rolle spielte. Auch Entnazifizierung und Demokratisierung bedingten sich gegenseitig, neben der Umerziehung sollte auch die strafrechtliche Verfolgung eine große Rolle spielen (s. Nürnberger Prozesse).

Politische Neugestaltung

In den Vorstellungen der Alliierten über die politische Neugestaltung nahmen zwar die politischen Parteien eine wesentliche Rolle ein (wiederum aber aus unterschiedlichen ideologischen Gründen), v. a. die Westalliierten betonten aber die Notwendigkeit, daß eine künftige Parteienlandschaft sich aus der politischen "Basisarbeit" in den Gemeinden und Landkreisen heraus entwickeln müsse. Die Sowjetunion ging auch hier eigene Wege (s. unten).

Die Reparationsfrage

Vereinbarungen von Jalta

Im Vordergrund standen für die Sowjetunion Forderungen nach Reparationen und nach Teilnahme an der Kontrolle über die Ruhrindustrie. Zunächst war bereits in Jalta eine Reparationssumme von 20 Milliarden Dollar vereinbart (davon 10 Milliarden allein für die Sowjetunion), in Potsdam aber hauptsächlich auf die sowjetische Besatzungszone beschränkt worden. Mittlerweile hatten sich die Westmächte auf eine rasche wirtschaftliche Wiederherstellung Deutschlands geeinigt und sahen eine Entnahme von Reparationsleistungen aus der laufenden Produktion – was die sowjetische Forderung bedeutete – als Hindernis dafür an.

Haltung der Westalliierten

Die britische Regierung bekräftigte ihre schon in Jalta geäußerte Haltung, daß die Reparationssumme von 10 Milliarden Dollar allein an die Sowjetunion zu hoch sei und die wirtschaftliche Existenz Deutschlands auf das entschiedenste gefährde. Außerdem sei die Vereinbarung von Jalta durch die Potsdamer Beschlüsse überholt (8. 8. 1946). Auch die amerikanische Regierung wies die sowjetischen Forderungen zurück und verwies darauf, daß es bis jetzt unmöglich war, *"den Stand der industriellen Erzeugung zu erreichen, auf den sich die Besatzungsmächte geeinigt hatten als absolutes Mindestmaß einer deutschen Friedenswirtschaft"*. Deutschland als Einheit zu behandeln heiße, *"den freien Austausch von Waren, Personen und Ideen innerhalb Deutschlands"* zu gewährleisten. Das aber sei momantan nicht der Fall. Das Ziel der militärischen Besetzung sei, *"Deutschland zu entmilitarisieren und entnazifizieren"*, nicht aber, die Wirtschaftskraft Deutschlands zu schwächen (Außenminister Byrnes in Stuttgart, 6. 9. 1946). In der Folgezeit erkannten die Westalliierten, daß Stalins Forderung nach Beteiligung an der Ruhrkontrolle auf ein sowjetisches Engagement in ihren eigenen Besatzungszonen hinauslief.

Sowjetische Forderung: demokratische und antifaschistische Ordnung

Molotow forderte über diese Reparationsfragen hinaus als Voraussetzung für einen Friedensvertrag, daß *"eine einheitliche deutsche Regierung geschaffen"* wird, "die demokratisch genug ist, um die Reste des Faschismus in Deutschland auszurotten, und verantwortlich genug ist, um alle ihre Verpflichtungen den Alliierten gegenüber, darunter auch insbesondere hinsichtlich der Reparationslieferungen an die Alliierten, zu erfüllen" (9./10. 7. 1946). Wie die Formulierungen des Potsdamer Protokolls konnte auch hier zwar eine Übereinstimmung über den Buchstaben dieses Programms, nicht aber über die dahinterstehenden Grundsätze erreicht werden: demokratisch und antifaschistisch bedeuteten für die Sowjets etwas Anderes als für die Westmächte. Auch die Festlegung auf die Erfüllung der Reparationspflichten legt nahe, daß es sich hier nur um eine sowjetisch beeinflußte Regierung Gesamt-Deutschlands handeln konnte.

Die alliierte Besatzungspolitik

Der Kontrollrat als oberste Regierungsbehörde

Kontrollrat

Mit einem Abkommen in der EAC hatten sich schon am 14. November 1944 die Alliierten darauf geeinigt, *"die höchste Autorität ... in Deutschland ... jeder in seiner eigenen Besatzungszone und auch gemeinsam in solchen Angelegenheiten, die Deutschland als Ganzes betreffen"*, auszuüben und zu diesem Zweck ein "höchstes Kontrollorgan", den Kontrollrat, zu bilden. Seine Aufgaben sollten zunächst die Koordinierung der Besatzungspolitik und die Kontrolle einer (geplanten) deutschen Zentralverwaltung sein, das Abkommen legte die Einstimmigkeit in Kontrollratsbeschlüssen fest. Dem Kontrollrat für Deutschland sollte eine "interalliierte Regierungsbehörde (Komendatura)" für Groß-Berlin entsprechen.

Status des Deutschen Reiches

Mit der militärischen Kapitulation vom 7. und 8. Mai, die aber eben nur eine militärische war, entstand ein kurzer Schwebezustand, da zwar noch eine Reichsregierung (geführt von Großadmiral Dönitz) bestand, diese aber nicht handlungsfähig war. Sie wurde am 23. Mai in Flensburg von den Briten verhaftet. Mit der Proklamation vom 5. Juni 1945 übernahmen die Regierungen der vier Alliierten dann gemäß ihren Vereinbarungen die *"oberste*

Regierungsgewalt" im besetzten Deutschland. Die Souveränität des Staates ging also im exekutiven, legislativen und jurisdiktionellen Bereich auf die Siegermächte über; da aber eine alliierte Erklärung über das Ende des Staates unterblieb, befand sich dieser Staat "Deutsches Reich" in einem Schwebezustand, war gewissermaßen als Konstruktion, als Subjekt des Völkerrechts noch vorhanden, es fehlten ihm aber alle Kennzeichen einer eigenen Staatlichkeit.

Zusammensetzung des Kontrollrats

Dieser Kontrollrat bestand aus Militärgouverneuren, die von ihren Regierungen ernannt und mit Weisungen versehen wurden, sie leiteten gleichzeitig die Arbeit in ihren eigenen Besatzungszonen. Ein *"ständiger Koordinierungsausschuß"* sollte die Beschlüsse des Kontrollrats ausführen und seine Arbeit vorbereiten, unterstützt vom "Kontrollstab", der in 13 Fachbereiche zur Regelung militärischer, politischer, wirtschaftlicher und rechtlicher Angelegenheiten gegliedert war. Der Kontrollrat nahm seine Arbeit am 30. August 1945 auf.

Einstimmigkeit im Kontrollrat

Mit der auf sowjetischen Wunsch in das Kontrollratsabkommen eingefügten Einstimmigkeitsklausel war der Weg zur Teilung Deutschlands bereits vorgezeichnet, da jeder einzelne der Partner durch sein Veto Kontrollratsbeschlüsse verhindern konnte. Auf dieser Grundlage konnte er dann nach § 1 des Abkommens wie *"jeder in seiner eigenen Besatzungszone"* die Maßnahmen durchführen, die er für richtig hielt – denn eine Einigung über die *"Angelegenheiten, die Deutschland als ein Ganzes betreffen"*, war ja nicht zu erzielen. Die Teilung freilich war nicht die einzige Möglichkeit, die Alternative, die die Sowjetunion durchaus in ihrem Kalkül verfolgte, bestand darin, vollendete Tatsachen zu schaffen, die dann auf ganz Deutschland ausstrahlen würden.

Die Organisation dieses Kontrollrats und seiner nachgeordneten Behörden beruht auf der amerikanischen und britischen Vorstellung, auch nach dem Krieg noch mit der Sowjetunion in Zusammenarbeit die Fragen der Welt lösen zu können. Die erforderliche Einstimmigkeit der Beschlüsse war als Geste Stalin gegenüber gedacht, um nicht den Eindruck der Majorisierung zu erwecken. Diese Bestimmung vor allem ist verantwortlich für die nachhaltige Funktionsunfähigkeit des Kontrollrats in der Zeit der Konfrontation innerhalb der Siegerkoalition.

Die Militärregierungen

Amerikanische Militärregierung (OMGUS)

Die amerikanische Militärregierung ging aus der schon im Spätherbst 1944 gebildeten Kontrollkommission hervor und nahm im Juni 1945 ihren Sitz in Frankfurt. Sie erhielt im Oktober 1945 den Namen *"Office of Military Government of the United States for Germany" (OMGUS)*, ihr Leiter wurde der stellvertretende Militärgouverneur General Lucius D. Clay. Mit der Bildung dieses Amtes war die Militärregierung von der Armee getrennt. Clay selbst stieg im März 1947 zum Militärgouverneur auf und gilt als "Vater der Berliner Luftbrücke".

Britische Militärregierung

Die britische Militärregierung unterstand mit ihren Dienststellen zunächst der amerikanischen Armee und erhielt eigene Kompetenzen erst mit der Räumung der britischen Besatzungszone durch die US-Truppen.

Sowjetische Militäradministration für Deutschland (SMAD)

An der Spitze der Sowjetischen Militäradministration für Deutschland (SMAD), gebildet am 9. Juni, stand zunächst der Eroberer von Berlin, Marschall G. K. Schukow, ab April 1946 General V. D. Sokolowski. Die Sowjetunion ging von allen Besatzungsmächten am zielstrebigsten vor, ihre Politik war natürlich geprägt von dem festen Vorsatz, in Deutschland eine Ordnung nach sowjetischem Vorbild einzuführen. Diese sollte – wie in der Sowjetunion – streng zentralistisch organisiert sein, sowohl, um die Kontrolle des besetzten Territoriums zu intensivieren, als auch, um von einer zentralistisch organisierten Basis aus einen künftigen Einfluß auf ganz Deutschland geltend machen zu können. Diese Entscheidung zwischen der Errichtung eines Sowjetsystems im Ostteil und dem Einfluß auf Gesamtdeutschland behielt sie sich aber noch vor.

"Gruppe Ulbricht"

Zur Errichtung dieses Systems war seit längerem die "Gruppe Ulbricht" in Moskau ausgebildet worden, sie kam schon am 30. April nach Deutschland, um die kommunistische Ordnung aufzubauen. Der Unterschied zur westalliierten Besatzungspolitik wird besonders in der Parteienfrage deutlich: Die SMAD gestattete schon am 10. Juni die Neubildung von Parteien, durchaus im Hinblick auf einen gesamtdeutschen Anspruch, während die amerikanische und britische Militärregierung sich damit bis zum Ende des Jahres Zeit ließen.

Unterschiede zur westlichen Besatzungspolitik

Das Potsdamer Protokoll

Grundsätze

Differenzen bezüglich der "Einheit"

Eng mit der durch das Kontrollratsabkommen aufgeworfenen Frage der deutschen Souveränität in Zusammenhang steht auch das Protokoll der Potsdamer Konferenz vom 17. Juli bis 2. August (s. S. 137 f.). Die dort festgehaltenen politischen Grundsätze wiederholen die Aussagen von Krimkonferenz und Kontrollratsabkommen und präzisieren die Absichten der Alliierten in Bezug auf Demontage und künftige wirtschaftliche Entwicklung. Ein bedeutsamer Widerspruch war aber bereits in der Struktur der Vereinbarungen angelegt: Einerseits verpflichteten sich die Drei Mächte, Deutschland als *"wirtschaftliche Einheit"* zu betrachten, andererseits aber sprachen sie einander als Besatzungsmächte die volle Verfügungsgewalt über die Reparationsleistungen in ihren eigenen Besatzungszonen zu. Damit war bereits ein "reparationspolitisches Gefälle" von West nach Ost vorgezeichnet, da die Sowjetunion ein weit größeres Interesse an Demontage und Reparationen hatte als die Westmächte.

Grenzvereinbarungen Status Deutschlands

Über diese Vereinbarungen hinaus gaben die im 6. und 9. Abschnitt getroffenen Grenzvereinbarungen und die Frage nach dem Status Deutschlands überhaupt bis zur Wiedervereinigung 1990 Anlaß zur Diskussion.

Die "Oder-Neiße-Linie"

Verwaltung oder Souveränität?

Im 6. Abschnitt wird der neue Verlauf der sowjetischen Grenze beschrieben und damit das nördliche Ostpreußen mit Königsberg der Souveränität der Sowjetunion unterstellt. Anders kann ein definierter Grenzverlauf nicht interpretiert werden. Im 9. Abschnitt heißt es von diesem Gebiet, es sei *"sowjetischer Verwaltung"* unterstellt worden. Ebenso kämen die *"früher deutschen"* Gebiete östlich von Oder und westlicher (Lausitzer) Neiße unter polnische Verwaltung – alles unter Vorbehalt einer endgültigen Festlegung durch eine Friedenskonferenz. Mit der Gleichsetzung von Grenzverlauf und *"Verwaltung"* des Königsberger Gebiets ist auch der Status der Gebiete östlich von Oder und Neiße nicht der einer bloßen polnischen Verwaltung deutscher Souveränitätsrechte, sondern der polnischer Hoheitsgebiete. Die Schwierigkeit löst sich auf, wenn man berücksichtigt, daß im Amerikanischen das Wort für "Regierung" (als Souveränitätsrecht) und "Verwaltung" (als bloße Treuhänderschaft) identisch ist und im Russischen aus derselben Wurzel kommt.

Der Status Deutschlands

Deutschland von 1937

Es bleibt die Frage nach dem Status Deutschlands. Weder in den Juni-Erklärungen von 1945 über die Übernahme der Regierungsgewalt durch die Alliierten, die Einrichtung der Besatzungszonen und des Kontrollrats noch im Potsdamer Abkommen vom 2. August 1945 wird der Begriff "Deutschland" genauer definiert, schon gar nicht durch eine Grenzbeschreibung. Die erste Erwähnung der *"Grenzen Deutschlands vom 31. 12. 1937"* in einem amtlichen Dokument datiert vom 12. September 1944 und scheidet nur aus, was nicht zu Deutschland zu zählen ist. Auch die Proklamation der Militärregierung vom 20. September 1945 stellt lediglich eine reine Beschreibung innerhalb einer Verwaltungsvorschrift dar, die die Begriffe Ausland und Inland trennt.

Interpretation Stalins

Klarheit schafft aber das Protokoll der Potsdamer Konferenz, auf deren zweiter Sitzung am 18. Juli 1945 sich die Staatschefs über diesen Begriff einigten. Stalin nannte die Grenzen von 1937 eine

"Arbeitshypothese", um die Arbeit zu erleichtern, Churchill und Truman stimmten zu. Stalin betonte also 1945, ohne daß die Westalliierten das durch irgendeine Maßnahme außer Kraft gesetzt hätten, daß Deutschland zunächst ein geographischer Begriff sei, sich im Ergebnis des Krieges verändert habe und daß der "Deutschland"-Begriff sich formal mit dem Staat von 1937 decke, dem Wesen der Sache nach aber nicht dasselbe sei. Erst im weiteren Verlauf der Konferenz beharrten Truman und Attlee auf den *"Hilfsquellen ganz Deutschlands von 1937"*, ohne sich jedoch gegenüber Stalin durchsetzen zu können. Nach dem Ergebnis dieser Konferenz der alliierten Staatschefs, d. h. nach dem eigenmächtigen Vorgehen Stalins und der fehlenden Reaktionsmöglichkeit Trumans und Attlees, besteht "Deutschland" aus dem Gebiet der 4 Besatzungszonen, wie sie 1945 eingerichtet wurden.

Das Deutsche Reich aber bestand fort und besteht nach der Rechtsprechung des Bundesverfassungsgerichts noch heute. Mit der Übernahme der *"obersten Regierungsgewalt in Deutschland"* am 5. Juni 1945 erkannten die Alliierten selbst die Fortexistenz an, was auch darin zum Ausdruck kommt, daß sie erklärten, diese Übernahme bewirke *"nicht die Annektierung Deutschlands"*. Wenn allerdings dieser Annexionsverzicht für den Status der Ostgebiete geltend gemacht wird, muß zweierlei berücksichtigt werden: Erstens wird hier nur der Verzicht auf die Annexion "Deutschlands", also des ganzen Staates, ausgesprochen, und zweitens waren ja nach sowjetischer Interpretation die Ostgebiete in dem Moment schon nicht mehr ein Teil Deutschlands.

Annexionsverzicht

Die Vertreibung

Differenzen während der Potsdamer Konferenz

Mit dieser Frage in engem Zusammenhang steht die im Protokoll genannte *"ordnungsgemäße Überführung deutscher Bevölkerungsteile"* aus Polen, der Tschechoslowakei und Ungarn, die ja schon Churchill im Lauf des Jahres 1944 als einzige Lösung des Nationalitätenproblems befürwortet hatte. Allerdings räumte er während der Konferenz ein, daß *"die Umsiedlung von 8 Millionen Menschen ... eine Sache (sei), die (er) nicht unterstützen"* könne. Die Festlegung, *"daß jede derartige Überführung, die stattfinden wird, in ordnungsgemäßer und humaner Weise erfolgen soll"*, blieb ohne Konsequenzen, da keinerlei konkrete Maßnahmen zur Kontrolle vereinbart wurden. Auch als die grauenhaften Begleitumstände der Massenvertreibung bekannt wurden, konnten sich die Westalliierten nicht zu klaren Worten an Polen und die Sowjetunion durchringen. Stalin hatte hier seine Verhandlungspartner über den Umfang der Aktion getäuscht, indem er während der Konferenz mehrfach behauptete, in den Gebieten östlich von Oder und Neiße seien keine Deutschen mehr zurückgeblieben (*"Alle sind geflohen"* und *"Die Bevölkerung ist weggegangen"*, Sitzung am 21. Juli). Auch den Einwand Churchills, *"daß dort immerhin 2 bis 2,5 Millionen Deutsche geblieben"* seien und daß man diese

Zahl überprüfen müsse, überging er: *"Natürlich, muß man überprüfen. Wir haben die Frage der Grenze erörtert und sind jetzt bei der Frage der Lebensmittelversorgung Deutschlands angelangt."*

Vertreibung "aus Polen"

Es entspricht polnischer Interpretation, daß die deutsche Bevölkerung nicht nur aus dem polnischen Kerngebiet, sondern auch aus den Gebieten östlich von Oder und Neiße vertrieben wurde. Für Polen war mit der Zuweisung dieser Gebiete unter polnische Verwaltung durch die Sowjets die Souveränität Polens über diese Gebiete begründet, die Formulierung "aus Polen" begriff also diese Gebiete mit ein.

Flucht und Vertreibung

Die Vertreibung als solche ist grundsätzlich von der Flucht zu unterscheiden, mit der ein Großteil der deutschen Bevölkerung im Osten sich vor der heranrückenden Roten Armee in Sicherheit bringen wollte. So flohen mit dem Heranrücken der Roten Armee fast 5 Millionen nach Westen; einige Hunderttausend wurden unterwegs von der Roten Armee eingeholt und kehrten in ihre Heimat zurück. Die Massenflucht wurde zum Teil von der deutschen Wehrmacht über die Ostsee und deren winterliche Eisflächen organisiert.

Vertreibung

Die Vertreibung dagegen setzte mit dem Übergang deutsch besiedelter Gebiete an die jeweiligen neuen Machthaber ein; sie begann im Winter 1943/44 mit dem Abzug von rund 350 000 Schwarzmeerdeutschen aus der Ukraine und setzte sich im Spätsommer 1944 mit der Vertreibung der Siebenbürgener Sachsen und Banater Schwaben aus Rumänien fort. Unmittelbar nach der Kapitulation im Mai 1945 begannen, vor allem im Sudetenland und in den Gebieten östlich von Oder und Neiße, "wilde", d. h. ungeregelte und von den örtlichen Machthabern spontan initiierte Austreibungen. Die Betroffenen wurden zu Opfern blinder Rache und Vergeltung; ihnen blieben oft nur wenige Minuten, um ihre Habe zu packen, der gesamte zurückgebliebene Besitz wurde konfisziert. Mit der Vereinbarung der *"Umsiedlung"* im Potsdamer Protokoll setzte dann in Polen und der Tschechoslowakei die Vertreibung in großem Maßstab ein. Fast überall fehlten aber die primitivsten Vorkehrungen, um die in Potsdam vereinbarte Überführung *"in ordnungsgemäßer und humaner Weise"* von statten gehen zu lassen. Die Menschen waren Hunger, Kälte, auch weiteren Übergriffen von Seiten der einheimischen Bevölkerung schutzlos ausgeliefert. Proteste aus Kreisen von Parlament und Kirchen, vor allem in Großbritannien, gegen die unmenschlichen Bedingungen blieben ohne Widerhall.

Deportation

Mit der Besetzung deutschen Gebiets setzten die Sowjets auch die Deportation von Deutschen zur Zwangsarbeit in die Sowjetunion fort, die sie bereits in Ungarn und Rumänien begonnen hatten. Sie forderte insgesamt weit über 300 000 Opfer.

Zahlen

Die Zahlen über diese größte Bevölkerungsbewegung der Neuzeit fassen meistens Flucht und Vertreibung zusammen. Statistisch lassen sie sich auch nicht leicht trennen. So ist der Wohnsitz vor dem Krieg in den Ostgebieten das einzige statistisch verwertbare Merkmal, nach dem 1970 in der Bundesrepublik 11,2 Millionen gezählt wurden. 1950 hatten hier 7,8 Millionen Deutsche Aufnahme gefunden, in der DDR 3,6 Millionen und in Österreich 400 000. Flucht und Vertreibung kosteten insgesamt 2,25 Millionen Menschen das Leben; zu dieser Zahl sind noch etwa 350 000 Opfer unter der rußlanddeutschen Bevölkerung zu zählen. Die Ausweisung traf auch Deutsche, die wegen der Luftangriffe auf deutsche Städte hierher evakuiert, oder, besonders in dem 1939 annektierten Warthegau, solche, die erst im Gefolge der nationalsozialistischen Umsiedlungspolitik aus dem Baltikum oder der Sowjetunion hier angesiedelt worden waren. Von ihnen gelten nur die letzteren als Vertriebene.

Potsdamer Abkommen oder Potsdamer Protokoll?

Kein völkerrechtlich bindender Beschluß

Das Ergebnis der Potsdamer Konferenz wird oft als "Potsdamer Abkommen" bezeichnet, unter anderem auch in der sowjetischen Geschichtsschreibung. Das erweckt den Eindruck, es handle sich bei dem erzielten Konferenzergebnis um einen völkerrechtlich bindenden Beschluß. Das ist nicht richtig, wird jedoch durch die Bedeutungsbreite des russischen Wortes "soglaschenije" unterstützt, das sowohl das völkerrechtliche Abkommen als auch die einfache Einigung bezeichnen kann. Nach westlicher Interpretation wurde in Potsdam nur ein Konferenzergebnis protokolliert, nicht aber ein völkerrechtlich bindendes Abkommen geschlossen. Der amtliche deutsche Text im Amtsblatt des Kontrollrats trägt daher auch den Titel *"Mitteilung über die Dreimächtekonferenz von Berlin"*.

Die Nürnberger Prozesse

Grundsätze des Prozesses

Erklärtes Ziel der Alliierten war die Ausrottung des nationalsozialistischen Gedankenguts in Deutschland. Zu diesem Zweck wurde mit einem Abkommen vom 8. August 1945 ein Internationaler Militärgerichtshof mit Sitz in Nürnberg gebildet, den Vertreter der vier Alliierten besetzten. Sein Statut beschrieb die Verbrechen, die der Gerichtshof ahnden sollte: *"Verbrechen gegen den Frieden"* im Zusammenhang mit der Führung eines Angriffskrieges, *"Kriegsverbrechen"* als Verletzung von Kriegsgesetzen oder Kriegsgebräuchen (Haager Konvention) und *"Verbrechen gegen die Menschlichkeit"*, vor allem an der Zivilbevölkerung. Ausdrücklich wurde die Verfolgung dieser Verbrechen von der Frage, ob die Tat *"gegen das Recht des Landes verstieß, in dem sie begangen wurde"*, unabhängig gemacht.

Prozeß gegen 22 "Hauptkriegsverbrecher"

Die Nürnberger Prozesse begannen mit der Anklageerhebung gegen 22 "Hauptkriegsverbrecher" am 18. Oktober 1945; der Hauptprozeß endete mit 12 Todesurteilen am 1. Oktober 1946, von denen 10 vollstreckt werden konnten (Bormann war in Abwesenheit verurteilt worden, Göring hatte Selbstmord begangen). Der Gerichtshof verurteilte die SS, die Gestapo, den Staatssicherheitsdienst (SD) und das Führungskorps der NSDAP als verbrecherische Organisationen. Mehrere Prozesse vor einem amerikanischen Militärgericht schlossen sich bis 1949 an.

Wirkung der Prozesse

Die Wirkung der Prozesse ist unterschiedlich. Zunächst wurden sie in Deutschland selbst als Justiz der Sieger empfunden, zumal sie ausschließlich deutsche Verbrechen verfolgten und deutsche Richter nicht beteiligt waren. Neu in das Völkerrecht eingeführt wurde der Tatbestand der Vorbereitung eines Angriffskrieges, der ja nach der Tradition des 19. Jahrhunderts die ultima ratio der Politik war. Neu formuliert, wenn auch im Bewußtsein der zivilisierten Nationen längst vorhanden, war auch die Trennung von positivem Recht eines Staates und der Bindung von Rechtssetzung an völker- oder menschenrechtliche Normen (s. auch oben S. 72). Vor allem im Nachhinein wird es als Mangel empfunden, daß die in Nürnberg aufgestellten Rechtsgrundsätze z. T. von den Siegern selbst mißachtet wurden (Vietnam).

Entnazifizierung Spruchkammern

Parallel zur strafrechtlichen Verfolgung der "Hauptkriegsverbrecher" ging die Entnazifizierung durch "Spruchkammern", die allerdings in den Besatzungszonen unterschiedlich vorgingen. In der amerikanischen Zone diente beispielsweise ein Fragebogen, den alle Einwohner über 18 Jahren ausfüllen mußten, als Grundlage für die Einstufung als Hauptschuldiger, Belasteter, Minderbelasteter etc. Der Schriftsteller Ernst von Salomon, nach dem Ersten Weltkrieg rechtsradikaler Freikorpskämpfer, nahm diesen Fragebogen zum Anlaß für eine ausführliche Autobiographie ("Der Fragebogen"). Eine der Bußen, die die Spruchkammern auferlegten, bestand in dem Verbot der Ausübung eines qualifizierten Berufes.

Der Neuaufbau einer staatlichen Organisation in den Westzonen

Die Einführung des föderalistischen Systems – Die Bildung der Länder

Die föderative Ordnung

Mit der öffentlich bekundeten Entscheidung der Alliierten, daß die Besetzung Deutschlands keine Annexion bedeuten sollte, war klar, daß ein Weg zum Neuaufbau einer staatlichen Ordnung eingeschlagen werden mußte, die unter anderem auch in der Lage war, die Militärbehörden von den notwendigen verwaltungstechnischen Aufgaben zu entlasten. In der vorgesehenen politischen Dezentralisierung Deutschlands konnten die USA und Großbritannien auf die Vorbilder ihrer eigenen föderalistischen Organisation zurückgreifen.

Neuaufbau einer zivilen deutschen Verwaltung

Für die USA bedeutete das den Aufbau einer stark föderativen Ordnung, in der die Regierungsgewalt auf Länderebene einen regulativen Ausgleich zur Zentralgewalt bildete. Großbritannien sah das einheitsstaatliche Moment stärker und konnte für die Selbstverwaltung gleichfalls auf eigene föderative Strukturen verweisen. Diese waren jedoch kleinräumiger als die amerikanischen; ein kurzzeitig verfolgtes Projekt sah die Aufgliederung der gesamten britischen Zone in 30 bis 40 *counties* ("Grafschaften") vor, die also noch kleiner gewesen wären als die später entstandenen Regierungsbezirke. Frankreich hingegen war traditionell zentralistisch organisiert und lehnte daher auch föderalistische Strukturen ab. Beste Aussichten für eine Schwächung Deutschlands wurden hier in einer grundsätzlichen staatlichen Zersplitterung gesehen.

Föderalismus und Zentralismus bei den Siegermächten

Die Auflösung Preußens

Bereits nach dem Ende des Ersten Weltkriegs wurden Überlegungen angestellt, wie die Hegemonie Preußens im Reich beendet werden könnte. Der Entwurf der Weimarer Verfassung des Staatsrechtlers Hugo Preuß sah die Aufteilung Preußens vor, und auch der Kölner Oberbürgermeister Konrad Adenauer forderte 1919, Preußen müsse *"unbedingt"* geteilt werden, *"weil sonst Preußen ... kraft des natürlichen Schwergewichts seiner 42 Millionen Einwohner auch im neuen Deutschland ein Hegemonialstaat werden würde."* Diese Hegemonie Preußens habe *"nicht zufällig, sondern als notwendige Folge eines Systems zum Zusammenbruch geführt"*.

Problem der Hegemonie Preußens

Abtrennung des Ruhrgebiets von Preußen

Bereits die ersten Überlegungen der Alliierten im Dezember 1941 legten großes Gewicht auf die Abtrennung des Ruhrgebiets von Preußen, das insgesamt nach Churchills Ansicht eine härtere Behandlung erforderte als etwa der Süden Deutschlands (so auf der Moskauer Konferenz im Oktober 1943). Die Aufteilung Preußens zog sich dann wie ein roter Faden durch alle Kriegskonferenzen.

Konzentration wirtschaftlicher Macht in Preußen

Dem Problemkreis Preußen liegt zugrunde, daß das Land innerhalb des Deutschen Reiches eine Vorrangstellung einnahm, sowohl von der Größe, als auch von Bevölkerungszahl und Wirtschaftspotential her. Preußen als größtes der deutschen Länder begriff mit Oberschlesien, Berlin, dem Ruhrgebiet und der Saar vier der größten Industriegebiete in sich, dazu mit Brandenburg, Pommern und Ostpreußen Gebiete, in denen der preußische Adel verwurzelt war. Ihn hielten die Briten für das treibende Element in Nationalismus und Militarismus, was sie auch letztlich davon abhielt, mit der deutschen Widerstandsbewegung zusammenzuarbeiten.

Widersprüche in der Beurteilung Preußens

Dabei verkannten sie jedoch, daß gerade der preußische Adel (aus konservativer Grundhaltung heraus) Hitler mit am entschiedensten bekämpft und nach dem 20. Juli 1944 auch einen erheblichen Blutzoll bezahlt hatte. Das Land Preußen als demokratiefeindlich zu bezeichnen trägt auch der Tatsache keine Rechnung, daß gerade in Preußen sich das parlamentarische Prinzip am längsten gehalten hatte und erst am 20. Juli 1932 durch den Staatstreich des Reichskanzlers Papen beseitigt worden war. Schließlich ging die Preußenpolitik der britischen Regierung auch an den Realitäten vorbei, da Oberschlesien bereits polnisch, das Berliner Industrierevier von den Sowjets kontrolliert, die Saar von Frankreich beansprucht und nur das Ruhrgebiet im britischen Bereich verblieben war. Schließlich und endlich aber war die Neuordnung Preußens notwendig, da sich das alte Land über alle vier Besatzungszonen erstreckte und eine Aufrechterhaltung der Landesstruktur eine erste grundsätzliche Übereinstimmung in der Siegerkoalition erfordert hätte.

Die amerikanische Zone

Bayern

Die amerikanische Militärregierung konnte in Bayern, das auch die nationalsozialistische Gleichschaltung am unbeschadetsten überstanden hatte, am leichtesten wieder an die alte Ordnung anknüpfen. Lediglich die linksrheinische Pfalz, die 1815 an Bayern gekommen und bis zur Auflösung der Länder 1934 bei Bayern geblieben war, war als Bestandteil der französischen Zone abgetrennt.

Württemberg-Baden

Der Südwesten war durch die Zuweisung des südlichen Teils von Baden und Württemberg an Frankreich als eigene Besatzungszone geteilt. Hier wurde aus den nördlichen Teilen von Württemberg und Baden ein Land Württemberg-Baden mit Sitz in Stuttgart gebildet. Die spätere Vereinigung des alten Baden mit Württemberg, die 1952 vollzogen wurde, war damit bereits vorgezeichnet.

Hessen

Auch im heutigen Hessen wurde mit der Zusammenfassung des Landes Hessen (mit der Hauptstadt Darmstadt) und der preußischen Provinzen Hessen-Nassau (Wiesbaden) und Hessen-Kassel (Kassel) eine großräumigere Lösung gefunden. Hauptstadt dieses Landes wurde die alte nassauische Residenz Wiesbaden, die anderen beiden Hauptstädte wurden Sitze der Regierungsbezirke. Die Abgrenzung der Besatzungszonen am Lauf des Rheins brachte es mit sich, daß einerseits der linksrheinische Teil Hessens (Rheinhessen) zur französischen Zone, andererseits zwei Mainzer Stadtteile in Hessen zu liegen kamen und noch heute, wegen der Eingemeindung nach Wiesbaden, lokalpolitischen Zündstoff bieten.

Die britische Zone

Interessen der britischen Politik

In der britischen Deutschlandpolitik standen sich die Prinzipien der Zerschlagung Preußens und der Abwehr des sowjetischen Einflusses gegenüber. Ersteres war nach britischer Ansicht notwendig, um die geistige Basis des deutschen Imperialismus und Militarismus zu zerschlagen, letzteres, um die Macht der Sowjetunion auf den tatsächlichen Machtbereich der Roten Armee zu begrenzen. Noch während auf amerikanischer Seite der Morgenthau-Plan im Gespräch war, wurden im September 1944 in britischen Regierungskreisen Pläne diskutiert, die *Ruhr region* vor den Begehrlichkeiten Stalins und der Franzosen zu sichern, d. h. die westdeutsche Eisen- und Stahlindustrie in einer politischen Einheit *Rhineland-Westphalia* neu zu organisieren. Diese politische Neuordnung mußte aber – gerade wegen der sowjetischen und französischen Ansprüche – im Einvernehmen mit den USA vorgenommen werden.

10 Landesregierungen

Zunächst richtete die britische Kontrollkommission im Sommer 1945 insgesamt 10 Landesregierungen in ihrer Zone ein, die durchweg den alten Verwaltungsgliederungen folgten. Diese Verwaltungsstellen unterstanden einer zentralistischen Führung von Seiten der Militärregierung, so daß man von einem *"dezentralisierten Einheitsstaat englischen Musters"* gesprochen hat. Diese Landesregierungen bekamen am 6. März 1946 ein gemeinsames Organ in Form eines Zonenbeirates.

Hannover

Als erstes wurde die bisherige preußische Provinz Hannover am 23. August 1946 zum "Land" erhoben – auf den Tag genau 80 Jahre nach der Annexion Hannovers durch Preußen im Friede von Prag 1866. Schon im Oktober aber wurde das neue Land mit drei anderen Verwaltungseinheiten zum neuen "Gebietsrat" Niedersachsen zusammengefaßt, aus dem dann am 9. Dezember 1946 das gleichnamige Land hervorging.

Niedersachsen

Nordrhein-Westfalen

Die grundsätzliche Entscheidung für ein neues Land im rheinisch-westfälischen Raum fiel im britischen Kabinett im April 1946. Stalins Drängen auf Beteiligung an einer internationalen Ruhrkontrolle führte im Juni 1946 bei den Briten zu der Sorge, das Ruhrgebiet könne kommunistisch, wenn nicht gar sowjetisch werden. Auch der französische Plan einer Internationalisierung hätte das Ruhrgebiet dem britischen Einfluß entzogen. Die britische Kontrollkommission stellte dann am 6. Juni 1945 als Thesen für die Neuorganisation ihrer Besatzungszone fest, daß das Industrierevier an der Ruhr sowohl aus versorgungstechnischen als auch aus militär-strategischen Gründen ein großes Umland brauche; außerdem sei es als Einheit zu betrachten und dürfe nicht zerrissen werden. Die nördliche Rheinprovinz und Westfalen waren daher zu einem neuen Land zusammenzufassen, zu einem Land, das dann im Sommer 1946 unter der Regierung eines von der britischen Besatzungsmacht eingesetzten Ministerpräsidenten Nordrhein-Westfalen genannt wurde.

Die französische Zone

Französische Besatzungszone

Bei der Festlegung der französischen Besatzungszone war es bereits zu schweren Differenzen zwischen Frankreich und den USA gekommen, da General de Gaulle für sein Land einen breiten Streifen vom Rhein bis Kassel forderte. Erst am 22. Juni 1945 kam es dann zum Ausgleich und zur Abtrennung der bayerischen Pfalz (Kaiserslautern), des Südteils der preußischen Rheinprovinz (Trier/Koblenz), des Westteils der preußischen Provinz Hessen-Nassau (Montabaur) und des linksrheinischen Teils von Hessen (das heute nur noch als Weinbaugebiet fortlebende Rheinhessen mit Mainz) sowie des Südteils der alten Länder Württemberg und Baden entlang der (strategisch wichtigen, deshalb amerikanisch gebliebenen) Autobahn Karlsruhe – München. Die beiden französischen Teile waren durch einen 15 km breiten amerikanischen Korridor bei Karlsruhe getrennt. Die Verbindung zum gleichfalls französisch besetzten Vorarlberg (Österreich) schuf der bayerische Kreis Lindau.

Vorstellungen über zukünftige Ordnungsfunktion

Frankreich verfolgte zunächst das Ziel, in naher Zukunft die Ordnungsaufgaben für Deutschland nach dem Abzug der Amerikaner aus Europa von diesen übernehmen zu können. Nachdem aber Präsident Truman ein längerfristiges Engagement in Europa angekündigt hatte, mußte sich die französische Politik neu orientieren.

Die von der amerikanischen Besatzungsbehörde vorgegebene großräumige Struktur im späteren Bundesland Rheinland-Pfalz wurde von den Franzosen nach der Übernahme der Besatzungszone schnell wieder aufgelöst, die französischen Bestrebungen richteten sich zunächst auf eine Abtrennung des Saarlandes. Erst als die USA und Großbritannien in ihren Zonen Länder bildeten, war auch für Frankreich klar, daß es sich dieser Entwicklung früher oder später anschließen mußte. So war die Schaffung des Landes Württemberg-Baden in der amerikanischen Zone (19. 9. 1945) die Weichenstellung für die Bildung der Länder (Süd)-Baden und Württemberg-Hohenzollern. Ihre Konstituierung selbst zog sich aber noch bis Dezember 1946 (Einsetzung provisorischer Landesregierungen) bzw. bis Mai 1947 (Volksabstimmungen zur Bestätigung der Landesverfassungen) hin. Im Nordteil der Zone war nach dem Rücktritt de Gaulles und der Neuorientierung der französischen Politik durch die Verordnung 57 des Militärgouverneurs, General Koenig, vom 30. August 1946 das Land Rheinland-Pfalz gebildet worden.

Südbaden
Württemberg-Hohenzollern
Rheinland-Pfalz

Auch im Aufbau demokratischer Organisationen ließen sich die französischen Behörden länger Zeit als die amerikanischen und britischen. Die ersten Kommunal- und Kreistagswahlen fanden in der ganzen Zone erst im September und Oktober 1946 statt.

Wahlen

Noch schwieriger gestaltete sich der Aufbau von politischen Parteien, da sie nach französischer Ansicht am ehesten geeignet waren, die gesamtdeutsche Tradition aufrecht zu erhalten. Erst Mitte Dezember 1945 waren die rechtlichen Voraussetzungen geschaffen worden, mit den einzelnen Genehmigungen ließen sich die französischen Behörden viel Zeit.

Parteien

Die sowjetische Zone

Rein äußerlich verlief der Aufbau der politischen Ordnung in der sowjetischen Besatzungszone parallel zu dem in den Westzonen. Am Anfang stand auch hier die Einrichtung einer Gemeindeverwaltung unter der Kontrolle der Sowjetischen Militäradministration (SMAD). Es folgte die Errichtung von deutschen Verwaltungsbehörden auf Länderebene, wobei sich hier das Problem der Auflösung Preußens genauso stellte wie in der britischen Zone. Bei Sachsen, Thüringen und Mecklenburg konnte dabei auf die alten Länder, bei der Neubildung Brandenburgs und Sachsen-Anhalts auf die preußischen Provinzen zurückgegriffen werden. Die Kompetenzen dieser Verwaltungsbehörden waren zunächst auf rein wirtschaftliche Angelegenheiten beschränkt, erst durch einen Befehl der SMAD vom 22. Oktober 1945 erhielten sie den Charakter von Regierungen.

Gemeindeverwaltungen
Länderverwaltungen
5 Länder

Schon fünf Tage nach der Übernahme der obersten Regierungsgewalt ließ die SMAD in ihrem Befehl Nr. 2 vom 10. Juni 1945 politische Parteien wieder zu, obwohl sich die Alliierten zunächst auf eine schrittweise Einführung demokratischer Systeme in Deutschland geeinigt hatten. Bereits am nächsten Tag, dem 11. Juni, wurde die KPD neugegründet, dann die SPD, am 26. Juni schließlich die CDU.

Zulassung politischer Parteien

In der sowjetischen Besatzungszone standen diese Parteien unter dem Druck der Besatzungsmacht und der von ihr favorisierten KPD. Schon im Juli 1945 mußten sie sich zur *"Einheitsfront der*

Einheitsfront
Blockparteien

antifaschistisch-demokratischen Parteien" zusammenfinden, zu einem Block also, in dem die KPD die ideologische Führung übernahm. Kern dieser Ausrichtung war der "antifaschistische Kampf", wobei antifaschistisch sehr schnell zu einem Synonym für kommunistisch und auch antipluralistisch wurde. Das System der "Blockparteien" entsprach dem schein-pluralistischen System Ungarns und Polens und wurde dort 1989 aufgegeben; unter dem Eindruck der November-Revolution in der DDR im selben Jahr hatte auch das Blocksystem hier keine Zukunft mehr, die Parteien lösten sich schnell von der Vorherrschaft der SED.

Dominanz der Sowjets

Die Dominanz der Sowjets in ihrer Besatzungszone zeigte sich schon im Dezember 1945, als der CDU-Vorsitzende Andreas Hermes zum Rücktritt gezwungen wurde (er hatte sich geweigert, die von den Sowjets geplante Bodenreform zu unterstützen), und im April 1946, als sich KPD und SPD zur Sozialistischen Einheitspartei (SED) zusammenschlossen. Eine Gleichberechtigung beider Parteien in diesem neuen Bündnis bestand nur auf dem Papier, die entscheidenden Schlüsselstellungen behielt sich die KPD entweder vor oder wußte sie schnell selbst zu besetzen.

Die Neugründung von Parteien

Grundsätze

Haltung der Militärregierungen

Die westlichen Militärregierungen zögerten noch mit der Zulassung politischer Parteien. Mit den entsprechenden Erlassen in der amerikanischen und britischen Zone am 2. September und in der französischen Zone am 13. Dezember 1945 blieben diese Parteien aber noch auf ihre eigene Besatzungszone beschränkt.

Deutsche Vorstellungen über die Parteienstruktur

Für das Wiedererstehen der Parteienlandschaft gab es zunächst die Vorstellung, die Strukturen, wie sie in der Weimarer Republik bestanden, würden wieder belebt werden, was eine extreme Polarisierung auf die äußeren (linken und rechten) Flügel bedeutet hätte. Das war vor allem die Richtung der alten Zentrumspolitiker. Das andere Konzept (nach dem dann die CDU als Volkspartei gegründet wurde), ging davon aus, daß einerseits die Rechte durch den Nationalsozialismus an Glaubwürdigkeit verloren hätte und die Linke andererseits so stark würde, daß die bürgerliche Gesellschaft als solche gefährdet wäre. Dieser Gefahr konnte nur durch eine Sammlung der gemäßigt-konservativen und sozialpolitisch engagierten Kräfte begegnet werden.

Kontinuität oder Neustrukturierung

An Struktur und Programm ihrer Partei aus der Weimarer Republik konnten KPD und SPD am leichtesten anknüpfen. Für die Vertreter des alten Zentrums bestand jedoch aus den eben genannten Gründen die Notwendigkeit, die kirchliche Ausrichtung auf den (politischen) Katholizismus zu verlassen zugunsten einer prinzipiellen Verpflichtung auf die Werte einer christlich-sozialen Demokratie. Die aus diesen Überlegungen heraus gegründete CDU (mit der selbständigen bayerischen Schwesterpartei, der CSU) ist daher keine eigentliche Nachfolgepartei des Zentrum. Auch die Liberalen sahen sich genötigt, ihre Politik und ihr Programm neu zu definieren.

SPD

In allen vier Besatzungzonen begannen die alten Mitglieder der Sozialdemokratie sofort nach Kriegsende mit dem organisatorischen Wiederaufbau der Partei, noch bevor Parteien überhaupt offiziell zugelassen waren. Zu einer regulären Neu- (besser: Wieder-)gründung der SPD kam es zuerst in Berlin und in der Sowjetzone (11. 6. 45). In den Westzonen war sie noch lange durch das Verbot der Besatzungsmächte auf lokale und regionale Parteiarbeit beschränkt.

Wiederaufbau sofort nach Kriegsende

Die programmatische Diskussion innerhalb der SPD wurde ausgelöst durch den Anspruch Otto Grotewohls, von der Sowjetzone aus auf der Grundlage des radikalen marxistischen "Prager Programms" von 1934 die Sozialdemokratie in ganz Deutschland zu vertreten. Das wies Kurt Schumacher, seit dem Mai 1946 Parteivorsitzender der SPD in den Westzonen, zurück. Von ihrem Programm her vertrat die SPD im Westen die Priorität der außen- und deutschlandpolitischen Orientierung, während das gesellschaftspolitische Konzept aus dem Heidelberger Programm von 1925 übernommen wurde. Zu den Kernforderungen der Sozialdemokraten in den Westzonen gehörte eine umfassende Sozialisierung der Grundstoffindustrie.

Programmatische Diskussion

Grundelement der Parteiorganisation ist nicht wie bei den anderen Parteien der Landesverband, sondern der Bezirk (derzeit 32), von denen sich nur der Schleswig-Holsteins, des Saarlandes, Baden-Württembergs und die der Stadtstaaten mit den Bundesländern decken.

Parteiorganisation

Die SPD der Sowjetzone mußte sich bald nach ihrer Gründung in den "antifaschistischen Block" unter Führung der Kommunisten einreihen und wurde im Juni 1946 mit der KPD zur "Sozialistischen Einheitspartei Deutschlands" zwangsweise vereinigt. Auf Grund der besonderen Situation Berlins blieb die SPD in Ostberlin bestehen, kam aber politisch nicht mehr zur Wirkung und löste sich 1961 auf. Am 8. Oktober 1989 wurde sie in der Illegalität als SDP, die sich in die Tradition der Sozialistischen Internationale stellen wollte, neugegründet und benannte sich am 13. Januar 1990 in bewußter Anlehnung an die SPD der Bundesrepublik in SPD um. Die Vereinigung mit der westdeutschen SPD wurde im Dezember 1990 vollzogen.

SPD in der Sowjetischen Besatzungszone

Neugründung 1989

CDU/CSU

Überkonfessionelle Sammlungspartei

Erste Initiativen zur Gründung einer interkonfessionell-christlichen Partei gingen von ehemaligen Angehörigen des Zentrum und der christlichen Gewerkschaften aus, die eine Neugründung des Zentrum wegen dessen einseitiger Ausrichtung auf den politischen Katholizismus ablehnten. Die neue Partei, deren Namen schon am 16. Juni 1945 in der sowjetischen Besatzungszone mit der Gründung der "Christlich-Demokratischen Union Deutschlands" (CDUD) vorgegeben war, verstand sich von vorneherein als Sammlungspartei, die aus dem demokratischen Prinzip heraus gegen alle politischen und geistigen Strömungen, die als unchristlich bezeichnet wurden, angehen sollte. Sie war offen für verschiedene bürgerliche Strömungen und nahm auch Teile der Liberalen auf, grenzte sich aber von vorneherein von den Linksparteien ab. Unterstützung fand der Gründerkreis der CDU in der katholischen Bischofskonferenz, die eine Wiedergründung des Zentrum als politische Organsisation des Katholizismus ablehnte, und bei der Konferenz der Evangelischen Landeskirchen in Deutschland. Beide befürworteten die konfessionsübergreifende Zusammenarbeit.

Landesverbände

In der Organisation der Partei im Westen übernahm bald der nordwestdeutsche Zonenverband (britische Zone), in dem sich schon 1946/47 Konrad Adenauer durchsetzte, eine führende Rolle. Er änderte im Dezember 1945 seinen Namen von "Christlich-Demokratische Partei" (CDP) in "Christlich-Demokratische Union". In Rheinland-Pfalz bildete sich erst im Februar (als CDP), in Niedersachsen im Juni 1947 ein Landesverband, in Südbaden bezeichnete sich seit November 1947 die dortige "Badische Christlich-Soziale Volkspartei" (BCSV) als CDU-Landesverband. Auf Grund der besonderen Entwicklung des Landes Baden-Württemberg kam es hier erst nach fast zwanzigjähriger Diskussion 1971 zur Gründung eines baden-württembergischen Landesverbandes.

CSU in Bayern

Angesichts der ungebrochenen staatlichen und politischen Kontinuität Bayerns konnte dieselbe Diskussion, ob Wiedergründung der Bayerischen Volkspartei (BVP) oder Neugründung einer überkonfessionellen Sammlungspartei, nur zur Gründung einer eigenständigen bayerischen Partei führen, die sich, wie die CDU, als Gegenpol zur Sozialdemokratie empfand. Die heutige starke Stellung der CSU in Bayern wurde allerdings erst durch eine grundlegende Reform des Parteikonzepts nach 1954 erreicht, nachdem schon 1948 das alte Konzept der Gründungszeit unter den divergierenden Kräften, die es vereinen wollte, gescheitert schien. Die 1948 gegründete Bayernpartei hatte sich als der landespolitisch stärkere Magnet erwiesen.

FDP

Die Neugründung einer liberalen Partei in Deutschland nach dem Krieg mußte versuchen, die traditionelle Spaltung des Liberalismus in rechts (DVP der Weimarer Republik) und links (DDP bzw. DSP) zu überwinden. Die Neuorganisation des Liberalismus stand allerdings unter dem Eindruck des Wechsels vieler liberaler Politiker zur CDU oder zur SPD.

Überwindung der traditionellen Spaltung des Liberalismus

In Württemberg war die liberale Parteitradition am lebendigsten, hier konnte unmittelbar an die Organisation der "Demokratischen Volkspartei" (DVP, in der Weimarer Republik in die DDP eingegliedert) angeknüpft werden; der Name der DVP lebt noch in der Bezeichnung des baden-württembergischen Landesverbandes der FDP (FDP/DVP) und in der Institution des Dreikönigstreffens (Gründung der Partei am 6. 1. 1866) fort.

Liberale Tradition in Württemberg

Die Liberalen standen von Anfang an vor der Schwierigkeit, neben den Christdemokraten eine bürgerliche Sammlungspartei zu installieren. Was am meisten trennte, war der konfessionelle Standpunkt der CDU. Aus diesem Grund gab es sowohl in Südbaden als auch in Südwürttemberg und in Bremen Bestrebungen, eine Gesamtpartei des Bürgertums zu bilden. Während im Süden jedoch schon deren Gründung scheiterte, schied im Juni 1946 ein christlich-demokratischer Flügel aus der Bremisch-Demokratischen Volkspartei (BDV) aus und gründete die Bremer CDU. Hier bildete sich neben der BDV im selben Monat auch die betont linksliberale FDP. BDV und FDP bildeten ab 1947 eine gemeinsame Fraktion, schlossen sich dann zusammen, die BDV benannte sich aber erst 1952 offiziell in FDP um. In Hessen verstand sich dagegen die Liberal-Demokratische Partei (LDP) als rechte Alternative zur hier besonders progressiven CDU.

Bürgerliche Sammlungsbewegung parallel zur CDU

Gemeinsame Organisation der liberalen Parteien in ganz Deutschland wurde zunächst die im März 1947 gegründete "Demokratische Partei Deutschlands", die allerdings wegen der Teilnahme der LPD in der Sowjetzone am "Deutschen Volkskongreß" auseinanderbrach. Der Gründungsparteitag der FDP wurde dann im Dezember 1948 in Heppenheim, dem Ort des Heppenheimer Programms von 1847, abgehalten. Die Spaltung des Liberalismus wurde in die Partei hinein verlagert, die linksliberalen Strömungen vertraten vor allem die süddeutschen Landesverbände, während in Hessen und Nordrhein-Westfalen die FDP zum Sammelbecken der Kräfte rechts von der CDU werden sollte.

Gründung der FDP

KPD

Begünstigt durch die sowjetische Besatzungsmacht wurde als erste der Parteien in der sowjetisch besetzten Zone die KPD wiedergegründet (Befehl Nr. 2 der SMAD vom 11. Juli 1945). Die Führung der KPD übernahm die "Gruppe Ulbricht", die mit der

Stalinistische Ausrichtung der KPD

Roten Armee aus dem Moskauer Exil nach Deutschland zurückgekommen war; damit war bereits klar, daß diese Partei streng stalinistisch ausgerichtet sein würde und daß "nationalkommunistische" Richtungen (wie etwa die der polnischen PPS in Polen) nicht zum Zuge kämen.

Programm der KPD

In ihrem Gründungsaufruf wandte sich die KPD unter dem Eindruck der überwundenen Diktatur gegen jede Art der diktatorischen Regierung. Die Forderung nach einem "Sowjet-Deutschland", wie sie noch in der Weimarer Zeit erhoben wurde, wurde zugunsten der *"Aufrichtung eines antifaschistischen demokratischen Regimes, einer parlamentarisch-demokratischen Republik mit allen demokratischen Rechten und Freiheiten für das Volk"* fallen gelassen. Ausdrücklich betonte die KPD-Führung, daß es *"falsch wäre, ... Deutschland das Sowjetsystem aufzuzwingen, ... denn dieser Weg entspricht nicht den gegenwärtigen Entwicklungsbedingungen in Deutschland"*. Dieser Satz verschwand nach 1949 aus der offiziellen Parteigeschichte und wurde erst "wiederentdeckt", als die DDR-Führung 1989 zunehmend in Gegensatz zum Reformkurs Gorbatschows geriet. Das Wirtschaftsprogramm der KPD enthielt die Forderung nach *"Entfaltung des freien Handels und der privaten Unternehmerinitiative auf der Grundlage des Privateigentums"*.

Einfluß der SMAD

Der Aufstieg der KPD vollzog sich unter starkem Einfluß der SMAD, der ihr sogar noch vor der Gründung als eigentliche Partei wichtige Schlüsselstellungen in den Verwaltungen verschaffte.

Zentrum

Neuorientierung des politischen Katholizismus

Das Zentrum (Deutsche Zentrums-Partei) war seit seiner Gründung 1870 die Partei des politischen Katholizismus, wobei besonders in der Weimarer Republik zum konservativen Element sozialreformerische und gewerkschaftlich orientierte Gruppen hinzutraten. Bereits seit 1920 wurde in einem Kreis um den christlichen Gewerkschaftsführer Adam Stegerwald und den späteren Reichskanzler Heinrich Brüning der Gedanke diskutiert, das Zentrum in seiner ausgeprägt katholischen Formierung aufzugeben zugunsten einer christlich orientierten, aber interkonfessionellen Partei, die im Parteienspektrum mitte-rechts anzusiedeln war.

Bei der Wiedergründung des Zentrum 1945 stand die Auffassung im Vordergrund, die "linken" Traditionen des Zentrum gegen die "rechten" Kräfte aus dem alten Zentrum und dem rechten politischen Protestantismus, die sich in der CDU vereinigt hätten, zu organisieren. Die schnelle Gründung der CDU indessen entzog dem Zentrum die Basis sowohl an Vertretern der Politik als auch an Wählern. Das Zentrum mußte daher schon mit seiner Wiedergründung am 14. Oktober 1945 mit der stärkeren CDU konkurrieren, ohne dieser ein ausreichend eigenes Profil entgegensetzen zu können. Die Hinwendung des katholischen Klerus zur CDU entzog ihr vollends die notwendige Massenbasis.

Konkurrenz zur CDU

Deutsche Partei (DP)

Die Deutsche Partei, die von 1949 bis 1960 Koalitionspartner der CDU/CSU bei der Regierungsbildung war, geht in ihren Ursprüngen zurück auf die Deutsch-Hannoversche Partei, die nach 1870 von einer konservativen Position her die Bismarcksche Reichsgründung und die preußische Annexion Hannovers (1866) ablehnte ("Welfen"). Sie war vor allem eine regional wirksame Partei, die auch in der Weimarer Republik in der Reichspolitik nicht besonders in Erscheinung trat und in ihrem niedersächsischen Kerngebiet 1932 nur noch 2,5 % der Stimmen erhielt. Nach 1945 schien die Zeit gekommen, die regionalistischen und antipreußischen Grundlagen der Partei auf den gesamten nordwestdeutschen Raum auszudehnen. So wurde im März 1946 die "Niedersächsische Landespartei" (NLP), gegründet von ehemaligen DHP-Mitgliedern, für die gesamte britische Besatzungszone lizensiert. Sie vertrat christlich-konservative, föderalistische und mittelständisch-privatwirtschaftliche Positionen. Damit konnte sie sich aber nicht gegen die CDU durchsetzen, die bereits eine breite Basis in allen Zonen hatte.

Welfische Traditionen

Beschränkung auf Niedersachsen

Nach den Niedersächsischen Landtagswahlen 1947, die die NLP immerhin zur zweitstärksten Fraktion machten, wurde die Partei in "Deutsche Partei" (DP) umbenannt und auf das gesamte Gebiet der Westzonen ausgedehnt. Dabei nahm sie vor allem in Norddeutschland Ortsgruppen der "Deutschen Konservativen Partei – Deutsche Rechtspartei" auf. Nach der Bundestagswahl 1949 brauchte die CDU/CSU einen Koalitionspartner und fand ihn in der DP, mit der schon vorher regionale Wahlbündnisse geschlossen worden waren; so bestand auch 1950–1955 in der "Niedersächsischen Union" ein Wahlbündnis zwischen CDU und DP.

Umbenennung in DP

In der Folge konnte sich die DP als Bürgerblockpartei nicht mehr gegen die CDU durchsetzen, suchte weiter rechts ein neues Profil und blieb im wesentlichen auf Niedersachsen beschränkt. Die Differenzen innerhalb der verschiedenen Gruppierungen in der DP (Anlehnung an die CDU, Niedersächsische Landespartei) und die zunehmenden Schwierigkeiten, über die 5 %-Hürde zu kommen, ließen die DP schließlich in der CDU aufgehen.

Aufgehen in der CDU

Der Neuaufbau des politischen Lebens

Kommunal- und Landtagswahlen

Grundlage der politischen Neuordnung war die Einführung der demokratischen Prinzipien von Wahl und Verantwortung, zunächst auf der untersten Ebene, der der Gemeinden und Kreise. Bereits unmittelbar nach ihrem Einmarsch hatten die Alliierten

Demokratisierung "von unten"

die nationalsozialistischen Amtsträger abgesetzt und, sofern sie nicht geflohen oder untergetaucht waren, verhaftet. Während die Sowjetunion in ihrer Besatzungszone die Schlüsselstellungen mit Kommunisten besetzte, die z. T. mit der "Gruppe Ulbricht" aus der Sowjetunion kamen, gingen die Amerikaner und Briten nach einer "White List" der vertrauenswürdigen Personen vor. Auch die Stadtverordnetenversammlungen und Gemeinderäte wurden zunächst auf diese Weise besetzt. Auf dieser Grundlage sollte dann nach den Vorstellungen der Alliierten die öffentliche Gewalt in Deutschland von den Gemeinden und Kreisen ausgehend über die Länder und zonenübergreifend schließlich im größtmöglichen Rahmen wieder an deutsche Stellen übergeben werden. Nach der Änderung oder dem Ersatz der Deutschen Gemeinde-Ordnung von 1935 fanden in allen Zonen 1946 erstmals seit 1933 wieder – unter Beteiligung der neugegründeten Parteien – freie Wahlen zu Gemeinde- und Kreisvertretungen statt. Die gewählten Organe übernahmen die Verwaltungen und lösten die von den Besatzungsmächten eingesetzten Bürgermeister und Landräte entweder ab oder bestätigten sie in ihrem Amt. Das Ergebnis der Kreistagswahl der britischen Zone vom Oktober 1946 z. B. brachte die CDU dieser Zone dazu, von der Besatzungsmacht eine stärkere Beteiligung in Zonenbeirat zu fordern.

Kommunal- und Kreistagswahlen

Landtagswahlen

Mit der Bildung der Länder und der Ausarbeitung von Landesverfassungen konnte auch diese Ebene demokratisch strukturiert werden; im Lauf der Jahre 1946 und 1947 fanden dann in allen Zonen Landtagswahlen statt, auf deren Basis auch die Länderregierungen demokratisch organisiert werden konnten.

Die Errichtung einer deutschen Verwaltungsstruktur

"Zentralverwaltungen" in der SBZ

Bereits im September 1945 richtete die SMAD elf "Zentralverwaltungen" ein. Sie koordinierten die Gesetzgebung der Länder und nahmen unter der Kontrolle der SMAD immer mehr Hoheitsbefugnisse in Anspruch. Das Verhältnis zwischen Landesregierungen und Zentralverwaltungen komplizierte sich nach den Landtagswahlen von 1946, da die Länder jetzt demokratisch legitimiert, die Zentralverwaltungen aber autoritär eingesetzt und nicht parlamentarisch kontrolliert waren. Sowohl die Zentralverwaltungen als auch die Landesregierungen standen aber unter starkem Einfluß der SMAD, hier durch den Einfluß der KPD bzw. SED und der von ihr verfolgten "Blockpolitik", dort durch die unmittelbare Unterordnung unter die Besatzungsmacht.

Britische Zone

Die britische Militärregierung verfolgte eine ähnliche Politik, da sie – im Unterschied zu den Amerikanern – das zentralstaatliche Prinzip stärker betonen wollten und in der föderalistischen Struktur nur einen Ausgleich zur zentralen Macht sahen. Nachdem sich die britische Militärregierung aus der unmittelbaren Verwaltung auf den Ebenen der Gemeinden und Kreise zurückgezogen hatte, erhielten auch die inzwischen (durch die Landtagswahlen) parlamentarisch legitimierten Länderspitzen legislative und exekutive Befugnisse.

Während die Länder aber keine Kompetenzen erhielten, die nicht schon die Länder der Weimarer Republik hatten, wuchsen die neugeschaffenen Zonenzentralämter (ZZÄ) immer mehr zu selbständigen deutschen Stellen mit Zuständigkeit für die gesamte britische Zone heran. Sie waren ursprünglich unselbständige Hilforgane zur fachlichen Beratung der britischen Hauptabteilungen und wurden von deutscher Seite nicht kontrolliert.

Zonenzentralämter

Parallel dazu richtete die britische Militärregierung einen Zonenbeirat mit Sitz in Hamburg ein (bekanntgegeben durch General Robertson am 11./12. Dezember 1945, gebildet am 6. März 1946). Er bestand aus 27 Persönlichkeiten – neben den Länderchefs die Führer der Parteien, britische Offiziere und von der Militärregierung ausgewählte Deutsche – und hatte lediglich beratende Funktion.

Zonenbeirat

Die Auswirkungen des Kalten Krieges auf Deutschland

Die Wende in der britisch-amerikanischen Politik

Die Lage der deutschen Bevölkerung verschärfte sich durch den strengen Winter 1945/46 erheblich, Nahrungsmittel- und Energieversorgung drohten zusammenzubrechen. Da zur gleichen Zeit auch Großbritannien und Frankreich unter erheblichen Engpässen in der Versorgung litten, mußte vor allem die wirtschaftliche Konsolidierung Deutschlands energisch vorangetrieben werden. Dennoch ging die Demontage von Industrieanlagen, besonders in der Sowjetzone, aber auch im Westen, weiter. Eine Lösung dieses Problems, die vor allem Hilfen der USA in Milliardenhöhe überflüssig machen konnte, sah der US-Militärgouverneur Lucius D. Clay in der raschen Herstellung der (im Potsdamer Protokoll vorgesehenen) wirtschaftlichen Einheit Deutschlands, die die Errichtung deutscher Zentralinstanzen voraussetzte. Dieses Ziel ließ sich aber gegen die Bestrebungen Frankreichs und der Sowjetunion nicht erreichen.

Versorgungslage der deutschen Bevölkerung

Notwendigkeit des wirtschaftlichen Wiederaufbaus

Gleichzeitig mit den wirtschaftlichen Schwierigkeiten hatte sich aber auch schon der Eindruck von einer kompromißlosen, auf Sicherung ihres Einflußgebietes gerichteten Politik der Sowjetunion verstärkt. Im März 1946 hatte Churchill in einer Rede in Fulton das schon im Mai 1945 geprägte Wort von der *"iron screen"* für die sowjetische Politik aufgegriffen und als *"iron curtain"*, als "Eisernen Vorhang", interpretiert, den Stalin entlang der Grenze seines Einflußbereiches niedergelassen habe. In der Politik der Alliierten in Richtung auf eine neue Staatlichkeit der Westzonen folgte daher die britische der amerikanische Regierung. Bereits im Juli 1946 forderte der amerikanische Außenminister Byrnes Großbritannien und Frankreich auf, ihre Zonen mit der US-Zone zu vereinigen, um die wirtschaftliche Stabilisierung voranzutreiben. Dieses Angebot nahm aber nur die britische Regierung an, die beiden Besatzungszonen wurden zum 1. Januar 1947 zur "Bi-Zone" zusammengeschlossen.

Britisch-amerikanischer Alleingang

Bi-Zone

Auf die kompromißlose sowjetische Haltung in der Deutschlandfrage, die jede Einigung im Kontrollrat verhinderte, ist es zurückzuführen, daß am 25. Mai 1946 die Reparationslieferungen aus den Westzonen an die Sowjetunion eingestellt wurden. Die Abkehr von der Priorität der wirtschaftlichen (und politischen) Einheit Deutschlands markiert die Rede, die US-Außenminister Byrnes am 6. September 1946 in Stuttgart vor dem Länderrat der amerikanischen Zone hielt. Er erklärte darin, daß die USA zwar die Herstellung der wirtschaftlichen Einheit als unbedingt notwendig ansähen, daß sie aber als Alternative, *"wenn eine völlige Vereinigung nicht geschaffen werden kann"*, die *"größtmögliche Vereinigung"* anstreben würden. Adressat dieser Erklärung war aber neben der Sowjetunion auch Frankreich, das sich den diesbezüglichen Beschlüssen der Potsdamer Konferenz noch versperrte.

Einstellung der Reparationslieferungen an die UdSSR

Stuttgarter Rede des US-Außenministers Byrnes

Das "Vereinigte Wirtschaftsgebiet" (Bi-Zone)

"Vereinigtes Wirtschaftsgebiet" (Bi-Zone)

Das am 2. Dezember 1946 unterzeichnete Abkommen zur Zusammenlegung und gemeinsamen Verwaltung der britischen und amerikanischen Zone trat zum 1. Januar 1947 in Kraft. Es hatte zum Ziel, bis 1949 die wirtschaftliche Selbständigkeit der beiden Zonen zu erreichen, den anderen beiden Besatzungsmächten sollte der Beitritt offenstehen. Sachgebiete der Zusammenarbeit waren Wirtschaft, Ernährung und Landwirtschaft, Verkehr, Finanzen und das Postwesen. Für die praktische Arbeit wurden deutsche Verwaltungsbehörden in Form von Verwaltungsräten gebildet, denen die Länder-Fachminister der US-Zone und deutsche Beauftragte der britischen Militärregierung angehörten. Legislative Funktionen hatten diese Räte noch nicht, die mit Stimmenmehrheit gefaßten Beschlüsse waren von den Ländern einzeln als Gesetze oder Verordnungen zu erlassen.

Unter dem Eindruck der mangelnden Funktionsfähigkeit dieser Verwaltungsräte wurde im Mai 1947, nachdem die Moskauer Außenministerkonferenz keine Ergebnisse hinsichtlich einer gemeinsamen Deutschlandpolitik gebracht hatte, die Verwaltung des Vereinigten Wirtschaftsgebietes neu organisiert. Die Verwaltungsräte wurden durch den "Wirtschaftsrat" mit Sitz in Frankfurt

Frankfurter Wirtschaftsrat

ersetzt. Dieser Wirtschaftsrat bestand aus dem eigentlichen Wirtschaftsrat mit bestimmten gesetzgeberischen Befugnissen auf den Gebieten Verkehr und Post (ausschließliche Befugnis) sowie Wirtschaft, Handel, Industrie und Finanzen, später noch auf dem Gebiet der Arbeit (grundsätzliche Befugnis); die Regierungen der Länder waren an die Beschlüsse des Wirtschaftsrates gebunden. Daneben bestand ein Exekutivrat, der die Beschlüsse des Wirtschaftsrates, sofern sie mehr als ein Land betrafen, durchführte, Durchführungsbestimmungen erließ und generell die Tätigkeit der bizonalen Verwaltung koordinierte.

Parlamentarische Struktur

Der Wirtschaftsrat (im eigentlichen Sinne, d. h. das Gesetzgebungsorgan) bestand aus 52 Mitgliedern, die von Landtagen und politischen Parteien delegiert wurden. Er hatte daher schon eine gewisse parlamentarische Struktur.

Neuorganisation der Bi-Zone

Anfang 1948 wurde diese Organisation der Bi-Zone noch einmal umstrukturiert. Der Wirtschaftsrat wurde auf 104 Mitglieder erweitert, der Exekutivrat wurde durch einen Länderrat ersetzt, dem je zwei Mitglieder der acht Landesregierungen angehörten und der das Recht zur Gesetzesinitiative und zur Prüfung von Gesetzen erhielt; die exekutiven Befugnisse des alten Exekutivrates gingen auf einen gleichfalls neugebildeten Verwaltungsrat über. Damit hatte das Vereinigte Wirtschaftsgebiet eine halbstaatliche Organisation gewonnen, die aus einer Zwei-Kammer-Legislative und einer Regierung bestand.

Kompetenzverteilung

Die politische Struktur der Bi-Zone entsprach in ihren Grundzügen bereits der der späteren Bundesrepublik mit Bundestag, Bundesrat und der Verteilung der Gesetzgebungskompetenzen. Diese waren klar verteilt: den sechs Bereichen des Wirtschaftsrates standen die ausschließlichen Kompetenzen der Länder für Justiz, Kultur und Inneres gegenüber, die Ressorts Verteidigung und Außenpolitik fehlten, sie waren den Besatzungsmächten vorbehalten. Das Verhältnis von Föderalismus und Zentralismus, wie es hier bereits angelegt wurde, ist gleichzeitig ein Kompromiß zwischen den amerikanischen Vorstellungen von einer starken Position der Länder und den britischen Vorstellungen von einer Betonung der Zentralgewalt.

Die alliierte Politik zum Aufbau eines Gesamtstaates

Wende in der britisch-amerikanischen Politik

Unter dem Eindruck sowohl der europäischen Entwicklung als auch der Schwierigkeiten, die der Kontrollrat bei seiner Arbeit hatte, ging die amerikanische Regierung zügig an den Ausbau der Westzonen zu einer neuen Staatlichkeit. Den Wendepunkt in der britisch-amerikanischen Politik markiert dabei die bereits erwähnte Stuttgarter Rede des amerikanischen Außenministers Byrnes (6. 9. 1946). Gegen die Vereinigung der britischen und der amerikanischen Besatzungszone zur "Bi-Zone" am 1. Januar 1947 protestierten die Sowjets und Frankreich, allerdings aus unterschiedlichen Motiven.

Auf der neuerlichen Konferenz der Außenminister, die vom 10. März bis 24. April 1947 in Moskau stattfand, wiederholte George Marshall (seit 10. 1. 1947 amerikanischer Außenminister) den Vorschlag für einen Viermächtepakt zur Entwaffnung und Entmilitarisierung Deutschlands. Einen solchen Plan hatte sein Vorgänger Byrnes schon ein Jahr zuvor verkündet, doch war jetzt dieser Pakt zur Sicherung des amerikanischen Einflusses in Deutschland und Europa auf längere Zeit angelegt. Dieses langfristige Engagement der USA mußte auf den Widerspruch der Sowjetunion stoßen. Der veränderten amerikanischen Haltung entsprach es, daß sowohl ein neuer sowjetischer Wunsch nach einem Milliardenkredit als auch die wiederholte Forderung nach Beteiligung an der Kontrolle des Ruhrgebiets abgelehnt wurden.

Langfristiges Engagement der USA

Sowjetische und französische Interessen

Der sowjetische Außenminister Molotow legte noch einmal die sowjetischen Vorstellungen von einer zukünftigen gesamtdeutschen Ordnung dar und verwies auf die in der sowjetischen Besatzungszone vollzogenen gesellschaftlichen und wirtschaftlichen Veränderungen (Bodenreform, Verstaatlichung der Industrie etc.) und die antifaschistische "Block"-Politik mit dem Zusammenschluß von KPD und SPD zur SED am 21. April 1946. Demgegenüber beharrte der französische Außenminister Bidault auf seiner Forderung nach weitgehender Dezentralisierung, womit sich die Gemeinsamkeit zwischen beiden Staaten als eine Gemeinsamkeit in der Ablehnung der britischen und amerikanischen Vorstellungen herausstellte.

Konferenz der Ministerpräsidenten 1947

Während die Parteien in Deutschland, voran die SED unter Otto Grotewohl und Walter Ulbricht, auf eine gesamtdeutsche Vertretung hinarbeiteten, ergriffen die Ministerpräsidenten der Länder die Initiative. Auf Einladung des bayerischen Ministerpräsidenten Hans Ehard (CSU) kamen die Länderchefs im Juni 1947 in München zusammen. Die Konferenz mußte aber fast zwangsläufig an der Forderung der fünf Teilnehmer aus der Sowjetzone, vor der wirtschaftlichen Einheit die politische Einheit zu schaffen, scheitern. Hier war einerseits der politische Einfluß der Besatzungsmächte zu spüren, deren Weisungen die Ministerpräsidenten nachkamen, andererseits aber auch die parteipolitische Bindung der fünf sowjetzonalen Ministerpräsidenten an die SED.

"Deutsche Wirtschaftskommission" in der SBZ

Die Sowjetunion verfolgte in ihrem Wechselspiel zwischen der Errichtung eines Sowjetsystems im Ostteil und dem Einfluß auf Gesamtdeutschland mittlerweile wieder die gesamtdeutsche Richtung und errichtete am 14. Juli 1947 für die Sowjetzone eine "Deutsche Wirtschaftskommission" mit 5 Zentralinstanzen, die als Vorform einer deutschen Zentralregierung unter sowjetischem Einfluß gelten konnte. Sie antwortete damit auf die Bildung des "Frankfurter Wirtschaftsrates", der parlamentarisch organisierten

Verwaltung für die britsch-amerikanische Bi-Zone vom 29. Mai 1947. Gleichzeitig ersetzte die US-Militärregierung die Weisung JCS 1067 für die US-Zone vom April 1945, die Deutschland nicht als befreit, sondern als "besiegten Feindstaat" ansah, durch die konstruktivere Weisung JCS 1779, die die Zusammenarbeit mit deutschen Stellen zum Ziel des wirtschaftlichen und politischen Wiederaufbaus betonte.

Londoner Außenministerkonferenz 1947

Die Konferenz der Außenminister in London vom 25. November bis 12. Dezember 1947 sollte die letzte Konferenz über eine gemeinsame Lösung des Deutschland-Problems werden. Wie schon in Moskau forderte Marshall erneut eine Revision der Oder-Neiße-Grenze zu Gunsten Deutschlands, vor allem was Schlesien anbetraf, und eine Einbeziehung des schlesischen Industriereviers in das alliierte Kontrollsystem, um auf der Basis Deutschlands in den Grenzen von 1937 die Reparationsleistungen errechnen zu können. Molotow antwortete mit der Forderung nach einer einheitlichen Viermächtekontrolle über die vier Besatzungszonen, was die sowjetische Kontrolle über das Ruhrgebiet bedeutet hätte. Das Scheitern dieser Konferenz bestätigte die USA in ihrem Vorhaben, die staatliche Organisation der Westzonen (und damit ihre Einbindung in den westlichen Machtbereich) voranzutreiben und – so der britische Außenminister Bevin im Januar 1948 – durch den politischen Zusammenschluß Westeuropas zu ergänzen.

Sechs-Mächte-Konferenz 1948 in London: Errichtung eines West-Staates Tri-Zone

Die Sechs-Mächte-Konferenz, die vom 23. Februar bis 6. März und dann wieder vom 24. April bis 2. Juni 1948 unter Teilnahme der drei Westalliierten und der Beneluxländer in London tagte, empfahl für diesen Prozeß die wirtschaftliche Integration in Westeuropa, die Erarbeitung einer westdeutschen Verfassung und die Beibehaltung der Ruhrkontrolle. Die USA und Großbritannien gestanden Frankreich die wirtschaftliche Eingliederung des Saargebietes zu, Frankreich erklärte sich im Gegenzug dazu bereit, seine Besatzungszone in Deutschland mit der Bi-Zone zur "Tri-Zone" zu vereinigen – was die Spötter hier zu dem Lied *"Wir sind die Eingeborenen von Trizonesien"* veranlaßte – und die französische Zone an der Marshallplan-Hilfe teilnehmen zu lassen. Außerdem stimmte Frankreich der Formel zu, man wolle die Grundlagen für die Beteiligung eines demokratischen Deutschland an der Gemeinschaft der freien Völker schaffen. Als Ziele wurden die wirtschaftliche Integration in Westeuropa und die Erarbeitung einer westdeutschen Verfassung, aber unter Beibehaltung der Ruhrkontrolle festgestellt. Damit war die Absicht zur westdeutschen Staatsgründung offiziell publik gemacht.

Auszug der Sowjets aus dem Kontrollrat

Auf die Weigerung der amerikanischen Delegation im Kontrollrat, die Sowjets über diese Konferenz zu informieren, verließ der sowjetische Militärgouverneur am 20. März unter Protest den alliierten Kontrollrat, der damit seine Arbeit als oberstes Regierungsorgan für Gesamtdeutschland und als alliierte Kontrollinstanz einstellte.

Bündnis Großbritanniens, Frankreichs und der Beneluxstaaten

Mittlerweile hatten noch Großbritannien und Frankreich am 4. März 1947 in Dünkirchen ein Defensivbündnis geschlossen, das am 17. März 1948 *"für den Fall der Erneuerung einer deutschen Aggressionspolitik"* um die Beneluxstaaten erweitert wurde ("Brüsseler Vertrag"). Dieses Bündnis war indessen schon zur Zeit seines Zustandekommens mit dieser Zielsetzung politisch überholt, da vor allem die USA jetzt auf Zusammenarbeit und Integration setzten. Dennoch blieb es in Kraft und bildete 1954/55 den Kern des zweiten "Brüsseler Vertrags" über die Gründung der Westeuropäischen Union (WEU, s. u. S. 225)

Londoner Deutschland-kommuniqué

Das Londoner Deutschlandkommuniqué, das zum Abschluß der Konferenz am 7. Juni verabschiedet wurde, verkündete als Leitlinien einer alliierten Ruhrpolitik, daß *"die Verfügung über Kohlen-, Koks- und Stahlproduktion des Ruhrgebiets, die früher ausschließlich Deutschland zustand, künftig ohne Unterschied den Ländern Europas garantiert sein soll, die zu allgemeinem wirtschaftlichem Nutzen zusammenarbeiten"*, also eine wirtschaftliche Verflechtung des Ruhrgebiets mit Westeuropa. Ein enger Zusammenschluß des Wirtschaftslebens sei *"für die politische und die wirtschaftliche Wohlfahrt dieser Länder und eines demokratischen Deutschland wünschenswert"*. Die Weststaatsgründung in Deutschland sollte in mehreren Stufen ablaufen: *"Die Delegationen sind daher übereingekommen, ihren Regierungen zu empfehlen, daß die Militärgouverneure eine gemeinsame Sitzung mit den Ministerpräsidenten der Westzonen Deutschlands abhalten sollen. Auf dieser Sitzung werden die Ministerpräsidenten Vollmacht erhalten, eine verfassungsgebende Versammlung zur Ausarbeitung einer Verfassung einzuberufen, die von den Ländern zu genehmigen sein wird."*

Währungsreform und Berlin-Blockade

Die Währungsreform

Wirtschaftliche Situation

Das nationalsozialistische Regime hatte im Gegensatz zum kaiserlichen Deutschland den Krieg nicht durch öffentliche Anleihen finanziert, sondern im wesentlichen durch eine ungeheure Aufblähung der Geldmenge. Das Sozialprodukt war jedoch bei Kriegsende auf einen Bruchteil seines Vorkriegsstandes gesunken, so daß der noch umlaufenden Reichsmark kein realer Gegenwert mehr in Form von Waren und Produktion gegenüberstand. Insgesamt bestand ein Geldüberhang von ca. 300 Milliarden Reichsmark. Die von den Besatzungsmächten weitergeführten Preiskontrollen verhinderten zunächst, daß die Inflation offenbar wurde. Die Folge war allerdings, daß einerseits die Nachfrage nach den Dingen, die der Preiskontrolle unterlagen, stark anstieg und Engpässe verursachte, daß aber andererseits das Vertrauen in die Reichsmark auf ein Minimum sank, Schwarz- und Tauschhandel aufblühten und Preise für Sachwerte in astronomische Höhen stiegen. Der wirtschaftliche Wiederaufbau der Westzonen setzte daher eine Reform der Währung voraus. In der sowjetischen Besatzungszone waren dagegen Bankguthaben bereits 1945 gesperrt worden, mit dem Ergebnis, daß einerseits der Geldüberhang nicht so groß, andererseits Sachwerte billiger waren als in den Westzonen.

Im Januar 1946 beauftragten die Amerikaner die beiden deutschstämmigen Volkswirtschaftler Gerhard Colm und Ray Goldsmith und den Bankier Joseph Dodge mit der Ausarbeitung eines Plans, den diese dann am 20. Mai 1946 dem amerikanischen Militärgouverneur General Clay vorlegten (abgekürzt CDG-Plan genannt). Er verband eine radikale Geldwertsanierung in drei Phasen mit einem umfassenden Lastenausgleich. Verhandlungen im Kontrollrat über diesen Plan zogen sich jedoch aufgrund der unterschiedlichen Vorstellungen der britischen und französischen Vertreter hin, scheiterten aber erst an der von den Sowjets aufgeworfenen Frage des Druckorts der neuen Banknoten.

CDG-Plan

Die Sowjetunion konnte nicht dieses Interesse an einer Stabilisierung der deutschen Währung haben, da ein radikaler Geldschnitt die Reichsmarkreserven der Sowjetunion entwertet hätte. Außerdem lag ihr nichts an einer Stärkung der westdeutschen Wirtschaft. Nachdem die sowjetische Verzögerungstaktik klar wurde, entschloß sich im September 1947 die amerikanische Regierung zum Alleingang und druckte neue Banknoten, die im Frühjahr 1948 nach Deutschland transportiert wurden.

Sowjetische Hinhaltetaktik

Ein sowjetisches Entgegenkommen im Kontrollrat Anfang 1948 wurde allerdings von den Amerikanern nicht beantwortet, da sie nun ihrerseits kein Interesse daran hatten, der Sowjetunion Mitspracherecht in einer gesamtdeutschen Währungsinstanz einzuräumen – die Entscheidung für den westdeutschen Alleingang war bereits gefallen. Auch diejenigen unter den deutschen Politikern, die auf die Marktwirtschaft setzten, sprachen sich nun gegen eine gesamtdeutsche Lösung aus. Dem Abbrechen der Verhandlungen im Kontrollrat durch die Amerikaner, zu dem General Clay am 11. März durch die Regierung in Washington angewiesen war, kam Marschall Sokolowski am 20. März durch seinen Auszug aus dem Kontrollrat zuvor. Im April wurde dann eine deutsche Expertengruppe berufen, die die rein technischen Fragen der Durchführung erörtern sollte – zur Enttäuschung dieser Gruppe standen die Prinzipien bereits fest.

Abbruch der Verhandlungen im Kontrollrat

Am 20. Juni traten zwei *"Gesetze zur Neuordnung des deutschen Geldwesens"* in Kraft. Es brachte der Bevölkerung zunächst einen Pro-Kopf-Betrag vom 40 DM, im Juli dann noch einmal von 20 DM. Dieser Betrag konnte im Verhältnis 1 : 1 umgetauscht werden. Darüber hinausgehende Beträge mußten auf ein Konto eingezahlt werden und wurden wie alle übrigen Guthaben im

Währungsreform

Verhältnis 10 : 1 in DM-Guthaben umgewandelt. Von ihnen blieben durch das *"Umstellungsgesetz"* vom 26. Juni und das 4. Neuordnungsgesetz vom 10. Oktober 1948 dann noch 65 % übrig, so daß die Umstellungsquote nur 6,5 % betrug. Schulden wurden im Verhältnis 10 : 1 umgewandelt. Löhne, Renten und Mieten waren nach dem ersten Gesetz vom 20. Juni in gleicher Höhe weiterzuzahlen. Insgesamt wurden 145 Milliarden Mark an Reichsmarkbeständen aus dem Verkehr gezogen und durch eine "hoheitliche Neugeldschöpfung" von zunächst 4,4 Milliarden DM, bis Ende 1948 insgesamt 12 Milliarden DM, ersetzt.

Zur Vorbereitung der Währungsreform errichteten die Alliierten in den Westzonen eine neue Zentralbank, deren streng föderativer Aufbau das amerikanische Notenbanksystem widerspiegelt: Formelle Ausgabestelle der DM war die am 1. März 1948 gegründete "Bank Deutscher Länder", weswegen auch heute noch umlaufende Münzen des Jahres 1949 diese Aufschrift tragen. Sie war eine Tochter der bis dahin rechtlich völlig selbständigen Landeszentralbanken, die das Recht der Notenausgabe und die Koordination der gemeinsamen Politik an die Zentralbank abgaben, und hatte ihren Sitz in Frankfurt. Erst zum 26. Juli 1957 wurde die Bundesbank als Ausgabestelle gegründet. Die Landeszentralbanken verloren damit ihre Selbständigkeit und wurden Zweigstellen der Bundesbank. Beide, Bank deutscher Länder und Bundesbank, sind unabhängig von der Regierung und nicht an deren Weisungen gebunden.

"Bank Deutscher Länder"

Mit der Reform der Währung mußte auch eine Abkehr vom bisherigen Dirigismus in der Wirtschaft verbunden sein. Ludwig Erhard, der Direktor der Frankfurter Verwaltung für Wirtschaft (eine Art Wirtschaftsminister der Bi-Zone) war kurz vor der Währungsreform mit umfangreichen Vollmachten ausgestattet worden, die er nun zur Durchsetzung marktwirtschaftlicher Prinzipien in der Bi-Zone nutzte.

Währungsreform in der SBZ

Die Währungsreform in der sowjetischen Besatzungszone, die daraufhin (23. 6.) durchgeführt wurde, war für den Kleinsparer weniger schmerzhaft, da die Guthaben gestaffelt umgestellt wurden: bis 100 RM 1 : 1, bis 1000 RM 5 : 1, bis 5000 RM 10 : 1; die seit Mai 1945 gesperrten Altkonten wurden allerdings in eine staatliche Zwangsanleihe umgewandelt.

Die Berliner Blockade

Sowjetischer Protest

Auf die deutschlandpolitischen Entscheidungen der Westmächte reagierte die Sowjetunion einerseits mit dem auf einer Konferenz der Sowjetunion und der ostmitteleuropäischen Staaten verabschiedeten Kommuniqué vom 24. Juni 1948, nach dem die Politik der Westmächte das Potsdamer Abkommen verletze und die beabsichtigte Staatsgründung in Westdeutschland einen Rechtsbruch darstelle.

Mit der Währungsreform in der Sowjetischen Besatzungszone mußten zwangsläufig die bislang latent vorhandenen Interpretationsdifferenzen über den Status Berlins zu akuten Spannungen und Auseinandersetzungen führen. Nach sowjetischer Interpretation war ganz Berlin Teil der sowjetischen Besatzungszone und der Westteil nur den Westmächten als Besatzungsgebiet überlassen worden *("Berlin liegt im Zentrum der Sowjetzone und bildet einen Teil dieser Zone",* Note an die Westmächte, Juni 1948). Die Westalliierten sahen dagegen ihre Rechte in Berlin als ebenso originär an wie die der Sowjetunion. Zum Konflikt führte daher die Durchführung der Währungsreform durch die Sowjetunion auch in den Berliner Westsektoren mit dem Befehl Marschall Sokolowskis an den Berliner Magistrat vom 22. Juni, nachdem die Westalliierten mit Rücksicht auf den Viermächtestatus der Stadt auf die Einbeziehung der Westsektoren in die westliche Währungsreform zunächst verzichtet hatten. Der Berliner Magistrat lehnte die Durchführung der Währungsreform unter Hinweis auf die fehlende Zuständigkeit des sowjetischen Kommandanten für die Westsektoren ab. Die Westmächte reagierten ihrerseits mit der Einführung der DM-West als Parallelwährung zur DM-Ost in den Westsektoren am 24. Juni.

Währungsreform in Berlin: Differenzen über den Status der Stadt

Am selben Tag unterbrachen die Sowjets sämtliche Verkehrsverbindungen zwischen den Westzonen und Berlin auf dem Landweg, zunächst mit der Begründung, es müßten dringend notwendige Reparaturarbeiten auf der Eisenbahnstrecke Berlin-Helmstedt durchgeführt werden. Die Sperrung der Stromversorgung am selben Tag wurde ebenfalls mit technischen Störungen begründet, auch die Lieferung von Lebensmitteln und Kohle nach Westberlin wurde eingestellt. Der politische Charakter der Blockade als Erpressungsversuch wurde bald offenbar; die Alliierten gingen daran, die Westsektoren Berlins aus der Luft zu versorgen. Die Berlin-Blockade trug allerdings insofern schon Charakterzüge des Kalten Krieges der 50er Jahre, als die Amerikaner darauf verzichteten, die Blockade auf dem Landweg zu durchbrechen, und die Sowjets ihrerseits keinen Versuch unternahmen, die Luftbrücke duch eigene Aktionen zu stören.

Blockade der Verbindungen Berlins

Ursprüngliches Ziel der Sowjetunion bei dieser Blockade Berlins war es weniger, die Westalliierten aus der Stadt hinauszudrängen, als sie an den Verhandlungstisch zurückzubringen, um vor allem die Londoner Vereinbarungen der Sechsmächtekonferenz zu Fall zu bringen. Erst als sie dieses Ziel als nicht erreichbar erkannte, verschärfte sie die Blockade, um die Westsektoren ganz unter ihre Kontrolle zu bringen.

Ziel der Blockade

Die Sowjetunion mußte, als sie sah, daß die Blockade ihr Ziel nicht erreichte, einlenken und die Zugangswege nach Berlin am 12. Mai 1949 wieder öffnen.

Die Einführung der Marktwirtschaft

Die Wirtschaftsordnung in den Westzonen war unter dem Druck der Verhältnisse weitgehend von Planwirtschaft bestimmt und litt außerdem unter der Zersplitterung der Rechtsvorschriften in den verschiedenen Zonen. Die Währungsreform mußte daher nach Ansicht des Direktors des Frankfurter Verwaltungsrates für Wirtschaft, Ludwig Erhard, von einer weitgehenden Liberalisierung und vom Abbau staatlicher Dirigismen begleitet werden. Diese Ansicht traf sich zwar mit den Vorstellungen der Alliierten, stieß aber bei SPD und Gewerkschaften auf erbitterten Widerstand. In einem *"Gesetz über die wirtschaftspolitischen Leitsätze nach der Geldreform"* setzte Erhard Lockerungen der Bewirtschaftung und eine Liberalisierung der Märkte durch Freigabe von Preisen und Aufhebung der Antragsvorschriften durch.

Liberalisierung der Wirtschaft in den Westzonen

Grundgesetz und Gründung der Bundesrepublik

Die Ministerpräsidentenkonferenzen vom Sommer 1948

Der von den Besatzungsmächten vorangetriebenen Reform des Wirtschaftsrates folgte noch im Sommer 1948 ein erneuter Vorstoß der Alliierten, der die "Londoner Empfehlungen" in Richtung auf die Schaffung eines westdeutschen Staates umsetzen sollte. Die drei Militärgouverneure übergaben den elf Länderchefs am 1. Juli 1948 drei Forderungen, die in den sogenannten "Frankfurter Dokumenten" niedergelegt waren:

"Frankfurter Dokumente"

- Bis zum 1. September sollte eine "verfassunggebende Versammlung" geschaffen sein, die eine Verfassung für den künftigen Staat auszuarbeiten habe;
- die 1945/46 geschaffenen Länder sollten neu geordnet werden;
- die Ministerpräsidenten sollten zu einem Besatzungsstatut der Militärgouverneure Stellung nehmen.

Vorstellungen der deutschen Politiker

Trotz einer meist ablehnenden Diskussion in der deutschen Öffentlichkeit mußten die Ministerpräsidenten auf diese Forderungen eingehen und trafen sich zu einer ersten Konferenz am 8. Juli in Koblenz. Hier lehnten sie vor allem die Zielvorstellung der Alliierten ab, die Verfassung auf der Grundlage der Volkssouveränität ausarbeiten zu lassen, da nicht das ganze deutsche Volk mitwirken könne. Dennoch wollten sie die gegebene Möglichkeit der Selbstbestimmung nicht ausschlagen. Eine Neuordnung der Länder jedoch wollten sie noch nicht angehen. Eine zweite Konferenz am 22. Juli brachte zunächst keine neuen Gesichtspunkte, bis schließlich das Argument des Berliner Bürgermeisters Ernst Reuter, Deutschland werde nicht erst gespalten, sondern sei es bereits, die Einwände zurücktreten ließ. Reuter vertrat auch die

These, daß die politische und wirtschaftliche Konsolidierung des Westens Voraussetzung sei sowohl für die Gesundung der Verhältnisse im Westen selbst als auch für die Rückkehr des Ostens zu einem gemeinsamen deutschen Staat.

Deutsche Vorbehalte: Betonung des Provisoriums

In weiteren Besprechungen mit den Militärgouverneuren setzten die Ministerpräsidenten ihre Vorbehalte gegen die Einberufung einer Verfassunggebenden Nationalversammlung, die Verabschiedung einer "Verfassung" und deren Bestätigung durch eine Volksabstimmung durch. Die künftige staatliche Ordnung sollte von einer Versammlung oberhalb der Ebene der Länder beraten werden, das Ergebnis sollte keine Verfassung, sondern nur ein "Grundgesetz" sein und nur von den Landtagen ratifiziert werden. Mit allen drei Punkten sollte das Vorläufige dieses Weststaates betont werden. Der "Parlamentarische Rat" wurde daraufhin in gleichlautenden Gesetzen der Landtage für den 1. September 1948 nach Bonn einberufen.

Die Arbeit des Parlamentarischen Rates

Zusammensetzung

Zum vorgesehenen Termin, dem 1. September 1948, konstituierte sich der Parlamentarische Rat in Bonn. Er tagte in den Räumen der Pädagogischen Akademie, dem späteren Sitz des Bundesrates. Seine 65 Mitglieder waren von den Landtagen nach der Einwohnerzahl der Länder delegiert, Westberlin entsandte fünf Vertreter, die aber kein Stimmrecht, sondern nur beratende Stimme hatten. Die Mitglieder schlossen sich nach ihrer Parteizugehörigkeit (19 CDU, 8 CSU, 27 SPD, 5 FDP und je zwei Zentrum, Deutsche Partei und KPD) zu Fraktionen zusammen. Zum Präsidenten des Parlamentarischen Rates wurde Konrad Adenauer, der CDU-Fraktionsvorsitzende im nordrhein-westfälischen Landtag, gewählt.

Staatstheorie

Die Diskussion innerhalb des Parlamentarischen Rates ging zunächst um die Staatstheorie, wobei die Leitlinie der Ministerpräsidenten aufgegriffen wurde, die staatliche Organisation der Westzonen sei etwas Vorläufiges, ein Provisorium, das zeitlich und inhaltlich begrenzt sein müsse. Die gemeinsame Arbeit war aber bestimmt durch die Erfahrung mit der Diktatur und durch den Wunsch, den gegebenen Freiraum gegenüber den Besatzungsmächten weitestgehend auszunutzen.

Föderalistische Struktur

Einigkeit bestand im Parlamentarischen Rat darüber, daß der neue Staat föderalistisch organisiert sein sollte, Differenzen bestanden jedoch in der Auslegung dieses Begriffes, insbesondere darüber, welche Kompetenzen die Länder gegenüber dem Bund haben sollten. Die (Wieder-)Einführung des föderalistischen Prinzips war ja eine der Hauptforderungen der Alliierten gewesen, in deren Zug schon bald nach Kriegsende die Länder als staatliche Organisation der Besatzungszonen geschaffen worden waren. Die Absichten der Parteien gingen dabei von einer eindeutigen Überordnung der Bundesgewalt über die Ländergewalten (SPD) bis hin zu Formen des konföderativen Zusammenschlusses (DP). Auch in der Frage der Mitwirkung der Länder und dem Organ ihrer Vertretung mußte erst ein Kompromiß zwischen den divergierenden Vorstellungen gefunden werden. Diese reichten von der Organisation als (wie in den USA) unmittelbar gewählter Senat (SPD) bis zu einem Organ, das die Länderregierungen repräsentiert (CDU). Auch in der Frage der Finanzverfassung bestanden ähnliche Differenzen.

Die Gründung der Bundesrepublik Deutschland

Annahme und Verkündung des Grundgesetzes

Nachdem die Alliierten schwere Bedenken wegen der ihrer Meinung nach unzureichenden Stellung der Länder geltend gemacht hatten, auf eine Krise in der Arbeit des Parlamentarischen Rates hin jedoch auf die strikte Durchsetzung ihrer Forderungen verzichteten, konnte das Grundgesetz für den neuen Staat am 8. Mai 1949 angenommen werden. Der Tag war einerseits bewußt als 5. Jahrestag der Kapitulation gewählt worden, andererseits sollten gegenüber einer neuen sowjetischen Deutschland-Initiative, die mit dem Abbruch der Berlin-Blockade bevorstand, vollendete Tatsachen geschaffen werden. Die Alliierten genehmigten das Grundgesetz am 12. Mai. Nach der getroffenen Übereinkunft mußte es nur von zwei Drittel der Länder ratifiziert werden, um in Kraft zu treten. Nur der bayerische Landtag verweigerte die Zustimmung anfänglich. Das Grundgesetz für den neuen Staat, die Bundesrepublik Deutschland, wurde am 23. Mai 1949 verkündet und trat am folgenden Tag in Kraft.

Bonn Bundeshauptstadt

Bereits am 10. Mai hatte der Parlamentarische Rat sich mit 33 gegen 29 Stimmen für Bonn als künftige Bundeshauptstadt entschieden. Es war nicht allein die Tatsache, daß in Bonn eine relativ unzerstörte Universitätsstadt am Rhein gefunden war. In der Entscheidung gegen Frankfurt spiegelte sich auch das Übergewicht der rheinisch-katholisch geprägten CDU über die SPD wider, die das "rote" Frankfurt vorzog. Daß Adenauer, der Präsident des Parlamentarischen Rates, wegen der kürzeren Entfernung zu seinem Wohnort Rhöndorf für Bonn votierte, ist wohl nicht mehr als eine Anekdote.

Erste Bundestagswahl

Am 9. Mai war auch das Wahlgesetz zum ersten Bundestag verabschiedet worden, das noch keine 5 %-Sperrklausel und auch nur eine Stimme kannte, aber dennoch Persönlichkeits- und Listenwahl miteinander verband. Die ersten Bundestagswahlen fanden am 14. August 1949 statt und brachten bei einer Wahlbeteiligung von 78,5 % der CDU/CSU 139 Mandate (bei 31 % der Stimmen), der SPD 131 (29,2 %) und der FDP 52 Mandate (11,9 %).

Die mit der Verkündung des Grundgesetzes eingeleitete Staatsgründung wurde am 7. September 1949 mit dem Zusammentritt des neugewählten Bundestages, am 12. September mit der Wahl von Theodor Heuss (FDP) zum Bundespräsidenten (gegen Kurt Schumacher, SPD) durch die Bundesversammlung und schließlich am 15. September mit der Wahl Konrad Adenauers zum Bundeskanzler abgeschlossen.

Wahl von Bundespräsident und Bundeskanzler

Die alliierten Vorbehaltsrechte

Grundlagen

Mit der Genehmigung des Grundgesetzes durch die Alliierten hatten diese noch längst nicht alle Rechte aus ihrer Besatzungsherrschaft an den künftigen Staat abgegeben. Bereits das dritte der Frankfurter Dokumente vom 1. Juli 1948 hatte als Leitlinie formuliert: *"Die Militärgouverneure werden den deutschen Regierungen Befugnisse der Gesetzgebung, der Verwaltung und der Rechtsprechung gewähren und sich solche Zuständigkeiten vorbehalten, die nötig sind, um die Erfüllung des grundsätzlichen Zwecks der Besatzung sicherzustellen."*

Fortbestand der Besatzungsrechte

Grundlage ihres Einflusses war das am 21. September in Kraft getretene Besatzungsstatut, das die Militärregierungen durch die Errichtung von drei alliierten Hochkommissariaten ablöste. Diese Hochkommissare hatten sehr weitgehende Kontroll- und Einspruchsrechte, die bis zu einem Veto gegen die deutsche Gesetzgebung gehen konnten und die deutsche Wirtschaft ihrer Aufsicht unterwarfen.

Besatzungsstatut

Völkerrechtliche Handlungsfreiheit hatte die junge Bundesrepublik genausowenig wie das Recht auf eine eigene Außenpolitik. Am 25. Oktober 1949 aber trat die Bundesrepublik der OEEC, der Organisation für den Marshallplan, bei und nahm damit die Rechte innerhalb dieser Organisation, die bisher die alliierten Oberbefehlshaber ausgeübt hatten, selbst wahr. Das war der erste Schritt zur Mitgliedschaft in internationalen Organisationen, die der Bundesrepublik zunächst verwehrt war.

Völkerrechtliche Beschränkungen

Das Besatzungsstatut

Die Ministerpräsidenten der Länder hatten auf ihrer Konferenz in Koblenz im Juli 1948 den Alliierten Vorschläge unterbreitet, inwiefern sich deren Besatzungsrechte mit den deutschen Souveränitätsvorstellungen vereinbaren ließen. Weder sie noch der Parlamentarische Rat konnten sich jedoch in dieser Frage gegenüber den Alliierten durchsetzen. Im April 1949 vereinbarten die Westmächte auf der Außenministerkonferenz in Washington das Besatzungsstatut und verkündeten es am 12. Mai, setzten es aber erst zum 21. September, nachdem also die Bundesrepublik als Staat konstituiert war, in Kraft. Deutscher Einfluß konnte hier nicht geltend gemacht werden.

Grundlage des Besatzungsstatuts

Grundlage des Besatzungsstatuts war immer noch die Berliner Deklaration vom 5. Juni 1945 über die Übernahme der *"obersten Gewalt"* in Deutschland durch die Alliierten. Es umfaßte in 9 Punkten die Abgrenzung zwischen den alliierten Besatzungsrechten, die weiterhin, wie schon 1948 formuliert, den *"grundsätzlichen Zweck der Besatzung"* sicherstellen sollten, und dem Aufbau einer künftigen vollen deutschen Souveränität. In den Bereich der allierten Vorbehaltsrechte fielen nach Punkt 2 des Statuts u.a. Fragen der Entmilitarisierung, der Ruhrkontrolle und der Entflechtung der Wirtschaft, der gesamte Bereich der Auswärtigen Angelegenheiten und des Außenhandels, die Regelung der Besatzungskosten und schließlich die Kontrolle über die Einhaltung des Grundgesetzes und der Länderverfassungen.

"Generalvorbehalt"

Über diese ausdrücklich genannten Vorbehalte hinaus bestand noch ein "Generalvorbehalt", nach dem die *"volle Gewalt"* wieder von den Alliierten ausgeübt werden konnte, wenn die *"Sicherheit oder die Erhaltung der demokratischen Regierung"* gefährdet sein sollte, also der Notstandsfall eintrat.

Revision

Der Grundgedanke des Statuts, nicht Selbstzweck zu sein, sondern zu einer vollen deutschen Souveränität hinzuführen, schlug sich in der letzten Bestimmung nieder, daß spätestens nach anderthalb Jahren das Statut revidiert werden sollte, um *"die Zuständigkeiten der deutschen Behörden ... weiter auszudehnen"*.

Rückwirkung auf den Charakter des Grundgesetzes

Diese weitgehenden alliierten Vorbehalte hatten zur Folge, daß auch von deutscher Seite das Grundgesetz nicht als vollgültige "Verfassung" angesehen werden konnte, da es nur den Rahmen ausfüllte, den die Alliierten zur Selbstverwaltung und Selbstregierung freiließen.

Alliierte Hohe Kommission

Die Organisation der Drei-Mächte-Kontrolle übernahm eine Alliierte Hohe Kommission, die für die Westzonen an die Stelle des Alliierten Kontrollrats trat (der aber seit 20. 3. 1948 nicht mehr zusammengetreten war). Aufgabe der Kommission war die *"Ausübung der höchsten alliierten Machtbefugnisse in der Bundesrepublik Deutschland"* (Art. I,1 des Besatzungsstatuts). Sie handelte aber selbst nur in den Fällen, in denen ihre eigenen Rechte berührt war, in den anderen Fällen gab sie Weisungen an die Bundesregierung bzw. die Länderregierungen. Hochkommissare wurden John McCloy (USA), Sir Brian Robertson (Großbritannien) und André François-Poncet (Frankreich). Neben ihnen blieben die Militärbefehlshaber auf ausschließlich militärische Funktionen beschränkt.

Das Ruhrstatut

Nach dem Industrieplan von 1946 des Alliierten Kontrollrats war die industrielle Produktion Deutschlands auf 70 % der Produktion von 1936 festgelegt, die Produktion der Stahlindustrie auf 25 % des Standes von 1938. Letzteres betraf besonders das Ruhrgebiet. Was über diese Kapazitäten hinausging, sollte zerstört oder demontiert werden. Der Begriff des Ruhrgebiets war allerdings weiter gefaßt als heute üblich, er umfaßte das gesamte Industriegebiet zwischen Köln, Münster und der niederländischen Grenze.

Beschränkung der industriellen Produktion

Schon die Stuttgarter Rede des amerikanischen Außenministers Byrnes im September 1946 zeigte aber einen Kurswechsel in der Politik gegenüber der deutschen Industrie an, die Demontagen wurden in der Bi-Zone am 16. Oktober und in der französischen Zone am 7. November 1947 weitgehend reduziert. Die neue Linie in der Politik zielte jetzt auf die Schaffung einer internationalen Ruhrkontrolle, die schon auf der Londoner Konferenz zwischen den drei Westalliierten und den Benelux-Staaten im Februar und März 1948 vereinbart wurde. Mit ihr war die Einbindung der westdeutschen Wirtschaft, des Ruhrgebiets insbesondere, in eine neue westeuropäische Wirtschaftsordnung verbunden. Insofern traf sich diese Politik mit der Einsicht europäisch denkender Statsmänner wie Konrad Adenauer oder Robert Schuman, daß nationale Gegensätze und Ressentiments nur durch eine weitgehende Verflechtung der Interessen ausgeglichen werden könnten.

Reduzierung der Demontagen

Einbindung in Westeuropa

Die auf der erwähnten Londoner Sechs-Mächte-Konferenz vereinbarte Ruhrkontrolle sollte einerseits verhindern, daß das im Ruhrgebiet konzentrierte Industriepotential wieder zur Basis einer deutschen Aggression würde, amdererseits auch den deutschen Beitrag zum Wiederaufbau in Europa gewährleisten. Diesen Zielen kam das Ruhrstatut nach, das noch ohne Beteiligung deutscher Stellen zustandekam und am 28. Dezember 1948 von den drei Westalliierten und den Benelux-Staaten unterzeichnet wurde. Es sah vor, daß die Bodenschätze künftig *"nur im Interesse des Friedens genutzt werden"* und der Zugang zu ihnen *"den Ländern, die zu ihrem gemeinsamen wirtschaftlichen Wohl zusammenarbeiten, auf gleicher Grundlage offensteht"*. Deutschland sollte also von ihrer Nutzung nicht ausgeschlossen werden. Durch dieses Statut wurde eine "Internationale Ruhrbehörde" in Form eines Rates der Sechs Mächte geschaffen, deren Kontrollrechte allerdings an die Geltung des Besatzungsstatuts gebunden waren.

Ruhrstatut

Internationale Ruhrbehörde

Im Rat der Ruhrbehörde hatten die drei Westalliierten je drei Stimmen, die Benelux-Länder je eine. Bis zum Beitritt der Bundesrepublik hatte der deutsche Delegierte Beobachterstatus, aber kein Stimmrecht, nach dem Beitritt sollten ihm gleichfalls drei Stimmen zustehen. Die Ruhrbehörde hatte die Aufgabe, die

Aufgabe der Ruhrbehörde

Kohle- und Stahlproduktion des Ruhrgebiets in eine für den deutschen Verbrauch und eine für den Export bestimmte Quote aufzuteilen. Die Begrenzungen für die deutsche Stahlproduktion (1946 auf 5,6 Mill. t jährlich festgelegt, im April 1949 auf 11,1 Mill. t angehoben) blieben weiter bestehen. Deutsche Befürchtungen, ein hoher Exportanteil würde eine Befriedigung der Binnennachfrage ausschließen, wurden durch Art. 14a des Statuts zerstreut, wonach *"die wesentlichen Bedürfnisse Deutschlands"* zu berücksichtigen seien.

Deutsche Vorbehalte

Nach deutscher Ansicht hatte das Ruhrstatut schon von Anfang an den Mangel, daß Deutschland in den entscheidenden ersten Monaten keine Vertreter in die Behörde entsenden konnte, weil die staatlichen Voraussetzungen noch nicht geschaffen waren. Die inhaltlichen Vorbehalte, die zunächst einen Beitritt verhinderten, betrafen die weitgehenden Möglichkeiten des Eingriffs in die deutsche Industrie, die auch nach einem deutschen Beitritt kaum relativiert werden konnten. So konnte die Bundesrepublik weder den Vorsitz im Rat übernehmen noch hatte sie Stimmrecht in Fragen, die die Abrüstung betrafen. Auch daß die Perspektive eines gesamt-europäischen Souveränitätsverzichts fehlte, daß also auch die anderen Partner ihre Wirtschaft in eine derart gemeinsame Verfügungsmasse einbrächten, wurde bemängelt. Schließlich sah der Art. 17 b vor, daß die Kontrollrechte der Besatzungsmächte später auf andere internationale Organisationen übergehen sollten. Damit war auch in Zukunft eine internationale Kontrolle des Ruhrgebiets festgeschrieben.

Petersberger Abkommen: Beitritt der Bundesregierung

Die Bundesregierung trat nach heftigen innenpolitischen Diskussionen durch den Abschluß des Petersberger Abkommens vom 22. November 1949 mit den sechs Mächten dem Ruhrstatut bei (s. u.) und erreichte im Gegenzug eine wesentliche Kürzung der alliierten Demontage. Im Verlauf dieser Diskussionen kam es im Bundestag zu einem historisch gewordenen Zwischenruf, der die ganze Emotionalität ausdrückt, mit der diese Auseinandersetzung geführt wurde: Auf die Erklärung Bundeskanzler Adenauers, daß auch die Opposition nur vor der Alternative stehe, daß ein Vertreter in die Ruhrbehörde geschickt oder die Demontage zu Ende geführt würde, führte der Oppositionsführer Kurt Schumacher (SPD) einen Zwischenruf aus den eigenen Reihen *"Sprechen Sie als deutscher Kanzler?"* weiter und nannte Adenauer einen *"Bundeskanzler der Alliierten"*. Schumacher, der später diesen Zwischenruf nicht zurücknehmen wollte, wurde dafür für die nächsten 20 Sitzungstage von den Debatten ausgeschlossen.

Revisionsmöglichkeit

Das Petersberger Abkommen war der erste Vertrag, den die Bundesregierung mit den Alliierten frei aushandelte, und Adenauer konnte selbst hier noch die Zusicherung der Hohen Kommissare erhalten, daß auch dieses Abkommen in absehbarer Zeit überprüft und gegebenenfalls revidiert werden würde.

Die Gründung der DDR

Flexibilität der sowjetischen Deutschlandpolitik

Wie bereits oben dargestellt, blieb die Sowjetunion in ihrer Deutschlandpolitik noch recht lange flexibel. Auf der einen Seite versuchte sie, indem sie im Hinblick auf die künftige Organisation Deutschlands vollendete Tatsachen schuf, die anderen Alliierten auf ihre Linie festzulegen, andererseits vermied sie alles, was auf eine alleinige Einbeziehung ihrer Besatzungszone in ihren Machtbereich hindeuten hätte können. Ihr Maximalziel war ganz Deutschland, und sei es auch "nur" unter einem entmilitarisierten und neutralisierten Status. Die nächste Ebene ihrer Politik bestand aus Eingriffs- und Kontrollrechten in ganz Deutschland, was besonders in der Frage der Ruhrkontrolle und der Währungsreform zum Ausdruck kam. Erst wenn diese beiden Möglichkeiten versperrt waren, rückte die Organisation der sowjetischen Besatzungszone als eigener Staat in den Blickpunkt.

Dominanz der KPD

Die Sowjetunion ließ vor allen anderen Alliierten bereits am 10. Juni 1945 politische Parteien in ihrer Zone zu. Es entspricht der massiven Unterstützung, die sie den Kommunisten zukommen ließ, daß die KPD am darauf folgenden Tag wiedergegründet wurde. Schon vorher konnten jedoch "linientreue" Kommunisten (unter ihnen Walter Ulbricht), die in Moskau die stalinistischen Säuberungen überstanden hatten und jetzt im Gefolge der Roten Armee nach Deutschland kamen, auf Anweisung der Armeeführung die Schlüsselpositionen in der deutschen Zivilverwaltung besetzen. So wurde am 14. Mai 1945 vom sowjetischen Stadtkommandanten ein Magistrat für Groß-Berlin eingesetzt, in dem (bei 16 Mitgliedern) 8 Kommunisten die wichtigsten Positionen innehatten.

Einheitsfront (Antifa-Block)

Nachdem am 5. Juli die LDPD als vierte Partei gegründet war, schlossen sich diese vier Parteien – KPD, SPD, CDU und LDPD – zur *"Einheitsfront der antifaschistisch-demokratischen Parteien"* (Antifa-Block) zusammen, um den politischen Wiederaufbau Deutschlands gemeinsam in die Wege zu leiten. Da der gemeinsame Block-Ausschuß nur einstimmig Beschlüsse fassen konnte, war die KPD vor gegen sie gerichteten Koalitionen oder anderen Bündnissen geschützt.

Vereinigung von SPD und KPD zur SED

In der Absicht, das Potential der SPD als Massenpartei für die politische Ordnung in der SBZ zu nutzen und die KPD aus ihrem Minderheitenstatus herauszuführen, verlangten KPD und sowjetische Besatzungsmacht den Zusammenschluß der beiden Arbeiterparteien zu einer sozialistischen Einheitspartei. Unter massivem Druck der Besatzungsbehörden gab die SPD-Führung unter Otto Grotewohl nach und willigte am 10. Februar 1946 in die Vereinigung mit der KPD ein. Auf dem Vereinigungsparteitag am 20. und 21. April 1946 wurde schließlich die Verschmelzung zur SED

(Sozialistische Einheitspartei Deutschlands) vollzogen. Die anfänglichen ideologischen und personellen Zugeständnisse an die SPD wurden jedoch bald zurückgenommen.

1989: PDS

Im Zug der "Wende" in der DDR lehnte der Sonderparteitag der SED im Dezember 1989 zwar die Selbstauflösung ab, änderte jedoch den Parteinamen zunächst in SED-PDS ("Partei des demokratischen Sozialismus"), dann in PDS allein. Der sprachliche Anklang an Sozialdemokratie und SPD war offenbar beabsichtigt.

SPD in Berlin

SPD in der DDR

In Berlin konnte die SPD auf Grund des Viermächtestatus der Stadt ihre Selbständigkeit wahren; in den Westsektoren ergab eine Urabstimmung der Mitglieder eine überwältigende Ablehnung einer Vereinigung (82 %). Im Ostsektor blieb die Partei nominell noch bis 1961 bestehen und löste sich dann auf. Nach der November-Revolution 1989 in der DDR wurde auch eine neue sozialdemokratische Partei SDP gegründet, die sich in die Tradition der Sozialistischen Internationale stellte. Sie nahm bald darauf den Namen der bundesdeutschen SPD an und wählte in bewußter Betonung der deutschen Einheit Willy Brandt zu ihrem Ehrenvorsitzenden.

Rolle der Blockparteien

Unter der Dominanz der KPD, später der SED, ging der Einfluß und das reale politische Gewicht der Blockparteien zurück (im Volksmund bald "Blockflöten" genannt); die Parteien selbst wurden willige Hilfsorgane der SED, obwohl viele mit dem Eintritt in eine von ihnen den Eintritt in die SED vermeiden konnten.

Massenorganisationen

Parallel zum Aufbau der Parteien ging der Aufbau der Massenorganisationen vor sich, die bald die Alleinherrschaft der Kommunisten pseudo-pluralistisch verbrämen sollten. So wurden die Sozialdemokraten bald nach der Gründung des "Freien Deutschen Gewerkschaftsbundes" (15. 6. 1945), der die alte Spaltung der Arbeiterbewegung (Allgem. Dt. Gewerkschaftsbund, christl. Gewerkschaften, Hirsch-Dunckersche Gewerkvereine) überwinden sollte, durch die Kommunisten zurückgedrängt. Auch die Ende Juli 1945 genehmigten "Jugendausschüsse", die die spätere "Freie Deutsche Jugend" (FDJ) vorbereiteten, standen von Anfang an unter dem Einfluß kommunistischer Funktionäre (Erich Honecker).

Schlüsselstellungen für die KPD

Wie in den lokalen Verwaltungen erhielten die Kommunisten auch in den schon im Juli 1945 von der SMAD gegründeten "Zentralverwaltungen" Schlüsselstellungen, wohl mit der Absicht, diese Positionen bei der Übernahme dieser Verwaltungsorgane für alle Besatzungszonen beizubehalten. Der Aufbau dieser Verwaltung ging Hand in Hand mit der rigorosen Entfernung aller Nationalsozialisten aus dem öffentlichen Leben. Die Entnazifizierung betraf so über 500 000 Personen und wurde gründlicher durchgeführt als in den Westzonen.

Demontagepolitik der UdSSR

In der Demontagepolitik verfolgte die UdSSR konsequenter als die Westmächte ihren eigenen Vorteil. Angesichts des bevorstehenden Einzugs der Westalliierten in die Berliner Westsektoren demontierten die Sowjets zunächst hier die Industrieanlagen und später erst die des Ostsektors. Die Demontage der Industrieanlagen umfaßte bis Ende 1946 über 1000 Betriebe, vor allem wurde – was die Transportkapazitäten erheblich einschränkte – fast überall das zweite Bahngleis abgebaut. Die 200 wichtigsten und größten Betriebe (mit einem Produktionsanteil von 25 %) gingen als "Sowjetische Aktiengesellschaften" in den Besitz der Sowjetunion über. Angaben über die Reparationsleistung der DDR an die Sowjetunion schwanken zwischen 66 Milliarden Mark (westliche Schätzung) und 18 Milliarden (eigene Angaben der DDR).

Bodenreform

Tief in das wirtschaftliche und gesellschaftliche Gefüge der SBZ griff die Bodenreform ein, bei der über 3 Millionen ha oder 35 % der landwirtschaftlichen Nutzfläche enteignet wurden. Zwei Drittel dieser Fläche wurden an Landarbeiter, Umsiedler und Kleinbauern verteilt, was jedoch in aller Regel zu wenig war, um rentabel wirtschaften zu können. Der Zusammenschluß zu Landwirtschaftlichen Produktionsgenossenschaften (LPG), wie er seit 1952 betrieben wurde, war also bereits vorgezeichnet. Auch der Handel wurde mit der Gründung einer Staatlichen Handelsorganisation (HO) im Oktober 1948 dem staatlichen Einfluß unterworfen.

Verstaatlichung der Schwerindustrie

Mit der Verstaatlichung der Schwerindustrie im Sommer 1946 ging die SMAD einen weiteren Schritt weg von der Potsdamer Vereinbarung, Deutschland in wirtschaftlicher Hinsicht als Einheit zu behandeln. Diese Verstaatlichung betraf bis zum Frühjahr 1948 über 10 000 Unternehmen, die damals bereits 40 % der Produktion deckten. Die Wirtschaft war damit frei für eine Umstellung auf "Volkseigene Betriebe" (VEB) und staatliche Planung.

Wahlergebnisse in der SBZ

In den ersten Gemeindewahlen (am 1. 9. 1946 in Sachsen) errang die SED durch die Unterstützung der SMAD und die Behinderung anderer Parteien 53 % der Stimmen (LDPD 22 %, CDU 21 %). Auch die Gemeindewahlen in Thüringen und Sachsen-Anhalt am 9. September zeigten ein ähnliches Bild, das nur durch größere Städte, wo die SED in der Minderheit blieb, relativiert werden konnte. Dieses Ergebnis setzte sich auch in den Kreis- und Landtagswahlen am 20. Oktober 1946 fort, in denen LDPD und CDU zusammen mehr Stimmen als die SED erhielten. Die Wahlen zum Berliner Magistrat jedoch, bei denen die SPD frei kandidieren konnte, zeigten die wahre Stärke der SED, die im gesamten Stadtgebiet lediglich auf 19,8 % der Stimmen kam. Die SPD errang dagegen 48,7 %, die CDU 22,1 %, die Liberalen 9,4 %.

"Deutscher Volkskongreß"

Ein weiterer Schritt der SED auf dem Weg zur politischen Alleinherrschaft war die Einberufung eines "Deutschen Volkskongresses" am 6./7. Dezember 1947, zu dem Parteien und Massenorganisationen Delegierte entsandten. Der erste Volkskongreß war nicht auf die SBZ beschränkt, etwa ein Drittel der Mitglieder kam aus den Westzonen. Ziel des Volkskongresses sollte sein, eine Stellungnahme zur Londoner Außenministerkonferenz (25. 11.–15. 12. 1947) abzugeben, was in Wirklichkeit hieß, die sowjetische Haltung zu unterstützen. In der ablehnenden Haltung der CDU zu diesem Volkskongreß zeigten sich die wachsenden Spannungen zwischen ihr und der SMAD, die dann am 20. Dezember zur Absetzung von Jacob Kaiser und Ernst Lemmer von der Parteiführung führten.

"Stalinisierung" der SED

Mit der Verhärtung des ideologischen Kurses der Sowjetunion, die sich besonders in den Spannungen zwischen Stalin und dem jugoslawischen Parteichef Tito und in der Gründung des Kominform im September 1947 zeigte, mußte auch die SED auf den orthodoxen Kurs Moskaus einschwenken. "Säuberungen" innerhalb der Partei, die Abschaffung der mit der SPD vereinbarten paritätischen Besetzung und die Ablehnung eines besonderen deutschen Weges zum Sozialismus machten aus der SED eine Partei streng stalinistischen Zuschnitts. Der "Demokratische Zentralismus", also die strikte Unterordnung unter die jeweilige Führung, wobei Wahlen zur rein akklamatorischen Bestätigung wurden, wurde auf der 1. Parteikonferenz der SED im Januar 1949 zum Prinzip des Parteiaufbaus erhoben. Gleichzeitig übernahmen ein Politbüro, ein Parteisekretariat und ein Zentralkomitee nach sowjetischem Muster die Führung der Partei. Das Bekenntnis zur "führenden Rolle der Sowjetunion" wurde verpflichtend.

2. Volkskongreß und Gründung der DDR

Der im März 1948 zusammengetretene 2. Deutsche Volkskongreß, dem nach dem Verbot der Volkskongreßbewegung in den Westzonen nur noch Mitglieder aus der SBZ angehörten, wählte die 400 Mitglieder des Deutschen Volksrats, in dessen Präsidium die Parteien und Massenorganisationen der Zone vertreten waren. Auch der 3. Volkskongreß im Mai 1949 wählte seinerseits den (2.) Deutschen Volksrat und nahm am 30. Mai 1949 einen von der SED ausgearbeiteten Entwurf einer Verfassung an. Auf deren Grundlage konstituierte sich am 7. Oktober 1949 in Ostberlin der Volksrat als "Volkskammer", die die Verfassung des Volksrates ratifizierte. Damit war die Deutsche Demokratische Republik gegründet.

Die Bundesrepublik Deutschland

Das Grundgesetz

Erfahrungen mit der Weimarer Verfassung

Das im Mai 1949 beschlossene Grundgesetz verarbeitet die Erfahrungen, die man mit der Verfassung der Weimarer Republik und ihren Mängeln gemacht hatte. Insofern konnten die Mitglieder des Parlamentarischen Rates ihre Vorstellungen von einer künftigen politischen Struktur des westdeutschen Staates verwirklichen.

Bundesstaatliche Struktur

Das Grundgesetz knüpft an die bundesstaatliche Struktur der Weimarer Republik an (1934 im 2. Ermächtigungsgesetz beseitigt) und erklärt die Bundesrepublik zu einem Bundesstaat (Art. 20,1), dessen Staatsgewalt beim Volk liegt (Art. 20,2). Die Priorität der Gesetzgebung liegt bei den Ländern (Art. 70,1), die Gesetzgebung des Bundes ist ausschließlich in konkurrierenden Fällen (nach Art. 72) übergeordnet, sonst auf die Fälle beschränkt, die im Grundgesetz selbst ausdrücklich genannt sind (Art. 70,1 und 73). Diese Priorität der Länder setzt sich im Bereich der Exekutive fort, wo der Bund selbst nur wenige ausführende Organe (Zoll, Bundesgrenzschutz) hat.

Gesetzgebung des Bundes

Die Gesetzgebung des Bundes liegt beim Bundestag, der von den wahlberechtigten Bundesbürgern in freier, gleicher, allgemeiner und geheimer Wahl gewählt wird. Dasselbe gilt für die Landesparlamente.

Bundesrat

Die Länder wirken über den Bundesrat an der Gesetzgebung mit. Dieser ist keine zweite Kammer des Parlamentes (wie z. B. der französische oder US-amerikanische Senat), sondern die Vertretung der Länder beim Bund; er setzt sich aus den Mitgliedern der Landesregierungen bzw. ihren stimmberechtigten Vertretern zusammen, wird also weder von der Bevölkerung der Länder noch von den Landtagen gewählt. Sind Gesetze an die Zustimmung des Bundesrates gebunden, kann er den Beschluß des Bundestages zurückweisen (d. h. das Gesetz ablehnen) bzw. eine Änderung verlangen. Bei Gesetzen, die nicht die Zustimmung des Bundesrates brauchen, muß der Bundestag mehrheitlich den Einspruch zurückweisen.

Grundrechte

Den rechtsstaatlichen Charakter der Bundesrepublik garantieren zunächst die den eigentlichen Verfassungsbestimmungen vorangestellten Grundrechte, die nicht mehr nur deklamatorischen Charakter haben, sondern unmittelbar geltendes Recht bilden (und damit einklagbares Recht sind). Sie dürfen in keinem Fall, auch nicht durch die Änderung des Grundgesetzes selbst, in ihrem *"Wesensgehalt angetastet werden"*. Die *"verfassungsmäßige Ordnung"* bindet die Legislative, deren Gesetze wiederum *("Gesetz und Recht")* sind für Exekutive und Justiz verpflichtend. Darüber hinaus werden ausdrücklich *"die allgemeinen Regeln des Völkerrechts"* zum unmittelbar bindenden Recht erhoben (Art. 25). Die Erfahrung mit dem Widerstand im Dritten Reich und dem Gewissenskonflikt, in dem viele Widerstandskämpfer standen, floß in den Art. 20,4 ein, der das Widerstandsrecht *"gegen jeden, der es unternimmt, diese Ordnung zu beseitigen"*, festschreibt.

Repräsentative Demokratie Bundeskanzler

Das Regierungssystem der Bundesrepublik ist das der mittelbaren, d. h. repräsentativen Demokratie. Erfahrungen aus der Zeit der Weimarer Republik haben die Verfassungsväter bewogen, die Mitwirkung des Volkes auf die Wahl des Bundestages zu beschränken. Darüber hinaus sieht das Grundgesetz keine unmittelbare Mitwirkung vor. Der gewählte Bundestag seinerseits wählt den Bundeskanzler, der die Minister bestimmt. Der Bundeskanzler kann nur über das *"konstruktive Mißtrauensvotum"* gestürzt werden, d. h. wenn sich gleichzeitig im Bundestag eine Mehrheit für die Wahl eines neuen Kanzlers findet. Auch hier flossen Erfahrungen aus der Weimarer Republik ein, die allerdings schon im "Kreisauer Kreis" erörtert wurden. Die starke Stellung des Kanzlers soll ihn für "destruktive" Mehrheiten unangreifbar machen.

Parteien

Die Rolle des Volkes im politischen Willensbildungsprozeß ist dennoch gewahrt, indem nach Art. 21 die Parteien ein verfassungsmäßig garantiertes Mitwirkungsrecht haben. Diese Kanalisierung der Individualinteressen, verbunden mit einem Wahlrecht, das Verhältnis- und Mehrheitswahl verbindet, den Einzug ins Parlament aber von einer bestimmten Stimmenzahl (5 %-Klausel) abhängig macht, soll eine Aufsplitterung der politischen Kräfte verhindern und ein stabiles Regierungssystem gewährleisten. Die Ausformung zweier großer Massenparteien in der Bundesrepublik schien bisher dieser Verfassungskonstruktion recht zu geben. Diese können sich einerseits nicht so profilieren und voneinander abgrenzen, daß eine von ihnen die absolute Mehrheit erreichte, andererseits ist in der über vierzigjährigen Geschichte der Bundesrepublik noch keine Bundesregierung bei einer Bundestagswahl abgewählt worden. Alle Regierungswechsel (1966, 1969, 1981) waren das Ergebnis von Koalitionswechseln innerhalb einer Legislaturperiode.

Bundespräsident

Der Bundespräsident hat rein repräsentative Aufgaben, er wird von der Bundesversammlung (Bundestag und gleiche Anzahl Mitglieder der Landesparlamente) gewählt. Er steht von der Definition seines Amtes her über den Parteien, weshalb Amt und Person des Präsidenten auch der direkten Volkswahl und damit dem Wahlkampf (wie in der Weimarer Republik oder in Frankreich) entzogen sind. Der Bundespräsident schlägt dem Bundestag den Bundeskanzler zur Wahl vor und ernennt ihn. In der politischen Praxis geht natürlich dieses "Vorschlagsrecht" auf intensive Kontakte, hauptsächlich mit der Regierungskoalition, zurück.

Auch die Bundesminister ernennt er auf Vorschlag des Bundeskanzlers, der in deren Auswahl nicht an die Regierungskoalition gebunden ist.

Die Einhaltung der Bestimmungen des Grundgesetzes wird vom Verfassungsgericht kontrolliert, dessen Spruch für die Bundesorgane zwingend ist.

Verfassungsgericht

Das "Provisorium": Die Bundesrepublik 1949–1966

Der Staat als "Provisorium"

Grundsätze der Politik

Das Ziel der Bundesregierung mußte es nach der Gründung des Staates sein, einerseits die außenpolitische Handlungsfreiheit zurückzugewinnen, andererseits die vorenthaltene nationale Einheit zu verwirklichen. Daß diese Ziele nur innerhalb einer auf Frieden gerichteten Politik zu verwirklichen waren, verstand sich auch ohne den Einfluß der Alliierten von selbst. Grundfrage war, ob diese Ziele innerhalb oder außerhalb einer westeuropäischen Integration zu verwirklichen waren. Die politische Argumentation der 50er Jahre fragte daher bei jeder Entscheidung, ob sie die Spaltung Deutschlands zementiere oder ein Schritt sei in Richtung auf die Wiedervereinigung.

Ziele: außenpolitische Handlungsfreiheit und nationale Einheit

Spätestens seit der Berlin-Blockade war klar, daß von einem Zusammenwirken der vier Alliierten in der Deutschland-Frage keine Rede mehr sein konnte. Folgerichtig hatte daher auch der Berliner Bürgermeister Ernst Reuter im Juli 1948 darauf verwiesen, daß die Spaltung bereits eine Tatsache sei und keine bloße Gefahr mehr.

Spaltung eine Tatsache

Selbstverständnis des Staates

Nach dem Willen der westdeutschen Ministerpräsidenten, wie er Grundlage der Koblenzer Beschlüsse vom Juni 1948 war, sollte der neue Staat nur ein Provisorium, eine Übergangslösung bis zur Wiedererrichtung des gemeinsamen deutschen Staates sein. Dem entsprach es, daß nicht, wie von den Alliierten ursprünglich gefordert, eine "Nationalversammlung" zusammentrat, um eine "Verfassung" zu beschließen, die dann in einer Volksabstimmung ratifiziert würde, sondern daß ein "Parlamentarischer Rat" ein "Grundgesetz" ausarbeitete, das dann die Landtage (als demokratisch legitimierte Organe) annahmen.

Provisorium

Verhältnis zum "Deutschen Reich"

Kernfrage der staatlichen Existenz der Bundesrepublik ist ihr Verhältnis zu dem Deutschen Reich, das 1871 gegründet wurde und 1945 militärisch kapitulierte. Dieses Deutsche Reich überdauerte jedenfalls die militärische Kapitulation vom 7./8. Mai und auch die Gefangennahme der Reichsregierung am 23. Mai 1945. Die Alliierten erklärten in keiner ihrer Verlautbarungen das Deutsche Reich für erloschen, im Gegenteil – die Erklärung von 5. Juni 1945 weist ausdrücklich den Siegermächten die *"oberste Gewalt hinsichtlich Deutschlands, einschließlich aller Befugnisse der deutschen Regierung"* zu, einschließlich auch des Rechts, *"zu einem späteren Zeitpunkt die Grenzen Deutschlands oder eines Teils von Deutschland sowie den Status Deutschlands"* festzulegen. Auf den definitiven Umfang des fortexistierenden Deutschen Reiches aber haben sich die Alliierten in keiner einzigen ihrer Erklärungen festgelegt.

Staatsrechtliche Kontiniutät

Nach der Gründung von Bundesrepublik und DDR mußte deren Verhältnis zum alten Deutschen Reich geklärt werden. Hierfür gibt es in der Theorie des Staatsrechts mehrere Möglichkeiten: Die erste Möglichkeit besteht darin, daß das Deutsche Reich de facto erloschen ist, und zwar entweder durch Aufspaltung in zwei Teile (Dismembration) oder durch Abspaltung des einen Teils vom anderen (Separation); die zweite Möglichkeit wäre, daß das Reich fortbestand, dann aber hätte geklärt werden müssen, welcher der beiden Staaten es fortsetzte (Kontinuitätsproblem). Auch die Separation der DDR vom Gesamtverband konnte aber den Rest in staatsrechtlicher Kontiniutät fortbestehen lassen. Diese Statusfragen ließen sich indessen nicht juristisch, sondern nur politisch lösen.

Identitätstheorie

Teilidentität

Teilordnungslehre

Für die praktische Umsetzung dieser Theorie in die Wirklichkeit boten sich mehrere Modelle an: Die sog. Identitätstheorie geht davon aus, daß der jeweils eigene Staat das alte Reich rechtmäßig fortsetzte, wobei die Staatsorgane jeweils auf ihren eigenen Bereich beschränkt waren. Sie wurde mit dem Beriff der "Teilidentität" auf die Bundesrepublik bezogen schärfer gefaßt: Die Bundesrepublik setzte das Deutsche Reich nur innerhalb des Geltungsbereichs des Grundgesetzes fort, das Gebiet der DDR gehörte zwar ebenfalls zum Reich, befand sich aber (zeitweilig) in einer anderen Organisationsform. Die Kernstaatstheorie sah die Bundesrepublik allein als mit dem Deutschen Reich identisch an, dieses war demnach auf den Geltungsbereich des Grundgesetzes zusammengeschrumpft. Die Teilordnungslehre dagegen geht von der Voraussetzung aus, daß innerhalb des (fortbestehenden) alten Reiches sowohl die Bundesrepublik als auch die DDR verschiedene Ordnungen verwirklicht haben, die prinzipiell gleichberechtigt waren. Beide Regierungen blieben dem Interesse des Gesamtstaates verpflichtet.

Im einzelnen wurde die Identitätsfrage vom Bundesverfassungsgericht in einem Urteil zum Grundlagenvertrag mit der DDR vom 31. Juli 1973 folgendermaßen formuliert:

Urteil des Bundesverfassungsgerichts

1. Das Deutsche Reich hat den Zusammenbruch von 1945 überdauert und ist nicht untergegangen.
2. Das Deutsche Reich ist rechtsfähig, aber, weil es keine Staatsorgane hat, nicht handlungsfähig.
3. Mit der Errichtung der Bundesrepublik wurde kein neuer Staat gegründet, sondern ein Teil des alten Staates neu organisiert. Die Bundesrepublik ist also kein "Rechtsnachfolger" des Deutschen Reiches, sondern als Staat identisch mit dem Staat "Deutsches Reich".
4. In bezug auf die räumliche Ausdehnung ist diese Identität eine "Teilidentität", so daß der andere Teil nicht ausgeschlossen wird.
5. Die Bundesrepublik geht aus von der Existenz eines einheitlichen Staatsvolkes, zu dem die Bevölkerung der Bundesrepublik gehört, und eines einheitlichen Staatsgebietes Deutsches Reich", zu dem gleichfalls das Gebiet der Bundesrepublik als nicht abtrennbarer Bestandteil gehört.

Deutschland "in den Grenzen von 1937"?

BVG-Urteil

In Ermangelung eindeutiger Verfügungen durch die Alliierten ging die Bundesrepublik bis zum Deutschlandvertrag 1990 offiziell nicht nur von der Fortexistenz des Deutschen Reiches aus, sondern auch von der Fortexistenz in den Vorkriegsgrenzen, d. h. im Stand vom 31. Dezember 1937. Jenes legte das Bundesverfassungsgericht seinem Urteil vom 31. Juli 1973 zum Grundlagenvertrag mit der DDR zu Grunde, dieses seinem Beschluß zu den Ostverträgen vom 7. Juli 1975 *("Gebiete östlich von Oder und Neiße ... ebenso wie das übrige Reichsgebiet in den Grenzen vom 31. 12. 1937").* Dazu sind jedoch einige Punkte aus den vorstehenden Ausführungen zu wiederholen und zu betonen:

Ausschließende Beschreibung

Wenn in den Verhandlungen und Verträgen der Alliierten von *"Deutschland in den Grenzen von 1937"* die Rede ist, dann allein in dem Zusammenhang, daß festgestellt wird, was nicht dazugehört: das sind alle Erwerbungen und Annexionen von 1938 bis 1940. Eine völkerrechtlich verbindliche Definition der Grenzen war mit dieser Verwaltungsvereinbarung nicht getroffen. Damit haben die Alliierten aber kraft ihres Rechts als Sieger klar alle Ansprüche auf Österreich, das Sudetenland und das Memelgebiet abgewiesen.

Potsdamer Konferenz

Auf der Potsdamer Konferenz im Juli und August 1945 konnten die Alliierten keine Einigkeit darüber erzielen, was genau unter "Deutschland" zu verstehen sei. Nach Stalins Ansicht hatte sich der territoriale Bestand "Deutschlands" im Gefolge der Kriegsereignisse verändert, und weder Truman noch Churchill (dann Attlee) waren in der Lage, ihn auf ihre Interpretation festzulegen. Auch anläßlich der Ostverträge 1970/72 gibt es keine übereinstimmende Erklärung der vier Mächte zum Umfang des Begriffs "Deutschland".

Gebiete östlich von Oder und Neiße

Die Zuweisung der Gebiete östlich der Oder an Polen zur Entschädigung für dessen Verluste im Osten entsprach durchweg dem Willen sowohl Churchills als auch Roosevelts. Sie wurde erst im weiteren Verlauf der Reparations-Diskussionen wieder kritisiert, als die USA die Berechnung der Reparationen auf der Grundlage *"Deutschlands von 1937"* forderten. Stalin setzte sich allein in diesem Punkt über diese mehrfach bekundete Absicht hinweg, als er auch die Gebiete zwischen Lausitzer Neiße und Oder an Polen überwies. Diese von der Sowjetunion im Vorgriff geschaffenen Tatsachen erkannte US-Außenminister Byrnes im Auftrag seiner Regierung auf der Sitzung der Potsdamer Konferenz am 31. Juli 1945 an: *"In Anbetracht dessen sind die drei Mächte übereingekommen, daß die Verwaltung dieses Territoriums in den Händen Polens bleibt, damit es hinsichtlich des Status dieses Territoriums keine Differenzen mehr gibt."* Die Frage einer noch verbleibenden Souveränität Deutschlands über diese Gebiete wurde auf der Konferenz nicht berührt.

Ablösung vom Gebiet der SBZ

Die Herauslösung der Gebiete jenseits von Oder und Neiße aus der sowjetischen Besatzungszone im Artikel 9 des Potsdamer Protokolls ist gleichzeitig eine Herauslösung aus der Zuständigkeit der Vier Mächte für Gesamtdeutschland.

Begriff der Verwaltung

Der im Potsdamer Protokoll verwendete Begriff der (polnischen) *"Verwaltung"*, der die Ostgebiete unterstellt werden, ist nicht so scharf eingrenzbar, wie es zunächst den Anschein hat. Eine Verwaltung zu errichten ist im allgemeinen ein hoheitlicher Akt in der Ausübung von Souveränität. Souveränitätsvorbehalte sind dabei ausdrücklich festzustellen (frz. Verwaltung im Saargebiet 1920 bis 1935, südafrikanische Verwaltung in Namibia). Im übrigen sind im Amerikanischen die Begriffe *"Regierung"* und *"Verwaltung"* identisch *(administration)* und auch im Russischen eng miteinander verwandt *(pravitelstwo – upravlenje)*. Dieser Status einer "vorläufigen Souveränität" wird auch darin sichtbar, daß im Potsdamer Protokoll ausdrücklich von den *"früheren deutschen Gebieten"* östlich von Oder und Neiße die Rede ist.

Abschließende Regelung im "2 + 4-Vertrag"

Europäische Lösung

Mit der Wiedervereinigung und dem Deutschlandvertrag 1990 haben die Bundesregierung und die (noch amtierende) Regierung der DDR formell die Zugehörigkeit der Ostgebiete zu Polen bzw. zur UdSSR bestätigt; damit ist der politische Begriff "Deutschland" definitiv auf das Gebiet der "neuen" Bundesrepublik (Bundesrepublik plus DDR) begrenzt. Die vom Grundgesetz formulierte Vollendung *"der Einheit und Freiheit Deutschlands"* sollte aber auch über die bloß nationalstaatliche Perspektive hinausgehen und im Hinblick auf die Öffnung oder gar Beseitigung aller Grenzen in Europa den veränderten Bedingungen am Ende des 20. Jahrhunderts entsprechen.

Die Westintegration

Die Westeuropa-Konzeption Adenauers

Adenauers Pläne 1919

Schon unmittelbar nach dem Ersten Weltkrieg hatte der damalige Kölner Oberbürgermeister Konrad Adenauer den Plan verfolgt, das rheinisch-westfälische Industriegebiet aus der politischen Verbindung zu Preußen zu lösen und unter einem Autonomiestatut mit der Wirtschaft Frankreichs und Belgiens zu verflechten. Sein Argument war, daß Sicherheit und Vertrauen nur dann wachsen könnten, wenn die wirtschaftlichen und politischen Interessen so eng miteinander verknüpft und verwoben seien, daß eine Verletzung der Interessen des anderen auch eine Gefahr für die eigenen Interessen bedeuten würde. Die von ihm geführten Geheimverhandlungen mit Vertretern Frankreichs kamen weder 1919 noch 1923 zum Zug.

Wiederaufleben der Weststaats-Pläne

Adenauer sah sich indessen durch die politische Entwicklung, durch den dritten Krieg mit Frankreich innerhalb eines Jahrhunderts in seiner Auffassung bestätigt. Es lag nahe, nach dem verlorenen Zweiten Weltkrieg, der Frankreichs Sicherheitsinteressen nur verstärkt haben mußte, an diese Konzeption anzuknüpfen. Dazu kommt, daß gerade im rheinisch-katholischen Raum die Aversion gegen "das Preußische", das von Berlin ausging, eine latent vorhandene Konstante der Politik und des Bewußtseins bildete. Adenauer nahm bereits von August bis Oktober 1945 Verbindung zu französischen Militärs auf und entwickelte die Vorstellung von einer Konföderation westdeutscher Staaten, die vor allem eine voneinander unabhängige Außenpolitik treiben dürften. Der Erfolg blieb Adenauer indessen noch durch die anderweitigen Pläne der Alliierten verwehrt.

Das Petersberger Abkommen

Rückgewinnung der politischen Handlungsfreiheit

Das erste Ziel der Bundesregierung mußte sein, die durch Besatzungs- und Ruhrstatut eingeschränkte politische Handlungsfreiheit zurückzugewinnen. Das konnte nach Bundeskanzler Adenauers Ansicht nur durch eine Politik erreicht werden, die in verstärktem Maß um Vertrauen warb und die Integration der Bundesrepublik in die westeuropäische Staatengemeinschaft förderte. Erster Schritt auf diesem Weg war der Abschluß des Petersberger Abkommens am 22. November 1949, mit dem die Bundesrepublik dem Ruhrstatut beitrat. Dieses Abkommen sollte, wie auch das Besatzungsstatut, innerhalb von ein oder zwei Jahren in seinen Vertragsbestimmungen revidiert werden.

Petersberger Abkommen

Das Petersberger Abkommen sah eine erhebliche Einschränkung der Demontagen vor. Von den immer noch 744 zur Demontage vorgesehenen Betrieben blieben nur noch einige wenige übrig. Mit der Unterzeichnung konnte die Bundesrepublik internationalen Organisationen beitreten und erhielt das Recht, konsularische Beziehungen zu anderen Staaten aufzunehmen, d. h. also das Recht, sich bei anderen Staaten selbst zu vertreten und die Rechte der Deutschen im Ausland selbst zu wahren. Im weiteren Verlauf trat die Bundesrepublik am 15. Dezmber 1949 durch die Unterzeichnung des ERP-Abkommens mit den USA als 17. Mitgliedsstaat der OEEC bei, als deren Mitglied sie über die Verwendung der Marshall-Plan-Gelder mitbestimmen konnte. 1950 wurde sie als assoziiertes Mitglied in den Europarat aufgenommen, nachdem der Bundestag am 15. Juni dieses Jahres den Beitritt beschlossen hatte.

Die Montanunion

Schuman-Plan

Der Anstoß zur Weiterentwicklung der Verhältnisse im Sinne eines von Deutschland schon 1949 angemahnten Souveränitätsverzichts auf wirtschaftlichem Gebiet kam aus Frankreich. Der Leiter des französischen Planungsamtes, Jean Monnet, und der französische Außenminister Robert Schuman arbeiteten einen Plan aus, der die Kohle- und Stahlproduktion Deutschlands, Frankreichs, der Benelux-Länder und Italiens aus der alleinigen nationalen Zuständigkeit herausnahm und in einer "Europäischen Gemeinschaft für Kohle und Stahl", Montan-Union genannt, zusammenfaßte. Schuman gab ihn in einer Erklärung der französischen Regierung am 9. Mai 1950 bekannt. Er betonte in dieser Erklärung, die europäische Einigung erfordere, *"daß der jahrhundertealte Gegensatz zwischen Deutschland und Frankreich ausgelöscht wird"* und schlug vor, *"die Gesamtheit der französisch-deutschen Kohlen- und Stahlproduktion unter eine gemeinsame Hohe Behörde zu stellen, in einer Organisation, die den anderen europäischen Ländern zum Beitritt offensteht"*.

Neuordnung der Kohle- und Stahlproduktion

Der Hauptpunkt des angestrebten Abkommens bestand darin, daß Kohle und Stahl zu gleichen Bedingungen nach Frankreich und Deutschland sowie in alle beteiligten Länder geliefert würden. Das setzte eine Auflösung der Internationalen Ruhrbehörde voraus, was zwar im deutschen, nicht aber im französischen Interesse lag. Im Gegenzug dazu mußte sich die Bundesregierung zu einer Neuordnung der Kohle- und Stahlproduktion bereiterklären: Die Zahl derjenigen Unternehmen, die gleichzeitig Kohle und Stahl produzierten, wurde auf 11 begrenzt, die 12 großen Eisen- und Stahlgesellschaften der Ruhr wurden in 24 Gesellschaften "entflochten". Das hatte zur Folge, daß nur noch 15 % der deutschen Kohleproduktion unter der Kontrolle der Stahlindustrie standen, während dieser Anteil vor dem Krieg bei 56 % lag.

Mit der Unterzeichnung des Abkommens am 18. April 1951 und seinem Inkrafttreten im Juli 1952 war der Schritt vollzogen, den Adenauer schon 1919 als Grundkonzept der westeuropäischen Integration erkannt hatte. Das Ruhrstatut war damit abgelöst, die Internationale Ruhrbehörde konnte bis Februar 1953 aufgelöst werden.

Ablösung des Ruhrstatuts

Organe der "Europäischen Gemeinschaft für Kohle und Stahl" waren zunächst die Hohe Behörde als Träger der überstaatlichen Autorität, deren Beschlüsse verbindlich waren, der Ministerrat, der die Wirtschaftspolitik der Mitgliedsländer mit den Beschlüssen und Empfehlungen der Hohen Behörde abzustimmen hatte, und der Beratende Ausschuß zur Unterstützung der Hohen Behörde. Die Gemeinsame Versammlung war ein Instrument parlamentarischer Kontrolle und setzte sich aus 78 Delegierten der nationalen Parlamente zusammen. Die Hohe Behörde war gegenüber der Gemeinsamen Versammlung zum Bericht und zur Vorlage ihres Haushaltsplans verpflichtet, die Gemeinsame Versammlung konnte Mitglieder der Hohen Behörde mit Zweidrittelmehrheit zum Rücktritt zwingen. Der Gerichtshof schließlich sollte Streitigkeiten schlichten und Vertragsverletzungen ahnden.

Organe der EGKS

Mit der Gründung der EWG 1957 wurde die Gemeinsame Versammlung in ein Europäisches Parlament umgewandelt und war von da an parlamentarisches Organ für Montan-Union, EWG und Euratom. Es gelang aber nicht, alle ihre Rechte auf das Europäische Parlament zu übertragen. Die Hohe Behörde der Montan-Union ging 1965 in der Gemeinsamen Kommission der Europäischen Gemeinschaften auf.

Weiterentwicklung

Die Europäische Verteidigungsgemeinschaft (EVG)

Unter dem Eindruck des Krieges in Korea verstärkte sich auch in Europa das Gefühl der militärischen Bedrohung durch die Sowjetunion. In einem Sicherheitsmemorandum schlug Adenauer Ende August 1950 den Westalliierten die Aufstellung einer Schutztruppe vor, die, in derselben Stärke wie die bereits aufgestellte kasernierte Volkspolizei in der DDR, den Schutz der Inneren Sicherheit der Bundesrepublik übernehmen könne. Bundesinnenminister Gustav Heinemann trat daraufhin von seinem Amt zurück und verließ die CDU.

Sicherheitsmemorandum Adenauers

Der amerikanische Vorschlag einer Eingliederung der Bundesrepublik in die Struktur der NATO genügte jedoch den Sicherheitsinteressen Großbritanniens und Frankreichs nicht. Nachdem der Europarat im August 1950 die Aufstellung einer Europaarmee mit deutscher Beteiligung empfohlen hatte, trat dann der französische Ministerpräsident René Pleven im Oktober desselben Jahres mit einem dann nach ihm benannten Plan zur Gründung einer Europäischen Verteidigungsgemeinschaft (EVG) auf der Basis der

Pleven-Plan: EVG

Sechsergemeinschaft (EGKS) an die Öffentlichkeit. Er sah vor, den militärischen Beitrag der Bundesrepublik in einen multinationalen Generalstab und multinationale Streitkräfte einzubinden; ein europäischer Verteidigungsminister sollte einem europäischen Parlament verantwortlich und einem europäischen Ministerrat zugeordnet sein. Die Diskussionen und parlamentarischen Beratungen über diesen Plan zogen sich über vier Jahre hin, bis schließlich die französische Nationalversammlung den Plan ablehnte. Ihr ging die Abtretung französischer Souveränitätsrechte an übernationale Organe zu weit. Damit war der Plan der EVG gescheitert, die nach Adenauer den Weg zur deutschen Wehrhoheit öffnen sollte.

Die Stalin-Note 1952

Friedensvertrag für Deutschland

Angesichts der bevorstehenden Aufnahme der Bundesrepublik in ein westliches militärisches Bündnis richtete Stalin am 10. März 1952 eine Note an die Westmächte, in der er einen Friedensvertrag mit Deutschland vorschlug. Gegen die Garantie der Bündnisfreiheit Deutschlands stellte er die Wiedervereinigung in Aussicht, innerhalb Jahresfrist sollten alle fremden Truppen abgezogen werden und Deutschland sollte eine demokratische Ordnung erhalten. Weiter sah der Plan die Aufhebung aller wirtschaftlichen Beschränkungen für das wiedervereinigte Deutschland, das Recht zur Aufstellung nationaler Streitkräfte und schließlich die Aufnahme in die UNO vor.

Antwort der Westmächte

Die Westmächte, die in einer Neutralität Deutschlands eine große Gefahr für das eben errungene Gleichgewicht in Europa sahen, antworteten mit der Forderung nach freien Wahlen unter Kontrolle der Vereinten Nationen, worauf sich aber Stalin nicht einlassen wollte. Die Westmächte konnten sich ihrerseits nicht auf Stalins Vorschlag einer Wahlprüfung durch eine Vier-Mächte-Kommission oder durch eine Kommission aus Vertretern der Volkskammer und des Bundestages einlassen.

Interpretation

Der Notenwechsel dauerte bis zum September 1952 und wird zumeist als Störmanöver interpretiert, mit dem Stalin die Einbindung der Bundesrepublik in die geplante Europäische Verteidigungsgemeinschaft torpedieren wollte.

Westintegration vorrangiges Ziel

Nach Adenauers Ansicht war die Integration der Bundesrepublik in die westliche Gemeinschaft vorrangiges Ziel der Bundesregierung. Man müsse *"mit den Sowjets im richtigen Augenblick ins Gespräch kommen"*, der sei aber erst gekommen, *"wenn der Westen so stark ist, daß die Sowjets auf uns und den Westen hören"*. Die unklar formulierten und ebenso gemeinten sowjetischen Angebote rechtfertigten nicht den voreiligen Verzicht auf die Westintegration. Kernpunkt aber der Ablehnung dieses Angebots war die sichere Aussicht, daß ein wiedervereinigtes, aber neutrales Deutschland ohne Unterstützung durch die Westmächte viel eher den Pressionen der Sowjetunion ausgesetzt wäre, so daß es auch ohne formelle Eingliederung in den "Ostblock" dem sowjetischen Einfluß offenstünde.

Die Rückgewinnung der Souveränität

Der Deutschland-Vertrag 1952/54

Deutschland-Vertrag

Im Zusammenhang mit dem geplanten deutschen Beitritt zur EVG stellte der Bundestag in einem Beschluß vom 8. Februar 1952 Forderungen hinsichtlich des internationalen Status der Bundesrepublik. Am 26. Mai 1952 wurde schließlich ein *"Vertrag zwischen der Bundesrepublik Deutschland und den Drei Mächten"* ("Deutschland-Vertrag") unterzeichnet, der den Forderungen des Bundestages im wesentlichen nachkam und folgende Punkte enthielt:
- Beendigung der Besatzung,
- volle Souveränität der Bundesrepublik in der Innen- und Außenpolitik,
- Beendigung aller Einschränkungen bei der Gesetzgebungshoheit,
- Beendigung aller Produktions- und Forschungsbeschränkungen,
- ausschließliche Zuständigkeit der Alliierten für Deutschland als Ganzes und für Berlin,
- Verpflichtung der Westmächte auf die deutsche Wiedervereinigung als politisches Ziel.

Truppenstationierungs-Vertrag

Die militärischen Interessen der Westmächte wurden gewahrt, indem das Besatzungsstatut in seinem militärischen Teil durch einen Vertrag zur Truppenstationierung ersetzt wurde. Die innenpolitische Diskussion über die Verträge war äußerst heftig und zog sich bis zur Ratifikation durch den Bundesrat im Mai des folgenden Jahres hin. Das Vertragswerk wurde allerdings hinfällig, als die französische Nationalversammlung den EVG-Vertrag ablehnte (30. 8. 1954). Der im Mai 1952 ausgehandelte Deutschland-Vertrag wurde dann am 23. Oktober 1954 Bestandteil der neu ausgehandelten "Pariser Verträge".

Die Pariser Verträge 1954

Aufnahme der Bundesrepublik in die NATO

Trotz des Scheiterns der EVG ging die Diskussion um einen Beitrag der Bundesrepublik zur militärischen Sicherheit des Westens weiter. Die USA und Großbritannien setzten sich für eine Aufnahme der Bundesrepublik in die NATO ein, wozu Frankreich nur gegen die Beteiligung der Bundesrepublik am Brüsseler Vertrag von 1948 (und damit ihrer Verpflichtung auf Rüstungskontrolle) und die Aushandlung des Saarstatuts bereit war. Nach ihm sollte das Saarland einen europäischen Status bekommen.

Gründung der WEU

Auf Vorschlag der britischen Regierung trat vom 28. September bis 3. Oktober 1954 in Paris eine Konferenz der drei Westalliierten, der Beneluxländer, Italiens, Kanadas und der Bundesrepublik zusammen, die eine Reihe von Verträgen ausarbeitete. Sie regelten den Beitritt der Bundesrepublik zum Brüsseler Vertrag (der damit zur WEU erweitert wurde) und zur NATO. Gleichzeitig wurde das Besatzungsstatut von 1949 aufgehoben. Allein den Alliierten vorbehalten blieben nach dem Potsdamer Protokoll von 1945 nur noch Fragen, die Deutschland als Ganzes betrafen, und die Zuständigkeit für Berlin (aufgehoben 1990). Die Bundesrepublik hatte ihre volle staatliche Souveränität erreicht, die Besatzer waren zu Bündnispartnern geworden.

Alleinvertretung

Die Bundesregierung erhielt als "einzige frei und rechtmäßig gebildete" deutsche Regierung das Recht zugesprochen, "für Deutschland als Vertreter des deutschen Volkes in internationalen Angelegenheiten zu sprechen".

Im einzelnen wurden folgende Verträge abgeschlossen:

Deutsch-französischer Vertrag

- zweiseitige Verträge zwischen der Bundesrepublik und Frankreich zur Beilegung von Streitfragen (u. a. auf kulturellem und wirtschaftlichem Gebiet) und zur Vereinbarung des Saarstatuts,

Deutschlandvertrag

- Neufassung des Deutschlandvertrages zwischen den drei Westalliierten und der Bundesrepublik zur Beendigung der Besatzung und Herstellung der vollen Souveränität der Bundesrepublik
- Einladung an Italien und die Bundesrepublik, dem Brüsseler Vertrag vom März 1948 zwischen Großbritannien, Frankreich und den Beneluxländern (zur gemeinsamen Abwehr eines Angriffes) beizutreten

Beitritt zum Brüsseler Vertrag

- Beitrittserklärung Italiens und der Bundesrepublik zum Brüsseler Vertrag, Erweiterung des Brüsseler Vertrags zur Westeuropäischen Union (WEU)

NATO-Beitritt

- Beitritt der Bundesrepublik zur NATO unter folgenden Bedingungen:
- Verzicht auf atomare, biologische und chemische (ABC-) Waffen
- Verpflichtung auf den defensiven Charakter des Bündnisses
- Unterstützung der Deutschlandpolitik der Bundesregierung durch die NATO-Partner

Sowjetische "Erklärung zur Deutschlandfrage"

Noch vor der Ratifizierung der Pariser Verträge durch den Deutschen Bundestag gab die Sowjetunion am 15. Januar 1955 eine *"Erklärung zur Deutschlandfrage"* ab, in der sie die Wiedervereinigung unter allgemeinen und freien Wahlen in Aussicht stellte, wenn die Pariser Verträge fallen gelassen würden. Adenauer verwies wiederum auf die fehlende Legitimität der DDR, deren Wahlgesetz die Sowjetunion neben dem der Bundesrepublik zugrundegelegt wissen wollte.

Die Pariser Verträge wurden am 5. Mai 1955 mit der Mehrheit der von der CDU/CSU geführten Koalition ratifiziert. Durch den Beitritt der Bundesrepublik zur NATO (9. 5. 1955) war allerdings die Wiederbewaffnung verbunden, die im folgenden Jahr durch das Wehrpflichtgesetz vom 7. Juli 1956 eingeleitet wurde. Als Kompromiß zwischen Regierung und Opposition wurde gleichzeitig der zivile Ersatzdienst für jeden, der *"aus Gewissensgründen den Kriegsdienst mit der Waffe verweigert"* (Art. 12 a Grundgesetz), eingeführt.

Einführung der Wehrpflicht und des Zivilen Ersatzdienstes

Die Pariser Verträge gaben der Bundesrepublik den Hauptteil ihrer Souveränität, die letzten Einschränkungen fielen mit der Verabschiedung der Notstandsgesetze 1968. Diese Souveränität war vertraglich beschränkt zunächst durch das NATO-Truppenstatut, das allerdings keinen Vorbehalt von Souveränitätsrechten darstellt, sondern ein ausgehandelter Vertrag ist; dann aber kann die Bundesrepublik nach dem Grundgesetz jederzeit staatliche Souveränitätsrechte auf zwischenstaatliche Organisationen übertragen – dies ist Inhalt des Prozesses der europäischen Einigung. Die Bundesrepublik hatte aber keine Souveränität über "Deutschland als Ganzes". Erst mit der Identität von (vergrößerter) Bundesrepublik und "Deutschland als Ganzem" mit der Wiedervereinigung im Oktober 1990 erhielt die Bundesrepublik auch diesen Teil ihrer Souveränität – erhielt sie ihn *zurück*, weil nach der staatsrechtlichen Lehre ja die Bundesrepublik identisch mit dem Deutschen Reich ist, das 1945 seine Souveränität verloren hatte.

Souveränität

Der 17. Juni 1953

Nach dem Tod Stalins im März 1953 verstärkte sich der sowjetische Druck auf die Führung der DDR, vor allem in Richtung auf eine Verbesserung der Lebensbedingungen im Land. Diese rührten vor allem aus einer Verschärfung des politischen Kurses der SED im Zusammenhang mit der 2. Parteikonferenz 1952, die den vorrangigen Aufbau der Schwerindustrie als Mittel zur Durchsetzung des Sozialismus gefordert hatte. Dadurch verschlechterte sich die Versorgungslage der Bevölkerung. Um die Versorgung der Arbeiterschaft in den Betrieben sicherzustellen, schränkte die Regierung einerseits den Lebensmittelverbrauch einzelner Bevölkerungsgruppen ein und erhöhte andererseits die Arbeitsnormen.

Reformdruck
Versorgungslage

Die am 28. Mai 1953 vom ZK der SED beschlossene Erhöhung der Arbeitsnormen um durchschnittlich 10 % traf daher auf den Widerstand der Bevölkerung, auf den das Politbüro der SED in seinem Beschluß vom 9. Juni über den "Neuen Kurs" nicht einging. Das FDGB-Organ "Tribüne" verteidigte in einem am 16. Juni erschienenen Artikel rückhaltlos die Maßnahmen der Partei *("Die Beschlüsse über die Erhöhung der Normen sind in vollem Umfang richtig")*. Daraufhin zogen Arbeiter der Baustelle Block 40 der Stalinallee in Ostberlin zunächst zum FDGB-Haus,

Normenerhöhung
Demonstrationen

dann zum "Haus der Ministerien", um ihren Protest zu formulieren. Schon während des Protestzuges wurden weitere, auch politische, Forderungen erhoben. Zuletzt verlangten die Demonstranten den Rücktritt der Regierung. Der Entschluß des SED-Politbüros, die Normenerhöhungen rückgängig zu machen, kam zu spät, die Demonstranten riefen bereits zum Generalstreik gegen die Regierung und zu einer Massenkundgebung am folgenden Tag auf.

Massen-
demonstrationen

Am nächsten Tag zogen Zehntausende von demonstrierenden Arbeitern ins Ostberliner Stadtzentrum, wo es zu Zusammenstößen mit der Volkspolizei kam. Vom Brandenburger Tor wurde die rote Fahne heruntergeholt. Die Bewegung griff auch auf andere Großstädte und industrielle Zentren der DDR über. Im Mittelpunkt ihrer Forderungen standen bald nicht mehr nur Normensenkung und Verbesserung der Lebensbedingungen, sondern auch der Rücktritt der Regierung, die Abhaltung freier Wahlen und schließlich die deutsche Einheit. Am Mittag dieses Tages verhängte die sowjetische Besatzungsmacht den Ausnahmezustand über Ostberlin und 10 der 14 Bezirke (aufgehoben am 11. 7.). Das Eingreifen der sowjetischen Truppen führte schließlich zum Zusammenbrechen des Aufstandes.

Ausnahmezustand

Einschätzungen
des Aufstandes

Der Aufstand des 17. Juni war kein Aufstand des ganzen Volkes, sein Hauptträger war die Industriearbeiterschaft in den industriellen Zentren. Das aber war gerade die Schicht, für die zu sprechen die SED immer vorgegeben hatte. Sie schrieb den Aufstand westlichen Kreisen zu und bewertete ihn als *"konterrevolutionären Putsch"*.

Konsequenzen

Die versprochenen Konsequenzen seitens der SED (*"Wenn sich Menschen von uns abwenden ... dann ist diese Politik falsch"*, Otto Grotewohl am 16. 6.) blieben im wesentlichen aus, sie beschränkten sich auf Zugeständnisse bei der Anhebung von Löhnen und Mindestrenten. 18 Demonstranten wurden von der Sowjetarmee standrechtlich erschossen, drei weitere von DDR-Gerichten zum Tod und 1386 zu langjährigen Freiheitsstrafen verurteilt. Kritiker am Kurs Ulbrichts und Gotewohls wurden aus der Partei ausgeschlossen. Der Aufstand zeigte der Sowjetführung den unzureichenden Rückhalt der Gruppe um Ulbricht in der Bevölkerung und führte wieder zu einer engeren Verbindung zu ihr.

"Tag der
deutschen Einheit"

Angesichts des politischen Charakters der Demonstrationen erklärte der Deutsche Bundestag am 4. August desselben Jahres den 17. Juni als *"Symbol der deutschen Einheit in Freiheit"* zum *"Tag der deutschen Einheit"* und zum gesetzlichen Feiertag. Er wurde 1990 durch den 3. Oktober, den Tag der Wiedervereinigung, ersetzt.

Die Weltpolitik im Zeichen der "deutschen Frage"

Österreichischer Staatsvertrag

Unmittelbar auf die Pariser Verträge folgte der Versuch eines allgemeinen Revirements in der Politik zwischen den beiden Machtblöcken. Nach dem Tod Stalins 1953 hatte sich die Chance abgezeichnet, daß Bewegung in die internationale Politik kommen würde. Den Auftakt bildete der Friedensvertrag Österreichs mit der Sowjetunion vom 15. Mai 1955, dem die Westmächte beitraten. Österreich verpflichtete sich darin zur Neutralität und Blockfreiheit, wogegen die Alliierten ihre Besatzungstruppen vollständig abzogen. Gerade dieser Österreichische Staatsvertrag zeigt die Flexibilität der sowjetischen Politik, die höheren Vorteil aus der Neutralität Österreichs zwischen den NATO-Mitgliedern Bundesrepublik und Italien ziehen konnte als aus einem Verbleiben der sowjetischen Truppen im Land.

Gipfelkonferenz Genf 1955

Im Juli 1955 trafen sich in Genf die Regierungschefs der vier Siegermächte zu einer Gipfelkonferenz. Sie bekräftigten hier zwar noch die *"gemeinsame Verantwortung für eine Regelung des deutschen Problems und die Wiedervereinigung Deutschlands mittels freier Wahlen"*, konnten sich aber ebensowenig wie in den vergangenen Jahren auf eine inhaltliche Bestimmung dieser Begriffe einigen. Die Erklärung des sowjetischen Ministerpräsidenten Bulganin, die Wiedervereinigung Deutschlands sei ein wichtiges Ziel der europäischen Politik, stand denn auch im Gegensatz zur Erklärung des Parteichefs Chruschtschow wenige Tage später in Ostberlin, *"die politischen und sozialen Errungenschaften der DDR"* dürften *"nicht angetastet werden"*.

Adenauer in Moskau 1955

Obwohl sich die UdSSR so auf die Theorie von den *"zwei deutschen Staaten"* festgelegt hatte, folgte Adenauer am 9. September 1955 einer Einladung zu einem Regierungsbesuch in Moskau. Als Gegenleistung für die Aufnahme diplomatischer Beziehungen zwischen der Bundesrepublik und der UdSSR konnte er jetzt, mehr als 10 Jahre nach Kriegsende, die Freilassung von über 20 000 Kriegsgefangenen und Verschleppten erreichen.

Aufnahme diplomatischer Beziehungen

Bei der Aufnahme diplomatischer Beziehungen machten beide Seiten ihre Vorbehalte klar: Die Bundesrepublik betonte, daß sie allein für sich das Recht in Anspruch nehme, für ganz Deutschland zu sprechen (Alleinvertretungsanspruch), die Sowjetunion bekräftigte ihrerseits die von ihr vertretene These von den zwei deutschen Staaten.

Alleinvertretungsanspruch

Hallstein-Doktrin

Unabhängig von diesem Kompromiß in der Frage des Alleinvertretungsanspruchs behielt die Bundesregierung ihren Standpunkt bei, mit keinem Staat diplomatische Beziehungen zu unterhalten, der die DDR anerkannt hatte. Die nach dem damaligen Staatssekretär im Außenministerium, Walter Hallstein, benannte Hallstein-Doktrin prägte während der gesamten Adenauer-Ära die Außenpolitik der Bundesregierung (*"Die Aufnahme diplomati-*

scher Beziehungen mit der 'DDR' durch dritte Staaten" würde die Bundesregierung *"als einen unfreundlichen Akt ansehen"*, festgelegt auf einer Botschafterkonferenz am 8./9. 12. 1955). In Folge dieses Alleinvertretungsanspruchs brach die Bundesregierung 1957 die diplomatischen Beziehungen zu Jugoslawien und 1964 zu Kuba ab. Diese Form des Alleinvertretungsanspruchs wurde erst 1965, besonders dann in der Zeit der Großen Koalition, durch eine Politik der Annäherung, auch an die DDR selbst, ersetzt.

Die Saar-Frage

Wirtschaftliche Bindung des Saargebiets an Frankreich

Das Saarland war nach Kriegsende zunächst Teil der französischen Besatzungszone, wurde aber 1946 von Frankreich als unmittelbarer Teil des französischen Wirtschaftsgebietes beansprucht und aus dem Gebiet der Besatzungszonen herausgelöst. Die Bindung an Frankreich wurde immer stärker, so 1947 durch die Einführung der französischen Währung und 1948 durch die Zollunion mit Frankreich. Das Inkrafttreten der saarländischen Verfassung am 15. Dezember 1947 löste das französische Besatzungsregime weitgehend ab, es blieben aber starke Rechte des französischen Hohen Kommissars bestehen. Diese Hochkommission wurde im Januar 1952 in eine Botschaft umgewandelt, die Saar selbst als assoziiertes Mitglied in den Europarat aufgenommen. Die Politiker der westdeutschen Besatzungszonen und später die Bundesregierung hatten indessen stets die Rechtmäßigkeit dieses Status bezweifelt und seine Aufhebung verlangt.

Saarstatut 1954

Im Auftrag des Europarates wurde dann ein Plan zur Europäisierung der Saar ausgearbeitet. Im Gegenzug gegen die Zustimmung Frankreichs zu den Pariser Verträgen erkannte die Bundesregierung im "Abkommen über das Statut der Saar" vom 23. Oktober 1954 diesen Europäisierungsplan an: Zumindest bis zum Abschluß eines Friedensvertrages solle im Saarland ein "europäisches Statut" gelten, nach dem das Saargebiet politisch autonom, aber wirtschaftlich an Frankreich angeschlossen würde, die völkerrechtliche Vertretung und die Verteidigungsangelegenheiten stünden einem vom Rat der Westeuropäischen Union ernannten Kommissar zu, der auch die Einhaltung des Statuts zu überwachen hätte.

Volksabstimmung 1955

Die Bevölkerung des Saarlandes sollte in einer Volksabstimmung über dieses Statut beschließen. Diese Abstimmung brachte am 23. Oktober 1955 bei einer Wahlbeteiligung von 96 % mit 67,7 % der Stimmen die Ablehnung des Plans, worauf die deutsche und die französische Regierung in erneute Verhandlungen treten mußten. Diese führten am 26. Oktober 1956 zum Abschluß eines neuen Vertrages, des sog. Saarabkommens, wonach das Saarland am 1. Januar 1957 zur Bundesrepublik kam. Der wirtschaftliche Anschluß war am 1. Januar 1960 vollzogen.

Angliederung des Saargebiets an die Bundesrepublik

Die Berlinkrisen 1958 und 1961

Der Status Berlins und die zweite Berlinkrise 1958

Bei der Gründung der Bundesrepublik behielten sich die Westmächte ihre durch das Londoner Protokoll vom 12. September 1944 begründeten Rechte in den Berliner Westsektoren vor und bestanden darauf, daß Berlin nicht von der Bundesrepublik aus regiert werde. Sie verlangten auch die Zurückstellung zweier Sätze der Westberliner Verfassung vom 1. September 1950, wonach Berlin ein Land der Bundesrepublik sei und Grundgesetz und Gesetze der Bundesrepublik für Berlin bindende Kraft hätten. Diese Vorbehalte der Alliierten führten dazu, daß nach Art. 144,2 des Grundgesetzes Berliner Abgeordnete zwar im Bundestag vertreten waren, aber kein Stimmrecht hatten.

Alliierte Vorbehalte

Im Deutschlandvertrag (Generalvertrag) von 1952/1954 "behalten die Drei Mächte die bisher von ihnen ausgeübten oder innegehabten Rechte und Verantwortlichkeiten in bezug auf Berlin und auf Deutschland als Ganzes einschließlich der Wiedervereinigung Deutschlands und einer friedensvertraglichen Regelung". Die "Erklärung der Alliierten Kommandantur über Berlin" vom 5. Mai 1955 umschreibt explizit die Rechte der alliierten Behörden bezüglich der "Erhaltung des Status und der Sicherheit Berlins".

Deutschlandvertrag

Die Sowjetunion zog sich seit 1948 schrittweise aus der Vier-Mächte-Verantwortung über ganz Berlin zurück, verließ am 20. März 1948 den Alliierten Kontrollrat, stellte am 1. Juli 1948 die Mitarbeit in der alliierten Kommandantur ein und unterstützte in der Folgezeit die Bestrebungen der DDR, den Ostteil der Stadt zur Hauptstadt der Republik zu machen (Verfassung der DDR von 1949).

Rückzug der Sowjetunion aus der Vier-Mächte-Verantwortung für ganz Berlin

Wie die Westberliner Abgeordneten ohne Stimmrecht im Bundestag, so waren auch die Ostberliner Abgeordneten in der DDR-Volkskammer ohne Stimmrecht vertreten. Auch deren Gesetze mußten vom Ostberliner Magistrat eigens übernommen werden, um im Ostteil der Stadt Gültigkeit zu besitzen (Gesetz vom 11. 4. 1957 bzw. Wahlgesetz vom 31. 7. 1963).

Sonderstatus

Die Sowjetunion machte schon in der Berlinkrise des Jahres 1948 ihren, auf einseitiger und eigenwilliger Interpretation beruhenden Standpunkt klar, was ihre Sicht des Status Berlins betraf: Demnach liege Berlin auf dem Territorium der sowjetischen Besatzungszone und habe deshalb den gleichen Rechtsstatus. Diese Folgerung, ein "in territorio" ziehe ein "de territorio" nach sich, war allerdings bereits im 16. Jahrhundert als ein fadenscheiniger Vorwand zur Beanspruchung von Souveränitätsrechten erkannt worden. Diese Konstruktion diente den Sowjets dazu, die Präsenz der Westmächte in Berlin als ein dem sowjetischen Recht untergeordnetes Recht anzusehen.

Sowjetische Interpretation: Berlin zur DDR

Chruschtschow-Ultimatum 1958

Nach dem Tod Stalins und dem Machtantritt Chruschtschows verstärkte sich der sowjetische Druck auf Berlin. Am 27. November 1958 forderte Chruschtschow von den Westmächten ultimativ die Aufhebung des bisherigen Status von Westberlin: Der Westteil der Stadt sollte eine "freie Stadt" werden mit souveräner Regelung aller Angelegenheiten in Wirtschaft und Verwaltung. Die Westmächte sollten ihre Truppen innerhalb von sechs Monaten aus Berlin abziehen. Kämen die Westmächte den Forderungen nicht nach, wollte er die bestehenden Vereinbarungen aufkündigen und die sowjetischen Rechte in separaten Verträgen an die DDR abtreten.

Oberflächliche Entspannung 1959/60

Chruschtschow machte seine ultimativen Drohungen nicht wahr. Eine Außenministerkonferenz der Großmächte von Mai bis August 1959 entschärfte diese Krise, die ihren Ursprung in einer Überschätzung der sowjetischen Macht durch Chruschtschow hatte, legte sie aber nicht bei. Erstmals wurden auch Vertreter der Bundesrepublik und der DDR als Berater hinzugezogen. Auch der Besuch Chruschtschows in den USA im September 1959 und seine Verhandlungen mit US-Präsident Eisenhower in Camp David signalisierten nur oberflächlich eine Entspannung. Eine für den Mai 1960 geplante Gipfelkonferenz kam wegen eines Zwischenfalls mit einem amerikanischen Aufklärungsflugzeug (Abschuß der U 2 am 1. 5. 1960 über dem Ural) nicht mehr zustande, ebenso wurde die seit März 1960 in Genf tagende Abrüstungskonferenz ohne Ergebnis abgebrochen.

Der Bau der Berliner Mauer (13. August 1961)

Flüchtlingsstrom über Berlin

Die Berlin-Frage flammte erneut auf, als infolge des härteren Kurses der SED die Fluchtwelle aus der DDR in den Westen wieder anstieg. Die Führung der DDR unter Walter Ulbricht glaubte, mit neuen Pressionen auf den Westteil Berlins und mit sowjetischer Hilfe die Lufthoheit über die Stadt und damit die Herrschaft über Westberlin erringen zu können. Chruschtschow hatte allerdings inzwischen erkannt, daß die Sowjetunion den USA militärisch nicht überlegen war. Um den Flüchtlingsstrom zu bremsen und die DDR so vor dem wirtschaftlichen Ausbluten zu bewahren, mußte der Fluchtweg nach Westberlin abgeriegelt werden.

Abriegelung der Westsektoren

Während sich Ulbricht im März 1961 auf einer Tagung der Staaten des Warschauer Paktes mit seinem Plan, die Zugänge nach Westberlin abzuriegeln, noch nicht durchsetzen konnte, erforderte das weitere dramatische Anschwellen der Fluchtbewegung im Sommer schnelle Entscheidungen. Die Kommunistischen Parteiführer stimmten auf einer Zusammenkunft in Moskau (3.–5. 8. 1961) dem Plan zu, durch den Bau einer Mauer die Zugänge nach Westberlin für die Bewohner der DDR zu sperren. Im Gegensatz zu einer Sperrung der Luftwege war dies eine "interne" Entscheidung der DDR, die die Rechte der drei Westalliierten nicht berührte. In der Nacht zum 13. August riegelten Einheiten von Volkspolizei, der Volksarmee und von Betriebskampfgruppen die Sektorengrenze zwischen dem West- und dem Ostteil der Stadt, sowie die Grenze zum Gebiet der DDR ab; die errichteten Stacheldrahtverhaue und andere provisorischen Sperranlagen wurden in den folgenden Tagen und Wochen durch eine Mauer ersetzt. Wo Häusermauern die Sektorengrenze bildeten, wurden die unteren Fenster zugemauert, während noch Hunderte von Bewohnern die Flucht in den Westen wagten.

Ausbau der Sperranlagen

Die Sperranlagen wurden in den folgenden Jahren immer weiter ausgebaut und durch Sicherheitsstreifen ("Todesstreifen") ergänzt; zum Schluß war die Mauer um Berlin bis zu vier Meter hoch und trug am oberen Rand ein Betonrohr, das das Festsetzen von Wurfhaken verhindern sollte.

"Antifaschistischer Schutzwall"

Propagandistisch begründete die DDR-Führung den Mauerbau ("Antifaschistischer Schutzwall") mit der Notwendigkeit, einen "imperialistischen" Angriff des Westens abwehren zu müssen. Der Bau der Sperranlagen habe friedenserhaltende Funktion gehabt und den Ausbruch eines neuen Krieges verhindert. Der Westen habe diese Flucht gezielt als "Menschenhandel" gefördert und damit das System der DDR destabilisieren wollen. Richtig ist daran allein, daß eine weitere Duldung der Flucht aus der DDR diese in größte wirtschaftliche und damit auch politische Schwierigkeiten gebracht hätte.

November 1989: Öffnung der Mauer

Die These von der friedenserhaltenden Funktion der Mauer prägte bis zur Revolution 1989 das offizielle Selbstverständnis der DDR. Am 9. November 1989 fielen Mauer und Stacheldraht, nachdem im Sommer dieses Jahres bereits Zehntausende den Fluchtweg über Ungarn, später über die bundesdeutschen Botschaften in Warschau und Prag gesucht und gefunden hatten. Auch das Brandenburger Tor, seit 1961 Sinnbild der Teilung Berlins und Deutschlands, wurde am 22. Dezember 1989 wieder geöffnet. In den Wochen und Monaten danach nahmen sich "Mauerspechte" von Westberliner Seite der Mauer an und trugen sie stückweise ab; im Frühjahr 1990 übernahm dann die DDR selbst den Abriß der Mauer und den Verkauf der Steinbrocken als Souvenir.

Aufgabe des Feindbildes

Der Verzicht der DDR-Staatsführung auf diese Ideologie von der friedenserhaltenden Funktion ist die eigentliche Revolution im Selbstverständnis des Staates; parallel zur Öffnung der Mauer wurde das 5 km tiefe Sperrgebiet hinter der "Staatsgrenze West" aufgehoben. Im Frühjahr 1990 befand sich die Volksarmee (NVA) in voller Auflösung, durch Abordnungen in die Industrie und Entlassungen betrug die Stärke der NVA Anfang März 1990 noch 90 000 Mann gegenüber 173 000 Mann im Oktober 1989. Auch auf Visa und polizeiliche Anmeldung bei West-Besuchern konnte nur verzichtet werden, wenn das Feindbild Bundesrepublik als Mittel zum Machterhalt der SED erkannt war.

Die innere Entwicklung der Bundesrepublik

Die wirtschaftspolitischen Vorstellungen der Alliierten

Vorrang des Sicherheitsgedankens

Grundtendenz bei allen drei Westalliierten war der Sicherheitsgedanke, der sich zunächst in den Demontagebestimmungen niederschlug. Besonders Frankreich war daran gelegen, eine Ordnung zu schaffen, die ein schnelles Wiedererstarken Deutschlands verhinderte. In den sozialistisch orientierten Kreisen der britischen Labour-Regierung stand die Sozialisierung der Grundstoffindustrie im Vordergrund; in der amerikanischen Regierung standen sich die Ansichten über eine grundsätzliche Umstrukturierung der Wirtschaft (Aufteilung des Großgrundbesitzes, Auflösung von Monopolen und Entflechtung von Kartellen) und eine rasche Wiederherstellung der deutschen Wirtschaft gegenüber.

Sozialisierung

Gemeinsam war allen die Forderung, die eigenen Staatshaushalte dürften durch die Maßnahmen nicht belastet werden, gemeinsam war auch (ab 1947) die Absicht, die Grundfragen der Wirtschaftsordnung einem künftigen deutschen Parlament zu überlassen. Wenn daher die Alliierten Vorbehalte gegen Sozialisierungartikel in den Länderverfassungen geltend machten oder auch, wie in Schleswig-Holstein, Sozialisierungsgesetze nicht genehmigten, dann allein aus dem Grund, nicht Präjudizien schaffen zu wollen, wo eine für alle drei Westzonen gemeinsame Regelung angestrebt wurde.

Die Vorstellungen der Parteien

Ablehnung des schrankenlosen Kapitalismus

In den wirtschaftspolitischen Vorstellungen bestand bei allen Parteien Einigkeit darüber, daß der Neuaufbau Deutschlands nicht in einen schrankenlosen Kapitalismus münden dürfe. Die Erfahrung einer mit der Großindustrie verflochtenen Diktatur waren hier wegweisend.

SPD: Demokratisierung der Wirtschaft

Die SPD forderte eine weitgehende Demokratisierung der Wirtschaft, die allein die neuerliche Zusammenballung großer Vermögen in den Händen einzelner verhindern könne. *"Eine wirkliche Demokratie (ist) im Kapitalismus in steter Gefahr"* (Parteitag 1946). Auf dieser Grundlage forderte sie 1948 die Verstaatlichung der Kohleindustrie in Nordrhein-Westfalen, scheiterte aber darin am Einspruch der Besatzungsmächte.

CDU: Soziale Marktwirtschaft

Auch die CDU sah "die Zeit der unumschränkten Herrschaft des privaten Kapitalismus" als beendet an. Ebenso gefährlich für die "politische und wirtschaftliche Freiheit des einzelnen" sei der Staatskapitalismus, eine "neue Struktur in der Wirtschaft" müsse die Mängel der Vergangenheit vermeiden (Ahlener Programm 1947). In der Forderung nach einer Entflechtung der Großbetriebe und deren Verstaatlichung, der Einführung von Mitbestimmungsrechten der Arbeiter und nach paritätisch besetzten Wirtschaftskammern entsprach die CDU den Forderungen der Sozialdemokraten, lehnte aber eine staatliche Planwirtschaft strikt ab. Gegen dieses vor allem von Seiten der christlichen Gewerkschaften (Karl Arnold, Jakob Kaiser) gestützte Programm wandte sich Konrad Adenauer mit seinem Konzept vom "machtverteilten Prinzip" in der Wirtschaft, das er später mit Ludwig Erhard als "Soziale Marktwirtschaft" durchsetzte. Staatliche Sozialpolitik sollte eine Verbindung zwischen den Prinzipien der Marktwirtschaft und der sozialen Gerechtigkeit schaffen und den Ausgleich bewirken. Die "Düsseldorfer Leitsätze" von 1949 mit der Formulierung der Sozialen Marktwirtschaft sind daher eine radikale Abkehr vom Ahlener Programm.

Liberale: Ablehnung von Sozialisierungstendenzen

Auch die Liberalen sahen im sozialen Mißbrauch durch die *"Übermacht von Überstarken"* eine Gefahr für Gesellschaft und Staat, betonten, daß allein *"persönliche Initiative und freier Wettbewerb"* die Leistung steigerten und grenzten sich mit der Formulierung *"Persönliches Eigentum ist eine wesentliche Grundlage gesunder Wirtschaft"* von allen Sozialisierungstendenzen ab. Gerade die Liberalen standen aber von ihrer Tradition her im Spannungsfeld zwischen konservativem "Bürgerblock" und Linksliberalismus.

Das "Wirtschaftswunder"

Einführung der Marktwirtschaft

Mit der Entscheidung des Frankfurter Wirtschaftsrates unter Ludwig Erhard für die Einführung marktwirtschaftlicher Prinzipien und der Abkehr der CDU von anfänglich gehegten Sozialisierungsplänen (Ahlener Programm 1947) waren die Weichen gestellt für den Aufschwung der westdeutschen Wirtschaft nach der Währungsreform von 1948. Die zunehmend auf wirtschaftliche Stärkung der Westzonen gerichtete Haltung der Alliierten und eine kluge Verhandlungspolitik des Wirtschaftsrates, später der Bundesregierung, führten bald zu einem Ende der Demontagen und der Produktionsbeschränkungen. Die finanziellen Mittel, die der Marshall-Plan in die Westzonen fließen ließ, unterstützten den Wiederaufbau der Industrie, zumal die Rückzahlungsbeträge aus den Krediten in weitere industrielle Anlagen investiert werden sollten. Im übrigen wurde der Zerstörungsgrad der industriellen Anlagen weithin überschätzt, das Produktionspotential entsprach im allgemeinen dem Vorkriegsstand und war gegen Ende der vierziger Jahre schon auf relativ modernem Niveau.

Export-Boom

Mit diesen Mitteln, bald auch mit den Erlösen aus dem wieder ansteigenden Export, konnte eine moderne Industrie mit hoher Produktivität aufgebaut werden. Exportfördernd war nicht nur der Korea-Krieg, der einen wahren Export-Boom nach sich zog, sondern auch die Währungspolitik mit einer Unterbewertung der D-Mark gegenüber den anderen Währungen am Anfang der 50er Jahre. Dieses Gefälle wirkte sich auf das Preisniveau der Exportgüter aus, das die Bundesregierung noch mit Steuervorteilen und staatlichen Bürgschaften drückte. Rohstoffimporte waren durch die niedrigen Preise auf dem Weltmarkt ohnehin billig. Bereits 1954 erreichte die Bundesrepublik in der Höhe des Handelsumsatzes den dritten Platz hinter den USA und Großbritannien.

Soziale Voraussetzungen

Schließlich förderte noch das Ungleichgewicht zwischen Binnennachfrage und Produktivität den weiteren wirtschaftlichen Aufschwung. Vertriebene (bis 1955 8,8 Millionen) und DDR-Umsiedler (bis 1961 2,6 Millionen) bildeten ein Arbeitskräftepotential, das die Löhne drückte. Die Gewerkschaften wollten den Wiederaufbau nicht stören, sondern fördern, und betrieben daher eine zurückhaltende Lohnpolitik. Die daraus entstehenden Unternehmergewinne wurden wieder in die Betriebe investiert.

Wirtschaftspolitische Entscheidungen

Londoner Schulden-abkommen (1953)

Einen Markstein im wirtschaftspolitischen Verhältnis der Bundesrepublik zum westlichen Ausland bildete das Londoner Schuldenabkommen vom 27. Februar 1953. Hier einigte sich die Bundesrepublik mit 20 Staaten des Westens über die Vorkriegsschulden des Deutschen Reiches: Diese Schulden wurden auf den Betrag von 15 Milliarden D-Mark festgesetzt, die die Bundesrepublik aus den jährlich zufließenden Devisen bezahlen sollte. Damit war der Außenwert der D-Mark einschätzbar, die bundesdeutsche Währung wurde im internationalen Zahlungsverkehr voll konvertierbar, d. h. sie unterlag denselben Kriterien wie die anderen Währungen. Mit diesem Abkommen erklärte die Bundesrepublik aber auch ausdrücklich, in der Rechtsnachfolge des Deutschen Reiches zu stehen. Im September des Vorjahres war in Luxemburg ein Abkommen mit Israel getroffen worden, nach dem die Bundesrepublik zur Wiedergutmachung des nationalsozialistischen Unrechts 3,45 Milliarden DM an Israel und an jüdische Organisationen zahlte. Auch dieser Vertrag hatte die internationale Glaubwürdigkeit der jungen westdeutschen Demokratie gestärkt.

Wiedergutmachungsabkommen mit Israel (1952)

Bundesbank

Weitere wirtschaftspolitische Entscheidungen der späteren 50er Jahre sind die Gründung der Deutschen Bundesbank in Frankfurt 1957, die die noch von den Besatzungsmächten eingerichtete "Bank Deutscher Länder" ablöste. Sie kontrollierte in der Folgezeit den Geldmarkt der Bundesrepublik und griff über Geldmengensteuerung und Zinspolitik ein. Mit dem "Gesetz gegen Wettbewerbsbeschränkung" aus dem selben Jahr wurde das Bundeskartellamt mit Sitz in Berlin geschaffen, das den Markt durch Verhinderung von Preiskartellen vor Wettbewerbsverzerrungen oder -einschränkungen bewahrte.

Bundeskartellamt

In dieser Zeit sank auch die Arbeitslosigkeit, die 1951 noch bei 2,1 Millionen lag, praktisch auf Null ab, 1959 war die Vollbeschäftigung erreicht, das Fehlen von Arbeitskräften zwang dann zur Anwerbung von sog. "Gastarbeitern".

Arbeitsmarkt

Vertriebene und Lastenausgleich

Die zu bewältigenden Probleme waren dennoch gewaltig. Über acht Millionen Flüchtlinge und Vertriebene mußten sozial, wirtschaftlich und politisch in Staat und Gesellschaft integriert werden. Ein Ausnutzen der Vertriebenen als Konflikt- und Druckpotential war außerhalb jeder Diskussion.

Lastenausgleich als Entschädigung für materielle Verluste

Bereits der Frankfurter Wirtschaftsrat hatte im Gefolge der Währungsreform einen "Lastenausgleich" angekündigt, der aus dem immobilen Vermögen (Grundbesitz und Industrieanlagen) der Bevölkerung Mittel bereitstellen sollte, aus denen die Flüchtlinge und Vertriebenen, aber auch die Opfer der Luftangriffe für den erlittenen materiellen Verlust entschädigt werden konnten. Im Prinzip lag diesem Lastenausgleich also dieselbe Überlegung wie der Währungsreform von 1923 zugrunde, als die Konstruktion einer Hypothek auf Immobilien die Gewinne durch Inflation und Währungsreform abschöpfte. Zunächst aber war die Bevölkerung wirtschaftlich in den Stand zu setzen, diese Mittel überhaupt aufzubringen.

Lastenausgleichsgesetz (1952)

Das Lastenausgleichsgesetz wurde 1952 verabschiedet und schuf insgesamt zwischen 1949 und 1976 einen Ausgleichsfonds in Höhe von 102,1 Mrd. DM, bis 1989 in Höhe von 134,8 Mrd., von denen 117,8 Mrd. unmittelbar als Leistungen gezahlt wurden. Diese Mittel kamen den Geschädigten degressiv gestaffelt über eine Hauptentschädigung für den Verlust an Haus- und Grundbesitz, dann über Renten, Aufbaudarlehen und Ausbildungsbeihilfen zugute. Verluste bis zu einer Mindesthöhe wurden voll, Höchstschäden nur noch mit wenig über 2 % ersetzt. Die Mittel für den Lastenausgleich wurden über eine fünfzigprozentige Vermögensabgabe erzielt, die in 30 Jahresraten beglichen werden sollte. Die damit bestimmte Jahresrate von 1,6 % kam damit einer geringen Abgabe vom Vermögensertrag gleich.

Bund der Heimatvertriebenen und Entrechteten (BHE)

Politische Organisation der Vertriebenen wurde der "Bund der Heimatvertriebenen und Entrechteten" (BHE), der 1950 in Schleswig-Holstein, dem Land mit dem höchsten Anteil an Vertriebenen, bei den Landtagswahlen auf 23,4 % der Stimmen kam. Bei der Bundestagwahl 1953 konnte der BHE in Bayern, Niedersachsen und Schleswig-Holstein über 40 % der Stimmen der Vertriebenen erreichen, kam bundesweit auf einen Stimmenanteil von 5,9 % und zog mit 27 Abgeordneten in den Bundestag ein. Am zweiten Kabinett Adenauer war er mit 2 Ministern beteiligt.

Die Kanzlerschaft Ludwig Erhards und die Wirtschaftskrise

Vorbehalte der FDP gegen Adenauer

Bei der Bundestagswahl 1961 verlor die CDU/CSU ihre 1957 errungene absolute Mehrheit und war auf die FDP als Koalitionspartner angewiesen. Diese machte Vorbehalte gegen eine erneute Kanzlerschaft Adenauers und gegen eine Beibehaltung des Verteidigungsministers Strauß geltend.

Spiegel-Affäre 1962

Als im Oktober 1962 das Nachrichtenmagazin "Der Spiegel" einen kritischen Bericht über ein NATO-Manöver veröffentlichte, wurden der Chefredakteur des Magazins, Conrad Ahlers, und der Herausgeber, Rudolf Augstein, verhaftet, die Redaktionsräume durchsucht. Adenauer witterte einen *"Abgrund von Landesverrat"*, verantwortlich für die Affäre war Verteidigungsminister Franz Joseph Strauß. Die "Spiegel-Affäre" führte zum Rücktritt der drei FDP-Minister, Strauß mußte das Verteidigungsministerium räumen, Adenauer einen baldigen Rücktritt zugestehen.

Elysée-Vertrag mit Frankreich 1963

Am 22. Januar 1963 konnte aber noch das deutsch-französische Vertragswerk, der sog. Elysée-Vertrag über die Zusammenarbeit beider Länder, unterzeichnet werden. Damit war das von Adenauer 1919 begonnene Projekt einer engen Verzahnung deutscher und französischer Interessen durch diese Besiegelung der Aussöhnung beider Nationen vollendet. Der Vertrag sah regelmäßige und umfassende politische Konsultationen zwischen Staats- und Regierungschefs, Ministern und hohen Beamten beider Länder vor. Frankreichs Staatspräsident de Gaulle wollte mit diesem Vertrag das europäische Gewicht gegenüber den USA stärken, ein Ziel, das der Bundestag bei der Ratifizierung des Vertrags im Mai 1963 durch die Betonung der NATO-Verpflichtungen relativierte. Besondere Bedeutung aber erhielt der Vertrag durch die Errichtung des deutsch-französischen Jugendwerkes (5. Juli 1963), das durch seine vielfältigen Aktivitäten entscheidend zum Zusammenwachsen der beiden Nationen beigetragen hat.

Kanzlerschaft Ludwig Erhards

Im Oktober wählte der Bundestag den bisherigen Wirtschaftsminister Ludwig Erhard zum Nachfolger Adenauers im Bundeskanzleramt. Er war ein Verfechter sowohl der atlantischen Allianz als auch einer "Öffnung nach Osten", die die starre Politik der Hallstein-Doktrin ablösen sollte. Mit dem einen stand er in Gegensatz zu den "Gaullisten" in der CDU, mit dem anderen fand er Unterstützung bei FDP und SPD. Egon Bahr, SPD, entwickelte damals schon das Konzept einer Weiterentwicklung des Ost/Westverhältnisses unter Wahrung des Status quo, das die Prinzipien der späteren sozialliberalen Ostpolitik andeutete.

Wirtschaftskrise

Seit 1962 stiegen die Staatsausgaben erheblich stärker an, als dies das Wirtschaftswachstum zugelassen hätte. Trotz einer sich abzeichnenden Rezession verminderte die Bundesbank durch Zinserhöhung den Geldumlauf, um die Währung stabil zu halten. Die Produktion ging zurück, die Arbeitslosigkeit stieg an. In dieser

Wirtschaftskrise verlor die CDU/CSU und ihr Kanzler Ehrhard das Vertrauen bei den Wählern, so daß in Nordrhein-Westfalen eine Koalition aus SPD und FDP die bisherige CDU-geführte Regierung ablöste.

Die "Große Koalition" (1966–1969)

Das wirtschaftspolitische Programm

Bildung der Großen Koalition

Zum Bruch mit der FDP kam es angesichts der Haushaltsvorlage für 1967, die FDP-Minister traten zurück, eine Große Koalition aus CDU und SPD löste die bisherige CDU-FDP-Koalition ab. Neuer Bundeskanzler wurde der baden-württembergische Ministerpräsident Kurt Georg Kiesinger (CDU). Willy Brandt, Regierender Bürgermeister von Berlin und Parteivorsitzender der SPD, übernahm als Vizekanzler das Außenministerium, Wirtschafts- und Finanzpolitik lagen bei Karl Schiller (SPD) bzw. Franz Josef Strauß (CSU).

Lösung der wirtschaftlichen Probleme

Die Große Koalition hatte nach ihrem Selbstverständnis das Ziel, die wirtschaftlichen Probleme zu lösen und die bisherige Wirtschaftspolitik durch ein neues Instrumentarium zu ersetzen. Sie konnte mit ihrer Zwei-Drittel-Mehrheit eine grundlegende Neuorientierung im wirtschafts-, innen- und außenpolitischen Bereich einleiten, die der Veränderung der Gegebenheiten am Ende der 60er Jahre entsprach. Nicht die Beseitigung der Marktwirtschaft infolge etwa eines Versagens stand jedoch im Vordergrund, sondern ihre Ergänzung durch eine (marktwirtschaftliche) Globalsteuerung.

Behebung der Wirtschaftskrise

Im Mittelpunkt der Innenpolitik stand die Behebung der Wirtschaftskrise, die sich in einem Rückgang des Bruttosozialprodukts um 0,5 % und einem für damalige Verhältnisse unerhörten Maß von 2 % Arbeitslosigkeit äußerte. Haushaltslücken bei Bund und Ländern mußten durch Aufnahme von Krediten gestopft werden.

Globalsteuerung

Die Große Koalition nahm am 1. Dezember 1966 ihre Arbeit auf. In das neue Konzept der Globalsteuerung flossen dabei Vorstellungen ein, wie sie im Godesberger Programm der SPD (1959) und im Grundsatzprogramm des DGB (1963) bereits niedergelegt waren.

Stabilitätsgesetz

Bereits im Juni 1967 wurde das "Gesetz zur Förderung von Stabilität und Wachstum der Wirtschaft" (Stabilitätsgesetz) verabschiedet, das das "gesamtwirtschaftliche Gleichgewicht" zur Richtschnur für Bund und Länder machte. Dieses Gleichgewicht zeigt sich in vier Komponenten:
- Preisstabilität
- hoher Beschäftigungsstand
- außenwirtschaftliches Gleichgewicht
- stetiges Wirtschaftswachstum

Mittelfristige Finanzplanung

Als Planungsinstrument des Staates wurde die "Mittelfristige Finanzplanung" geschaffen, eine auf fünf Jahre im voraus angelegte Grundstruktur der öffentlichen Haushalte, auf deren Basis der jeweilige einjährige Haushalt dann zu verabschieden war.

Notstandsgesetze und außerparlamentarische Opposition

Notstandsgesetze

Alliierte Vorbehaltsrechte

Neben der wirtschaftspolitischen Kurskorrektur war die Verabschiedung der Notstandsgesetze eine der wichtigsten innenpolitischen Aufgaben der Großen Koalition. Sie waren notwendig, weil im Fall der äußeren oder inneren Gefährdung immer noch Vorbehaltsrechte der Alliierten galten (Art. 5,2 des Deutschlandvertrages von 1955), die die Souveränität der Bundesrepublik einschränkten. Mit den Notstandsgesetzen sollte die Möglichkeit geschaffen werden, in selbständiger Verantwortung der Bundesrepublik *"in den Zeiten der Not eine dem Ausmaß der Bedrohung angemessene Abwehr zu verwirklichen, bei der das zum Schutz der Bevölkerung und ihrer freiheitlichen Lebensordnung Erforderliche rasch und wirksam geschieht".*

Anfeindungen

Obwohl die Notstandsgesetze also zu einer schnellen Wiederherstellung der verfassungsmäßigen Ordnung im Spannungsfall dienen sollten, wurden sie in der Öffentlichkeit heftig angefeindet. Vor allem die politisch bewußte Studentenschaft sah in ihr ein Mittel, den Einfluß des Staates unkontrolliert zu verschärfen.

Inhalt der Gesetze

Inhalt der Gesetze war vor allem die eigenverantwortliche Kontrolle des Post- und Fernmeldeverkehrs im Spannungsfall sowie ein Übergang der Gesetzgebung auf einen Gemeinsamen Ausschuß von Bundesrat und Bundestag ("Notparlament") für den Fall, daß der Bundestag nicht beschlußfähig sein sollte. Dieser Gemeinsame Ausschuß sollte auch den Verteidigungsfall erklären können. Die Alliierten erklärten im einem Schreiben vom 13. Dezember 1967 ihre Bereitschaft, auf ihre Vorbehaltsrechte zu verzichten; die Notstandsgesetze wurden am 30. Mai 1968 angenommen.

Studentenprotest

Mit der Bildung der Großen Koalition sah sich indessen der politisch orientierte Teil der Studentenschaft ihrer Ausrichtung auf die SPD als Oppositionspartei beraubt. Sie machte sich Befürchtungen zu eigen, die Bildung einer Großen Koalition sei eine Demontage demokratischer Prinzipien, und verlagerte ihren Protest auf die Straße. Hinzu kam eine wachsende Ablehnung der traditionellen Autoritäten, die einerseits aus einem klassischen Generationenkonflikt herrührten, andererseits aber aus der Erfahrung, daß die Elterngeneration in der Phase von Wiederaufbau und Konsum in den 50er und 60er Jahren sowohl die eigenen Probleme als auch die Auseinandersetzung mit der Vergangenheit verdrängt hatte. Der von den amerikanischen Universitäten herüberkommende Studentenprotest gegen etablierte Lebensformen verband sich hier mit dem Protest gegen verkrustete Strukturen an den Universitäten *("Unter den Talaren Muff von 1000 Jahren")*, dann aber auch gegen Diktatur und Vietnam-Engagement der USA.

Demonstrationen

Die erste große Auseinandersetzung kam mit dem Besuch des Schahs von Persien im Juni 1967. Bei Kundgebungen gegen den Schah in Berlin kam es zu schweren Auseinandersetzungen mit "Jubel-Persern", d. h. mit schah-freundlichen Demonstranten und zum Tod des Studenten Benno Ohnesorg durch eine Polizeikugel. An seiner Beisetzung nahmen 15 000 Menschen teil.

Gewaltakte

Die Auseinandersetzung eskalierte und wurde zunehmend von Gewalttätigkeiten begleitet. Ziele der Gewaltakte waren das Verlagshaus des Springer-Konzerns in Berlin oder Kaufhäuser (Kaufhaus-Brandstiftung am 3. 4. 1968 in Frankfurt) als vermeintliche Exponenten des Systems. Der Vorlesungsbetrieb an den Universitäten wurde lahmgelegt, um "permanente Diskussion" zu erzwingen. Am 11. April 1968 wurde schließlich auf den Wortführer der studentischen Protestbewegung Rudi Dutschke in Berlin ein Mordanschlag verübt. Die Demonstrationswelle erreichte im Mai 1968 während der zweiten und dritten Lesung der Notstandsgesetze ihren Höhepunkt und dauerte bis zum folgenden Jahr an.

Weitere Entwicklung

Allmählich machte sich unter der Studentenschaft Resignation breit, es wuchs aber auch die Erkenntnis, daß der eingeschlagene Weg keine Solidarität mit der Bevölkerung geschaffen hatte. Als Reaktion wandte sich ein Teil von der "Studentenbewegung" ab, ein anderer Teil machte sich auf den *"langen Marsch durch die Institutionen"* (formuliert in Anlehnung an Mao Tse-tungs "langen Marsch"). Der von den "68ern" eingeleitete gesellschaftliche Wandel prägte die 70er Jahre, die unter dem Zeichen eines vor allem von der SPD vorangetriebenen gesellschaftlichen Aufbruchs standen.

Die Ostpolitik der sozialliberalen Koalition

Der Wandel in der Ostpolitik

Bereits Kiesinger als Kanzler der Großen Koalition hatte in seiner Regierungserklärung seine Bereitschaft bekundet, *"das ungelöste Problem der deutschen Teilung"* in einen Gewaltverzichts-Vertrag mit den Staaten des Ostblocks einzubeziehen. Das bedeutete zunächst eine Öffnung der Politik nach Osten, ohne daß dabei die DDR als Staat anerkannt werden sollte. Kontakte *"mit den Behörden im anderen Teil Deutschlands"* sollten vor allem menschliche Erleichterungen schaffen. Die damit angekündigte Öffnung fand aber im wesentlichen nur in der SPD Zustimmung, während große Teile der CDU sich reserviert verhielten.

Öffnung nach Osten

Annäherung SPD – FDP

Entscheidend für die weitere Entwicklung und für die Bildung der sozialliberalen Koalition wurde die Tatsache, daß sich innerhalb der FDP der progressive Flügel durchsetzte, dessen außenpolitisches Programm Berührungspunkte mit der SPD aufwies. Da unter den Prinzipien eines echten Parlamentarismus eine Große Koalition nur einen Notbehelf darstellen kann, war klar, daß SPD und FDP nach Möglichkeiten suchten, die Regierungsverantwortung gemeinsam zu übernehmen. Nachdem Gustav Heinemann (SPD) mit den Stimmen von SPD und FDP zum Bundespräsidenten gewählt und der Bundestagswahlkampf 1969 mit der fachlichen Autorität Karl Schillers unter wirtschaftspolitischen Gesichtspunkten geführt worden war, gewannen beide Parteien zusammen eine Mehrheit, die genügen konnte, um die Regierung zu übernehmen.

Die Ostverträge

Anerkennung der DDR

Willy Brandt sprach in seiner Regierungserklärung als Bundeskanzler der neuen sozialliberalen Koalition zum ersten Mal von *"zwei Staaten in Deutschland"* und brach damit offiziell mit der Doktrin von der Nicht-Existenz der DDR. Für Verhandlungen zur Besserung der Lage hatte die Regierung allerdings keinen großen Spielraum, denn die Hallstein-Doktrin war längst kein Druckmittel mehr. Andererseits war der Westen in Berlin nach wie vor leicht erpreßbar.

Reihenfolge der Verträge

In der Führung der Verhandlungen mußte die Bundesregierung den Verdacht vermeiden, sie wolle die Ostblock-Staaten gegen die UdSSR und gegeneinander ausspielen. Zunächst mußte daher ein Abkommen mit der sowjetischen Regierung getroffen werden. Es war Voraussetzung für die weiteren Verträge mit Polen, der Tschechoslowakei und der DDR.

Moskauer Vertrag

Schon zwei Monate nach Bildung der Regierung Brandt-Scheel wurden Gespräche zwischen dem sowjetischen Außenminister Gromyko und dem deutschen Botschafter in Moskau aufgenommen. Egon Bahr, damals Staatssekretär im Bundeskanzleramt, führte ab Januar 1970 die Verhandlungen, die im Mai mit einem Vertragsentwurf abgeschlossen wurden. In dem am 12. August 1970 unterzeichneten Dokument verpflichteten sich beide Vertragspartner, *"ihre Streitfragen ausschließlich mit friedlichen Mitteln (zu) lösen"*, weder mit Gewalt zu drohen oder sie anzuwenden. Sie erklärten, *"die territoriale Integrität aller Staaten in Europa in ihren heutigen Grenzen uneingeschränkt zu achten"*, *"keine Gebietsansprüche gegen irgend jemand (zu) haben"* und daß sie *"heute und künftig die Grenzen in Europa als unverletzlich"* betrachteten. Ausdrücklich genannt waren dabei die Oder-Neiße-Grenze und die Grenze zwischen der Bundesrepublik und der DDR. Die sowjetische Erklärung über den Gewaltverzicht bedeutete dabei einen Verzicht auf das Interventionsrecht gegenüber (ehemaligen) Feindstaaten gemäß der UNO-Satzung.

Brief zur deutschen Einheit

In einem "Brief zur deutschen Einheit" erklärte die Bundesregierung, "daß dieser Vertrag nicht im Widerspruch zu dem politischen Ziel des Bundesrepublik Deutschland steht, auf einen Zustand des Friedens hinzuwirken, in dem das deutsche Volk in freier Selbstbestimmung seine Einheit wiedererlangt". Die sowjetische Regierung nahm diese Stellungnahme offiziell zur Kenntnis.

Warschauer Vertrag

Parallel zu den Verhandlungen mit Moskau wurden in Warschau Gespräche über einen Vertrag mit Polen geführt. Am 7. Dezember 1970 unterzeichneten Bundeskanzler Brandt und Außenminister Scheel in Warschau den Vertrag *"über die Grundlagen der Normalisierung ihrer gegenseitigen Beziehungen"*. Beide Vertragspartner bestätigten darin, daß die Oder-Neiße-Linie *"die westliche Staatsgrenze der Volksrepublik Polen bildet"* und erklärten, *"daß sie gegeneinander keinerlei Gebietsansprüche haben und solche auch in Zukunft nicht erheben werden"*. Die Bundesregierung behielt sich allerdings vor, daß eine völkerrechtlich definitive Festsetzung dieser Grenze erst durch einen gesamtdeutschen Souverän erfolgen könne. Bei seinem Besuch in Warschau anläßlich der Unterzeichnung des Vertrags kniete Bundeskanzler Brandt am Getto-Denkmal in Warschau nieder, um den Opfern des Krieges und der nationalsozialistischen Gewaltherrschaft auf diese Weise die Reverenz des deutschen Volkes zu erweisen.

Im Gegenzug dazu kam eine Rot-Kreuz-Vereinbarung zustande, die noch in Polen lebenden Deutschen die Übersiedlung in die Bundesrepublik ermöglichte.

Berlin-Abkommen

Im September 1971 schlossen die vier Siegermächte des Zweiten Weltkriegs ein Abkommen, das den Status Berlins sicherte. Die Sowjetunion garantierte dabei den freien Zugang und die westliche Militärpräsenz und gestand zu, *"daß die Bindungen zwischen den Westsektoren Berlins und der Bundesrepublik Deutschland aufrechterhalten und entwickelt werden"*, die Westmächte erklärten im Gegenzug, *"daß diese Sektoren so wie bisher kein Bestandteil der Bundesrepublik Deutschland sind und auch weiterhin nicht von ihr regiert werden"*.

Transit-Abkommen Verkehrsvertrag

Auf dieser Basis vereinbarten die Bundesregierung und die Regierung der DDR am 17. Dezember 1971 im Auftrag der Vier Mächte das Transitabkommen für den Verkehr zwischen der Bundesrepublik und Westberlin, sowie am 26. Mai 1972 den Verkehrsvertrag.

Der Umbruch in der DDR 1989/90 und die Wiedervereinigung

1989	
2. 5.	Öffnung der Grenzsperren zwischen Ungarn und Österreich
8. 7.	Gallenkolik Honeckers, bis Oktober kein öffentl. Auftreten mehr
August	Massenflucht von DDR-Bürgern aus Ungarn
24. 8.	Ausreise von 108 Botschaftsflüchtlingen mit Rot-Kreuz-Pässen aus Budapest nach Österreich
4. 9.	Erste Demonstration in der Leipziger Nikolaikirche
11. 9.	Öffnung der ungarischen Grenze
12. 9.	Gründung der Oppositionsgruppe "Neues Forum"
18. 9.	Zusammenstöße zwischen Demonstranten und Sicherheitskräften bei Demonstrationen in Leipzig; die "Montagsdemonstrationen" werden Tradition
21. 9.	Ablehnung des "Neuen Forum" durch das DDR-Innenministerium
30. 9.	Ausreise der Botschaftsflüchtlinge aus Prag
1. 10.	Gründung des "Demokratischen Aufbruchs" in Ostberlin
4. 10.	Erstes Auftreten Honeckers nach seiner Krankheit in der Öffentlichkeit
5. 10.	Zweite Massenausreise von Botschaftsflüchtlingen aus Prag
6. 10.	Ankunft Gorbatschows in Ostberlin
7. 10.	40. Jubliäum der Staatsgründung der DDR; offizielle Feiern werden von Gegendemonstrationen überschattet
9. 10.	1. Leipziger Montagsdemonstration ohne Eingreifen der Polizei
18. 10.	Rücktritt Honeckers, Berufung von Egon Krenz als Nachfolger. Ankündigung einer "Wende" in der DDR
26. 10.	Erstes Zusammentreffen von SED und Opposition
29. 10.	Auf einer Demonstration in Ostberlin erstmals Forderung nach Abriß der Mauer
30. 10.	Größte Montagsdemonstration in Leipzig: 200 000–300 000 Teilnehmer/innen
4. 11.	Demonstration in Ostberlin: ca. 500 000 Teilnehmer/innen Öffnung der tschechisch-bundesdeutschen Grenze für Bewohner/innen der DDR
6. 11.	Erster Entwurf für ein neues Reisegesetz der DDR
7. 11.	Rücktritt der DDR-Regierung; Ablehnung des Entwurfes für das neue Reisegesetz durch Volkskammer-Ausschuß
8. 11.	Rücktritt des SED-Politbüros
9. 11.	Vollständige Öffnung der Grenze der DDR für Reisen ins Ausland Fall der Mauer: Wiedervereinigungsfest in Berlin
12. 11.	Mauerdurchbruch am Potsdamer Platz für neuen Grenzübergang
13. 11.	Hans Modrow neuer Ministerpräsident der DDR
17. 11.	Angebot Modrows an die Bundesregierung über eine "Vertragsgemeinschaft" zwischen beiden deutschen Staaten

20. 11.	Transparente *"Deutschland, einig Vaterland"* bei der Leipziger Montagsdemonstration
28. 11.	10-Punkte-Plan Bundeskanzler Kohls zur Herstellung *"konföderativer Strukturen in Deutschland"*
1. 12.	Streichung des Führungsanspruchs der SED aus der DDR-Verfassung
3. 12.	Rücktritt von E. Krenz und des Politbüros und des Zentralkomitees
5. 12.	Ankündigung des visafreien Reiseverkehrs von West nach Ost für den 1. 1. 1990
7. 12.	Beginn der Gespräche am "Runden Tisch", Vereinbarung freier Wahlen am 6. Mai 1990
9. 12.	Wahl Gregor Gysis zum Parteivorsitzenden der SED
10. 12.	Beginn der Auflösung des Amtes für nationale Sicherheit (früher Staatssicherheitsdienst – Stasi)
11. 12.	Konferenz der vier Siegermächte des Zweiten Weltkriegs in Berlin
16. 12.	Bekenntnis der Ost-CDU zur deutschen Einheit
17. 12.	Umbenennung der SED in SED-PDS ("Partei des Demokratischen Sozialismus"), Bekenntnis zur Eigenstaatlichkeit der DDR; Konstituierung des "Demokratischen Aufbruch" als Partei, Forderung nach deutscher Einheit
19. 12.	Treffen Bundeskanzler Kohls mit Ministerpräsident Modrow in Dresden
22. 12.	Öffnung der Mauer am Brandenburger Tor
1990	
13. 2.	Vereinbarung zur Vorbereitung d. Wirtschafts- u. Währungsunion
14. 2.	Vereinbarung zur Einberufung einer "2 + 4-Konferenz"
18. 3.	Freie Wahl zur Volkskammer der DDR
12. 4.	Regierungsbildung unter Lothar de Maizière (CDU)
24. 4.	Vereinbarung über Inkrafttreten der Wirtschafts- und Währungsunion zum 2. 7.
5. 5.	Beginn der "2 + 4"-Gespräche in Bonn
6. 5.	Kommunalwahlen
21. 6.	Verabschiedung des Staatsvertrages zur Wirtschafts-, Währungs- und Sozialunion sowie einer Erklärung zur Endgültigkeit der polnischen Westgrenze durch Bundestag und Volkskammer
2. 7.	Einführung der Wirtschafts-, Währungs- und Sozialunion
6. 7.	Beginn der Verhandlungen über den Einigungsvertrag
22. 7.	Bildung von fünf Ländern
3. 10.	Inkrafttreten des Einigungsvertrages, Vollzug der Wiedervereinigung. Suspendierung der alliierten Rechte in bezug auf Gesamtdeutschland
7. 10.	1. gesamtdt. Wahl zum Bundestag des wiedervereinigten Dtschl.
14. 10.	Landtagswahlen in den "fünf neuen" Bundesländern
14. 11.	Grenzvertrag mit Polen
20. 11.	Gipfelkonferenz der KSZE in Paris mit der Unterzeichnung des sog. "2 + 4"-Vertrages

Grundlagenvertrag mit der DDR

Mit dem am 21. Dezember 1972 unterzeichneten Grundlagenvertrag mit der DDR verzichtete die Bundesregierung endgültig auf den Alleinvertretungsanspruch und erkannte die *"Unabhängigkeit und Selbständigkeit"* der DDR in ihren *"inneren und äußeren Angelegenheiten"* an. Ausdruck des besonderen Verhältnisses zwischen den beiden deutschen Staaten war es, daß nicht Botschaften, sondern nur "Ständige Vertretungen" errichtet wurden. In der Präambel zum Vertrag betonten beide Seiten noch die Existenz *"unterschiedlicher Auffassungen ... zur nationalen Frage";* das damit verbundene Problem der Staatsangehörigkeit wurde in einem anschließenden Protokollvermerk ausdrücklich ausgeklammert.

Aufnahme der beiden deutschen Staaten in die UNO

Auf der Grundlage dieses innerhalb von drei Jahren ausgehandelten Vertragssystems wurden die Bundesrepublik und die DDR gleichzeitig in die UNO aufgenommen. Die Verträge mit Moskau und Warschau wurden später durch einen Vertrag mit der Tschechoslowakei ergänzt, die Bundesrepublik nahm dann auch diplomatische Beziehungen zu Ungarn und Bulgarien auf.

Urteile des Bundesverfassungsgerichts

Das Bundesverfassungsgericht bestätigte in zwei Urteilen die Vereinbarkeit der Ostverträge (7. Juli 1975) und des Grundlagenvertrages mit der DDR (31. Juli 1973) mit dem Grundgesetz. Es hob dabei insbesondere hervor, daß die Anerkennung der DDR als Staat nicht im Widerspruch zu den grundgesetzlichen Vorschriften stehe, da die Bundesregierung – so das Urteil in seiner Begründung – nicht auf einen Rechtstitel aus dem Grundgesetz verzichtet habe, *"mittels dessen sie in Richtung auf Verwirklichung der Wiedervereinigung und der Selbstbestimmung wirken kann"*.

Auswirkungen des sowjetischen Reformkurses

Der Reformkurs des sowjetischen Parteichefs Gorbatschow konnte in den übrigen Staaten des Ostblocks nicht ohne Auswirkungen bleiben. Seit langem bestehende und mit stalinistischen Machtmitteln nur mühsam unterdrückte Bestrebungen brachen sich in Polen und Ungarn Bahn. Stand die polnische Führung seit 1981 unter dem Eindruck einer starken, von der Gewerkschaft Solidarnoszcz vorgetragenen Reformbewegung, die nur mit Hilfe des Kriegsrechts im Bann gehalten werden konnte, so hatte sich Ungarn schon seit einiger Zeit auf den Bahnen eines vorsichtigen Reformkommunismus bewegt.

Abbau der Grenzsperren durch Ungarn

Am 2. Mai 1989 kündigte die ungarische Führung an, sie wolle den "Eisernen Vorhang" abbauen, d. h. die Grenzbefestigungen zu Österreich beseitigen. Das hatte bereits weitreichende Konsequenzen: Seit dem Mauerbau 1961 konnte die Absetzbewegung aus der DDR nur mit Gewalt unterdrückt werden, andererseits wollte die DDR-Führung seit Anfang der 80er Jahre verstärkt den innenpolitischen Druck durch Genehmigungen zur Übersiedlung in die Bundesrepublik ableiten. Da nun inoffizielle Schätzungen von mehreren hunderttausend Ausreiseanträgen in der DDR ausgingen, war abzusehen, daß eine Öffnung der ungarischen Grenze zum Westen ein Ventil darstellen könnte, eine Bresche im Damm, der bisher den Osten vom Westen trennte.

Flüchtlingsstrom

Mit der Öffnung der Grenze setzte bald der Strom von Flüchtlingen aus der DDR ein, die über Ungarn und Österreich in die Bundesrepublik kamen – am 10. August waren es bereits etwa 1600. Immer noch war der Grenzübertritt aber illegal und riskant. Infolgedessen flüchteten sich Hunderte von DDR-Bürgern in die bundesdeutschen Botschaften, zunächst in Budapest, dann in Prag und Warschau. Am 13. August mußte die Botschaft in Budapest wegen Überfüllung geschlossen werden, ebenso wie dann am 23. August die Prager Botschaft. Am 24. August erlaubte die ungarische Regierung – ohne Vereinbarung mit der DDR – 108 Botschaftsflüchtlingen die Ausreise mit Rot-Kreuz-Papieren.

Flüchtlingslager in Ungarn

Damit war den Ausreisewilligen in der DDR ein neues Signal gesetzt. Da die Kapazität der Botschaft schnell erschöpft war, richtete das ungarische Rote Kreuz Flüchtlingslager ein, die bald 6 000 Menschen beherbergten. Am 11. September 0 Uhr öffneten sich die Schlagbäume nach Österreich für eine ungehinderte Ausreise. An diesem Tag verließen über 5 000, bis zum 13. September 15 000 DDR-Bürger Ungarn.

Krankheit Honeckers

In der DDR selbst lähmte die Krankheit des Parteichefs Erich Honecker das gesamte politische Leben. Am 8. Juli bereits mußte Honecker das Gipfeltreffen der Warschauer Pakt-Staaten in Bukarest vorzeitig verlassen und sich am 21. August einer Gallenoperation unterziehen. Angesichts der offenbar gewordenen Führungslosigkeit der DDR steigerte sich die Unruhe im Land. In der Nikolaikirche in Leipzig kam es am 4. September schon zu einer ersten Demonstration im Anschluß an ein "Friedensgebet". Bei solchen Demonstrationen kam es im Lauf des Monats zu Zusammenstößen mit Polizei und Staatssicherheit. Am 12. September formierte sich die erste Oppositionsbewegung, das "Neue Forum", dem das DDR-Innenministerium die Anerkennung mit der Begründung verweigerte, es bestehe keine Notwendigkeit für eine solche Gruppe.

Erste Demonstrationen

Botschaftsflüchtlinge in Prag und Warschau

Da eine Einreise aus der DDR nach Ungarn nur mit Visum möglich war, flüchteten sich mehrere hundert Menschen in die bundesdeutschen Botschaften in Prag (wohin man ohne Visum reisen konnte) und Warschau. Da die Lage vor allem in der Prager Botschaft unerträglich wurde, mußte die DDR – besonders im Hinblick auf das bevorstehende Staatsjubiläum – einer "humanitären Lösung" zustimmen: Die Botschaftsflüchtlinge durften am 30. September in Sonderzügen über das Gebiet der DDR ausreisen.

Ablehnung von Reformen durch SED-Spitze

Inzwischen war die Notwendigkeit von Reformen auch innerhalb der DDR-Führung erkannt worden, ohne daß jedoch klare Aussagen die Lage entspannt hätten. Parteichef Honecker, der kurz vor dem Jubiläumstag in die Öffentlichkeit zurückgekehrt war, lehnte Reformen rundweg ab: Reformen bei den Nachbarn müßten nicht automatisch einen Tapetenwechsel innerhalb der DDR nach sich ziehen, der Sozialismus in der DDR sei an sich schon eine große Reform, auf die das Land stolz sein könne. Am 5. Oktober wurde indessen eine zweite Sonderzug-Aktion aus Prag und Warschau notwendig, weil sich bereits wieder über 11 000 Menschen in der Prager Botschaft und in ihrer Umgebung aufhielten.

Gorbatschow in Berlin

Am 6. Oktober wurde der sowjetische Staats- und Parteichef Gorbatschow von der Bevölkerung in Ostberlin jubelnd begrüßt – von ihm erhoffte man sich ein klares Wort an die SED-Führung. Er hielt sich jedoch zurück und sagte nur den seither berühmt gewordenen Satz: *"Wer zu spät kommt, den bestraft das Leben."* Die Feierlichkeiten zum 40. Jahrestag der Staatsgründung liefen mit dem gewohnten Zeremoniell ab, sie waren aber bereits überschattet von Gegendemonstrationen, gegen die die Polizei zum Teil mit großer Brutalität vorging.

Montagsdemonstrationen

Als zwei Tage später, am 9. Oktober, in Leipzig etwa 70 000 Menschen friedlich für demokratische Reformen und eine gesellschaftliche Umgestaltung demonstrierten, griffen Polizei und Betriebskampfgruppen nicht mehr ein. In den folgenden Tagen mehrten sich die Zeichen für eine zunehmende Kritik am Kurs Honeckers. Die "Montagsdemonstrationen" in Leipzig wurden eine feste Einrichtung, am 16. Oktober nahmen mehr als 120 000, eine Woche später zwischen 150 000 und 300 000 Menschen daran teil. Unter diesem Druck trat Honecker *"aus gesundheitlichen Gründen"* am 18. Oktober von allen seinen Ämtern zurück, sein Nachfolger wurde Egon Krenz, der bereits vorher als "Kronprinz" galt. Er kündigte eine *"Wende"* in der DDR an, da die SED *"die gesellschaftliche Entwicklung"* in der DDR *"nicht real genug eingeschätzt und nicht rechtzeitig die richtigen Schlußfolgerungen gezogen"* habe.

Ausbleiben echter Reformen

Die versprochene "Wende" in der DDR blieb zunächst jedoch aus, es traten zwar namhafte Spitzenpolitiker von ihren Ämtern zurück, die Mehrheit aber bekannte sich öffentlich zu Reformen und galt bei der Bevölkerung von da an als "Wendehälse".

Öffnung der tschechischen Grenze

Friedliche Revolution im November

Mit Zustimmung der (neuen) DDR-Führung öffnete am 4. November auch die Tschechoslowakei ihre Grenzen für DDR-Bewohner, die kurz vorher eingeführte Visumpflicht für Reisen in die Tschechoslowakei wurde wieder aufgehoben. Auf der größten Demonstration in der Geschichte der DDR (wenn nicht ganz Deutschlands) kamen am selben Tag in Ostberlin eine halbe Million Menschen zusammen. Sie formulierten ihre Bereitschaft zum Aufbau eines neuen Systems in den Rufen *"Wir bleiben hier!"* und *"Wir sind das Volk!"*.

Den entscheidenden ersten Druchbruch brachten die folgenden Tage: Am 7. November trat die Regierung der DDR unter Ministerpräsident Willi Stoph zurück, am folgenden Tag das gesamte Politbüro. Am 9. November schließlich wurde im Vorgriff auf ein neues Reisegesetz die vollständige Reisefreiheit – *"ohne Vorliegen von Voraussetzungen"* – verkündet. Am selben Abend strömten Zehntausende von Ostberlinern über die Sektorengrenze in den Westteil der Stadt – unklar ist, ob auf Grund eines Mißverständnisses bei den Grenztruppen oder einer Weisung aus der Parteizentrale. Die Mauer als Barriere war gefallen, Berlin befand sich im Wiedervereinigungstaumel. Die Perspektive einer Wiedervereinigung Deutschlands rückte in den Blickpunkt: Am nächsten Tag rief der SPD-Ehrenvorsitzende Willy Brandt den Teilnehmern einer Kundgebung vor dem Schöneberger Rathaus zu: *"Wir sind jetzt in einer Situation, in der zusammenwächst, was zusammengehört."* Am 12. November schließlich wurde die Mauer in Berlin, die für 28 Jahre das Symbol der deutschen Teilung war, für einen ersten neuen Grenzübergang am Potsdamer Platz durchbrochen. Bis zum Mittag dieses Tages gaben die DDR-Behörden 4,3 Millionen Visa für Westreisen aus.

Demontage des Selbstverständnisses der DDR

Mit der Öffnung der Mauer unternahm die DDR den ersten Schritt zur Demontage ihres eigenen Selbstverständnisses. Dieses hatte sie bisher aus der Abwehr imperialistischer Übergriffe bezogen, was auch als offizielle Begründung für den Bau der Mauer diente. Indem sie die Mauer öffnete und in der Folgezeit die Sperranlagen an der Grenze zur Bundesrepublik demontierte und den Sperrstreifen aufhob, gab sie zu, daß die "Schutzfunktion" nicht mehr notwenig sei. Der jetzt auf breiter Basis mögliche Kontakt mit der westdeutschen Bevölkerung konnte nur in der Richtung wirken, daß sich die Bedrohungsphrasen der DDR-Führung endgültig als hohl entpuppten. Als schließlich das Luxusleben der Parteispitze (Funktionärs-Getto Wandlitz) bekannt wurde, brach auch die "antifaschistische" Legitimation und die Identifikation mit den "Interessen der Werktätigen" zusammen.

Eigenstaatlichkeit oder Wiedervereinigung

Mit dem Zusammenbruch des antiimperialistischen und antifaschistischen Selbstverständnisses der offiziellen DDR schwand auch die Legitimation der Eigenstaatlichkeit. Sie war auf der Basis einer "friedlichen Nachkriegs-Entwicklung" und den "Realitäten Europas" konstruiert worden, ihr fiel zunehmend auch die Zugehörigkeit zur deutschen Nation zum Opfer. Eine sozialistische Nation sollte statt dessen begründet werden. Als sich die Realität des Sozialismus nicht nur in der DDR, sondern auch in den übrigen Staaten Ostmitteleuropas als Irrweg der Entwicklung erwiesen hatte, blieb Polen und Ungarn noch die Betonung der nationalstaatlichen und der historischen Identität – für die DDR aber war diese Identität die deutsche, und die hatte in der Bundesrepublik um so mehr ihren Kristallisationspunkt, je mehr sich die Bewohner der DDR von ihrer eigenen Staatsführung verraten und belogen vorkamen. So war es nur logisch, daß auf den Leipziger Montagsdemonstrationen zunehmend der Ruf *"Deutschland, einig Vaterland"* erhoben wurde (eine Zeile aus der Nationalhymne der DDR *"Auferstanden aus Ruinen"* von J. R. Becher, deren Text eben wegen dieser Zeile nicht mehr gesungen worden war).

Vorstellungen über Wiedervereinigung

Trotz der Beteuerungen der neuen DDR-Führung, die deutsche Frage stehe *"nicht auf der Tagesordnung"*, wurden zunehmend Überlegungen angestellt, wie die deutsche Wiedervereinigung zu organisieren sei. Die Westalliierten signalisierten ihre Zustimmung, und auch Gorbatschow lehnte nicht mehr grundsätzlich ab, verwies jedoch auf das Ergebnis geschichtlicher Prozesse, an deren Ende durchaus auch eine deutsche Einigung stehen könne. Die Vorstellungen der SED gingen dabei mehr in Richtung auf eine *"Vertragsgemeinschaft"* (Ministerpräsident Modrow am 17. 11.), während die Bevölkerung schnelle und konkrete Ergebnisse brauchte. Bundeskanzler Kohl legte am 28. November noch einen Zehn-Punkte-Plan zur deutschen Einigung *(zur Herstellung "konföderativer Strukturen in Deutschland")* vor, mußte im Februar 1990 jedoch zugeben, daß die Geschwindigkeit des politischen Prozesses diese Überlegungen hinfällig gemacht habe.

Runder Tisch

Die Diskussion innerhalb der DDR wurde nach polnischem Vorbild an einem "Runden Tisch" institutionalisiert. Er erzwang allerdings keine ausreichend konkreten Reformen, daß die Übersiedlerwelle hätte zum Stillstand gebracht werden können. Immerhin zog er die ursprünglich für den 6. Mai angesetzten Volkskammerwahlen auf den 18. März vor. Schon die Vereinbarung aber, keine westlichen Wahlredner zum Wahlkampf hinzuzuziehen, zeigte den zunehmenden Autoritätsverlust des "Runden Tisches". Die SED versuchte im Gegenzug, ihre alten Machtpositionen beizubehalten, was sich an der Diskussion um den alten Staatssicherheitsdienst zeigte. Er war im November in ein Amt für nationale Sicherheit umgewandelt worden, sollte aber nach dem Willen der Reformkräfte ganz aufgelöst werden. Die SED dagegen beharrte auf der Notwendigkeit eines "Verfassungsschutzes". Im Gegensatz zum polnischen "Runden Tisch" fehlte diesem Gremium der revolutionäre Schwung, es erreichte nirgends eine umwälzende Neuerung und wurde weder in einer grundsätzlichen Demokratisierung der Strukturen noch in einer Reform der Wirtschaftspolitik aktiv.

SED

Die SED versuchte zunächst, den Reformprozeß aufzufangen und sich selbst an die Spitze der Reformbewegung zu stellen. Aus diesem Grund lehnte der außerordentliche Parteitag im Dezember 1989 auch eine Selbstauflösung der Partei ab, wie sie die polnischen und die ungarischen Kommunisten vollzogen hatten. Lediglich der Name der Partei wurde zunächst in SED-PDS (Partei des Demokratischen Sozialismus, vom Volk schnell als "Praktisch das selbe" gelesen), später allein in PDS geändert. Auch das alte Zeichen, die beiden Hände, die das Zusammengehen von Sozialdemokraten und Kommunisten bei der (Zwangs)-Vereinigung 1946 symbolisierten, wurde gestrichen.

Druck der Öffentlichkeit

Durch den Druck der Öffentlichkeit innerhalb der DDR waren alle vorsichtigen Verlautbarungen über die Zukunft der beiden deutschen Staaten schon von Anfang an überholt. Weder die Idee von der "Vertragsgemeinschaft" (Ministerpräsident Modrow) noch der 10-Punkte-Plan Bundeskanzler Kohls konnten sich durchsetzen. Perspektiven bot allein das Wort des SPD-Ehrenvorsitzenden Willy Brandt am Abend des 9. November 1989: *"Jetzt wächst zusammen, was zusammengehört!"* Vor allem der nicht abreißende Strom von Übersiedlern aus der DDR zwang beide Regierungen zu sofortigem Handeln. Die CDU der DDR bekannte sich dabei bereits auf ihrem Sonderparteitag Mitte Dezember 1989 zur "Einheit der deutschen Nation".

Übersiedlerwelle

Wiedervereinigung als konkretes Ziel

Die Bemühungen um die Wiedervereinigung wurden unterstützt durch Äußerung des sowjetischen Präsidenten Michail Gorbatschow, es sei Sache der Deutschen, über die Form ihres Zusammenlebens zu entscheiden. Daraufhin beschleunigte sich der Prozeß zur Wiedervereinigung weiter. Noch im Februar 1990 trat auf Vorschlag der Bundesregierung eine Expertenkommission zusammen, die die Einführung der DM als alleiniges Zahlungsmittel in der DDR vorbereiten sollte (Spruch der Demonstranten in der DDR: *"Kommt die DM nicht zu uns, kommen wir zu ihr!"*). Parallel dazu wurde in einer Konferenz der Außenminister der vier Siegermächte und der beiden deutschen Staaten ("2 + 4") das Gremium gefunden, das die außenpolitischen Aspekte der deutschen Einheit klären sollte. Die Wiedervereinigung war damit als kurzfristig anzusteuerndes Ziel formuliert und international akzeptiert.

Volkskammerwahl 18. März

Auf dieser Basis konnte die CDU in der letzten Runde des Wahlkampfes für die Volkskammerwahl am 18. März massiv mit der Wiedervereinigung und dem damit verbundenen Wohlstand werben und gewann mit der von ihr geführten "Allianz für Deutschland" (CDU, DSU, Demokratischer Aufbruch) 48,2 % der Stimmen. Am 20. März wurde die Währungsunion für den Sommer, am 24. April für den 2. Juli angekündigt.

Formale Aspekte der Vereinigung

Nach der ersten Runde der "2 + 4"-Gespräche am 5. Mai peilte die Bundesregierung das Jahresende als Termin für die ersten gesamtdeutschen Wahlen an. Die Regierung der DDR stimmte am 2. Juli dem Termin 2. Dezember zu. Teil der Verhandlungen um den Einigungsvertrag war allerdings der Zusammenhang zwischen Wiedervereinigung und Bundestagswahl: Wurde die Wiedervereinigung vorher vollzogen, war die Bevölkerung der DDR ohne demokratisch legitimierte Regierung – wurde sie mit der

Wahl vollzogen, verstrich wertvolle Zeit. Der Plan allerdings, die Bundestagswahl vor den frühestmöglichen Termin (2. 12.) vorzuziehen, scheiterte an verfassungsrechtlichen Bedenken. Die Volkskammer beschloß endlich am 22. August den Beitritt zur Bundesrepublik zum 3. Oktober 1990 und stellte damit den in der Volkskammerwahl zum Ausdruck gekommenen Willen des Volkes über formale Bedenken.

Vollzug der Wiedervereinigung

Mit dem 3. Oktober 1990 hörte die DDR auf, als selbständiger Staat zu bestehen, und war fortan Teil der Bundesrepublik. Damit waren auch Überlegungen hinfällig, aus der Vereinigung der beiden Staaten einen neuen Staat (und eine neue Verfassung) zu konzipieren. Mit dem Beitritt war das gesamte System der Bundesrepublik auf die (jetzt ehemalige) DDR ausgedehnt, und es war Sache des Einigungsvertrages, die Modalitäten für die schrittweise Überleitung festzulegen. Zwei Tage vorher hatten die Alliierten ihre Vorbehaltsrechte bezüglich ganz Deutschlands suspendiert, so daß gleichzeitig mit der Wiedervereinigung die (vergrößerte) Bundesrepublik die volle Souveränität auch über Deutschland als Ganzes zurückerhielt. Damit konnte auch der Sonderstatus Berlins aufgehoben werden.

Die folgenden Jahre offenbarten einerseits den Grad, bis zu dem die DDR-Führung das Land und seine Industrie abgewirtschaftet hatte. Der industrielle Standard war im wesentlichen nur durch Raubbau an den menschlichen, wirtschaftlichen und ökologischen Ressourcen zu halten gewesen. Auf der anderen Seite offenbarte sich aber auch die Goldgräbermentalität westdeutscher Firmen und Investoren, die sich auf die Konkursmasse der fünf neuen Bundesländer stürzten und den wirtschaftlichen Raubbau vor die Neuinvestition stellten.

Insgesamt gesehen war das Versprechen von Bundeskanzler Kohl vor der Volkskammerwahl vom 18. März 1990, innerhalb weniger Jahre den Wohlstand nach westlichen Maßstäben ins Land zu bringen, mit Sicherheit eine Aussage, die in der Form nie und nimmer glaubhaft sein konnte. Allein er zeigte damit das Gespür für das, was das Volk der DDR hören und auch glauben wollte.

Politische Probleme der Gegenwart – Weltpolitik der Gegenwart

Die "Vereinten Nationen"

Roosevelts "Vier Freiheiten"

Verkündung der "Vier Freiheiten" durch Roosevelt

Bereits in seiner Antrittsrede am 6. Januar 1941 vor dem amerikanischen Kongreß sprach der erneut wiedergewählte Präsident Roosevelt von den "Vier Freiheiten", die es zu verteidigen gelte: Die Redefreiheit, die Freiheit zur Ausübung der Religion, die Freiheit von aller Not und schließlich die Freiheit von aller Angst. Während er die Voraussetzung für die Freiheit von Not als eine weltumspannende Wirtschaftsordnung beschrieb, die den Einwohnern aller Länder ein Leben in gesunden und sicheren Verhältnissen sicherte, war für ihn die Voraussetzung für die Freiheit von Angst eine *"weltumfassende Abrüstung"*, nach der *"kein Land mehr in der Lage"* sei, irgendeines *"seiner Nachbarländer gewaltsam anzugreifen"*.

Dem so angesprochenen Ziel der Verständigung unter den Völkern verschrieben sich im Juni 1941 in London die Vertreter von Großbritannien und vier Staaten des Commonwealth sowie die Exilregierungen von acht von Deutschland überfallenen Staaten sowie des französischen Nationalkomitees des Generals de Gaulle. Auch die "Atlantik-Charta" Churchills und Roosevelts vertrat dieses Ziel des Völkerfriedens. Schließlich folgten im Washington-Pakt vom 1. Januar 1942 sechsundzwanzig Staaten, die sich mit den Achsenmächten im Kriegszustand befanden, und erklärten sich mit den so angesprochenen Zielen als "Vereinte Nationen" solidarisch.

Solidarität der Verbündeten im Krieg gegen die Achsenmächte

Pläne für eine neue Weltorganisation

Im Laufe dieses Jahres 1942 nahm dann u. a. das amerikanische *"Advisory Committee on Postwar Foreign Politics"* (Beratender Ausschuß für Außenpolitik der Nachkriegszeit) seine Arbeit auf und arbeitete Pläne aus, nach denen der alte Völkerbund durch eine neue Organisation unter Führung der vier Großmächte USA, Sowjetunion, Großbritannien und China ersetzt werden sollte. Die Diskussionen mit der britischen Regierung gingen in der Folgezeit vor allem um die Zusammensetzung dieses leitenden Gremiums.

Plan einer neuen Organisation

Aufgabe der Isolationspolitik durch die USA

Im Spätjahr 1943 stimmte schließlich der Kongreß der Vereinigten Staaten einem derartigen Engagement und damit einer langfristigen Aufgabe der Isolationspolitik zu. Auch die Sowjetunion konnte in dieser Zeit für eine Beteiligung an einer übernationalen Organisation gewonnen werden. Stalin sah freilich in ihr mehr ein Instrument der Friedenssicherung als ein Forum, in dem eine Annäherung der ideologischen Standpunkte geleistet werden könnte. In einer Erklärung anläßlich der Moskauer Konferenz der vier Außenminister bekannten sich diese zu der Forderung, *"zum frühestmöglichen Zeitpunkt eine allgemeine internationale Organisation zur Erhaltung des Friedens und der Sicherheit zu schaffen und diese auf dem Grundsatz der souveränen Gleichheit aller friedliebenden Staaten"* aufzubauen. Die Kriegskoalition gegen die Aggression der Achsenmächte war damit das Fundament einer künftigen Friedensordnung. Auch das Kommuniqué der Konferenz von Teheran (1. 12. 1943) bekräftigte diesen Gedanken.

Friedenssicherung

Die "Vereinten Nationen"

Struktur der "Organisation der Vereinten Nationen"

Die im Sommer 1944 zusammengerufene Konferenz von Dumbarton Oaks (Washington D. C., USA) verabschiedete schließlich den ersten umfassenden Organisationsentwurf für die "Vereinten Nationen". Im Mittelpunkt der Organisation sollte die Vollversammlung aller Nationen stehen (von der die Achsenmächte ausgenommen bleiben sollten), während ein Sicherheitsrat aus den vier Großmächten als ständige und weiteren fünf Staaten als wechselnde Mitglieder die Verantwortung für Frieden und Sicherheit tragen sollte. Die Zahl der ständigen Mitglieder wurde später auf fünf, die der wechselnden auf sechs erhöht. Dem Sicherheitsbedürfnis der Sowjetunion entsprach ihre Forderung nach stärkerer Vertretung in der Vollversammlung und nach einem Veto-Recht im Sicherheitsrat, um zu verhindern, daß sie von den anderen Mächten überstimmt würde. Auf der Konferenz von Jalta im Februar 1945 wurde in diesen Fragen ein Kompromiß erzielt: Die Sowjetunion beschränkte sich in der Vollversammlung auf drei Sitze (formell für die Sowjetunion als Ganzes, sowie für Weißrußland und die Ukraine) und erhielt dafür im Sicherheitsrat ein umfassendes Vetorecht zugestanden. Danach mußten zumindest die vertretenen fünf ständigen Mitglieder einstimmig votieren. Ihr Vetorecht im Sicherheitsrat nahm die Sowjetunion von 1946 bis 1964 103mal, Großbritannien 4mal in Anspruch.

Gründung der UN in San Francisco

Am 26. Juni 1945, während noch der Krieg im Pazifik andauerte, kamen in San Francisco Vertreter von 50 Nationen zusammen, um die Gründungsurkunde der Vereinten Nationen zu unterzeichnen. Auf der Schlußsitzung nannte Präsident Truman die Gründungscharta ein *"großartiges Instrument für den Frieden, die Sicherheit und den menschlichen Fortschritt"* und knüpfte an Roosevelts Traum von der "One World" an, die auf einem Fundament des Friedens und der Verständigung errichtet werden sollte.

Die Grundsätze der Vereinten Nationen

Die Grundsätze der Vereinten Nationen bestehen in folgenden Verpflichtungen:
- friedliche Austragung von Streitfällen, zunächst durch Verhandlungen etc. unter den Streitparteien selbst, dann durch Empfehlungen, politischen und wirtschaftlichen Druck, schließlich durch militärische Mittel durch Mitglieder der Vereinten Nationen;
- Anerkennung des "Grundrechts zu individueller oder kollektiver Selbstverteidigung";
- Anerkennung und Heranziehung regionaler Sicherheitsbündnisse;
- Nichteinmischung in innere Angelegenheiten anderer Staaten, was den Verzicht auf die Durchsetzung von Menschenrechten in totalitären Staaten bedeutete.

Die Organisation der Vereinten Nationen (UNO)

Arbeit der UNO

Die Organisation der Vereinten Nationen (UNO) hat seit 1952 ihren Sitz in New York. Die Vollversammlung tagt in der Regel einmal jährlich, ihre Beschlüsse sind aber nur für die Mitglieder verbindlich, die selbst zugestimmt haben. Ebenso ist ein Spruch des Internationalen Gerichtshofes (mit Sitz in Den Haag) nur dann verbindlich, wenn die Streitparteien dies vorher erklärt haben. Durch diese Einschränkungen sind die Vereinten Nationen nicht zu dem Friedensbewahrer geworden, als der sie ursprünglich gedacht waren. Auch der in der UN-Charta ausgesprochene Verzicht auf Androhung oder Anwendung von Gewalt ist praktisch wirkungslos geblieben. Im Gegensatz zum Völkerbund sind aber die UN ein Gremium, das, besonders seit den 60er Jahren, die Staaten der Dritten Welt als gleichberechtigte Partner der Großmächte begreift und ihnen in der Vollversammlung inzwischen auch die Mehrheit der Stimmen einräumt. Die Vollversammlung der Vereinten Nationen ist daher trotz ihrer politischen Ohnmacht ein wichtiges Instrument der Verständigung und des Dialogs geworden.

Weltpolitik im Zeichen des Kalten Krieges

Der Koreakrieg

Teilung Koreas

Zu Auseinandersetzungen zwischen den USA und der UdSSR kam es auch über die politische Zukunft Koreas, das ja 1910 von Japan im Zuge seiner ostasiatischen Expansionspolitik annektiert und 1945 im Norden von der Sowjetarmee und im Süden von der US-Armee besetzt worden war. Die Entwicklung verlief analog zu der in Europa, indem die Sowjetunion im Bereich ihrer Besatzungstruppen zur Durchsetzung ihrer gesellschaftlichen und politischen Vorstellungen am 8. Mai 1945 eine kommunistisch geführte provisorische Regierung einsetzte. Nachdem die Unmöglichkeit, auch in Korea die politische Einheit des Landes zu verwirklichen, offenbar geworden war, wurden am 15. August in Südkorea und am 9. September 1948 in Nordkorea jeweils ein Staat in enger Anlehnung an das System der USA bzw. der Sowjetunion gegründet. Ende 1948 zog die UdSSR, am 29. Juni 1949 die USA ihre Truppen aus Südkorea ab, beide beließen nur Militärberater im Land.

Koreakrieg

Nach dem Truppenabzug der USA und der UdSSR flammten Kämpfe zwischen Nord- und Südkorea auf. Am 25. Juni 1950 überschritten nordkoreanische Streitkräfte die Demarkationslinie am 38. Breitengrad und konnten bis Juli fast die gesamte Südküste Koreas erreichen. Bereits zwei Tage nach Ausbruch der Kämpfe begannen die USA, Südkorea durch Luft- und Seestreitkräfte zu unterstützen. Am 7. Juli schließlich erteilten die Vereinten Nationen den USA den Auftrag zum Oberbefehl über die UN-Truppen zum Schutz Südkoreas. Ein wirkungsvoller Gegenangriff setzte allerdings erst am 15. September ein. Bis zum November 1950 konnte so die Frontlinie bis fast an die chinesische Grenze vorgetrieben werden. Daraufhin rückten 300 000 "Freiwillige" aus China die Front wieder nach Süden und stabilisierten sie bis zum Sommer 1951 in der Nähe der alten Demarkationslinie. Im Verlauf des Krieges drohte Präsident Truman die Atombombe einzusetzen (30. 11. 1950) und China direkt anzugreifen, um die Nachschublinien nach Nordkorea zu unterbrechen (24. 3. 1951).

Waffenstillstand
Demarkationslinie

Am 10. Juli 1951 wurden Waffenstillstandsverhandlungen aufgenommen, die, bei einer zeitweiligen Wiederaufnahme der Kämpfe nach über zwei Jahren zum Abkommen von Panmunjom (27. 7. 1953) führten. Dieses Abkommen legte die Grenze in der Nähe des 38. Breitengrades fest, schuf eine entmilitarisierte Zone zwischen beiden Staaten und setzte eine neutrale Überwachungskommission ein.

NATO und Warschauer Pakt

Bedrohung der Sicherheit

Gingen die Staaten Westeuropas noch 1947 davon aus, daß vor allem von Deutschland eine künftige Gefährdung der Sicherheit in Europa ausgehen könne, so zeigte die Entwicklung im Alliierten Kontrollrat und um Berlin im folgenden Jahr, daß eine Bedrohung eher von der Sowjetunion ausgehen würde. In der sicheren Gewißheit, daß nur eine Anlehnung an die Militärmacht der USA ein wirksames Gegengewicht schaffen könne, äußerten die westeuropäischen Staaten den Wunsch nach einer Einbeziehung der USA in die Verteidigung des Westens.

Verhandlungen

Ansatzpunkt für Verhandlungen war die sog. *Vandenberg-Resolution*, mit der der Senat im Juni 1948 die Teilnahme der USA an regionalen Bündnissen, die der Sicherheit der USA dienten, erlaubte. Schwierigkeiten bot jedoch einerseits die von den Europäern geforderte automatische Beistandsgarantie, da sie mit dem Recht des Kongresses, über Krieg und Frieden zu entscheiden, nicht vereinbar war, andererseits die Festlegung des Vertragsgebiets. Dieses wollten die europäischen Verhandlungspartner, die Staaten des 1948 abgeschlossenen Brüsseler Paktes, auf Mitteleuropa beschränkt sehen, während die USA eine Ausweitung auf Nord- und Südeuropa forderten.

Inhalt des Nordalantikvertrags

Am 4. April 1949 wurde der Nordatlantikvertrag zur Gründung der *"North Atlantic Treaty Organization" (NATO)* unterzeichnet. Darin wurde als Ziel des Bündnisses festgelegt, die *"Bemühungen für die gemeinsame Verteidigung und für die Erhaltung des Friedens und der Sicherheit zu vereinigen"*. Die Vertragspartner verpflichteten sich, *"jeden internationalen Streitfall, an dem sie beteiligt sind, auf friedlichem Wege ... zu regeln"*. Der militärische Aspekt des Vertrages galt allein der Abwehr eines bewaffneten Angriffs *"gegen einen oder mehrere von ihnen"*, der *"als ein Angriff gegen sie alle angesehen werden"* solle.

Europäische Verteidigungsgemeinschaft (EVG)

Um Deutschland in die Verteidigung Westeuropas einzubinden, wurde der Plan einer *Europäischen Verteidigungsgemeinschaft (EVG)* erörtert, der aber am Einspruch der französischen Nationalversammlung scheiterte. Sicherheitsbedenken Frankreichs gegenüber einer deutschen Wiederbewaffnung, die Voraussetzung für die Aufnahme in die NATO war und die in der NATO allein nicht ausreichend abgesichert schienen, wurden auf britischen Vorschlag hin durch eine Erweiterung des Brüsseler Paktes auf Italien und die Bundesrepublik abgefangen. Die damit im Oktober 1954 (s. Pariser Verträge) gebildete *Westeuropäische Union (WEU)* stellt einen kollektiven Beistandspakt innerhalb der NATO dar und ist militärisch mit der NATO, politisch mit dem Europarat verflochten. Sie unterscheidet sich vom Nordatlantikvertrag insbesondere durch die in Art. V festgelegte automatische Beistandspflicht unter den Vertragspartnern, die der NATO-Vertrag (aus

Westeuropäische Union (WEU)

Bedenken der USA heraus) so nicht kennt. Ein weiterer wichtiger Bestandteil des WEU-Vertrags waren die Protokolle über Rüstungsbeschränkungen und Höchststärken der Streitkräfte, die sich zunächst hauptsächlich gegen die Bundesrepublik richteten, aber nach mehreren Zwischenschritten 1984 vollständig aufgehoben wurden. Die hauptsächlichen Organe der WEU sind der Ministerrat, dem die Außen- und (seit 1984) die Verteidigungsminister der Mitgliedsstaaten angehören, und die WEU-Versammlung aus 89 Vertretern der Mitgliedsstaaten bei der beratenden Versammlung des Europarates.

Warschauer Pakt

Die politische und militärische Antwort der Sowjetunion auf WEU und NATO bestand in einem östlichen Gegenbündnis, das im Mai 1956 in Warschau als *"Warschauer Vertragsorganisation"* oder *Warschauer Pakt* gegründet wurde. Sie faßte die seit 1948 bestehenden zweiseitigen Verträge (über *"Freundschaft, Zusammenarbeit und gegenseitigen militärischen Beistand"*) mit der Sowjetunion zusammen und schuf ein gemeinsames Kommando der verbündeten Streitkräfte. Die Staaten Ostmitteleuropas wurden dadurch formell zu gleichwertigen Verbündeten der Sowjetunion aufgewertet. Das Vertragssystem, dessen Basis 21 bilaterale Abkommen bilden, wurde im April 1985 um 20 Jahre verlängert und erhielt durch den 27. Parteitag der KPdSU 1986 ein revidiertes Programm. Im Zug der Umwälzungen im östlichen Mitteleuropa 1989/90 löste sich der Warschauer Pakt zunächst faktisch, zum 1. April 1991 dann auch formell auf.

Instrument zur Sicherung des Sozialismus

Der wesentliche Unterschied zur NATO besteht darin, daß der Warschauer Pakt als ein Instrument zur Sicherung der Machtverhältnisse angesehen wurde. Die Sowjetunion nahm einerseits ein Notstandsrecht für sich in Anspruch, andererseits verpflichtete sie ihre Bündnispartner, dafür zu sorgen, daß ihre Verteidigungsfähigkeit nicht durch eine "Konterrevolution" gefährdet würde. Zentraler Bestandteil der zweiseitigen Bündnisverträge war daher die Verpflichtung zum Schutz oder zur Verteidigung der sozialistischen Errungenschaften. Der Grad der Einbindung war bei der DDR und der Tschechoslowakei am höchsten, bei Rumänien, das sich in allen Verträgen lediglich auf die gemeinsame Abwehr eines Angriffs verpflichten ließ, am geringsten. Polen und Ungarn, das sich gegenüber der UdSSR und der DDR nur zu einer gemeinsamen Außenpolitik verpflichtete, nahmen eine mittlere Stellung ein.

Strategien: Massive Retaliation

Die Militärstrategie der NATO beruht prinzipiell auf dem Gedanken der Abschreckung, wonach ein eventueller Angreifer nicht im Unklaren über eine entschlossene Abwehr bleiben kann. Zwischen 1957 und 1968 galt die Strategie der *"Massive Retaliation"* (massive Vergeltung), die den konventionellen Vorteil der Sowjetunion und ihrer Verbündeten durch sofortigen Einsatz von Atomwaffen kompensieren sollte. Am Ende der 60er Jahre verfei-

Flexible Response

nerte sich die Strategie zur *"Flexible Response"* (flexible Antwort), die Möglichkeiten der Abwehr eines Angriffs von der konventionellen "Direktverteidigung" bis hin zum generellen Einsatz von Nuklearwaffen, daneben aber auf jeder Stufe die Möglichkeit zur sofortigen Deeskalation vorsah. Alle Strategien aber beruhen auf der Voraussetzung, daß selbst bei einem atomaren Schlagabtausch das eigene Überleben gesichert bleibt – eine Kalkulation, die sich im Lauf der 80er Jahre zunehmend als Illusion erwiesen hat.

Ost-Erweiterung der NATO

Der Warschauer Pakt hat durch den Niedergang des sozialistischen Systems seine militärische Bedeutung verloren und wurde 1991 aufgelöst. Die ostmitteleuropäischen Staaten erkannten schnell die Möglichkeit, mit einer Mitgliedschaft in der NATO dem sowjetisch-russischen Hegemoniestreben ein Gegengewicht entgegensetzen zu können. Damit gerieten aber sowohl sie selbst als auch die NATO in Konflikt mit Rußland, das in einer Ost-Erweiterung der Organisation ein erhebliches Sicherheitsrisiko und sogar eine Gefährdung seiner selbst vermutete – wenn diese Vermutung auch mehr aus nationalistischen Gründen hochgespielt sein dürfte. Inzwischen (1996) gesteht die russische Regierung zwar einen NATO-Beitritt z. B. Polens zu, wehrt sich aber weiterhin vehement gegen eine Mitgliedschaft der Baltischen Staaen.
"Partnerschaft für den Frieden"

Ein Zwischenstadium für die Einbeziehung des Ostens stellt der "NATO-Kooperationsrat" dar. Er dient vor allem dazu, weiterhin Vertrauen in die NATO zu schaffen und Rußland davon zu überzeugen, daß die NATO keine aggressiven Absichten gegenüber dem ehemaligen Warschauer Pakt hat. Dassselbe Ziel verfolgt auch die "Partnerschaft für den Frieden". Sie ist kein formuliertes Programm, um die NATO zur gesamt-europäischen Friedensorganisation zu machen, sondern stellt unverbindliche Klauseln zur "prinzipiellen" Öffnung einem ebenso unverbindlichen Angebot zur Zusammenarbeit an die "Mitgliedsländer des NATO-Kooperationsrats und andere interessierte Staaten" gegenüber.

Neudefinition der NATO

Im Juni 1996 einigten sich die NATO-Außenminister, die militärische Rolle des Bündnisses neu zu definieren. Neu war zu diesem Zeitpunkt, daß Frankreich, das 1966 aus der Organisationsstruktur der NATO ausgeschieden war, dieses neue Konzept wieder voll mittrug. Kernpunkt dieser Definition ist eine Neubewertung der WEU, die als selbständige europäische Organisation auftreten soll. Sie kann jetzt auf Stäbe, Kommandostrukturen sowie Führungs- und Aufklärungsmittel der NATO zurückgreifen; die Operationen laufen in eigener politischer und militärischer Verantwortung der WEU und werden von der NATO zwar beobachtet, aber nicht kontrolliert.

"Friedensstiftende Einsätze"

Damit trägt die NATO den veränderten Bedingungen und der Tatsache, daß nach dem Ende des Kalten Krieges neue Risiken und Gefährdungen aufgetreten sind und noch auftreten werden, Rechnung. Die NATO hat nach dieser Definition künftig nicht mehr ausschließlich einen Verteidigungsauftrag, sondern kann darüber hinaus auch sogenannte "friedensstiftende Einsätze" durchführen. Alle sechzehn NATO-Staaten haben damit ein Instrumentarium zur Krisenbewältigung zur Verfügung, das das Fernbleiben einzelner Mitglieder von dieser Operation erlaubt. Vor allem sind die NATO und die WEU nicht mehr an die Teilnahme der USA gebunden.

Jugoslawien-Krieg

Hervorgegangen waren diese Überlegungen und Konzepte einerseits aus dem Bemühen, die NATO nach dem Zusammenbruch des Warschauer Paktes politisch aufzuwerten, auf der anderen Seite aus der Erkenntnis, daß die engen Grenzen, die einem UN-Mandat auferlegt waren, sich als ungeeignet erwiesen hatten, den Krieg in Bosnien-Herzegowina zu beenden. Ein Abzug der UN war dringend notwendig, um das Scheitern der UN-Mission nicht zu einem Gesichtsverlust für die gesamte Organisation werden zu lassen. Mit dem Jugoslawienkrieg entstand die Notwendigkeit, auf europäischer Ebene militärische Präsenz zu zeigen und militärischen Druck auszuüben. Die Organisation wuchs auf diese Weise in die Rolle einer Polizeimacht, wobei die politischen Schwierigkeiten unter den Mitgliedsländern die Effizienz immer noch schwächten. So begann im Dezember 1995 der größte Einsatz der NATO in ihrer Geschichte, als sie vom UN-Sicherheitsrat ermächtigt wurde, zur Einhaltung des Friedensabkommens alle Mittel einzusetzen, die ihr geeignet erschienen, einschließlich der Anwendung militärischer Gewalt.

Das atomare Patt

Vorsprung der USA

Nach dem ersten erfolgreichen Atombombentest und dem Einsatz dieser Waffe in Japan 1945 hatten die USA einen waffentechnischen Vorsprung gegenüber der Sowjetunion, auf den sie sich für den Fall einer Auseinandersetzung zwischen den beiden Weltmächten verlassen konnten. Im September 1949 erreichten jedoch Meldungen von sowjetischen Atomwaffenversuchen die Weltöffentlichkeit. Der Vorsprung war einem atomaren Patt gewichen.

Atomares Patt

Wasserstoffbombe

Ende Januar 1950 gab Truman den Auftrag zur Entwicklung der nächsten Generation atomarer Waffen, der Wasserstoffbombe. Sie wurde erstmals am 1. November 1952 auf dem Eniwek-Atoll im Pazifik gezündet. Der wieder erreichte Vorsprung hielt aber nur bis zum 20. August 1953, als die UdSSR die Zündung einer eigenen Wasserstoffbombe bekanntgab.

Beide Weltmächte hatten nun die Mittel in der Hand, nicht nur sich gegenseitig, sondern auch den Rest der Welt zu vernichten. Die strategische Planung mußte im Lauf der Zeit immer stärker von der Voraussetzung ausgehen, in einem atomaren Erstschlag die Möglichkeit des Gegners zu einem atomaren Zurückschlagen zu vernichten. Erst im Lauf der 70er Jahre sollte sich die Erkenntnis durchsetzen, daß jeder atomare Schlag durch seine mittelbaren und unmittelbaren Folgen die Frage nach Erst- oder Zweitschlag ad absurdum führen würde.

Strategische Planung: Erstschlag

Zunächst jedoch war das Konzept des atomaren Vernichtungsschlages *(Massive Retaliation)* offizielle strategische Doktrin der USA (s. oben). Sie geht zurück auf Außenminister John Foster Dulles, der sie 1954 an die Stelle der Trumanschen Politik des Containment, der Eindämmung des kommunistischen Einflusses, setzte. Technisch möglich wurde diese Doktrin durch die Entwicklung taktischer Atomwaffen und den Aufbau einer strategischen Atombomberflotte. Im folgenden Jahr schrieb der britische Physiker Cecil F. Powell, daß die USA über 4000 und die UdSSR über 1000 Atombomben verfügten.

Konzept des atomaren Vernichtungsschlages

Parallel zur Strategie der Abschreckung verliefen Versuche, besonders nach dem Tod Stalins 1953, die politische Lage durch direkte Gespräche zu entschärfen. So kam es im Juli 1955 in Genf zu einer Gipfelkonferenz der vier ehemaligen Alliierten. Die Konferenz brachte zwar keine konkreten Ergebnisse, auch nicht in der Deutschland-Frage, ließ aber den Wunsch beider Seiten erkennen, Konfrontationen zu vermeiden und die Gegenätze zu einer Annäherung zu bringen.

Gipfelkonferenz 1955

Diese Politik der Annäherung zeigte erste Erfolge, als im Konflikt um den Suez-Kanal 1956 Israel, Frankreich und Großbritannien Ägypten angriffen. Die USA übten Druck auf ihre Verbündeten aus, die Sowjetunion drohte mit dem Einsatz von Atomwaffen, aber es blieb bei Drohungen, die Interventen mußten sich zurückziehen. Gegenseitige Abkommen über einen Stop der Atombombenversuche, erstmals im Sommer 1957 vorgeschlagen, scheiterten aber, wie noch lange Zeit danach, an sowjetischen Einwänden gegenüber der Kontrolle solcher Vereinbarungen.

Suez-Konflikt 1956

Der Wettlauf zwischen den Supermächten verlagerte sich inzwischen teilweise in den Weltraum, wo die Sowjetunion mit dem Start des ersten Satelliten Sputnik I am 4. Oktober 1957 ihren technologischen Vorsprung vor den USA dokumentierten. Diese zogen jedoch schon am 31. Januar 1958 mit Explorer I nach.

Wettlauf im Weltraum: Sputnik 1957

Stalins Tod und der Kurswechsel in der UdSSR

Kollektive Führung

Nachdem Stalin am 5. März 1953 (dies ist das offizielle Todesdatum) einem Schlaganfall erlegen war, wurde auf Beschluß von Zentralkomitee, Ministerrat und Oberstem Sowjet das Prinzip der kollektiven Führung, das auch schon Stalins Alleinherrschaft vorausgegangen war, wieder belebt. Aus der Troika Malenkow, Berija und Chruschtschow ging letzterer schon bald in seinem Amt als Generalsekretär der Partei als neuer "starker Mann" hervor. Ab 1955 regierte Chruschtschow zusammen mit Georgi Malenkow, dann mit Nikolai Bulganin als Ministerpräsident die Sowjetunion, 1958 vereinigte er beide Ämter in seiner Person.

Konsumgüterproduktion

Friedliche Koexistenz

Die neue Führung trat an unter dem Versprechen, die von Stalin eingeleitete Begünstigung der Schwerindustrie zugunsten einer Erhöhung der Konsumgüterproduktion aufzugeben und damit den Lebensstandard der Bevölkerung zu heben. Im außenpolitischen Bereich standen die Zeichen auf friedlicher Koexistenz mit dem Westen, um die Spannungen des Kalten Krieges abzubauen. Die Satellitenstaaten des Ostblocks schienen die Möglichkeit zu haben, einen eigenen Weg zum Sozialismus zu verfolgen. Der Aufstand des 17. Juni 1953 in der DDR traf aber auf eine in sich noch nicht wieder gefestigte Sowjetunion und wurde deshalb mit sowjetischen Panzern niedergewalzt.

Entstalinisierung

Im Mittelpunkt der innenpolitischen Bemühungen stand die "Entstalinisierung", die Abrechnung mit dem Personenkult um Stalin und mit seiner Diktatur. Auf dem XX. Parteikongreß der KPdSU vom 14. bis 25. Februar 1956 enthüllte Chruschtschow in einer Geheimrede das Wesen der stalinistischen Diktatur als das Terrorregime eines Größenwahnsinnigen und wies die Fehler und Irrtümer des Diktators nach. Chruschtschows Absicht bestand aber lediglich in einer Aussöhnung mit denjenigen gesellschaftlichen Gruppen der Sowjetunion, die Stalins Diktatur vom Staat entfremdet hatte. In seiner Berufung auf die Prinzipien des Leninismus machte er klar, daß allein die "Auswüchse" der Diktatur, nicht das System selbst, zu beseitigen waren.

Eisenhower Präsident der USA

Dem Wechsel in der Sowjetunion entsprach ein Wechsel in Weißen Haus, wo 1953 der Republikaner Dwight D. Eisenhower, alliierter Oberbefehlshaber im Krieg, dann NATO-Oberbefehlshaber, den Demokraten Harry S. Truman ablöste. Vorschnell geweckte Hoffnungen wurden allerdings enttäuscht, da weder die Berliner Konferenz der Außenminister der vier Alliierten vom 25. Januar bis 18. Februar 1954 über Deutschland noch die Genfer Doppelkonferenz vom 26. April bis 15. Juni 1954 über Korea und Indochina entscheidende Durchbrüche brachten. Als Fortschritt war doch zu werten, daß man überhaupt miteinander sprach.

Indochina-Konferenz

Eine Konferenz über Indochina war notwendig geworden, als mit dem Abzug der japanischen Besatzungstruppen das Streben der Völker Indochinas nach Selbständigkeit mit dem Wunsch der französischen Kolonialherren nach Wiederaufrichtung ihrer Herrschaft kollidierte. Anfängliche Reibereien mit Rebellengruppen steigerten sich zum offenen Kampf, besonders als mit dem Sieg Mao Tse-tungs in China die kommunistischen Vietminh unter Ho-Chi-minh offen unterstützt wurden. Die Franzosen kämpften auf verlorenem Posten, ein Eingreifen der USA wurde zwar diskutiert, von Präsident Eisenhower aber abgelehnt. Am 7. Mai 1954 fiel die letzte Festung der Franzosen, Dien-Bien-Phu. Das Ergebnis der daraufhin einberufenen Indochina-Konferenz bestand mit der Festschreibung des Status quo in einer Teilung beider Länder in Interessensphären, d. h. in ein kommunistisch beherrschtes Nordvietnam und ein westlich orientiertes Südvietnam sowie Laos und Kambodscha als Pufferstaaten.

Vietnam

Chruschtschow

Verschärfung des Ost-West-Konflikts

Nachdem sich Chruschtschow als Partei- und Regierungschef durchgesetzt hatte (1958), ging auch das "Tauwetter" in der Sowjetunion zu Ende, Chruschtschow setzte wieder innenpolitisch auf Straffung der Parteiarbeit, außenpolitisch auf militärische Macht. Deren äußeres Zeichen war die Wiederaufnahme von oberirdischen Kernwaffenversuchen (1961). Die kommende Verschärfung des Ost-West-Konflikts zeigte, daß die Annäherung nur eine vorübergehende Phase im Zug der Nachfolgefrage nach Stalins Tod war. Dennoch erhob der XXII. Parteikongreß 1961 das *"Prinzip der friedlichen Koexistenz zwischen Ländern unterschiedlicher Gesellschaftsordnung"* zur außenpolitischen Leitlinie und erklärte dieses Prinzip als *"Grundlage des friedlichen Wettbewerbs zwischen Sozialismus und Kapitalismus im internationalen Maßstab"* zu einer *"spezifischen Form des Klassenkampfes"*. Die Zeit Nikita Chruschtschows ist also von einem Nebeneinander von Entspannungspolitik und einer entschlossenen Haltung in der Festigung und im Ausbau eigener Positionen gekennzeichnet. Aus dieser Zwiespältigkeit resultieren die beiden großen Krisen seiner Amtszeit, die Berlin- und die Kubakrise.

Die Berlinkrisen 1958 und 1961

Berlin-Ultimatum 1958

Im November 1958 erklärte die sowjetische Regierung, daß sie sich nicht mehr an die Viermächtevereinbarungen über Berlin gebunden fühle und neue Verhandlungen fordere. Sollten diese kein Ergebnis bringen, werde sie ihre Rechte an die Regierung der DDR abtreten und mit dieser einen separaten Friedensvertrag abschließen. Chruschtschow, Partei- und Regierungschef und starker Mann im Kreml, beabsichtigte allerdings nicht, die Drohung des Ultimatums wahr zu machen, sondern wollte eher seinen

Mann in Ostberlin, Walter Ulbricht, stärken. Er brachte die Forderung nach einer Revision des Status der Stadt in den folgenden Jahren immer wieder auf die Tagesordnung der Politik, mußte sich jedoch angesichts der harten amerikanischen Haltung auf Drohungen beschränken. Mit dem Abschuß eines amerikanischen Aufklärungsflugzeuges über der Sowjetunion erreichte dann im Mai 1960 der Kalte Krieg seinen Höhepunkt.

Mauerbau in Berlin 1961

Im August 1961 schließlich riegelte die DDR die Sektorengrenze nach Westberlin durch den Bau der Mauer ab (s. oben S. 200). Die USA schickten zwar 1500 amerikanische Soldaten nach Berlin, griffen aber nicht ein, da nach ihrer Meinung mit einer Beschränkung der Aktion auf den Ostsektor der Stadt die Sicherheitsinteressen der Westalliierten nicht berührt waren. Gleichzeitig warf Chruschtschow die Frage nach dem Status Berlins und die Möglichkeit eines Separatfriedens erneut auf. Präsident Kennedy antwortete mit einer Erhöhung der Verteidigungsausgaben um 3,5 Milliarden Dollar. Die Berlinkrise wurde beigelegt, als Chruschtschow auf dem XXII. Parteitag erklärte, daß die Frage des Termins einer Einigung vor der Erklärung der prinzipiellen Bereitschaft zur Lösung zurücktreten könne.

Die Kubakrise 1962

Aufbau sowjetischer Raketenbasen in Kuba

Im August 1962 bestätigte Präsident Kennedy Berichte, wonach die Sowjetunion Waffen und Techniker nach Kuba brächten, wo nach der Revolution Fidel Castros 1960 sich für Moskau die Möglichkeit bot, in die lateinamerikanische Sphäre vorzustoßen. Noch wurde aber in den USA die Situation nicht für bedrohlich gehalten. Nachdem Aufklärungsflugzeuge den Beweis dafür lieferten, daß auf Kuba Raketenstationen errichtet wurden und sowjetische Schiffe Raketen auf die Insel brachten, forderte Kennedy in einer Fernsehansprache an die Weltöffentlichkeit den Abbau der Raketenbasen und verhängte eine "Quarantäne" für alle Waffenlieferungen nach Kuba. Die USA, die UdSSR und Kuba mobilisierten ihre Streitkräfte.

Amerikanische Drohungen

Am 25. Oktober hielten die Amerikaner das erste sowjetische Schiff an. Da es nur Öl geladen hatte, durfte es seine Fahrt fortsetzen. Andere sowjetische Schiffe hatten indessen schon auf hoher See abgedreht. Am nächsten und übernächsten Tag erhielt Kennedy von Chruschtschow zwei Angebote: Die Raketen würden abgebaut, wenn die USA sich verpflichteten, nicht auf Kuba zu landen bzw. ihre Raketenbasen in der Türkei abzubauen. Der Höhepunkt der Krise war erreicht, als die USA in der Nacht zum 28. Oktober Reservisten der Luftlandetruppen einberiefen. Am

Einlenken der UdSSR

Mittag dieses 28. Oktober 1962 jedoch sicherte Chruschtschow den Abbau der Anlagen auf Kuba zu, offensichtlich in der Gewißheit, daß die USA einen militärischen Konflikt in dieser Frage nicht scheuen würden. Nach dem Verzicht auf die Landung auf Kuba bauten die Sowjets dann in der Tat ihre Anlagen auf der Insel unter der Kontrolle der UNO ab.

Ursachen der Kubakrise

Die Kubakrise, mit der die Welt am Rand eines Dritten Weltkrieges entlangschlitterte, und die herausfordernde Außenpolitik der UdSSR zwischen 1960 und 1962 scheint darauf zurückzuführen zu sein, daß die Sowjetunion ihre eigenen Kräfte im Ost-West-Spannungsverhältnis überschätzte und die Stärke ihrer Raketenwaffe zu hoch veranschlagte. Im Oktober muß Chruschtschow zu einer richtigen Einschätzung der gewachsenen militärischen Stärke der USA sowie der Entschlußkraft Kennedys, der immerhin 23 Jahre jünger als Chruschtschow war, gekommen sein.

Der Wettlauf im All

Erfolge der UdSSR in der Raumfahrt

Sowohl für die UdSSR als auch für die USA war nach dem atomaren Patt die Raumfahrt zum Prestigeobjekt geworden. Hier hatte die Sowjetunion eindeutige Erfolge zu verzeichnen: Der erste Satellit, "Sputnik", umkreiste 1957 die Erde, die erste Rakete landete im September 1959 auf dem Mond, im Oktober desselben Jahres gelang es, die Rückseite des Mondes zu fotografieren. Im Mai 1960 umkreiste eine unbemannte sowjetische Rakete die Erde, im August 1960 starteten zwei Hunde, am 12. April 1961 schließlich der erste Mensch zu einem Raumflug. Auf der Basis dieser Erfolge kündigte Chruschtschow 1960 an, die Sowjetunion würde 1970 die Vereinigten Staaten in den Produktionsziffern überholen und das Land mit dem höchsten Lebensstandard der Welt werden. 1970 mußte dieser Zeitpunkt allerdings auf 1982 verschoben werden, heute sind derlei Ziele vollends illusorisch geworden.

Erfolge der USA: Satelliten Mondlandung

Die USA starteten 1958 den Satelliten Explorer, auch im bemannten Raumflug konnten die USA erst mit einem Jahr Verspätung (Friendship III, 1962) gleichziehen. Die USA begannen allerdings schnell, die Raumfahrt für die Satellitentechnik (Nachrichten- und Fernsehübertragung, Überwachungssatelliten) zu nutzen. Während sich die Bemühungen der Sowjetunion in den folgenden Jahren vor allem auf den Ausbau bemannter Raumstationen richtete, landete mit dem Amerikaner Neil Armstrong am 21. Juli 1969 erstmals ein Mensch auf dem Mond.

Der Kalte Krieg – Willkür oder Notwendigkeit?

Will man den Kalten Krieg historisch einschätzen, muß man sich naturgemäß die Frage stellen, ob die Ost-West-Auseinandersetzung ein gewissermaßen historisch zwingender Konflikt war oder ob sich klar abgrenzbare Verantwortlichkeiten für seinen Ausbruch feststellen lassen.

Prinzipiell expansionistischer Grundzug der sowjetischen Außenpolitik

Anfänglich vorgebrachte Deutungsmuster verwiesen dabei einerseits auf einen prinzipiell expansionistischen, also ideologisch-imperialistischen Grundzug der sowjetischen Außenpolitik, gegen den nur eine Politik der Härte und der festen Positionen habe helfen können. Insofern dieser sowjetische Expansionismus als reine Machtpolitik gesehen wird, ist er als Deutungsmuster des Kalten Krieges sicher zu kurz gegriffen.

Imperialistisch-kapitalistischer Grundzug der USA

Im Gegenzug dazu wurde auch auf Grundzüge des Imperialismus verwiesen, die die USA seit Beginn des Jahrhunderts dazu getrieben hätten, sich außerhalb ihres eigenen Kontinents zu engagieren, um soziale Konflikte im Innern zu vermeiden (Sozialimperialismus, Theorie des "Revisionismus"). Das Prinzip der liberalen Demokratie sei als Garant der kapitalistischen Ordnung notfalls mit Gewalt durchzusetzen gewesen. Die massive Stützung der westlich-demokratischen Ordnung habe also nur zur Stabilisierung des kapitalistischen Systems und damit zur Sicherung der ökonomischen Interessen der USA gedient. Diese Politik habe im Vietnam-Engagement ihren letzten Höhepunkt gefunden. Parallel dazu mußte Stalins Politik als antikapitalistisch und antiimperialistisch gelten.

Isolationistische Tendenz des US-Kongresses

Dieser Interpretation stehen aber die anhaltenden Differenzen innerhalb der Vereinigten Staaten gegenüber, wo der mehrheitlich von den Republikanern beherrschte Kongreß sich sehr lange gegen eine Verwicklung in die europäischen Angelegenheiten sträubte und demgegenüber eine mehr isolationistische Politik verfolgte. Eine grundsätzlich imperialistische Massenbewegung in den USA wird man also mit Sicherheit nicht voraussetzen dürfen, die Frage ist, auf Grund welcher Entscheidungskriterien Truman zur Aufnahme seiner Containment-Politik gelangte.

Welthistorischer Konflikt

Schließlich galt der Kalte Krieg auch als ein welthistorischer Konflikt zwischen dem Prinzip der Freiheit und dem des Totalitarismus, den die USA als Garant der freiheitlichen Ordnung austragen mußten. Auf die Antinomie der Prinzipien wird später noch einmal zurückzukommen sein; eine Interpretation, die den geschichtlichen Prozeß ausschließlich auf Prinzipien reduziert, kann aber selbstverständlich nicht genügen.

Postrevisionismus

Die "Postrevisionisten" suchten in diesem Widerstreit der Meinungen einen Ausgleich und verteilten die Schuld am Kalten Krieg gleichermaßen auf die USA und die Sowjetunion, da beide Mißverständnissen und Fehleinschätzungen erlegen seien.

Fest steht, daß es sich um den Zusammenprall zweier höchst unterschiedlicher Gesellschaftssysteme handelt, das jedes für sich den missionarischen Ehrgeiz hatte, der Menschheit das Beste zu bringen. Für die Sowjetunion war das die Beseitigung der kapitalistischen Ausbeutung und die Befreiung des Menschen in der proletarischen Weltrevolution, für die USA die Verwirklichung der Ziele von Freiheit unter den Völkern und den Menschen, Ziele, die schon für die Loslösung vom britischen Mutterland 1776 verantwortlich waren und die auch 1917 beim Eintritt in den Ersten Weltkrieg und 1941 in der Atlantik-Charta vor dem Eintritt in den Zweiten Weltkrieg verkündet wurden.

Zusammenprall zweier unterschiedlicher Gesellschaftssysteme

Fest steht auch, daß dieser Zusammenstoß in dem Moment unausweichlich war, in dem die USA die Errichtung einer zweiten Front gegen Deutschland im Westen Europas beschlossen. Daß der Ort dieses Zusammenstoßes mitten in Deutschland liegen mußte, ergab sich zwingend aus der Notwendigkeit, mit der Landung in der Normandie abzuwarten, bis die britischen Kräfte für dieses Unternehmen stark genug waren. Mit einem Landungstermin im Sommer 1944 konnte die US-Armee sich nur soweit vorkämpfen, daß sie mit der Roten Armee mitten in Deutschland zusammentreffen mußte. Daß dann die einzige Möglichkeit, den Vormarsch zu beschleunigen, nämlich die Öffnung der Westfront nach einem gelungenen Putsch gegen Hitler (20. 7. 1944), durch das Mißlingen des Attentats verbaut war, kann aus westlicher Sicht nur als Tragik der Geschichte gesehen werden.

Ort des Zusammenstoßes: Deutschland

Daß aber dieser Zusammenstoß kein freundschaftliches Treffen der Siegermächte blieb, als das es noch in Torgau an der Elbe gefeiert wurde, sondern nach kurzer Zeit wirklich zum Zusammenprall wurde, lag unter anderem an den unterschiedlichen Intentionen, mit denen dieser Sieg über Hitlerdeutschland begleitet wurde. Generell kann an dieser Stelle bereits darauf verwiesen werden, daß die Gegnerschaft gegen Hitler-Deutschland das einzige Verbindende in dieser Zweck-Koalition war, tiefergehende Übereinstimmungen in Ansichten oder gar Zielen bestanden nicht. Die Frage, was aus dieser Koalition würde, wenn Hitler-Deutschland niedergeworfen sein würde, mußte sich also prinzipiell stellen. Sie stand von vorneherein unter dem Eindruck der Tatsache, daß die Sowjetunion Stalins zwangsläufig als stärkste Militärmacht des Kontinents aus dem Krieg hervorgehen mußte.

Kriegsallianz eine Zweck-Koalition

Großbritannien zog unter anderem für Polen in den Krieg gegen Hitler, und alles, was mit Polen geschah, mußte unter dem Blickwinkel dieser Verpflichtung gesehen werden. Daneben ging es der britischen Regierung aber auch – und grundsätzlich – um die Wiederherstellung einer stabilen Friedensordnung, auf der sich das britische Kalkül der Politik aufbauen ließ. Für den Kontinent mochte hier das oft zitierte Prinzip der "Balance of Power" immer noch gelten, nach dem keine kontinentale Macht so stark werden

Großbritannien: Wiederherstellung einer stabilen Friedensordnung sollte, daß sie die britische Stellung ernsthaft hätte gefährden können. Noch dem Flottenvertrag von 1936 mit Hitler lag diese Überlegung zugrunde.

Der deutsche Überfall auf Polen, auf die skandinavischen Länder, auf die Niederlande, Belgien und schließlich auf Frankreich und die verbrecherische Ideologie der Nationalsozialisten verboten es von selbst, daß England mit Deutschland gemeinsame Sache machte. Hitler sah das und versuchte, England in die Knie zu zwingen. Nach dem Überfall auf die Sowjetunion war das deutsche Unternehmen zum Scheitern verurteilt, da es schlichtweg undenkbar war, daß die Sowjetunion sich der deutschen Lebensraumpolitik untergeordnet hätte. Die Sowjetunion mußte also an der Seite Englands als Sieger aus diesem Ringen hervorgehen, als eine Macht, die in diesem Kampf ungeheuer an Macht gewinnen würde, mochte sie auch im Krieg selbst noch so sehr leiden.

Notwendigkeit des sowjetischen Sieges

Konkurrenz der Großmächte

Es scheint nun ein Gesetz der Weltgeschichte zu sein, daß zwei Großmächte nicht in einen gemeinsamen politischen Rahmen passen, das war zwischen Athen und Sparta so, zwischen Rom und Karthago, zwischen Kaiser und Papst, zwischen Frankreich und Habsburg, zwischen Preußen und Österreich und schließlich zwischen Deutschland und Frankreich. Und wenn es kein Gesetz der Weltgeschichte ist, dann hat die Weltgeschichte noch nicht den Gegenbeweis angetreten. Der Grund dafür mag im Wesen der Menschen, besonders im Wesen der führenden Staatsmänner liegen und psychologisch erklärbar sein, daß damit zwischenstaatliche Konflikte als naturgegeben hingestellt werden, soll nicht gemeint sein.

Zusammenprall Stalins mit Churchill

Stalin und Churchill als Exponenten ihres Systems prallten also aufeinander, Roosevelt, der dritte im Bunde, stand zunächst abseits und versuchte zu vermitteln. Gerade die Konferenz von Jalta zeigt das deutlich.

Machtpolitik der Sowjetunion

Wendet man das Augenmerk nun Stalin zu, dann erkennt man in ihm zunächst natürlich den Diktator, der innerhalb kurzer Zeit alle Fäden innerhalb der Kommunistischen Partei seines Landes selbst in die Hand nahm und die Partei streng auf sich selbst ausrichtete. Für die Vollendung der Bolschewistischen Revolution, d. h. für die Industrialisierung, die die Sowjetunion in die Spitzengruppe der Industriestaaten bringen sollte, war er ohne weiteres bereit, Millionen Menschen zu opfern. Die Säuberungsaktionen in Partei und Armee während der 30er Jahre schwächten den Staat so weit, daß sich eine aggressive Außenpolitik auf breiter Front von selbst verbot. Die Belege für eine solche Außenpolitik sind spärlich, aber sie sind vorhanden: Gemeinsame Politik mit Deutschland in den 20er Jahren gegen Polen, Ostpaktpolitik der späten 20er Jahre, die die Staaten Ostmitteleuropas in ein Vertragssystem zusammen mit der Sowjetunion einband und sie wohl auch bald nach Moskau ausrichten sollte, die Intervention in der Mandschurei 1929 mit der kräftigen Unterstützung der chinesischen Kommunisten ab 1931. Auslösender Faktor für den Durchbruch der Machtpolitik waren dann aber die Erfolge der Roten Armee nach Stalingrad.

Sicherheitsbedürfnis

Aber schon die forcierte Industrialisierung, die die Zeit der NEP mit ihren kapitalistischen Zügen ablöste, hatte einen Aspekt, der sich auch aus den Nachkriegsereignissen herauslesen läßt: Das Sicherheitsbedürfnis der Sowjetunion, das Bestreben, gegen alle Angriffe, vor allem natürlich der kapitalistischen Welt, gerüstet zu sein. Verbunden damit – und das ist der zweite Aspekt der Industrialisierungskampagne – ist das Streben nach wirtschaftlicher Unabhängigkeit, nach Eigenständigkeit, die die Sowjetunion auch aus der Erpressbarkeit herausführen würde. Das sozialistische Vaterland der Werktätigen mußte natürlich ein starker, unangreifbarer Staat sein.

Historische Gründe
Folgerungen

Für dieses Sicherheitbedürfnis gab es auch historische Gründe: Karl XII. von Schweden führte 1708 seine Truppen tief nach Rußland hinein, Napoleon zog 1812 nach Moskau, deutsche Armeen drangen 1918 tief in die Ukraine ein, ausländische Interventionstruppen gefährdeten im Bürgerkrieg den Bestand der Revolution. Das war die Ausgangslage, als Stalin die wirtschaftliche und militärische Aufrüstung der Sowjetunion vorantrieb. Daneben drohte natürlich die akute Intervention kapitalistischer und imperialistischer Mächte, drohte die Verstrickung in Auseinandersetzungen zwischen kapitalistischen Mächten, die die Sowjetunion so weit schwächen konnten, daß ihre Widerstandskraft nicht mehr für die Abwehr der dann befürchteten Aggression ausreichte. Diese Verstrickung verhindert zu haben, noch dazu zu einem Zeitpunkt, in dem die Rote Armee einer solchen Auseinandersetzung nicht gewachsen war, war in der Tat das Verdienst Stalins beim Abschluß des Nichtangriffspaktes mit Hitler (23. 8. 1939). Dennoch führte auch Hitler seine Armeen wieder tief in russisches Land hinein und brachte das russische Vaterland wieder in ernste Gefahr – das russische Vaterland, das eben von Stalin zur Durchsetzung des Parteizentralismus mobilisiert worden war.

Raumgreifende Sicherheitspolitik

Stalin hatte also die Erfahrung gemacht, daß es nicht ausreichte, die Sowjetunion selbst zu stärken, der Cordon sanitaire, den die Ententemächte nach dem Ersten Weltkrieg um die bolschewistische Sowjetunion gelegt hatten, um sie einzudämmen, mußte unter dem Vorzeichen dieser Politik umgedreht werden, mußte zum Vorfeld, zum Glacis sowjetischen Sicherheitsdenkens werden. Auch das antike Rom hatte aus der schmerzvollen Erfahrung des Galliersturms von 387 v. Chr. heraus viel Energie darauf verwandt, alles an den Grenzen zu "befrieden", was auch nur den Anschein einer Gefährdung der römischen Zivilisation erwecken mochte.

Die Durchsetzung der stalinistischen Diktatur eröffnet aber noch einen weiteren Aspekt der Interpretation: Das Konzept der Industrialisierung der Sowjetunion mußte von der Gruppe um Stalin gegen innerparteiliche Opposition durchgesetzt werden. Das gelang, indem diese Opponenten als "Rechtsabweichler" bezeichnet und dadurch ideologisch diffamiert wurden. Das auf diese Weise aufgebaute Feindbild diente der inneren Stabilisierung von Stalins Parteiherrschaft. Wenn aber eine Feindstereotype ein wesentliches Strukturmerkmal des Systems darstellt, dann kann im außenpolitischen Bereich nicht plötzlich auf Kooperation und konstruktive Auseinandersetzung umgeschwenkt werden.

Feindstereotype als staatstragendes Moment

Ist also insofern der Kalte Krieg aus dem System der stalinistischen Diktatur erwachsen, muß man nach den Elementen der Persönlichkeit Stalins fragen, die seine Person in dieser besonderen Situation zu ausgerechnet dieser Politik gebracht haben. Die moderne Psychoanalyse hat hier zwar für die Interpretation Hitlers große Fortschritte gebracht, aber eine Untersuchung Stalins steht noch aus.

Persönlichkeit Stalins

Unter diesen Prämissen sowjetischer Politik hätte es eines großen Maßes an Toleranz und Altruismus bei Churchill bedurft, um die Schaffung dieses Glacis im Einflußbereich der siegreichen Roten Armee widerspruchslos hinzunehmen. Stalin war mißtrauisch gegenüber der alliierten Politik, da er die Begründung für den Aufschub in den Landeplänen der Verbündeten nicht akzeptierte, sondern diesen Aufschub als einen Versuch ansah, die Sowjetunion im Kampf gegen Deutschland ausbluten zu lassen.

Mißtrauen Stalins

Churchill konnte dieses Mißtrauen nicht auffangen, heute würde man sagen, durch vertrauensbildende Maßnahmen. Er hat seinerseits die Radikalität und Skrupellosigkeit der kommunistischen Kader unterschätzt, die aber wiederum ihre Ethik aus dem Bewußtsein bezogen, Menschheitsideale gegen eine verbrecherische imperialistische und faschistische Welt zu erkämpfen. Genau das aber macht einen Dialog und einen Kompromiß zwischen Vertretern beider Ideologien so schwer.

Haltung Churchills

Nachdem Stalin den Waffenerfolg der Roten Armee zur Sicherung des kommunistischen Machtbereichs genutzt hatte, traf er auf den erbitterten Widerstand Churchills, der die Entwicklung in Ost-Mitteleuropa aus einem anderen Kalkül heraus gesehen hatte. Von da an schaukelte sich das gegenseitige Mißtrauen immer weiter hoch, bis zuletzt jeder alle Handlungen des anderen als aggressive Akte verurteilte.

Konfrontation Stalin–Churchill

Die Position aber, die Churchill vertrat, war die klassische britische Position des Status quo im Mittelmeer und der Vorherrschaft im Orient, stand also in der Tradition britischer Großmachtpolitik. Sie stand, je länger der Krieg an Englands Kräften zehrte, mehr und mehr unter dem Eindruck des Niedergangs und entzog sich

Tradition britischer Großmachtpolitik

daher mehr und mehr rationaler Beurteilung. Eines der Kennzeichen britischer Großmachtpolitik war jedoch von jeher, nicht unmittelbar in die Verhältnisse einzugreifen oder gar den unmittelbaren Machtbereich zu vergrößern, sondern durch kluge Politik zu verhindern, daß eine Macht auf dem Kontinent das Übergewicht bekäme. Das war so im Siebenjährigen Krieg, das lag dem Wiener Kongreß zu Grunde, das war britische Politik in der Schleswig-Holstein-Frage und auf dem Balkan, das veranlaßte schließlich das britische Eingreifen 1914 in den deutsch-französischen und 1939 in den polnischen Krieg.

Balkan

Solange Stalin seine Politik auf die unmittelbar an die Sowjetunion angrenzenden Staaten beschränkte, konnte Churchill das hinnehmen; sobald er aber auf Griechenland und Jugoslawien übergriff, war die britische Stellung im Mittelmeer betroffen – und genau das suchte Churchill durch die Vereinbarungen vom Oktober 1944 in Moskau zu verhindern, als beide Staatsmänner ihre Einflußzonen festlegten: Jugoslawien mit 50 % sowjetischem, Griechenland mit 90 % britischem Einfluß. Stalin kündigte indessen am 19. März 1945 den Freundschafts- und Neutralitätsvertrag mit der Türkei und schloß am 11. April 1945 einen "Freundschafts- und Beistandsvertrag" mit Jugoslawien. Mit beidem verletzte Stalin seinerseits das britische Sicherheitsbedürfnis, zumal mit der Politik gegenüber der Türkei die Meerengenfrage verknüpft war, in der die britische Regierung schon im 19. Jahrhundert eine eindeutige Haltung bezogen hatte.

Zweitrangigkeit Polens

Die polnische Frage scheint demgegenüber mehr einen untergeordneten Rang eingenommen zu haben. Auch hier hatte Stalin schon im Juli 1944 mit der Entwaffnung und Internierung von Einheiten der Heimatarmee britische Interessen verletzt, aber die Frage der polnischen Grenzen sah Churchill nicht als so wesentlich an, daß es darüber zur Konfrontation hätte kommen müssen.

Es liegt, vor allem wenn man heutige Maßstäbe der Friedenssicherung zugrundelegt, nahe, einer der beiden Parteien die "Schuld" am Ausbruch des Kalten Krieges zuzuweisen. Schuld kann es jedoch nur geben, wo geltende Normen verletzt werden. In diesem Sinn verletzte Stalin geltende britische und Churchill geltende sowjetische Normen. Für beide trägt also der jeweils andere die "Schuld" – eine Feststellung, mit der man in der historischen Bewertung nicht weiter kommt. Eine andere Ebene der Bewertung betrifft die "Verantwortung", die dann beide für ihren Teil tragen, da sie beide die Sicherheitsinteressen – die für jeden gleichermaßen legitim sind – des anderen verletzt haben. Der Unterschied zwischen den beiden Begriffen Schuld und Verantwortung liegt darin, daß "Schuld" eine "Strafe" impliziert, "Verantwortung" jedoch eine notwendige Konsequenz aus der Erkenntnis des Tuns für die Zukunft. Das gilt für den Kalten Krieg ebenso wie für die Verbrechen während der Zeit des Nationalsozialismus.

"Schuld" und "Verantwortung"

Rolle der USA

In diesen Konflikt, der eigentlich ein europäischer Konflikt war, wurden die USA sowohl als stärkste der Siegermächte als auch als Verbündete Großbritanniens hineingezogen, sie teilten aber auch alle Phasen der Fehleinschätzung sowjetischer Politik, bis hin zu den dürftigen Formulierungen des Potsdamer Protokolls. Das Gefühl des Bedroht-Seins seitens der Amerikaner läßt sich unter Umständen vergleichen mit dem entsprechenden Gefühl vor der Erklärung der Unabhängigkeit vom britischen Mutterland 1776, als nicht so sehr die konkreten Einschränkungen amerikanischer Freiheiten im Vordergrund standen. Die sowjetische Politik in Ostmitteleuropa stellte insofern für die Amerikaner eine Bedrohung ihrer Lebensart dar. Das aber ist ebenso subjektiv wie das britische und das sowjetische Sicherheitsbedürfnis und ebensowenig mit pragmatischen Kriterien zu fassen.

Führungselite der USA

Der Personenkreis, der für die Wende der amerikanischen Außenpolitik vom Isolationismus zum Engagement in Europa für die Ideale von Freiheit und Demokratie verantwortlich zeichnete, kam aus einer Führungselite, die sowohl den Traditionen der amerikanischen Ostküste verhaftet als auch auf Westeuropa und seine Wertvorstellungen ausgerichtet war. Es handelt sich um sechs Männer, von denen drei, Averell Harriman, George F. Kennan und Charles Bohlen die Sowjetunion Stalins aus eigenem Erleben kannten. Ihr Einfluß wuchs, als mit Roosevelts Tod ein Mann die Präsidentschaft antrat, der auf Rat aus seiner Umgebung angewiesen war. Dean Acheson, zunächst stellvertretender Außenminister Trumans, setzte dabei die Warnungen Kennans, Harrimans und Bohlens um und gilt seitdem als Schöpfer der amerikanischen Nachkriegspolitik mit Truman-Doktrin und Marshall-Plan.

Containment als einzige Alternative

Der Lapsus der Fehleinschätzung konnte in der Zukunft nicht mehr repariert werden, was verhindert werden konnte, war allenfalls ein weiteres Übergreifen auf westliche Positionen. Insofern war also die Politik der Eindämmung *(Containment)* nach der Phase des Appeasement die einzige Alternative zum weiteren Nachgeben. Sie beherrschte dann alle Phasen des Kalten Krieges, der sich wegen der weltpolitischen Ausrichtung der beiden Supermächte nicht mehr auf den europäischen Schauplatz beschränken konnte, sondern mit Raumfahrt und SDI sogar in den Weltraum übergriff und übergreift. Und Deutschland als Treffpunkt der Ideologien wurde zum Austragungsort und zum Sinnbild der Teilung Europas und der Welt.

Konsequenz

Die Konsequenz aus dem Kalten Krieg im Sinn eines Hinweises auf die Verantwortung für die Zukunft wird heute, da das kommunistische System zerfallen ist, deutlicher denn je. Marx hatte Kapitalismus und Kommunismus als widerstreitende Thesen gesehen, aus denen der Kommunismus als Auflösung des dialektischen Widerspruches in der Geschichte hervorgehen werde. Er irrte sich schon insofern, als das kapitalistische System aus eigener Kraft die Lösung der Sozialen Frage brachte und die Verelendung der Arbeitermassen verhinderte. Lenin mußte den Antagonismus internationalisieren, indem er den Imperialismus als das höchste Stadium des Kapitalismus ansah. Später galt dann der Faschismus als dieses höchste Stadium, das dem Zusammenbruch und der proletarischen Revolution unmittelbar vorausgehe. Der Versuch beider Systeme, sich im Kalten Krieg politisch in die Knie zu zwingen, ist gescheitert und kann aus einer humanistischen Perspektive, die die Freiheit und die gesellschaftliche Selbstverwirklichung des Menschen in den Vordergrund stellt, nur als Irrweg bezeichnet werden, der die Welt an den Rand des Abgrundes brachte.

Marxismus als notwendiges Stadium

Der Marxismus war dennoch im dialektischen Sinn ein notwendiges Stadium, indem aus dem Widerstreit zwischen Kapitalismus und Sozialismus die soziale Verantwortung als neue Synthese entstand – in Deutschland mit der Sozialgesetzgebung Bismarcks und der Sozialen Marktwirtschaft, in den USA mit dem "New Deal" Roosevelts. Diese soziale Verantwortung ist besser als andere Systeme geeignet, die Freiheit des Menschen zu verwirklichen, sie führt die Dialektik von Freiheit und Notwendigkeit bzw. von Freiheit und Verantwortung weiter. Nur darf der Begriff der Sozialen Verantwortung nicht auf die Soziale Marktwirtschaft eingeengt, in ihr gleichsam institutionalisiert werden, da die Institutionalisierung das Spannungsgefüge des fruchtbaren Nebeneinander aufhebt. Indem sowohl Freiheit als auch Verantwortung einer Institution zugewiesen werden, verlieren sie den Bindungscharakter für die Allgemeinheit.

Konservativismus

Ein Beharren auf einem System ist im eigentlichen Sinn reaktionär, weil es Weiterentwicklung verhindert, mehr noch, wenn es bereits Anzeichen des Zerfalls in sich trägt. Das gilt für den schrankenlosen Kapitalismus wie für den orthodoxen Kommunismus gleichermaßen. Die Begriffe "rechts" und "links" gewinnen so neue Bedeutung. Ein "linker" Systemveränderer in der Sowjetunion kann für den Fortschritt der Menschheit Wesentlicheres leisten als ein "rechter" Marxist. Das lineare Rechts-links-Schema muß also revidiert werden, da ein "rechter" Bolschewik weiter von einem "linken" Sozialdemokraten entfernt ist als von einem "rechten" Konservativen.

Die europäische Einigung

19. 9. **1946**	Churchill fordert in Zürich die Schaffung der "Vereinigten Staaten von Europa"
16. 4. **1948**	Gründung der OEEC
1949	
25. 1.	Gründung des Rates für gegenseitige Wirtschaftshilfe (COMECON, RGW) als Antwort auf die OEEC
5. 5.	Unterzeichnung des Statuts für den Europarat
1950	
9. 5.	Schuman-Plan zur Zusammenlegung der französischen und deutschen Kohle- und Stahlproduktion und zur Schaffung einer Europäischen Behörde (Montan-Union, EGKS)
Oktober	Pleven-Plan zur Bildung der Europäischen Verteidigungsgemeinschaft (EVG)
4. 11.	Unterzeichnung der Europäischen Konvention zum Schutz der Menschenrechtes
18. 4. **1951**	Gründung der Montanunion, Aufnahme der Arbeit am 23. 7. 1952
2. 6. **1955**	Außenministerkonferenz der Staaten der Montanunion in Messina: Beschluß zur Gründung der Europäischen Wirtschaftsgemeinschaft und der Euratom
25. 3. **1957**	Unterzeichnung der Römischen Verträge zur Gründung von EWG und Euratom (in Kraft am 1. 1. 1958)
20./21. 7. **1959**	Gründung der Kleinen Freihandelszone (EFTA)
8. 4. **1965**	Vereinigung der Kommissionen von EWG und Euratom und der Hohen Behörde der Montanunion, damit Wandlung der EWG zur EG (Europäische Gemeinschaft)
28./29. 1. **1966**	Beendigung der EG-Krise durch den Luxemburger Kompromiß zur Einstimmigkeit in Ministerratsentscheidungen
1. 7. **1968**	Vollendung der Zollunion
1. 1. **1973**	Beitritt Großbritanniens, Irlands und Dänemarks zur EG
9./10. 12. **1974**	Vereinbarung künftiger Regierungstreffen dreimal jährlich
28. 2. **1975**	Abkommen von Lomé (Togo) mit 46 Ländern der Dritten Welt
20. 9. **1976**	Beschluß des EG-Ministerrats zur Direktwahl des Europäischen Parlaments

5. 12. **1978**	Beschluß zur Errichtung eines Europäischen Währungssystems (EWS, in Kraft am 13. 3. 1979)
7.–10. 6. **1979**	Erste Direktwahl des Europäischen Parlaments
1. 1. **1981**	Beitritt Griechenlands zur EG
14.–17. 6. **1984**	Zweite Direktwahl des Europäischen Parlaments
Juni **1985**	Schengener Abkommen
1986	
1. 1.	Beitritt Spaniens und Portugals zur EG
17. 2.	Unterzeichnung der "Einheitlichen Europäischen Akte": Schaffung des einheitlichen Binnenmarktes zum 31. 12. 1992, fortschreitende Annäherung der Wirtschafts- und Währungspolitik, Ausbau der EG zur Technologiegemeinschaft, grenzüberschreitender Umweltschutz.
November **1990**	Beitritt Italiens zum Schengener Abkommen
1991	
Juli	Beitritt Spaniens und Portugals zum Schengener Abkommen
Dezember	Gipfel der Staats- und Regierungschefs zum Abschluß der Maastrichter Verträge
1992	
Februar 1992	Maastrichter Verträge
Juli	vorgesehener Termin des Inkrafttretens für das Schengener Abkommen
22. 10.	Vertrag über den Europäischen Wirtschaftsraum zwischen den Staaten der EG und der EFTA
1. 1. **1993**	Inkrafttreten des Europäischen Binnenmarktes
1. 1. **1995**	Beitritt Österreichs, Schwedens und Finnlands zur EU

Europäische Ideen nach dem Ersten Weltkrieg

Schon vor dem Ersten Weltkrieg gab es Stimmen, die sich für eine Überwindung des Nationalismus in Richtung auf ein Zusammenwachsen der Völker Europas aussprachen. Sie konnten sich allerings noch nicht gegenüber dem Großmachtdenken in den Staaten des Kontinents durchsetzen – nach dem Krieg noch weniger, da dieser tiefe Spuren in die Mentalität der Völker eingegraben hatte. Immerhin kam es aber zu Übereinkommen wie dem Locarno-Pakt, in dem die Regierungen auf Gewalt zur Durchsetzung ihrer nationalen Egoismen verzichteten. Die Krise der Demokratie und das Aufkommen der totalitären Diktatur in Deutschland, Italien und Spanien ließ allerdings diese moderaten Töne wieder verstummen, "Pazifist" galt unter den Nationalsozialisten als Schimpfwort.

Deutsch-französischer Gegensatz

Der Erste Weltkrieg hatte gezeigt, daß eine Entscheidung zwischen den Großmachtansprüchen Deutschlands und Frankreichs nur unter Aufopferung der eigenen Existenz möglich war. Aus dieser Erkenntnis heraus formulierte schon Adenauer 1919 seine Gedanken von der Überwindung des deutsch-französischen Gegensatzes durch eine Verflechtung der beiderseitigen Interessen. Die nationalsozialistische Politik, die in Frankreich als eine logische Fortsetzung der deutschen Großmachtpolitik erscheinen mußte, rief notwendigerweise nach 1945 eine Neuauflage des französischen Sicherheitsstrebens hervor, das noch die Verträge von Dünkirchen 1947 (mit Großbritannien) und den Brüsseler Vertrag von 1948 bestimmte.

Einbeziehung Deutschlands in den Einigungsprozeß

Dennoch wuchsen, vor allem unter dem politischen und wirtschaftlichen Druck der USA, Vorstellungen heran, die eine europäische Einigung als Gegengewicht zum erkennbar werdenden sowjetischen Hegemonialstreben forderten. So forderte Winston Churchill im September 1946 die Schaffung der "Vereinigten Staaten von Europa". Logischerweise mußte der freie Westen des besetzten Deutschland in diesen Prozeß einbezogen werden. Das ist der Grundgedanke der Londoner Außenministerkonferenz vom März 1948, die die Empfehlung zum Aufbau eines Weststaates in Deutschland gab. Das Zusammenspiel von Marshallplan-Hilfe, politischem Wiederaufbau in Westdeutschland und der amerikanischen Politik des *containment* zeigt die drei Ebenen, auf denen sich ein europäischer Einigungsprozeß künftig abspielen mußte: politische Aussöhnung, wirtschaftlicher Wiederaufbau und Verteidigung gegenüber dem Ostblock.

OEEC
Europarat
NATO

Diesen drei Ebenen entsprechen die drei Organisationen, die 1948/49 ins Leben gerufen wurden: Die Verwendung der Marshallplan-Gelder und den wirtschaftlichen Wiederaufbau regelte die 1948 gegründete OEEC, die später durch die OECD abgelöst wurde. Anfang 1949 folgte die Gründung des Europarates (5. Mai) und des Nordatlantikpaktes (NATO). Diesen Organisationen traten die meisten Staaten des westlich orientierten Europa bei.

Europarat

Der Europarat mit seinem Sitz in Straßburg stellt ein reines Beratungsgremium dar, das gemeinsame Probleme erörtert und Vorschläge unterbreitet. Sein Ziel ist, sich für eine größere europäische Einheit einzusetzen, die Prinzipien der parlamentarischen Demokratie und der Menschenrechte zu verteidigen, schließlich die Lebensbedingungen in Europa zu verbessern. Der Europarat erhält von den Mitgliedsländern keine Souveränitätsrechte übertragen, diese sind daher nicht an seine Beschlüsse gebunden. Andererseits hat er durch die Verabschiedung von verschiedenen Konventionen hohe Autorität im Sinne der Verpflichtung auf gemeinsame Grundwerte. Die 1950 beschlossene Konvention zum Schutz der Menschenrechte unterwirft die Unterzeichnerstaaten der Rechtsprechung des Europäischen Gerichtshofes. Er übt daher nach dem Umbruch in Ostmitteleuropa hohe Anziehungskraft auf die dortigen Staaten aus.

Einen ersten Schritt in Richtung auf die wirtschaftliche Vereinigung Deutschlands und Frankreichs machte der französische Außenminister Robert Schuman mit seinem Plan, der schließlich 1951/52 zur Bildung der Europäischen Gemeinschaften für Kohle und Stahl (EGKS, Montanunion) führte, der Frankreich, die Bundesrepublik, Italien und die Benelux-Staaten angehörten.

Schuman-Plan

Montanunion

EVG

Die Sorge vor einer sowjetischen Aggression ließ entsprechende Bündnisse auch auf dem Verteidigungssektor geraten erscheinen. Der Plan zur Errichtung einer Europäischen Verteidigungsgemeinschaft (EVG), den die Mitgliedsstaaten der Montanunion im Mai 1952 unterzeichneten, hatte allerdings angesichts der Vorbehalte der französischen Nationalversammlung gegenüber einem Souveränitätsverzicht im militärischen Bereich keinen Bestand und wurde 1954 abgelehnt. Damit war auch das Projekt einer Europäischen Politischen Gemeinschaft (EPG) zunächst gescheitert.

Nach wie vor aber war die Montanunion eine tragfähige und funktionierende Organisation. Die Außenminister ihrer sechs Mitglieder verabschiedeten im Juni 1955 in Messina eine Entschließung, in der sie durch Entwicklung gemeinsamer Institutionen, durch weiterschreitende Verschmelzung der Volkswirtschaften, durch Errichtung eines gemeinsamen Marktes und durch eine Harmonisierung ihrer Sozialpolitik zu einem geeinten Europa kommen wollten. Ziel dieser Politik sei die Herstellung einer Europäischen Wirtschaftsgemeinschaft (EWG), die dann zusammen mit der Europäischen Atomgemeinschaft (Euratom) mit den "Römischen Verträgen" vom 25. März 1957 gegründet wurde und am 1. Januar 1958 in Kraft trat. Erster Präsident der EWG-Kommission wurde Walter Hallstein. Die Römischen Verträge sahen zunächst die Einrichtung einer Zollunion und eine gemeinsame Agrarpolitik vor, als weiterer Schritt sollte eine Wirtschafts- und Währungsunion geschaffen werden.

Römische Verträge:
EWG
Euratom

Die Ziele der EWG im einzelnen:
- Abschaffung der mengenmäßigen Beschränkungen bei der Ein- und Ausfuhr von Waren zwischen den Mitgliedsstaaten,
- Einführung eines gemeinsamen Zolltarifs gegenüber Nichtmitgliedsstaaten,
- Beseitigung der Hemmnisse für den freien Personen-, Dienstleistungs- und Kapitalverkehr zwischen den Mitgliedsstaaten,
- gemeinsame Politik auf dem Gebiet der Landwirtschaft und des Verkehrs,
- Vereinheitlichung auf dem Gebiet des Steuer-, Arbeits- und Sozialrechts,
- einheitliche Wirtschaftspolitik und gemeinsames Währungssystem.

Endziel: politische Vereinigung

Als Endziel ist eine europäische Wirtschafts- und Währungsunion und ein politischer Zusammenschluß zu den "Vereinigten Staaten von Europa" formuliert.

EFTA

Mit Rücksicht auf ihre Bindungen zum Commonwealth hatte 1957 die britische Regierung eine Beteiligung an einer Zollunion abgelehnt. Zusammen mit sechs weiteren Staaten der OEEC bildete sie mit einem Vertrag vom 20./21. Juli 1959 die Europäische Freihandelszone (European Free Trade Assoziation, EFTA), die unter anderem auch ein wirtschaftliches Dach für die neutralen Staaten Österreich, die Schweiz und Schweden bildete. Die EFTA ist ausschließlich wirtschaftlich orientiert und enthält keine wirtschaftspolitischen oder politischen Ziele.

EG

1965 wurden die drei bis dahin existierenden Gemeinschaften Montanunion, EWG und Euratom vereinigt und bilden seither die Europäische Gemeinschaft (EG). Sie stehen unter der Leitung einer einzigen gemeinsamen EG-Kommission.

Krise der Gemeinschaft

Mittlerweile war die Gemeinschaft in eine schwere Krise geraten, da der französische Staatspräsident de Gaulle die Vorschläge der Kommission, der EWG eigene Einnahmen zu ermöglichen und dem Europäischen Parlament Gesetzgebungsbefugnisse zu übertragen, als eine Beeinträchtigung der Souveränität seines Landes ablehnte. Auch die Einführung von Mehrheitsentscheidungen (statt der bisher geforderten Einstimmigkeit) stieß auf sein Veto. Gleichzeitig blockierte er die Verhandlungen, die seit 1961 mit Großbritannien und Irland wegen eines Beitritts zur EWG geführt wurden. Im Januar 1963 erklärte er, er wünsche keine Fortsetzung der Beitrittsverhandlungen. Erst nach dem Rücktritt de Gaulles 1969 kam die Gemeinschaft in dieser Frage weiter. Auf dem Höhepunkt der Krise 1965 blieb Frankreich sieben Monate lang allen Sitzungen des Ministerrates fern. Die Krise wurde Anfang 1966 durch einen Kompromiß beigelegt, der zwar formal an der Mehrheitsentscheidung festhielt, in Wirklichkeit aber für alle wichtigen Beschlüsse die Einstimmigkeit vorsah.

Abschaffung der Zölle

Der Aufbau des Gemeinsamen Marktes hatte in der Zwischenzeit rasche Fortschritte gemacht. Ohne Schwierigkeiten verlief der erste Zollabbau von 1958–1961, in dessen Verlauf sogar 1960 die Zölle vorzeitig um insgesamt 20 % gesenkt werden konnten. Die Verzahnung des französischen Interesses an einem gemeinsamen Agrarmarkt und der Interessen Deutschlands an einem Markt für Industriegüter bewirkte einen raschen Fortschritt beider Märkte. Am 1. Juli 1968 wurde die Zollunion für Industrie- und Agrarprodukte, eineinhalb Jahre früher als geplant, verwirklicht. Durch die in den Ländern der Gemeinschaft nach wie vor unterschiedlichen Mehrwertsteuer-Sätze wird allerdings im grenzüberschreitenden Verkehr eine Ausgleichsabgabe in Höhe der Steuerdifferenz erhoben.

1973 traten schließlich nach langen Verhandlungen Großbritannien, Irland und Dänemark der EG bei, die dadurch von der „Gemeinschaft der Sechs" zur „Gemeinschaft der Neun" wurde. Die norwegische Bevölkerung hatte 1972 mit 53,5% gegen einen Beitritt gestimmt; das dänische Grönland erklärte später wieder seinen Austritt. Mit dem Beitritt Griechenlands 1981 und Spaniens und Portugals 1986 wuchs die EG weiter und umfaßte 12, mit dem Beitritt von Österreich, Schweden und Finnland 1995 jetzt 15 Mitglieder.

Gemeinschaft der 15

Auf dieser Basis wurde 1986 – auf Druck des Europäischen Parlaments – die Einheitliche Europäische Akte über das weitere Zusammenwachsen der EG in wirtschaftlicher Hinsicht verabschiedet. Sie stellt eine Fortschreibung des Gründungsvertrages der EWG (Vertrag von Rom) von 1957 dar, verbesserte die damals vorgesehenen Verfahren und erweiterte die Befugnisse des Parlaments auf dem Gebiet der Gesetzgebung.

Einheitliche Europäische Akte

Einen wesentlichen weiteren Schritt auf dem Weg zu einem wirtschaftlich geeinten Europa bildete die Schaffung des Europäischen Wirtschaftsraums (EWR) durch den EWR-Vertrag vom 22. Oktober 1992 zwischen den Mitgliedsstaaten der EG und denen der Europäischen Freihandelszone EFTA. Damit war ein Binnenmarkt „vom Nordkap bis Sizilien" verwirklicht, der vor allem die Beitrittskandidaten des Jahres 1995, Finnland, Österreich und Schweden, bereits näher an die EG heranführte. Mit der Einheitlichen Europäischen Akte über die Schaffung des Binnenmarktes und dem Vertrag über den EWR verpflichteten sich die Unterzeichnerstaaten, bis zum Jahresende 1992 einen einheitlichen Binnenmarkt mit freiem Verkehr für Personen, Kapital, Güter und Dienstleistungen zu verwirklichen bzw., was die EFTA-Staaten betraf, die Vorbereitungen dafür zu schaffen.

Europäischer Wirtschaftsraum

Dieser Binnenmarkt benötigt zu seiner Verwirklichung vor allem die Voraussetzung, daß materielle, technische und steuerliche Hindernisse entfallen und nationale Grenzen keine Schranken für die wirtschaftliche Entwicklung mehr darstellen. Europa soll ein einheitlicher Wirtschaftsraum mit gemeinsamen und grenzüberschreitenden Bedingungen des Wirtschaftens werden.

Binnenmarkt

Diesem Binnenmarkt werden folgende Vorteile zugeschrieben:
- Die Vergrößerung des Marktraumes erlaubt den Unternehmen, kostengünstiger zu produzieren und dadurch Kostenvorteile für sich wahrzunehmen.
- Die Beseitigung der nationalen Grenzen bringt mehr Wettbewerb in den Markt, weil ausländische Anbieter die gleichen Chancen für ihre Produkte erhalten wie einheimische. Dadurch sinken zunächst die Preise für die Güter, im Investitionsgüterbereich sinken dadurch auch die Kosten.
- Die Abschaffung von produktionshemmenden Regulierungen zugunsten europaweiter Vereinheitlichung begünstigt den fairen Wettbewerb.

- Zusammenschlüsse von Unternehmen sind auch über die nationalen Grenzen hinweg möglich.
- Forschung und Entwicklung können über nationale Grenzen hinweg betrieben und abgestimmt werden, eingesetzte Mittel werden effizienter eingesetzt („europäische Technologiegemeinschaft").

Mit diesen Vorteilen ist der europäische Binnenmarkt sowohl an Einwohnern als auch an Kaufkraft der größte der Welt, noch vor der Zone der NAFTA (Nordamerikanisches Freihandelsabkommen mit den USA, Kanada und Mexiko) und Japan.

Voraussetzungen

Als Voraussetzung für den angestrebten freien Handel war vor allem vorgesehen, die Mehrwertsteuer zu harmonisieren und dadurch Grenzkontrollen und das Erheben von Einfuhr-Umsatzsteuer überflüssig zu machen. Ministerrat und Europäisches Parlament waren in ihrer Struktur insofern weiterzuentwickeln, als im Ministerrat Mehrheitsentscheidungen bei der Angleichung von Rechtsvorschriften, die den Binnenmarkt betrafen, ermöglicht werden sollten und das Parlament zusätzliche Mitwirkungsmöglichkeiten erhalten sollte.

Schengener Abkommen

Die Freizügigkeit der Personen innerhalb der EG sollte mit dem Abkommen von Schengen gewährleistet werden, das im Juni 1985 von den Benelux Staaten, Frankreich und der BR Deutschland abgeschlossen wurde (Beitritt Italiens im November 1990, Spaniens und Portugals im Juli 1991. Die ursprünglich für Juli 1992 vorgesehene Abschaffung der Grenzkontrollen verzögerte sich noch, zusätzliche Vereinbarungen mußten zur Lösung der Problematik der Asylbewerber und zur Zusammenarbeit der Polizeibehörden bei der Verfolgung von Straftätern getroffen werden.

Maastrichter Verträge

Noch vor dem Inkrafttreten des Binnenmarktes kamen im Dezember 1991 die Staats- und Regierungschefs der EG in Maastricht zusammen und beschlossen die Gründung der Europäischen Union (EU). Von den Maastrichter Verträgen ist der politisch wichtigste der Vertrag über die Gründung der EU, die nicht mehr als eine Aufhebung der Nationalstaaten verstanden wurde, sondern als ein weiteres Zusammenwachsen und vor allem Zusammenhandeln der souverän bleibenden Mitgliedssstaaten. Außen- und Verteidigungspolitik sollen stärker abgestimmt werden, so daß als Zielprojektion eines Tages tatsächlich eine *gemeinsame* Außen- und Verteidigungspolitik möglich wird. Weiterhin wurde eine gemeinsame europäische „Unionsbürgerschaft" vereinbart.

Wirtschafts- und Währungsunion

Wirtschaftlich wichtigstes Ziel der Maastrichter Verträge ist jedoch die Vollendung des Binnenmarktes (Wirtschaftsunion) durch die Schaffung einer gemeinsamen Währung (Währungsunion). Sie ist Konsequenz aus der seit Juli 1990 immer enger werdenden Abstimmung der Mitgliedsländer in der Wirtschafts-

und Währungspolitik. Endstufe sollte eine 1999 beginnende Währungsunion sein, in der zunächst unwiderruflich feste Wechselkurse der nationalen Währungen gelten sollten, bis schließlich diese durch eine gemeinsame europäische Währung endgültig abgelöst werden würden. Als Hauptinstrument der gemeinsamen Währungspolitik wurde eine Europäische Zentralbank vorgesehen, die nach dem Vorbild der Deutschen Bundesbank von den Regierungen unabhängig die Geldpolitik der Gemeinschaft festlegen, Devisengeschäfte durchführen, die Währungsreserven verwalten und vor allem als einziges Institut die europäischen Banknoten ausgeben sollte. Diese sollten dann einziges gesetzliches Zahlungsmittel in der Europäischen Union sein.

Konvergenzkriterien

Die Teilnahme an der Währungsunion wurde jedoch an strenge Voraussetzungen geknüpft, deren Erfüllung nach dem Stand von Ende 1996 überprüft werden sollte (Konvergenzkriterien):
- Der Preisanstieg darf nicht mehr als 1,5 Prozentpunkte über dem Preisanstieg der drei preisstabilsten Länder liegen.
- Das Haushaltdefizit darf höchstens 3%, die gesamte Staatsverschuldung maximal 60% des Bruttosozialprodukts betragen.
- Der langfristige Zinssatz darf nicht mehr als 2 Prozentpunkte über dem der drei preisstabilsten Länder liegen.
- In den letzten zwei Jahren vor der Währungsunion muß die Währung stabil bleiben.

Gemeinsame Wirtschaftspolitik

Zur Vorbereitung dieser Währungsunion war es notwendig, bereits im Vorfeld die Wirtschaftspolitik der Mitgliedsstaaten eng miteinander abzustimmen. Endziel sollte danach sein, daß Ministerrat und Europäischer Rat die Grundzüge der Wirtschaftspolitik sowohl der Mitgliedsstaaten als auch der Gemeinschaft als Ganzes feststellen und daß der Rat die Wirtschaftspolitik der Mitgliedsstaaten überwacht und Empfehlungen ausspricht, wenn eine nationale Wirtschaftspolitik nicht mit den gemeinsamen Grundzügen vereinbar ist. Vor allem die Kreditvergabe der nationalen Notenbanken an die Regierungen unterliegt strengster Kontrolle.

Subsidiarität

Der weitere Ausbau der Europäischen Union, sowohl was die innere Struktur als auch die räumliche Ausdehnung betrifft, steht nicht mehr, wie noch bei der Gründung der EWG vehement geäußert, unter dem Aspekt eines gemeinsamen Bundesstaates mit gemeinsamer Regierung und gemeinsamem starken Parlament, sondern unter dem Gesichtspunkt der Subsidiarität. Danach bleiben die Nationalstaaten prinzipiell souverän, treten aber diejenigen Befugnisse an die EU ab, deren Erfüllung entweder ihre nationalen Kompetenzen übersteigt oder im Sinne der ganzen Gemeinschaft für alle gemeinsam geregelt werden müssen. Das sind vor allem wirtschaftliche Probleme.

Kritik an Maastricht

Kritik an den Maastrichter Verträgen ist inzwischen laut geworden, weil eine Fülle von Ausnahme- und Sonderregelungen z. B. für Großbritannien und Dänemark zugestanden werden mußte (keine gemeinsame Verteidigung, keine gemeinsame Staatsbürgerschaft, keine Pflicht, der Währungsunion beizutreten) und weil vor allem der Aspekt der politischen Union völlig in den Hintergrund getreten ist. Außerdem enthalten die Verträge keine Bestimmungen bzw. Übereinkünfte über eine Sozialunion, das heißt über eine gemeinsame Verpflichtung der Mitgliedsländer auf gemeinsame soziale Grundvorstellungen und -forderungen. Kritik wird vor allem auch deshalb laut, weil die Stellung des Europäischen Parlaments nicht wesentlich verbessert wurde. Immer noch ist das Demokratiedefizit in seinem Verhältnis zum Rat der EG und zum Ministerrat erheblich, so daß sich die Verfassungsbeschwerde in Deutschland gegen die Maastrichter Verträge darauf stützte, daß hier wesentliche demokratische Inhalte des Grundgesetzes aufgegeben würden.

Organe der EU

Entscheidungen innerhalb der EU werden durch die Vertretung der Mitgliedsstaaten, den Ministerrat, durch die Verwaltung, die Kommission, und durch das Parlament getroffen:

Kommission

- Die Kommission der EG setzt sich aus 20 von den nationalen Regierungen ernannten Politikern zusammen, die in voller Unabhängigkeit von den nationalen Regierungen handeln. Sie hat vor allem die Aufgabe, Vorschläge für Rechtsvorschriften und Maßnahmen auf europäischer Ebene zu erarbeiten, die Verwirklichung der Verträge zu überwachen und die getroffenen Entscheidungen umzusetzen; daneben hat sie allein in der Gemeinschaft ein Initiativrecht.

Rat der EU

- Der Rat der Europäischen Union besteht aus den jeweiligen Fachministern der Mitgliedsländer (die Außenminister bilden den Rat der Außenminister etc.); zusammen mit dem Parlament beschließt er die von der Kommission vorgeschlagenen „Gemeinschaftsgesetze".

Europäischer Rat

- Der Europäische Rat besteht aus den Staats- bzw. Regierungschefs der EU-Staaten und dem Präsidenten der Kommission und ist das wichtigste Entscheidungsgremium der Gemeinschaft. Er legt die Leitlinien der Gemeinschaftspolitik fest und behandelt im Rahmen der Europäischen Politischen Zusammenarbeit aktuelle internationale Probleme.

Europäischer Gerichtshof

- Der Europäische Gerichtshof besteht aus 15 von den Mitgliedsstaaten ernannten Richtern und 9 Generalanwälten und gewährleistet die Wahrung des europäischen Rechts bei Anwendung und Auslegung der Europäischen Verträge und die Einhaltung der Rechtsvorschriften der Gemeinschaft; er ist die oberste Rechtsprechungsinstanz der EU.

Europäisches Parlament

- Das Europäische Parlament wird mit seinen inzwischen 626 Abgeordneten seit 1979 von den Bürgern der EG-Staaten direkt gewählt. Es kontrolliert die Kommission, indem es z. B. deren jährlichen Tätigkeitsbericht prüft. Mit einem Mißtrauensantrag kann die Kommission auch zum Rücktritt gezwungen werden. Legislative Befugnisse hat es insofern, als es zu einem

Gesetzvorhaben angehört werden muß. Wirkliche Kompetenzen standen ihm dabei aber lange nur in Haushaltsangelegenheiten zu, wo es vor allem die "nichtobligatorischen" Ausgaben abändern und den Haushalt insgesamt ablehnen konnte. Die im Juli 1987 in Kraft getretene "Einheitliche Europäische Akte" und der Vertrag von Maastricht 1992 stärkten seine Position in Teilbereichen der EG-Gesetzgebung. So kennt das Parlament heute vier Stufen der legislativen Beteiligung, die sich nach der Art der Vorlage unterscheiden:

Legislative Beteiligung

- Konsultation: Das Parlament gibt eine Stellungnahme ab, die die Entscheidung des Rats beeinflussen soll.
- Zusammenarbeit: Das Parlament kann eine Entscheidung des Rats in der zweiten Lesung ablehnen. Der Rat kann diese Ablehnung nur mit einem einstimmig gefaßten Votum überstimmen. Um eine Ablehnung zu verhindern, muß der Rat versuchen, mit dem Parlament in einem Einigungsverfahren einen Kompromiß zu finden.
- Mitentscheidung: In diesem Beteiligungsverfahren kann das ablehnende Votum des Parlaments nicht überstimmt werden. Die ablehnende Haltung des Parlaments führt entweder zum Scheitern des Vorschlags oder (vor einer dritten Lesung des Entwurfs) zur Ausarbeitung eines Kompromisses im Vermittlungsausschuß. Diesem Mitentscheidungsverfahren unterliegen derzeit Beschlüsse vor allem aus den Bereichen Freizügigkeit der Arbeitnehmer, Niederlassungsrecht im Binnenmarkt, Forschung und technologische Entwicklung, Umweltschutz, Verbraucherschutz, Bildung, Kultur und Gesundheitswesen.
- Zustimmung: Zustimmungspflichtig sind der Beitritt neuer Mitglieder, Assoziierungsabkommen mit Drittländern, der Abschluß internationaler Abkommen, das einheitliche Wahlverfahren zur Wahl des Europäischen Parlaments, das Aufenthaltsrecht der Unionsbürger, Organisation und Ziele der Strukturfonds und die Aufgaben und Befugnisse der Europäischen Zentralbank.
- Der Wirtschafts- und Sozialausschuß besteht aus 222 Vertretern der wichtigsten gesellschaftlichen Gruppierungen und berät den Ministerrat in wichtigen Angelegenheiten.
- Der Ausschuß der Regionen, aus 222 Vertretern der regionalen und lokalen Gebietskörperschaften, vertritt die Interessen der Regionen unterhalb der staatlichen Ebene in der Gemeinschaft.

Lomé: Zusammenarbeit mit Entwicklungsländern

Zum 1. April 1976 trat das am 28. Februar 1975 geschlossene Abkommen von Lomé in Kraft, in dem für 46 Länder in Afrika, in der Karibik und im Pazifik ("AKP-Staaten") eine Vorzugsbehandlung in der industriellen Zusammenarbeit, bei Investitionsgarantien und bei der Stabilisierung ihres Exports festgelegt ist. Im März 1990 trat das Abkommen Lomé IV in Kraft, das mit den inzwischen 70 AKP-Staaten nicht nur besondere Beziehungen in den Bereichen Handel und Kultur, im sozialen Bereich und in der Entwicklungshilfe gewährleistet, sondern von den Unterzeichnerstaaten auch die Achtung der Menschenrechte und der demokratischen Grundsätze fordert. Eine „Paritätische Versammlung" aus je 70 Vertretern der AKP-Staaten und des Europäischen Parlaments bildet ein Diskussions- und Entscheidungsforum.

Perspektiven

Die politischen und wirtschaftlichen Aufgaben, die am Ende der 90er Jahre vor der EU liegen, sind zum einen die Vollendung des Binnenmarktes, dann aber vor allem die Verwirklichung der Wirtschafts- und Währungsunion mit der termingerechten Einführung des „Euro" als alleingültiges gesetzliches Zahlungsmittel innerhalb der EU. Weiterhin stehen auf der Tagesordnung der Beitrittswunsch der Staaten des östlichen Mitteleuropa, voran Polens, Tschechiens und Ungarns, aber auch der Türkei oder Maltas. In der Diskussion um diese Punkte und in ihrer Verwirklichung wird sich zeigen, ob Europa zu einer auch politisch verstandenen Einheit findet oder eine Vielzahl von Abstufungen der Teilhabe an den einzelnen Elementen der Integration kennen und verwirklichen wird.

Entkolonialisierung, Dritte Welt und Nord-Süd-Konflikt

Die Entkolonialisierung

Kolonialmächte:
Spanien
Portugal
Frankreich
Großbritannien
Niederlande

Die Kolonisierung außereuropäischer Gebiete durch die europäischen Mächte, das heißt der klassische Kolonialismus, begann mit den Entdeckungsreisen der "Seefahrernationen" Spanien und Portugal, die im 15. und 16. Jh. vor allem Süd-, Mittel- und das südliche Nordamerika bzw. Brasilien, Afrika und Indien in Besitz nahmen. Großbritannien und Frankreich waren wenig später in Nordamerika aktiv geworden; der französische Besitz zwischen Louisiana (nach Ludwig XIV. benannt) und Quebec ging 1763 an England über. Auch die Niederlande konnten sich bereits im 17. Jh. Stützpunkte auf den hinterindischen Gewürzinseln (Molukken, dann Sumatra, Java etc.) sichern und errichteten so ein großes Kolonialreich im Pazifik. Mit der Gründung der Ostindien-Kompanie 1600 machte auch Großbritannien seinen Einfluß in Indien geltend.

Unabhängigkeitsstreben der europäischen Siedler

In diesen Kolonien entfremdeten sich die europäischen Siedler mehr und mehr von den Mutterländern, so daß die Kolonialreiche unter diesem Druck auseinanderbrachen. So erklärten die 13 nordamerikanischen Kolonien südlich des St.-Lorenz-Stromes als "Vereinigte Staaten" 1776 ihre Unabhängigkeit von Großbritannien. Die süd- und mittalamerikanischen Kolonien Spaniens nützten unter dem Eindruck des liberalen und gegen das feudale System gerichteten Gedankengutes der Französischen Revolution die Schwäche des spanischen Mutterlandes (das seit 1808 von Napoleon besetzt war) aus und erkämpften sich seit 1811 gegen den dann wieder eingesetzten spanischen König ihre Unabhängigkeit. Auch das portugiesische Brasilien löste sich 1822 unter Kaiser Pedro vom Mutterland.

Kolonialismus – Imperialismus

Erst nachdem dieser Prozeß abgeschlossen war, trat der Kolonialismus in seine zweite Phase und verband sich mit dem Imperialismus, der sich von den Randgebieten des Mittelmeeres schließlich innerhalb von vier Jahrzehnten über die gesamte Welt ausbreitete. Gerade die deutsche Kolonialpolitik an der Wende vom 19. zum 20. Jh. zeigt den Kampf um die letzten "weißen" Flecken der Erde.

Italien
Deutschland

Das Ende der "klassischen" Kolonialpolitik, an dem das faschistische Italien 1936 das souveräne Abessinien (Äthiopien) überfallen mußte, um noch zu einer Kolonie zu kommen, geht schon parallel zur Perversion des Kolonialismus, der nationalsozialistischen "Lebensraum-"Politik. Gerade diese Übersteigerung aber markiert auch mit dem Zweiten Weltkrieg das Ende des Kolonialismus, indem nach dem Krieg sich der Freiheitsgedanke bei den Völkern der Kolonien Bahn bricht.

Britisches Commonwealth

Parallel zur zweiten Phase der Kolonialpolitik geht die Entwicklung der von Weißen besiedelten Kolonien Großbritanniens zu Dominions, das heißt das schrittweise Zugeständnis von Selbstregierungsrechten an die weißen Siedler. Hier sind die Kolonien in Kanada (1867), Australien (1901), Neuseeland (1907) und Südafrika (1910) zu nennen. Die jeweils faktisch erworbene Unabhängigkeit wurde 1931 im Westminster-Statut formell bestätigt. Diese Kolonien unterscheiden sich von anderen Kolonien Großbritanniens insofern, als in Australien die ansässigen Aborigines fast ausgerottet wurden und in Südafrika die Weißen immerhin einen Anteil von fast 25 % ausmachen. Kanada, Australien und Neuseeland sind weiterhin konstitutionelle Monarchien im Verband des britischen Commonwealth mit Königin Elisabeth II. als Staatsoberhaupt. Diese Selbstregierung wurde den weißen Siedlern in Südrhodesien (heute Zimbabwe) und Kenia nicht zugestanden.

Freiheitsbestrebungen

Die im Verlauf des Zweiten Weltkrieges verkündeten Grundsätze der Atlantik-Charta und der Charta der Vereinten Nationen ließen auch in den bislang unterdrückten Völkern Afrikas und Asiens den Wunsch nach Freiheit und Selbstbestimmung aufleben. Gerade in Südostasien, wo bis 1942 der europäische Kolonialismus durch den japanischen Neo-Imperialismus abgelöst worden war, beanspruchten die nationalen Freiheitsbewegungen ihr Selbstbestimmungsrecht parallel zur Befreiung durch die amerikanischen Truppen. Noch aber beharrten die europäischen Mächte auf ihren alten Kolonien als Einfluß- und Interessensphären.

Südostasien: Indochina Indonesien

Das Mit- und Gegeneinander von kolonialen und nationalen Interessen zeigt sich besonders deutlich in Vietnam und in Indonesien. Dort wurde bereits 1941 die (marxistisch orientierte) Befreiungsbewegung Vietminh gegründet, die nach der Kapitulation der Japaner 1945 in Hanoi die Demokratische Republik Vietnam ausrief. Der Süden Indochinas wurde von britischen Truppen besetzt und 1946 wieder an die französischen Kolonialbehörden übergeben. Der darauf ausbrechende Kampf zwischen den französischen Truppen und den Vietminh-Partisanen wurde 1954 durch eine Konferenz der beteiligten Mächte und die Anerkennung der Souveränität für Laos, Kambodscha und die beiden Vietnam beendet. In Indonesien, dem früheren Niederländisch-Indien, nahmen gleichfalls Guerilla-Einheiten den Kampf sowohl gegen die Kolonialmacht als auch gegen die Japaner auf. Mit der Kapitulation Japans 1945 proklamierte Achmed Sukarno die unabhängige Indonesische Republik, über die die Niederlande, wie auch über die Republik Ost-Indonesien, weiterhin ein Protektorat beanspruchten. Auf einer Konferenz in Den Haag wurde 1949 die Gründung der "Vereinigten Staaten von Indonesien" im Rahmen einer Niederländischen Union vereinbart, die aber 1954/56 aufgelöst wurde. Indonesien war damit endgültig souverän. Die nationale Bewegung auf den Molukken-Inseln erklärte sich 1952 von Indonesien unabhängig und gründete eine eigene Republik (–1954); für Emigranten von den Molukken sind die Niederlande daher immer noch das erste Asylland. Der letzte Konflikt mit der alten Kolonialmacht wurde 1961–1963 um den Westteil Neu-Guineas ausgetragen, das als West-Irian unter indonesische Verwaltung und 1969 endgültig zu Indonesien kam.

Naher Osten

Ähnlich kompliziert verlief der Entkolonialisierungsprozeß im Nahen Osten, wo Großbritannien und Frankreich nach dem Ersten Weltkrieg das Erbe des Osmanischen Reiches in den Protektoraten Arabien, Transjordanien, Palästina, Syrien und Mesopotamien angetreten hatten.

Israel
Indien

In Palästina führte der britische Rückzug zum Krieg zwischen Arabern und Juden, der erst mit der Gründung des Staates Israel 1948, dem sofortigen Angriff der arabischen Nachbarstaaten und dem israelischen Sieg ein vorläufiges Ende fand. In Indien beugte sich die britische Kolonialmacht dem gewaltlosen Druck Mahatma Ghandis und entließ das Land 1947 in die Unabhängigkeit. Die religiösen Spannungen zwischen Hindus und Moslems entluden sich allerdings sofort in einer Teilung des Landes in Pakistan (islamisch, Ost- und Westpakistan, ersteres als Bangladesch 1971 unabhängig) und Indien und einer Massenflucht der Bewohner.

Afrika

Auf dem afrikanischen Kontinent begann die Entkolonialisierung in den 50er Jahren, zum Teil unter heftigen Kämpfen der Befreiungsbewegungen (vor allem in den portugiesischen Kolonien). Die britische Politik setzte hier vor allem auf die schrittweise Entlassung in die Unabhängigkeit, wie sie mit dem Führer der gewaltfreien ghanesischen Unabhängigkeitsbewegung Kurame Nkrumah 1951 zunächst mit der Gewährung innerer Autonomie, 1957 dann mit der vollen Souveränität vereinbart wurde. Frankreich dagegen verfolgte mehr die Integrationspolitik, die der einheimischen Bevölkerung das französische Bürgerrecht gewährte. Mit dem Machtantritt de Gaulles und der Verfassung der V. Republik schwenkte Frankreich auf das britische Modell der schrittweisen Souveränität ein. Algerien bildet hierbei einen Sonderfall, da die hier lebenden Franzosen *("Pieds noirs")* eine algerische Unabhängigkeit nicht hinnehmen wollten und einen blutigen Bürgerkrieg entfesselten. Den Höhepunkt brachte das Jahr 1960, als 14 zentralafrikanische Staaten in die Unabhängigkeit entlassen wurden. Den Abschluß bildeten hier die ehemaligen portugiesischen Kolonien Mosambik und Angola, die 1975 nach dem Sturz des portugiesischen Diktators Salazar ihre Unabhängigkeit erhielten. Schließlich wurde 1980 auch die Unabhängigkeit Zimbabwes (ehem. Süd-Rhodesien), die ein weißes Minderheitsregime 1965 einseitig verkündet hatte, international anerkannt.

Der Einfluß der Sowjetunion

Sowjetische Militärhilfe

Vor allem die Sowjetunion und China nahmen die Unabhängigkeitsbewegungen zum Anlaß, über politische und vor allem militärische Unterstützung ihren Einflußbereich in Afrika zu erweitern. Eine 1981 veröffentlichte Übersicht der ausländischen Soldaten und Militärberater in Afrika nennt lediglich sieben Staaten, in denen keine ausländischen Kräfte wirken. Die Spitze dieser Tätigkeit bildete damals die Anwesenheit von 18 000 Kubanern in Angola und 11 – 12 000 Kubanern in Äthiopien. Militärs aus der DDR arbeiteten in Angola, Äthiopien und Guinea. Diese Unterstützung und die Betonung eines "sozialistischen" Wegs abseits des westlich geprägten Kapitalismus (der eines der Kennzeichen der Kolonialherrschaft gewesen war) führten zur Einordnung vieler afrikanischer Länder ins "sozialistische Lager". Diese Einordnung hat sich jedoch als trügerisch erwiesen, da keine unmittelbare politische und wirtschaftliche Abhängigkeit von der Sowjetunion begründet wurde. Deren Unterstützung blieb weit hinter der Hilfestellung aus dem Westen zurück und beschränkte sich oft auf militärische Güter. Manche Entwicklungsländer ahmten auch das sowjetische Modell mit Zwangskollektivierung und Aufbau von Schwerindustrie auf, ohne die besonderen Gegebenheiten des eigenen Landes zu berücksichtigen.

Vietnam

Ein Beispiel dieser verfehlten Hilfe ist Vietnam. Hier errichteten zunächst die Chinesen, nach 1978 dann die Sowjets im Lauf von dreißig Jahren 250 Industrieobjekte, von denen aber die meisten nur bis zur Hälfte ihrer Kapazität genutzt werden. Ein Teil der Anlagen ist überhaupt außer Betrieb. Die Baukosten für diese Anlagen belasteten die vietnamesische Wirtschaft schwer; das Land war zuletzt mit ca. 7 Milliarden Transferrubel bei der Sowjetunion verschuldet.

Äthiopien

Der äthiopischen Regierung lieferte die UdSSR Waffen und Munition im Wert von 5 Milliarden US-Dollar, von denen ein Viertel als Geschenk gelten; daß Äthiopien den Rest irgendwann bezahlen könnte, ist nicht anzunehmen.

Die Emanzipation der "Dritten Welt"

Einen Meilenstein auf dem Weg zur Emanzipation der nicht-weißen Völker stellt die 1955 abgehaltene Konferenz von Bandung dar, auf der 24 asiatische und afrikanische Länder den Kolonialismus und die Rassendiskriminierung verurteilten und für alle Völker das Recht auf Selbstbestimmung forderten. Weitere Konferenzen fanden 1957 in Kairo, 1960 in Conakry und 1961 in Bandung und Belgrad statt. Sie zeigen das erstarkte Selbstbewußtsein der jungen Nationen und ihre entschlossene Haltung gegen alle Formen des Neokolonialismus. Eng damit verbunden ist die Bewegung der Blockfreien Staaten, d. h. von Staaten, die sich an keines der beiden großen Militärbündnisse anschließen wollen. Auch sie ist mit der Konferenz von Bandung 1955 verknüpft.

Veränderte Rolle der UN

Mit der Gründung neuer Staaten wuchs auch der UN eine neue Aufgabe zu, da die neuen Mitglieder deren Zusammensetzung entscheidend veränderten. Die Staaten der "Dritten Welt" gewannen vor allem hier entscheidendes Gewicht. Sie konnten die UN in der Zeit der Ost-West-Spannungen zur friedlichen Lösung von Konflikten, die im Zusammenhang mit der Entkolonialisierung entstanden, mobilisieren: Eine UN-Ordnungstruppe befriedete 1960 den Kongo und griff 1962/63 in der Kongo-Provinz Katanga und 1964 in Zypern ein.

UNCTAD

Von den Sonderkonferenzen der UN spielt die UNCTAD (United Nations Conference on Trade and Development) eine besondere Rolle. Hier haben die Entwicklungsländer eine Stimmenmehrheit. Ungeachtet der Tatsache, daß die Resolutionen der Konferenz nur empfehlenden Charakter haben, waren die Konferenzen selbst wichtige Foren für die Beziehungen zwischen Industrie- und Entwicklungsländern. Die ersten Konferenzen 1964 in Genf und 1968 in Neu-Delhi gaben wichtige Impulse für die Regelung von Zoll- und Handelsfragen (GATT), UNCTAD IV (1976 in Nairobi) verabschiedete ein "Integriertes Rohstoffabkommen" zur Preisstabilisierung auf den Rohstoffmärkten, UNCTAD VII 1987 in Genf schließlich betonte die Eigenanstrengungen der Entwicklungsländer bei Strukturanpassungen, Industrieländer und multilaterale Organisationen sollten allerdings durch Beiträge unterstützen.

Der Nord-Süd-Konflikt

Schwierigkeiten der Entwicklungsländer

Die Staaten der Dritten Welt haben grundsätzlich mit enormen Schwierigkeiten zu kämpfen, die aber nur zum Teil auf die alte Kolonialherrschaft zurückgehen. Hier sind vor allem die einseitige Ausrichtung der Volkswirtschaft auf die Bedürfnisse des Mutterlandes zu nennen, die fehlende Infrastruktur und die Übernahme von Lebensgewohnheiten des Mutterlandes, gegen die einheimische Traditionen aufgegeben wurden. Dazu kommen aber generelle Probleme in einer hochspezialisierten Weltwirtschaft, wie Rohstoffabhängigkeit, oder soziale Probleme (Stadt – Land, Armut), zu deren Lösung das Abendland mehrere Jahrhunderte Zeit hatte. Vor allem das Bevölkerungswachstum gilt immer noch als soziale Absicherung, obwohl es die Versorgungskrise verschärft.

Nord-Süd-Konflikt

Parallel zum Ost-West-Konflikt rückte daher der Konflikt zwischen den industrialisierten Staaten der nördlichen und den unterentwickelten der südlichen Erdhalbkugel in den Mittelpunkt des Interesses. Dieser Konflikt ist ein Verteilungskonflikt, der dadurch entstanden ist, daß in den Entwicklungsländern etwa drei Viertel der Menschheit leben, die aber nur rund ein Fünftel des Bruttosozialprodukts der Welt erwirtschaften, während in den Industrieländern ein Viertel der Menschheit über die restlichen vier Fünftel des Bruttosozialprodukts verfügen. Etwa 750 Millionen Menschen lebten 1980 in absoluter Armut. Zu diesem wirtschaftlichen Verteilungskonflikt tritt der Konflikt um die Einflußmöglichkeiten auf politische Prozesse und Entscheidungen in der Welt.

Ursachen der Unterentwicklung
Schuldenkrise

Die gegenwärtigen Probleme der Entwicklungsländer haben vor allem zwei Ursachen: Zum einen verschlechterte der Ölpreis-Schock der frühen siebziger Jahre ihre Zahlungsbilanz, da sie zum größten Teil auf Öl-Importe angewiesen waren, zum anderen litten sie unter der weltwirtschaftlichen Rezession am Anfang der achtziger Jahre. Hier trafen der Rückgang der Exporte in die Industrieländer, die Höhe der Real-Zinssätze und der Verfall der Rohstoffpreise aufeinander. Jetzt begannen sich die Schwierigkeiten der Entwicklungsländer in einer allgemeinen Schuldenkrise zuzuspitzen. Sie verhinderte, daß der konjunkturelle Aufschwung seit 1984 ihnen in demselben Maß wie den Industrieländern zugute kam.

Rohstoff-abkommen

Auf dem Sektor der Rohstoff-Exporte wirken sich die starken Preisschwankungen auf dem Weltmarkt unmittelbar auf die Finanzen der Entwicklungsländer aus und ziehen unter Umständen katastrophale Folgen im wirtschaftlichen und sozialen Bereich nach sich. Durch internationale Rohstoffabkommen sollen extreme Preisschwankungen aufgefangen und Erzeuger- und Verbraucherländern eine einigermaßen stabile Kalkulationsbasis für ihren Handel geboten werden. So sind die Preise für Kaffee (durch ein Abkommen von 1963), Kakao (seit 1975) und Kautschuk (seit 1979) stabilisiert.

UNCTAD: Integriertes Rohstoffprogramm

Die Konferenz UNCTAD IV forderte 1976 für eine allgemeine Preisstabilisierung ein Integriertes Rohstoffprogramm, das 18 wichtige Rohstoffe umfassen sollte. Es soll zum einen durch die Finanzierung von Ausgleichslagern Preisschwankungen ausgleichen, zum anderen Marktstrukturen und Wettbewerbsfähigkeit insbesondere der ärmeren Entwicklungsländer verbessern. Für dieses Programm sind Mittel von 400 bzw. 350 Millionen US-$ vorgesehen. Inzwischen ist aber die willkürliche Preisstützung nicht mehr unumstritten, der Vorrang gilt eher einer Angleichung der Preisschwankungen an einen mittelfristigen Trend, d. h. einer besseren Vorausschau der Preisentwicklung.

Haushaltsprobleme

Da die Haushalte der Entwicklungsländer stets stark angespannt waren, mußten sich die Ölkrise und die weltwirtschaftliche Rezession katastrophal auf das Investitionsvolumen in diesen Ländern auswirken. Um auf dem Weltmarkt wettbewerbsfähig zu bleiben und die eigenen Grundbedürfnisse zu decken, war der Kapitalimport eine der wichtigsten Finanzierungsquellen. Da aber selbst mit diesen Investitionen die Produktivität nicht nachhaltig erhöht werden konnte (siehe oben), wurde der durchaus normale Prozeß der Staatsverschuldung zur internationalen Schuldenkrise.

Perspektiven der Entwicklungspolitik

Brandt-Kommission

Brundtland-Kommission

1980 legte eine Kommission unter dem Vorsitz des damaligen SPD-Vorsitzenden Willy Brandt Analysen und Empfehlungen zu zentralen Problemen des Nord-Süd-Dialogs vor. Auch die von der UN 1983 eingesetzte "Weltkommission für Umwelt und Entwicklung" (nach ihrer Vorsitzenden, der norwegischen Ministerpräsidentin, Brundtland-Kommission genannt) gab in ihrem Schlußbericht einen wichtigen Beitrag zur internationalen Debatte, indem sie z. B. die Auswirkungen der Armut auf die natürlichen Lebensgrundlagen oder die Begrenzung des wirtschaftlichen Wachstums durch Umweltzerstörung mit einbezog. Zentrale Aussage des Berichts war die Feststellung, daß die erkennbaren Auswirkungen der Entwicklung bzw. Unterentwicklung sowie des Bevölkerungswachstums in den verschiedenen Regionen der Erde sich zu Umweltproblemen steigerten, die, wenn keine Umorientierung eintrete, die Zukunft der gesamten Menschheit bedrohten. Der Fortschritt in Wissenschaft und Technik sowie das insgesamt verfügbare Potential an Ressourcen müßten für eine neue Ära wirtschaftlichen Wachstums nutzbar gemacht werden können, die gleichzeitig die Überwindung der bedrohlichen Konfliktfelder von Umwelt und Entwicklung ermögliche. Voraussetzung dafür sei aber die Abkehr von Umweltzerstörung und Aufzehrung der natürlichen Rohstoffe in Nord und Süd zugunsten einer dauerhaft tragfähigen Entwicklung. Das aber setze den politischen Willen zu den notwendigen Veränderungen voraus.

Die Forderungen der Entwicklungsländer an die Industrienationen nach der Verwirklichung einer neuen Weltwirtschaftsordnung werden mit zwei Argumenten begründet:

Ausgleich durch Industrieländer

- Die Industrieländer müssen zu einem Ausgleich für die Schäden bereit sein, die sie durch die Ausbeutung der Entwicklungsländer während der Kolonialzeit und durch ungerechte Handelsbedingungen in der Zeit danach angerichtet haben.

Unterstützung durch reale Mittel

- Voraussetzung für eine wirtschaftliche Partnerschaft und Gleichberechtigung ist die Verpflichtung der reichen Länder, den Entwicklungsländern zum wirtschaftlichen Aufbau reale Mittel zur Verfügung zu stellen.

Forderung nach Gleichberechtigung

Die Forderungen selbst lassen sich in der Anerkennung der vollen Gleichberechtigung zusammenfassen. Sie bedeutet nicht nur den Abbau wirtschaftlicher Schranken (Verzicht auf protektionistische Maßnahmen, Öffnung der Märkte), sondern auch das Recht jedes Staates, seinen eigenen Weg zu verwirklichen.

Reformprozesse

In den vergangenen Jahren wandten die Entwicklungsländer jedoch ihre Anstrengungen zunehmend auf ihre wirtschaftliche Entwicklung im Rahmen der bestehenden Weltwirtschaftsordnung. Tiefgreifende Wirtschaftsreformen sollen ihre Volkswirtschaften an die sich ändernden weltwirtschaftlichen Rahmenbedingungen anpassen; diese Prozesse müssen dadurch unterstützt werden, daß die Industrieländer ihre Märkte für Produkte aus der Dritten Welt öffnen und konsequent Handelshemmnisse abbauen.

Die weitere Diskussion in der Entwicklungspolitik berücksichtigt mehr und mehr die soziale und politische Seite der Entwicklungshilfe. So werden Forderungen laut, vor allem Länder zu berücksichtigen, die in ihrer eigenen Politik den Menschenrechten, der Bekämpfung der Armut und dem Umweltschutz Vorrang geben sowie eine zurückhaltende Rüstungspolitik betreiben. Forderungen nach einer Erhöhung des deutschen Entwicklungshilfebeitrags werden damit beantwortet, daß aufgrund institutioneller Schwierigkeiten in den Empfängerländern große Summen nicht bei der Weltbank abgerufen werden können. Die fortschreitende Finanzkrise in den Industrieländern darf jedoch nicht dazu führen, daß mit Hinweis darauf die Entwicklungshilfe undifferenziert gekürzt wird.

Schlußwort: Europa am Ende des 20. Jahrhunderts

Bipolare Auseinandersetzung

Bis zum Sommer 1989 schien es, als würde das 20. Jahrhundert ein Jahrhundert der bipolaren Auseinandersetzung bleiben, der Spaltung der Welt in zwei feindliche und mißtrauische Blöcke, deren Spannung sich nur unter großer Kraftanstrengung nicht in einem dritten Weltkrieg entladen würde. Diese Spaltung schien für eine sehr, sehr lange Zeit festgelegt, und sie schien sich obendrein in Deutschland noch einmal im kleinen Rahmen zu wiederholen. Im März 1990 fanden in der DDR die ersten freien Wahlen seit 1947, die ersten wirklich freien und unbeeinflußten Wahlen seit 1932 statt, im Herbst dieses Jahres war Deutschland wiedervereinigt. Die folgenden Jahre zeigten die tiefe Spaltung des Volkes in „Wessis" und „Ossis", zeigten die Auseinanderentwicklung während der letzten 40 Jahre. Die Ansätze, diese Spaltung auch in den Köpfen zu überwinden, bleiben Stückwerk. Der *„Stacheldraht, der vielen Deutschen durchs Gehirn geht,"* läßt sich, so die desillusionierende Feststellung, nicht *„mit Gewalt rausziehen"* (W. Biermann, September 1996).

Veränderungsprozeß

Nach dem 19. Jahrhundert als dem Jahrhundert des nationalen Aufbruchs, der Nationalstaaten – die sich als "links", als systemverändernd begriffen – und der liberal-demokratischen Ideen schien unser Jahrhundert das der Diktaturen zu sein, denn die Spaltung der Welt und Deutschlands konnte nur unter einem diktatorischen Regime aufrecht erhalten werden. Das Volk hat indessen die Macht, die ihm über Jahrzehnte vorenthalten war, zurückerobert – in der DDR gewaltlos und mit dem Ruf "Wir sind das Volk!", in Rumänien unter großen Opfern. Der Zerfall der Sowjetunion, der Niedergang der kommunistischen Ideologie hat deutlich gemacht, daß die Freiheit des Westens selbst mit den Mängeln des kapitalistischen Systems größere Attraktivität verspricht. Der Osten Mitteleuropas hat endlich zu seiner nationalen Selbstbestimmung gefunden.

Freiheit, Demokratie und Volkssouveränität

Das Ende des Jahrhunderts sieht in Europa den Gedanken der Demokratie, der liberalen Freiheiten, der Souveränität des Volkes und der Einheit der Welt, des von Roosevelt 1944 erträumten friedlichen Miteinander aller Völker auf dem Vormarsch. Europa wächst nicht nur wirtschaftlich, sondern auch politisch immer weiter zusammen. EU und NATO erweisen ihre hohe Anziehungskraft, da sie diese Ideale von Freiheit, Demokratie und Volkssouveränität zu garantieren versprechen. Ihre Erweiterung aber in Richtung Osten wird die große Aufgabe für den Schluß dieses und den Anfang des nächsten Jahrtausends sein – und diese Erweiterung wird zeigen, ob die Organisationen noch die Kraft haben, diese Aufgaben zu bewältigen.

Glossar

Abessinienkrieg
Von Italien 1936 begonnener Eroberungskrieg gegen Abessinien (Äthiopien) mit dem Ziel der Eingliederung in das italienische Imperium. Hat (unwirksame) Sanktionen des Völkerbundes und eine deutsch-italienische Annäherung zur Folge ("Achse Berlin–Rom"). Der erste Abessinienkrieg 1896 endete mit der Niederlage der italienischen gegen die äthiopischen Truppen.

Alleinvertretungsanspruch
Anspruch der Bundesregierung, als einzige frei gewählte deutsche Regierung auch für die Bewohner der DDR zu sprechen und als einzige diplomatische Vertretung Deutschlands anerkannt zu werden. Führte zur → Hallstein-Doktrin, nach der die diplomatische Anerkennung der DDR ein "unfreundlicher Akt" sei, der den Abbruch der diplomatischen Beziehungen nach sich ziehe (Jugoslawien 1957, Kuba 1964)

Annexion
Gewaltsame Angliederung eines Territoriums, meist durch militärische Gewalt; z. B. Elsaß-Lothringen durch Deutschland 1871, Bosnien-Herzegowina durch Österreich 1908.

Antikomintern
Instrument des Reichspropagandaministeriums zur antikommunistischen Propaganda 1933–1939.

Antikominternpakt
Am 25. 11. 1936 geschlossenes Abkommen zwischen Deutschland und Japan zur Bekämpfung der → Komintern und zur Absicherung gegen die Sowjetunion. Beitritt Italiens 1937, Ungarns und Spaniens 1939.

Appeasement
"Beschwichtigung", Politik des Nachgebens gegenüber Hitler; vor allem von englischer Seite verfolgt, um Hitler in ein gesamt-europäisches Bündnissystem einbinden zu können und dadurch die aggressive Kraft Deutschlands zu neutralisieren.

Ariernachweis
Nachweis über die "arische", d. h. nichtjüdische Abstammung, der von Beamten und Empfängern öffentlicher Leistungen gefordert wurde.

Arisierung
Allgemein der Prozeß der Verdrängung der Juden aus dem öffentlichen und wirtschaftlichen Leben durch Berufsverbote u. ä. Maßnahmen. Dann speziell der Übergang von Unternehmen aus jüdische in "arische", d. h. nichtjüdische und deutsche Hände, besonders nach der → Reichskristallnacht vom November 1938; häufig als "Notverkauf" oder mit erpresserischen Mitteln.

Assoziierung
In den EG-Verträgen vorgesehene Möglichkeit enger wirtschaftlicher Bindungen mit Ländern, die keine Mitglieder der Gemeinschaft sind. Beispiel: AKP-Staaten (Abkommen von Lomé), Türkei, Staaten Ostmitteleuropas.

Bank deutscher Länder
1948 gegründete Zentralbank für die vereinigten drei Westzonen, bis 1957 für die Bundesrepublik. Bildet ein "Dach" über die rechtlich selbständigen Landeszentralbanken.

Bekennende Kirche
Gruppe der Evangelischen Kirche, die ihre Opposition gegen das nationalsozialistische Regime und dessen Kirchen-

politik (→ Deutsche Christen) auf der Barmer Bekenntnis-Synode im Mai 1934 formulierte. Die B. K. ging aus dem 1933 von Pastor Martin Niemöller als Reaktion auf die Wahl des → Reichsbischofs der Deutschen Christen, Ludwig Müller, gegründeten "Pfarrernotbund" hervor.

Berliner Erklärung
Am 5. Juni 1945 abgegebene Erklärung der vier Alliierten, mit der sie gemäß ihren Vereinbarungen die *"oberste Regierungsgewalt"* im besetzten Deutschland übernahmen. Übergang der Souveränität des Staates im exekutiven, legislativen und jurisdiktionellen Bereich auf die Siegermächte. Bewirkte keine Annexion Deutschlands.

Besatzungsstatut
1949 von den drei Westalliierten einseitig getroffene Regelung des Verhältnisses zur Bundesrepublik Deutschland. Volle Übertragung von Exekutive, Legislative und Justiz an die Bundesorgane, jedoch Vorbehalt von Rechten hinsichtlich Entwaffnung, Industrie- und Wirtschaftskontrolle und Reparationen, im politischen Bereich vor allem hinsichtlich der Außen- und der Außenwirtschaftspolitik; Vorbehalt von Notstandsmaßnahmen bei Gefährdung der Sicherheit. In Kraft seit Amtsantritt der Bundesregierung im September 1949, Abbau der Vorbehaltsrechte 1951 und 1955 (Deutschlandvertrag), die Notstandsrechte aufgehoben 1968.

Blockfreie Länder
Politischer Zusammenschluß von mehr als 90 Ländern und Befreiungsbewegungen als Gegengewicht zu den beiden Machtblöcken um USA und UdSSR. Voraussetzung für die Mitgliedschaft ist es, keinem der militärischen Bündnisse anzugehören. Erste Konferenz der "Blockfreien" 1955 in Bandung, die jüngste 1992 in Jakarta.

Blockparteien
Instrument kommunistischer Regierungssysteme, um in einer Vielfalt des Parteienspektrums Pluralismus und Parteiendemokratie vorzuspiegeln. Verwirklicht in Polen, Ungarn und der DDR. Kennzeichen ist die formal selbständige Existenz von bürgerlichen oder bäuerlichen Parteien, die aber durch ein "Blockbündnis" auf die Linie der kommunistischen Staatspartei festgelegt sind. Meist durch festen Verteilungsschlüssel im Parlament vertreten.

Breschnew-Doktrin
Am 26. 9. 1969 erstmals in der "Prawda" publizierte und anschließend in der UNO-Vollversammlung verfochtene Doktrin von der begrenzten Souveränität der sozialistischen Länder bei der Ausformung des sozialistischen Systems: *"Wenn in einem sozialistischen Land Gefahr für die Sicherheit der ganzen sozialistischen Gemeinschaft entsteht, ... dann wird dieses zu einem Gegenstand der Sorge aller sozialistischen Länder"* (Breschnew am 12. 11. 1968 auf dem Parteitag der polnischen Arbeiterpartei in Warschau).

Brüsseler Vertrag
Am 17. 3. 1948 *"für den Fall der Erneuerung einer deutschen Aggressionspolitik"* geschlossenes Defensivbündnis zwischen Frankreich, Großbritannien und den Benelux-Staaten. 1954/55 durch den Beitritt Italiens und der Bundesrepublik zur Westeuropäischen Union (WEU) erweitert.

Deutsche Arbeiter-Partei
Von Johann Drexler 1918 gegründete rechtsradikale Splitterpartei, in die Hitler im September 1919 eintrat und sofort in den Vorstand aufgenommen wurde. 1920 Änderung des Namens in Nationalsozialistische Deutsche Arbeiterpartei.

Deutsche Arbeitsfront (DAF)
1933 an Stelle der aufgelösten Gewerkschaften getretene NS-Organisation zur Gleichschaltung der Arbeitnehmervertretungen und der Unternehmerverbände. Umfaßte 1936 ca. 20 Mio. Mitglieder; die Mitgliedschaft war oft Voraussetzung für Stellenvergabe und Laufbahnentscheidungen. Die DAF übernahm das Vermögen der Gewerkschaften und war Trägerin der Organisation "Kraft durch Freude" (KdF), die Arbeitsfront-Mitgliedern Urlaubsaufenthalte auf KdF-Schiffen und in Ferienzentren ermöglichte.

Deutsche Christen
Organisation des nationalsozialistischen ev. Kirchenvolks, als "Reichskirche" dem → Reichsbischof unterstellt. Im Gegensatz dazu bildete sich aus dem ev. Pfarrernotbund die → Bekennende Kirche.

Deutsche Wirtschaftskommission
Von der SMAD als Antwort auf die Bildung des "Frankfurter Wirtschaftsrates" am 14. 7. 47 in der Sowjetzone errichtete Verwaltungsorganisation mit 5 Zentralinstanzen, als Vorform einer deutschen Zentralregierung unter sowjetischem Einfluß angelegt.

Deutschlandvertrag
Am 26. 5. 1952 zwischen den Westmächten und der Bundesrepublik geschlossener Vertrag über die gegenseitigen Beziehungen. Folgende Einzelpunkte:
- Beendigung der Besatzung
- volle Souveränität der Bundesrepublik in der Innen- und Außenpolitik
- Beendigung aller Einschränkungen bei der Gesetzgebungshoheit
- Beendigung aller Produktions- und Forschungsbeschränkungen
- ausschließliche Zuständigkeit der Allierten für Deutschland als Ganzes und für Berlin
- Verpflichtung der Westmächte auf die deutsche Wiedervereinigung als politisches Ziel.

Dominion
Zwischenstadium einer britischen Kolonie auf dem Weg in die volle Selbständigkeit unter Zugeständnis gewisser Selbstregierungsrechte. Nach dem Zweiten Weltkrieg durch die Mitgliedschaft im britischen Commonwealth ersetzt. Einzig verbliebenes Kennzeichen des Dominion-Status ist die Stellung der britischen Königin als Staatsoberhaupt von Kanada, Australien und Neuseeland und deren verfassungsmäßige Ordnung als parlamentarische Monarchie.

Dünkirchner Abkommen
Im März 1947 zwischen Großbritannien und Frankreich geschlossenes Defensivbündnis zum Schutz vor einer neuen deutschen Aggression. 1948 zum → Brüsseler Vertrag erweitert.

DVP
Abkürzung sowohl für die rechtsliberale *Deutsche Volkspartei* der Weimarer Republik als auch für die linksliberale württembergische *Demokratische Volkspartei*, die geistige und traditionelle Wurzel der baden-württembergischen FDP.

ECU
(*European Currency Unit,* Europäische Währungseinheit) Rechengröße des Europäischen Währungssystems zur Fixierung der gegenseitigen Wechselkurse. Derzeitige Parität zur DM bei 1,90 DM = 1 Ecu. Unterschiedene Gewichtung der nationalen Währungen. Mit der Einführung der Währungsunion als "Euro" gesetzliches Zahlungsmittel innerhalb der EU.

EGKS
(Europäische Gemeinschaft für Kohle und Stahl) → Montanunion

Entnazifizierung
Eines der vier von den Alliierten für ihre Besatzungspolitik formulierten Ziele zur Wiederherstellunmg demokratischer und friedlicher Verhältnisse in Deutschland. Hauptpunkt ist die Verurteilung von NSDAP und ihr zugeordneten Verbänden als verbrecherische Organisationen im Nürnberger Kriegsverbrecherprozeß; daran schlossen sich Spruchkammerverfahren unter Beteiligung deutscher Richter zur individuellen Verfolgung an.

Entstalinisierung
Versuch, in den kommunistisch gelenkten Staaten nach 1953 die schlimmsten Auswüchse von Personenkult und zentraler Planwirtschaft zu beseitigen. Im außenpolitischen Bereich teilweise Aufgabe des von Stalin geprägten Feindbildes und Hinwendung zu "Entspannungspolitik" und "Friedlicher Koexistenz". Keine prinzipielle Abkehr von traditionellen Herrschaftsmechanismen (Breschnew, Spätstalinismus).

Euratom
(Europäische Atomgemeinschaft), parallel zur EWG gegründete Gemeinschaft mit dem Ziel, die Voraussetzungen für die schnelle Bildung und Entwicklung von Kernindustrien zu schaffen. Zu diesem Zweck Förderung der Forschung, der Ausbreitung technischer Kenntnisse und der Investitionen, Sicherung des Gesundheitsschutzes, Sicherstellung der Versorgung mit Kernbrennstoffen, Errichtung eines gemeinsamen Marktes für die in der Kerntechnik verwendeten Stoffe und Ausrüstungen, Investitionen und Fachkräfte. Unter anderem ein Forschungszentrum in Karlsruhe. Sitz der Euratom ist Brüssel.

Eurokommunismus
Distanzierung der westeuropäischen Kommunistischen Parteien (vor allem in Frankreich, Italien und Spanien) von der Dominanz und der ideologischen Vorherrschaft der KPdSU, dabei auch von der Forderung nach Weltrevolution und Diktatur des Proletariats. Annäherung an sozialistische bzw. sozialdemokratische Positionen durch Schutz der bürgerlichen Freiheiten, Anerkennung demokratischer Regeln (Regierungswechsel durch demokratische Wahlen und Koalitionsbildungen etc.), Anerkennung bestehender Bündnisverpflichtungen. Die reformkommunistische Haltung war in Italien Grundlage für den angestrebten "historischen Kompromiß" mit der *Democrazia Cristiana.*

Europäische Gemeinschaften (EG)
Fortentwicklung der europäischen Einigung zur Wirtschafts- und Währungsunion mit der Perspektive einer politischen Union durch Verschmelzung der EGKS, der EWG und der Euratom; seit 1967 gemeinsamer Ministerrat und eine gemeinsame Kommission. Sitz: Brüssel. Durch Gründung der EU abgelöst.

Europäischer Gerichtshof
Gerichtshof der Europäischen Union, entscheidet über Auslegung der Verträge sowie darüber, ob die Handlungen der Gemeinschaftsorgane den gesetzlichen Vorschriften entsprechen. Sitz: Luxemburg

Europäisches Parlament (EP)
Parlamentarische Vertretung der zwölf in der EU zusammengeschlossenen Mitgliedsstaaten, ursprünglich von den nationalen Parlamenten entsandt, seit 1979 direkt gewählt. Abgeordnetenzahl (626) nach nationalen Verteilungsschlüsseln festgelegt (99 Deutsche), aber übernationaler Zusammenschluß zu Fraktionen. 5jährige Legislaturperiode. Ausschußsitzungen in Brüssel, Plenarsitzungen in Straßburg. Aufgaben und Kompetenzen des EP: Verabschiedung des Haushalts der EU, Stellungnahme zu den Gesetzesvorlagen des Ministerrates,

Kontrolle von Kommission und Ministerrat durch Anfragen und Debatten, Abstimmung über Beitritts- und Assoziierungsverträge der EG.

Europäische Verteidigungsgemeinschaft (EVG)
Auf Vorschlag des französischen Ministerpräsidenten René Pleven im Oktober 1950 vorgelegter Plan der militärischen Zusammenarbeit in Europa auf der Basis der Montanunion. Vorgesehene Organe: multinationaler Generalstab und multinationale Streitkräfte; europäischer Verteidigungsminister mit Verantwortlichkeit gegenüber einem europäischen Parlament und Zuordnung zu einem europäischen Ministerrat. Von Adenauer als Weg zur Wiederherstellung der deutschen Wehrhoheit favorisiert, von der französischen Nationalversammlung 1954 wegen der Abtretung von Souveränitätsrechten abgelehnt.

Europäische Wirtschaftsgemeinschaft (EWG)
1957 gegründete Organisation der sechs Staaten der Montanunion zur Verschmelzung der nationalen Volkswirtschaften zu einem einheitlichen Binnenmarkt. Fortentwicklung zur Wirtschafts- und Währungsunion.

Europarat
Zwischenstaatliche Organisation zur Erörterung und Abklärung gemeinsamer Probleme. Derzeit 32 Staaten. Verabschiedung der Konvention zum Schutz der Menschenrechte und der Grundfreiheit. Weitere Konventionen auf sozialem, kulturellem und rechtlichem Gebiet. Organe des Europarats sind die Beratende Versammlung (aus Parlamentariern der Mitgliedsländer) und der Ministerausschuß.

European Advisory Commission
(EAC, Europäische Beratende Kommission), auf der Moskauer Außenministerkonferenz im Oktober 1943 vereinbartes Gremium auf Botschafterebene mit Sitz in London zur Regelung *"europäischer Fragen, die mit der Fortführung des Krieges auftauchen",* d. h. insbesondere zur Vorbereitung der Kapitulationsbedingungen und zur Organisation der alliierten Regierungsgewalt in Deutschland. Die EAC tagte bis 1945 und arbeitete u. a. das *"Protokoll betreffend die Besatzungszonen in Deutschland und die Verwaltung von Groß-Berlin"* (12. 9. 1944) und das *"Abkommen über das Kontrollsystem in Deutschland"* (14. 11. 1944) aus.

European Recovery Program (ERP)
→ Marshallplan

Flexible Response (flexible Antwort)
Verteidigungsstrategie der NATO seit 1968, die die USA vom sofortigen Einsatz der atomaren Waffen entbindet *(→ Massive Retaliation)* und eine militärische Reaktion auf einen Angriff nach Verhältnismäßigkeit und Notwendigkeit staffelt.

Flottenabkommen
1936 geschlossenes Abkommen zwischen dem Deutschen Reich und Großbritannien, das die Größe der deutschen Flotte auf 35 % der britischen Flotte, als Teilbereich die Größe der U-Boot-Flotte auf 100 % der britischen Stärke, festschreiben sollte. Anerkennung der deutschen Aufrüstung durch Großbritannien, Festigung der britischen Überlegenheit in der Größe der Kriegsmarine. Legte Hitler allerdings nur so lange fest, wie die Stärke der deutschen Flotte ohnehin unter der der britischen Flotte blieb. 1939 von Hitler aufgekündigt.

Frankfurter Dokumente
Auf der Grundlage der am 7. 6. 1948 veröffentlichten Londoner Empfehlungen der Sechsmächtekonferenz (Februar / März, April / Juni 1948) am 1. 7. 1948 den Ministerpräsidenten der westdeutschen Länder gegebene Ermäch-

tigung zur Einberufung einer verfassunggebenden Versammlung; enthalten auch den Auftrag, die Neuordnung der 1945/46 geschaffenen Länder vorzubereiten sowie zu einem Besatzungsstatut der Militärgouverneure Stellung zu nehmen.

Freihandelszone
Abkommen unter Staaten zur gegenseitigen Befreiung des Handels von mengenmäßigen Beschränkungen und Zöllen. Eigenständigkeit des Außenhandels gegenüber Drittländern.

Friedliche Koexistenz
Prinzip des Verhältnisses zwischen Ländern unterschiedlicher Gesellschaftsordnung, nach dem XXII. Parteikongreß der KPdSU 1961 die *"Grundlage des friedlichen Wettbewerbs zwischen Sozialismus und Kapitalismus im internationalen Maßstab"*, dennoch eine *"spezifische Form des Klassenkampfes"*.

GATT
(*General Agreement of Tariffs and Trade,* Allgemeines Zoll- und Handelsabkommen); 1947 als Sonderorganisation der UN in Genf gegründet. Seine Aufgabe ist der Abbau von Hemmnissen im internationalen Handel (z. B. Zölle, Zollkontingente, Dumping). Das GATT umfaßt über 100 Mitglieder.

Getto
Ital. Gießerei (Ghetto), ehem. Stadtviertel in Venedig, in dem die Juden konzentriert angesiedelt wurden (1571), von da Bez. für alle abgeschlossenen Wohngebiete von Juden, später auch für die von nicht in die Gesellschaft integrierten Gruppen. Erste Gettos als geschlossene jüdische Wohnbezirke schon 1939 in Polen. Das größte G. wurde im Herbst 1940 in Warschau errichtet, bis zu 450 000 Menschen. Ab Juli 1942 Abtransport der Juden nach Treblinka, daraufhin am 19. 4. 1943 Ausbruch des Gettoaufstandes. Nach dem 16. 5. 1943 planmäßig zerstört. Heute großes Mahnmal an der Stätte des Gettos.

Gruppe Ulbricht
Ende April 1945 nach Deutschland gekommene Gruppe von Exil-Kommunisten, mit dem Ziel, in Zusammenarbeit mit der Roten Armee und den sowjetischen Besatzungsbehörden die kommunistische Ordnung in Deutschland aufzubauen.

Hallstein-Doktrin
Als Folgerung aus dem demokratisch legitimierten → Alleinvertretungsanspruch 1955 verkündetes Prinzip der bundesdeutschen Außenpolitik, daß die Aufnahme von diplomatischen Beziehungen zur DDR seitens anderer Staaten als "unfreundlicher Akt" betrachtet und den sofortigen Abbruch der diplomatischen Beziehungen nach sich ziehen würde. Angewendet 1957 gegenüber Jugoslawien und 1964 gegenüber Kuba. Mit dem Antritt der Großen Koalition 1966 und der Öffnung in der Ostpolitik aufgeweicht und nicht mehr praktiziert, endgültig mit den Ostverträgen ab 1970 aufgegeben.

Harzburger Front
Gemeinsame Kundgebung von DNVP, → Stahlhelm, NSDAP u. a. rechtsradikaler Gruppen in Bad Harzburg am 11. 10. 1931 zum Kampf der nationalen Opposition gegen die Regierung Brüning.

Heimatarmee
Illegale Armee des polnischen Untergrundstaates, bereits 1939 gebildet, unterstand der polnischen Exilregierung in London. Verantwortlich für den 2. Warschauer Aufstand vom 1. 8. bis zum 2. 10. 1944, der die Eigenständigkeit des polnischen Widerstands gegen Dtschl. gegenüber der Roten Armee betonen sollte.

Identitätstheorie
Staatsrechtliche Lehre, daß die Bundesrepublik im Geltungsbereich des Grundgesetzes mit dem Deutschen Reich (in den Grenzen von 1937) identisch ist (Teilidentität). Die Identitätstheorie schließt aus, daß die Bundesrepublik eine Neugründung auf dem Territorium des alten Deutschen Reiches sei (Nachfolgetheorie).

Industrieplan
1946 durch den alliierten Kontrollrat beschlossene Begrenzung der deutschen Industrieproduktion. Generell galt eine Begrenzung der industriellen Kapazität auf 70 % des Standes von 1936, im einzelnen waren folgende Quoten, jeweils auf den Stand von 1938 bezogen, vorgesehen:

Stahlindustrie	25 %
Maschinenbau, Elektroind., feinmechanische Ind., Schuhind.	50 %
Chemikalien	32 %
Schwermaschinenbau	31 %
Automobilbau	20 %
Werkzeugmaschinenproduktion	11 %

Überschüssige Kapazitäten waren zu zerstören oder zu demontieren.

Kalter Krieg
Nichtkriegerische Konfrontation zwischen Staaten oder Staatenblöcken. Von 1947 – 1990 Ausdruck für den Ost-West-Konflikt.

Komintern
Abkürzung für Kommunistische Internationale, eigentlich Dritte Internationale. 1919 als kommunistische Weltpartei mit dem Ziel der Weltrevolution und der Durchsetzung der Diktatur des Proletariats gegründet. Unter Stalin Instrument der Sowjetunion zur Durchsetzung ihrer führenden Rolle. 1935 Propagierung der Volksfrontpolitik, der Bündnisse mit sozialistischen und sozialdemokratischen Parteien. Gegen sie richtete Hitler mit Japan und Italien den → Antikominternpakt.

Kommissarbefehl
"Richtlinien für die Behandlung politischer Kommissare", zum Rußlandfeldzug am 6. 6. 1941 erlassen, sah die sofortige Erschießung gefangener politischer Kommissare der Roten Armee vor; völkerrechtswidrig.

Kontrollrat, Alliierter
Aalliiertes Gremium zur Koordinierung der Besatzungspolitik und zur Kontrolle einer (geplanten) deutschen Zentralverwaltung. Bestand aus Militärgouverneuren, die von ihren Regierungen ernannt und mit Weisungen versehen wurden und die gleichzeitig die Arbeit in ihren eigenen Besatzungszonen leiteten. Einstimmigkeit notwendig in *"Angelegenheiten, die Deutschland als ein Ganzes betreffen"*. Aufnahme der Arbeit am 30. 8. 1945, faktische Beendigung durch Auszug des sowjetischen Vertreters am 20. 3. 1948.

KSZE
(Konferenz über Sicherheit und Zusammenarbeit in Europa), auch (nach dem Tagungsort) Helsinki-Konferenz genannt, 1975 einberufene Konferenz von 35 Außenministern europäischer Staaten sowie der USA und Kanadas über Fragen der Sicherheit, Vertrauensbildung und Abrüstung (Korb 1), der wirtschaftlichen, wissenschaftlichen und technischen Zusammenarbeit (Korb 2) und der Menschenrechte, der Information und des Austausches in den Bereichen Kultur und Bildung (Korb 3). Abschlußerklärung auf dem Gipfeltreffen in Helsinki 31. 7.–1. 8. 1975, aber kein völkerrechtlich verbindliches Abkommen. Folgekonferenzen 1977/78 in Belgrad, 1980/82 in Madrid und 1988/89 in Wien. Im Zusammenhang damit steht auch die Konferenz über vertrauensbildende Maßnahmen und Abrüstung in Europa (KVAE) seit 1984 in Stockholm. Gipfeltreffen der KSZE im November 1990 in Paris zur endgültigen Regelung der deutschen Wiedervereinigung.

KZ-Außenstellen
Arbeitslager für in der Industrie beschäftigte KZ-Häftlinge; meist in der Nähe von Rüstungsbetrieben angelegt.

Lubliner Komitee
"Polnisches Komitee für die nationale Befreiung", seit 1941 von der Sowjetunion allein anerkannte Vertretung des besetzten Polen, sowjetisch orientiert.

Marshallplan
European Recovery Program (ERP), auf den US-Außenminister Marshall zurückgehendes und vom amerikanischen Kongreß am 3. 4. 1948 verabschiedetes Wiederaufbauprogramm für die vom Krieg betroffenen europäischen Länder, wegen der Weigerung der Sowjetunion, den Staaten ihres Machtbereiches die Teilnahme freizustellen, auf die politischen Partner der USA beschränkt. Verteilung der Mittel durch die Konferenz der → OEEC in Paris. Insgesamt wurden zwischen dem 1. 4. 1948 und dem 1. 2. 1950 8223 Mio. $ gezahlt, im einzelnen:

Großbritannien	2272 Mio. $
Frankreich	1734 Mio. $
Italien	960 Mio. $
Westdeutschland	828 Mio. $
Niederlande	775 Mio. $
Belgien	432 Mio. $
Österreich	384 Mio. $
übrige	838 Mio. $

Massive Retaliation
(massive Vergeltung); atomarer Vernichtungsschlag, offizielle strategische Doktrin der USA seit 1954, der NATO seit 1957. Beruht auf dem atomaren Patt der Supermächte und der konventionellen Unterlegenheit des Westens, besteht im Einsatz von Atomwaffen sowohl zur Unterstützung der eigenen Streitkräfte als auch zur Entscheidung des Kriegsverlaufs. 1968 durch die Taktik der → "Flexible Response" abgelöst.

Mittelfristige Finanzplanung → Stabilitätsgesetz

Montanunion
1952 gegründete Europäische Gemeinschaft für Kohle und Stahl (EGKS); Mitgliedsländer Frankreich, die Bundesrepublik, Italien und die Beneluxländer. Ziel ist die Aufhebung der Zölle und mengenmäßigen Beschränkungen im Handel mit Kohle und Stahl und die Schaffung eines gemeinsamen Marktes mit überstaatlichen Souveränitätsrechten.

Morgenthau-Plan
Nach dem amerikanischen Finanzminister Henry Morgenthau benannter Plan (1944) zur Zerschlagung des deutschen industriellen Potentials durch politische Zersplitterung (Internationalisierung von Gebieten, Bildung von zwei Staaten), Entmilitarisierung und Demontage von Industrieanlagen. Von Roosevelt zunächst gebilligt, dann aber verworfen.

Nationalsozialistische Freiheitsbewegung
Nach dem Verbot der NSDAP 1924 gegründete rechtsradikale Partei, die aber nicht nur Mitglieder der NSDAP hatte. Bei den Reichstagswahlen 1924 32 bzw. 14 Mandate. Nach der Neugründung der NSDAP 1925 in dieser aufgegangen.

Nettokapitaltransfer
Zufluß von Neukrediten abzüglich erbrachter Tilgungsleistungen für Altkredite, Bemessungsgrundlage für den Kapitalexport in die Entwicklungsländer. → Schuldendienstquote.

Notstandsgesetze
1968 verabschiedete Gesetze zur Kontrolle des Post- und Fernmeldeverkehrs im Spannungsfall durch bundesdeutsche Stellen sowie ein Übergang der Gesetzgebung auf einen Gemeinsamen Ausschuß von Bundesrat und Bundestag ("Notparlament") für den Fall der Beschlußunfähigkeit des Bundestages. Die Notstandsgesetze lösten die alliierten Vorbehaltsrechte aus dem Deutschland-

vertrag von 1952 ab und brachten scharfe innenpolitische Kontroversen mit sich.

Nürnberger Prozesse
Mehrere Verfahren vor dem mit Abkommen vom 8. 8. 1945 gebildeten Internationalen Militärgerichtshof in Nürnberg, vor allem gegen 22 "Hauptkriegsverbrecher". Anklagepunkte: *"Verbrechen gegen den Frieden"* (Führung eines Angriffskrieges), *"Kriegsverbrechen"* und *"Verbrechen gegen die Menschlichkeit"*, vor allem an der Zivilbevölkerung. Anklageerhebung am 18. Oktober 1945; der Hauptprozeß endete mit 12 Todesurteilen am 1. Oktober 1946.

OECD
(*Organization for Economic Cooperation and Development*, Organisation für wirtschaftliche Zusammenarbeit und Entwicklung), am 1. 10. 1961 gegründete Nachfolgeorganisation der → OEEC zur Koordinierung der Wirtschaftspolitik der Mitgliedsstaaten (Regelung konjunktur- und strukturpolitischer Fragen sowie von Problemen der Handels- und Entwicklungspolitik). Erweiterung des Kreises der OEEC-Mitglieder um die USA, Kanada, Finnland und Japan.

OEEC
(*Organization for European Economic Cooperation*, Organisation für europäische wirtschaftliche Zusammenarbeit); am 16. 4. 1948 gegründete Wirtschaftsorganisation zur Koordination der Wiederaufbaupläne im Rahmen der → Marshallplan-Hilfe und zum Abbau von Handelshemmnissen. 1961 Erweiterung zur → OECD.

OMGUS
(*Office of Military Government of the United States for Germany*), amerikanische Militärregierung mit Sitz in Frankfurt, gebildet im Juni 1945 und hervorgegangen aus der im Spätherbst 1944 gebildeten Kontrollkommission. Leitung durch den stellvertretenden Militärgouverneur General Lucius D. Clay.

Ostverträge
Sammelbezeichnung für die von der sozialliberalen Bundesregierung nach 1970 abgeschlossenen Verträge über Gewaltverzicht und Normalisierung der Beziehungen: Vertrag mit der UdSSR vom 12. 8. 1970, mit Polen vom 7. 12. 1970 und mit der Tschechoslowakei.

Pariser Verträge
Sammelbezeichnung für die im Oktober 1954 in Paris auf einer Konferenz der drei Westalliierten, der Beneluxländer, Italiens, Kanadas und der Bundesrepublik vereinbarten Verträge über die künftige Stellung der Bundesrepublik: deutsch-französische Verträge zur Beilegung von Streitfragen und zur Vereinbarung des Saarstatuts, Beitritt der Bundesrepublik zum Brüsseler Vertrag (damit zur WEU) und zur NATO, Neufassung des → Deutschlandvertrages zur Beendigung der Besatzung und Herstellung der vollen Souveränität der Bundesrepublik, damit Aufhebung des Besatzungsstatuts von 1949.

Parlamentarischer Rat
Am 1. 9. 1948 (auf der Grundlage der → Frankfurter Dokumente) in Bonn zur Ausarbeitung der Verfassung für die künftige Bundesrepublik zusammengetretene Versammlung mit 65 von den 11 westdeutschen Landtagen delegierten Mitgliedern (CDU/CSU und SPD je 27, FDP 5, DP, KPD und Zentrum je 2, 5 Vertreter Berlins ohne volles Stimmrecht). Präsident Konrad Adenauer (CDU). Verabschiedete am 8. 5. 1949 das Grundgesetz.

Petersberger Abkommen
Beitritt der Bundesregierung zum → Ruhrstatut am 22. 11. 1949, vorgesehene Revision innerhalb ein oder zwei Jahren.

Pfarrernotbund
→ Bekennende Kirche

Reichsbischof
Von der NSDAP eingesetzte Spitze der (gleichgeschalteten) nationalsozialistisch ausgerichteten ev. Kirche (→ Deutsche Christen), im Volk verächtlich "Reibi" genannt. Als R. eingesetzt Ludwig Müller (27. 9. 1933), gegen ihn richten sich der Pfarrernotbund und die → Bekennende Kirche.

Reichsbürger
Im "Reichsbürgergesetz" von 1935 (Nürnberger Parteitag) festgelegter Begriff, der die staatliche Zugehörigkeit zur Volksgemeinschaft regelt und den "alleinigen Träger der vollen politischen Rechte" bezeichnet. R. war danach nur der "Staatsangehörige deutschen oder artverwandten Blutes, der durch sein Verhalten beweist, daß er gewillt oder geeignet ist, in Treue dem deutschen Volk und Reich zu dienen." Im Unterschied dazu wurden die Juden nach 1941 nur als "Schutzangehörige" des Reiches betrachtet.

Reichskirche
Nationalsozialistisch ausgerichtete Organisation der evangelischen Kirche in Deutschland, unter der Leitung eines → Reichsbischofs.

Reichskristallnacht
Von SA und SS am 9. 11. 1938 inszenierte Ausschreitungen gegen die Juden im ganzen Reich, von der Propaganda als "Rache des Volkes" für den Mord am Legationssekretär Ernst vom Rath in Paris dargestellt. Zerstörung von 7500 jüdischen Geschäften und 250 Synagogen. Anschließend "Sühneleistungen" der Juden.

Röhm-Putsch
Nationalsozialistische Propagandabezeichnung für die Abrechnung Hitlers mit Konkurrenten und alten Gegnern, in deren Verlauf am 30. 6. 1934 der Stabschef der SA, Ernst Röhm, ermordet wurde. Er wurde anschließend beschuldigt, Putschpläne verfolgt und homosexuelle Beziehungen unterhalten zu haben. Ein "Gesetz" legalisierte Anfang Juli das Morden nachträglich. Mit Röhm wurden auch andere Konkurrenten und Gegner Hitlers, so z. B. General Schleicher und der ehem. bayerische Generalstaatskommissar v. Kahr, beseitigt.

Roll-back
Von US-Außenminister John F. Dulles geprägter Begriff für die 1954 von den USA verkündete Politik der Befreiung von Ländern, die unter kommunistischer Herrschaft stehen (harter Konfrontationskurs der USA und neue Stufe des kalten Krieges), der die "Zurückdrängung" des Kommunismus beschreibt. In der praktischen Politik nur einmal während des Koreakrieges (1950–1953) eingesetzt.

Römische Verträge
Die römischen Verträge beinhalten die Gründungsverträge der EWG und der EURATOM sowie deren Zusatzprotokolle. Sie wurden am 25. März 1957 von den Mitgliedstaaten unterzeichnet und traten am 1. Januar1958 in Kraft.

Ruhrstatut
Am 28. 12. 1948 unterzeichnetes Abkommen zwischen den drei Westalliierten und den Benelux-Staaten zur Kontrolle der Ruhr-Industrie. Wesentlicher Inhalt ist der ungehinderte Zugang der europäischen Staaten zu Bodenschätzen und Industrieproduktion und die Verhinderung einer übermäßigen Konzentration wirtschaftlichen Potentials, Errichtung einer "Internationalen Ruhrbehörde" in Form eines Rates der Sechs Mächte. Bindung der Kontrollrechte an die Geltung des Besatzungsstatuts. Beitritt der Bundesrepublik durch das → Petersberger Abkommen vom 22. 11. 1949. Durch die Bildung der → Montanunion (EGKS) aufgehoben.

SA (Sturm-Abteilung)
Kampf- und Propagandaorganisation der NSDAP, 1920 als Saalschutz gegründet, dann von ehem. Freikorpsoffizieren zur paramilitärischen Kampftruppe ausgebaut. 1924 verboten, 1925 wiedergegründet, im April 1932 wieder verboten, aber schon im Juni 1932 wieder zugelassen. Wichtigstes Terrorinstrument der NSDAP in der Spätphase der Weimarer Republik, im Februar 1933 als Hilfpolizei bei der Verfolgung politischer Gegner eingesetzt. In diesem Zusammenhang erste "wilde" Konzentrationslager der SA. Stabschef Ernst Röhm wollte mit der SA die nationalsozialistische Revolution weiter treiben und die Truppe zur Milizarmee weiterentwickeln, geriet aber dadurch in Gegensatz zur Reichswehr. Seine Politik scheiterte im sog. → Röhm-Putsch im Juni 1934, indem Hitler ihn und seine Parteigänger ermorden ließ und die SA entmachtete.

Schuldendienstquote
Verhältnis des Schuldendienstes (Zinszahlung und Tilgungsleistung) zu den Exporterlösen, damit Gradmesser für die Verschuldung eines Landes.

Schutzhaft
Von SA und SS verfügte Terrormaßnahme; Einweisung in Gefängnis, Zuchthaus oder Konzentrationslager ohne richterliche Verfügung oder Kontrolle und ohne festgesetzte Dauer. Als "Schutz" der Volksgemeinschaft vor Volksschädlingen verstanden. Entspricht im Wesen der Vorbeugehaft, mit der polit. Häftlinge im Anschluß an ihre richterlich verordnete Strafe noch in Haft bleiben.

SMAD
(Sowjetische Militäradministration für Deutschland), gebildet am 9. 6 1945, zunächst unter Marschall G. K. Schukow, ab April 1946 unter General V. D. Sokolowski. Sitz in Berlin-Karlshorst.

Sondergerichte
Durch Verordnung vom 21. 3. 1933 bei den Oberlandesgerichten geschaffene Gerichte zur Aburteilung politischer Straftaten nach dem gleichzeitig erlassenen "Heimtückegesetz" und der Reichstagsbrandverordnung. Entspricht auf unterer Ebene dem → Volksgerichtshof (zum Verfahren siehe dort).

Soziale Marktwirtschaft
Nach den "Düsseldorfer Leitsätzen" der CDU von 1949 eine *"sozialgebundene Verfassung der gewerblichen Wirtschaft"* mit einem *"Höchstmaß von wirtschaftlichem Nutzen und sozialer Gerechtigkeit für alle"*. Die s. M. betont das Leistungsprinzip, indem *"bei gleichen Chancen und fairen Wettbewerbsbedingungen in freier Konkurrenz die bessere Leistung belohnt wird"* und steht *"in schärfstem Gegensatz zum System der Planwirtschaft"*.

SS (Schutz-Staffel)
1925 gegründete Organisation zum Schutz Hitlers und anderer Parteigrößen, seit 1929 unter "Reichsführer SS" Heinrich Himmler. Polizeidienst innerhalb der Partei und seit 1933 im Staat. Die SS verstand sich als elitärer Männerorden zur Durchsetzung der nationalsozialistischen Weltanschauung. Nach dem "Röhm-Putsch" (Juni 1934) von der SA gelöst und Hitler unmittelbar unterstellt. Träger der Besatzungspolitik im Zweiten Weltkrieg (Einsatzgruppen). Bildung von verschiedenen Ämtern und Dienststellen: Reichssicherheitshauptamt, Wirtschafts- und Verwaltungshauptamt, Rasse- und Siedlungshauptamt. Bildung von Sondereinheiten, z. B. Totenkopf-Wachsturmbanne zur Bewachung der KZ, dann (nach Kriegsbeginn) der Waffen-SS. In den Nürnberger Prozessen 1946 zur verbrecherischen Organisation erklärt.

Stabilitätsgesetz
("Gesetz zur Förderung von Stabilität und Wachstum der Wirtschaft"), im Juni 1967 verabschiedetes Gesetz zur Herstellung eines *"gesamtwirtschaftlichen Gleichgewichts"*. Dieses Gleichgewicht besteht aus vier Faktoren:
- Preisstabilität
- hoher Beschäftigungsstand
- außenwirtschaftliches Gleichgewicht
- stetiges Wirtschaftswachstum.

Das Stabilitätsgesetz ergänzt die soziale Marktwirtschaft insofern, als es Mechanismen bereitstellt, die der Markt von sich heraus nicht bilden kann. Planungsinstrument des Staates ist die *"Mittelfristige Finanzplanung"*, eine auf fünf Jahre im voraus angelegte Grundstruktur der öffentlichen Haushalte, die als Basis für die einjährigen Haushalte gilt.

Status quo
Eine in der Zeit des Kalten Krieges, vor allem nach der Kubakrise 1962, erkennbare Tendenz der westlichen Außenpolitik, die davon ausging, daß die Machtverhältnisse zwischen Ost und West praktisch nicht zu verändern seien und es daher Aufgabe der Politik sei, den bestehenden Zustand (Status quo) der Machtverteilung zwischen den Blöcken zu erhalten. Aus diesem Grunde verhielt sich der Westen beim Aufstand in Ungarn und Polen (1956) und vor allem beim Einmarsch der Warschauer-Pakt-Staaten in die Tschechoslowakei (1968) neutral. Auch die Hinnahme des Mauerbaus in Berlin (1961), bei gleichzeitiger Akzeptierung der engen Bindungen des freien Teils der Stadt an den Westen erklärt sich vor diesem Hintergrund. Im Gegensatz dazu wurde in Korea (1950–1953) versucht, den Kommunismus zurückzudrängen (→ Roll Back).

Subsidiaritätsprinzip
Ein Schlüsselbegriff des Vertrags von Maastricht. Im Sinne des S. darf die höhere staatliche oder gesellschaftliche Einheit nur dann helfend tätig werden und Funktionen der niederen Einheiten an sich ziehen, wenn deren Kräfte nicht ausreichen, diese Funktionen selbst wahrzunehmen. Das S. wird vor allem von der katholischen Soziallehre als Ordnungsprinzip von Staat und Gesellschaft empfohlen.

UNCTAD
(*United Nations Conference on Trade and Development,* Welthandels- und Entwicklungskonferenz), 1964 gegründetes Organ der UN-Generalversammlung mit dem Ziel der Weiterentwicklung der internationalen Wirtschaftsbeziehungen in Richtung auf eine volle Integration der Entwicklungsländer. Umfaßt derzeit 166 Mitglieder, davon 127 Entwicklungsländer. UNCTAD I (1967), II (1968) und V (1979) regelten Zoll- und Handelsfragen im Handel zwischen Industrie- und Entwicklungsländern, UNCTAD III (1972) verbesserte die Stellung der Entwicklungsländer im Internationalen Währungsfonds, UNCTAD IV (1976) verabschiedete ein "Integriertes Rohstoffabkommen" zur Preisstabilisierung auf den Rohstoffmärkten. Derzeit letzte Konferenz (UNCTAD VIII) 1992 in Cartagena.

Vietminh
1941 gegründete, marxistisch orientierte Befreiungsbewegung in Vietnam (Französisch Indochina), kämpft sowohl gegen die französische Kolonialmacht als auch gegen die japanische Besatzung. Ausrufung der Demokratischen Republik Vietnam 1945 nach der Kapitulation der Japaner. Zu unterscheiden von den **Vietcong**, der 1960 gegründeten gleichfalls marxistisch orientierten Befreiungsbewegung in Südvietnam zur Zeit des Vietnamkrieges (1963–1975).

völkisch
Übersetzt für "national", die speziell deutsche Spielart des aggressiven Nationalismus, meist mit antisemitischen Strömungen verbunden.

Völkischer Beobachter
Von der NSDAP 1920 als Parteiorgan erworbene Zeitung, seit 1923 täglich erschienen. Hauptorgan der nationalsozialistischen Propagnda und Hetze. Am 27. 4. 1945 eingestellt.

Volksdeutsche
Deutsche, die außerhalb Deutschlands (Grenzen von 1937) leben, hauptsächlich in den Staaten Ost- und Südosteuropas (Gegensatz: Reichsdeutsche). Die Zugehörigkeit ist i. w. eine Sache der subjektiven und individuellen Identität und hängt besonders vom subjektiv empfundenen Kulturgefälle ab (vgl. deutsche Auswanderer in Amerika). Im heutigen Sprachgebrauch vor allem als "deutschstämmig" bezeichnet.

Volksgenosse
Aus dem Wortschatz der Arbeiterbewegung übernommene Bez. für das Mitglied der Volksgemeinschaft. Bereits im Parteiprogramm von 1920 wurde ausgeschlossen, daß ein Jude Volksgenosse sein könne. → Reichsbürger.

Volksgerichtshof
1934 als vorläufiges Sondergericht geschaffenes und 1936 endgültig eingerichtetes oberstes Justizorgan, das Hoch- und Landesverrat sowie andere politische Fälle der Zuständigkeit des Reichsgerichtes entzog und selbst aburteilte. Schnellverfahren durch Einschränkung der Voruntersuchung und der Einspruchsmöglichkeiten. Mitglieder von Hitler ernannt. Instrument zur Unterdrückung und Verfolgung politischer Gegner des Regimes, besonders im Krieg zur Verfolgung von "Wehrkraftzersetzung" und "Feindbegünstigung". Vor dem V. Verfahren gegen die Widerstandskämpfer des 20. Juli und des Kreisauer Kreises. Insgesamt etwa 5000 Todesurteile. Berüchtigter Präsident Roland Freisler 1942 bis Februar 1945.

Volkspartei
Auf Breitenwirkung ausgehende Parteirichtung, im Unterschied zu Interessenpartei. Auch als "Sammlungspartei" bezeichnet.

Vorbeugehaft → Schutzhaft

Waffen-SS
Bewaffnete Einheiten der → SS, zunächst 1938 aus SS-Verbänden gebildet, in und nach dem Polen-Feldzug als SS-Verfügungsdivision und SS-Totenkopfverbände eingesetzt und im Lauf des Krieges zur Waffen-SS mit (1944) ca. 900 000 Mann ausgebaut. Vor allem aus → volksdeutschen Freiwilligen zusammengesetzt, die nicht der Wehrpflicht unterlagen. Der SS und ihren bewaffneten Einheiten unterstanden die besetzten Gebiete ab ca. 10 km hinter der Front. Verantwortlich für die Massaker von Lidice 10. 6. 1942 und Oradour-sur-Glane 10. 6. 1944 und die Niederschlagung der Warschauer Aufstände 1943 und 1944.

Warschauer Pakt
Zusammenfassung der seit 1948 bestehenden zweiseitigen Freundschafts- und Beistandsverträge der Ostblock-Staaten durch die im Mai 1956 gegründete *"Warschauer Vertragsorganisation" (Warschauer Pakt)* mit der Schaffung eines gemeinsamen Kommandos der verbündeten Streitkräfte. Verlängerung im April 1985 um 20 Jahre, neues und revidiertes Programm durch den 27. Parteitag der KPdSU 1986. Aufgelöst zum 1. 4. 1991.

Westeuropäische Union
Erweiterung des im März 1948 geschlossenen "Brüsseler Vertrags" zwischen Frankreich, Großbritannien und den Benelux-Staaten (Defensivbündnis gegen Deutschland) um Italien und die Bundesrepublik (Pariser Verträge 1954, in Kraft seit 6. 5. 1955). Kernstück ist

eine automatische Beistandspflicht im Fall eines Angriffs, bündnispolitisch ist die WEU ein "euroäischer Pfeiler" der NATO. Die Vertragsartikel über Rüstungsbeschränkung wurden gegenüber der Bundesrepublik bis 1984 in mehreren Schritten aufgehoben. Davon ausgenommen ist der im WEU-Vertrag enthaltene Verzicht der Bundesrepublik auf die Herstellung von ABC-Waffen. Mit der Neuorganisation der NATO aufgewertet.

Weiße Rose
Studentischer Freundeskreis in München, der in den Kriegsjahren 1942/43 Studenten und übrige Bevölkerung durch Flugblätter und Wandparolen zum Protest und zum Widerstand gegen das NS-Regime aufrief. Hauptträger der Aktionen waren die Geschwister Hans und Sophie Scholl und der Philosophieprofessor Kurt Huber.

Winterkrieg
Russisch-finnischer Krieg, am 30. 11. 1939 zur Rückeroberung des 1917 verlorenen Vorfeldes von Leningrad begonnen. Zeigte große Schwächen der Roten Armee und war damit verantwortlich für die Fehleinschätzung Hitlers über die Aussichten eines künftigen Krieges gegen die Sowjetunion. Um einen Zusammenstoß mit den Westmächten zu vermeiden, Beendigung des Feldzuges im Friede von Moskau am 12. 3. 1940: Abtretung Kareliens an die UdSSR.

Wirtschaftsrat
Mit Verwaltungsrat als Exekutive und Wirtschaftsrat als Legislative im Mai 1947 gebildete Organisation für die Verwaltung des "Vereinigten Wirtschaftsgebietes", der zur "Bi-Zone" zusammengelegten britischen und amerikanischen Zone. Wirtschaftsrat ursprünglich 52 Mitglieder, Anfang 1948 auf 104 Mitglieder erweitert, Verwaltungsrat durch Länderrat ersetzt. Länderrat hat bereits die Struktur des späteren Bundesrates, ein neugebildeter Verwaltungrat übernimmt Regierungsaufgaben.

Zentralverwaltungen
Von der → SMAD im September 1945 eingerichtete deutsche Zivilverwaltungsstellen, allerdings mit geringen Kompetenzen.

Zentrum
Partei des politischen Katholizismus, besonders in der Weimarer Republik unter Hinzutritt sozialreformerischer und gewerkschaftlich orientierter Gruppen. Bereits 1920 Diskussion um Auflösung der Bindung an den Katholizismus zugunsten einer interkonfessionellen Öffnung (Adam Stegerwald, Heinrich Brüning), damit Vorwegnahme des späteren Prinzips der CDU. Wiedergründung am 14. 10. 1945, aber durch Option der Katholischen Bischofskonferenz gegen Zentrum und für CDU ohne ausreichende Basis.

Zonenbeirat
Am 6. 3. 1946 gebildetes Organ zur Beratung der britischen Militärregierung.

Zonenzentralämter
Von der britischen Besatzungsbehörde geschaffene Hilfsorgane zur fachlichen Beratung der britischen Hauptabteilungen; ursprünglich geringe eigene Kompetenz und ohne deutsche Kontrolle, später selbständiger und für die gesamte britische Zone zuständig.

Zwei-Lager-Theorie
Auf Shdanow zurückgehende Theorie, nach der die Welt in das kapitalistische und das sozialistische Lager zerfällt und von deren unversöhnlichem Gegensatz beherrscht wird.

Zwei-Plus-Vier-Gespräche
Verhandlungen zwischen den beiden deutschen Staaten und den vier Siegermächten des Zweiten Weltkrieges (USA,

Großbritannien, Frankreich und UdSSR) über die dt. Wiedervereinigung. 1990 zu einem erfolgreichen Abschluß gebracht.

Zwei-Staaten-Theorie
Von der Bundesrepublik Deutschland bis 1969 abgelehnte Auffassung von der Existenz zweier souveräner deutscher Staaten auf dem Gebiet des alten Deutschen Reiches. Nach 1969 dahingehend revidiert, daß zwar zwei Staaten bestehen, diese aber zu einer gemeinsamen deutschen Nation gehören und es daher nur eine gemeinsame deutsche Staatsbürgerschaft (nach dem Staatsbürgerschaftsgesetz von 1913) gibt. → Identitätstheorie.

Zyklon B
Kristallisierte Blausäure, zunächst als Schädlingsbekämpfungsmittel, dann in großem Stil in den Gaskammern der Vernichtungslager eingesetzt. Ersetzte die Vergasung durch Auspuffabgase.

Stichwortverzeichnis

Ihre Meinung ist uns wichtig!

Ihre Anregungen sind uns immer willkommen.
Bitte informieren Sie uns mit diesem Schein über Ihre Verbesserungsvorschläge!

Titel-Nr.	Seite	Fehler, Vorschlag

Bitte hier abtrennen

11-V1T

Bitte ausfüllen und im frankierten Umschlag an uns einsenden. Für Fensterkuverts geeignet.

Zutreffendes bitte ankreuzen!

Die Absenderin/der Absender ist:

- ☐ Lehrer/in
- ☐ Fachbetreuer/in
  Fächer: ____________
- ☐ Seminarlehrer/in
  Fächer: ____________
- ☐ Regierungsfachberater/in
  Fächer: ____________
- ☐ Oberstufenbetreuer/in
- ☐ Schulleiter/in
- ☐ Referendar/in, Termin 2. Staatsexamen: ____________
- ☐ Leiter/in Lehrerbibliothek
- ☐ Leiter/in Schülerbibliothek
- ☐ Sekretariat
- ☐ Eltern
- ☐ Schüler/in, Klasse: ____________
- ☐ Sonstiges: ____________

Unterrichtsfächer: **(Bei Lehrkräften!)**

____

STARK Verlag
Postfach 1852
85318 Freising

Kennen Sie Ihre Kundennummer?
Bitte hier eintragen.

Absender (Bitte in Druckbuchstaben!)

Name/Vorname

Straße/Nr.

PLZ/Ort

Telefon privat für Rückfragen

Geburtsjahr

E-Mail-Adresse

Schule/Schulstempel (Bitte immer angeben!)

(Bitte blättern Sie um)